U0120882

林徽因传

LINHUIYIN
ZHUAN

张清平◎著

中国文史出版社
CHINA CULTURAL AND HISTORICAL PRESS

图书在版编目（CIP）数据

林徽因传：删订版 / 张清平著 . — 北京 : 中国文
史出版社，2018.3

（合璧 / 吴良镛主编）

ISBN 978 - 7 - 5205 - 0148 - 4

Ⅰ . ①林…　Ⅱ . ①张…　Ⅲ . ①林徽因（1904 - 1955）
- 传记　Ⅳ . ① K826.16

中国版本图书馆 CIP 数据核字（2018）第 046131 号

出 品 人：刘未鸣
策 划 人：窦忠如
责任编辑：张蕊燕
装帧设计：敬德永业

出版发行：**中国文史出版社**

社　　　址：北京市西城区太平桥大街 23 号　　邮编：100811
电　　　话：010 - 66173572　66168268　66192736（发行部）
传　　　真：010 - 66192703
印　　　装：廊坊市海涛印刷有限公司
经　　　销：全国新华书店
开　　　本：889×1194　1/16
印　　　张：22.75
字　　　数：353 千字
版　　　次：2018 年 7 月北京第 1 版
印　　　次：2018 年 7 月第 1 次印刷
定　　　价：198.00 元（全 2 册）

文史版图书，版权所有，侵权必究。

文史版图书，印装错误可与发行部联系退换。

序

／

张洁

　　初闻作者写了这样一本书，惊喜之余首先想到的是，张清平笔下的林徽因将为中国女性提供怎样一种全新的人生范式？这疑问不免赫然着功利，可确实就是我的第一反应。

　　整个 20 世纪的下半叶里，中国社会始终以极有限的一两种范式引导着自己的女人们，她们曾是穿越中国当代史和文学史的一系列符号，这是些伟大和崇高的符号。当这一页历史渐隐，人们获知共时段还有过另类的女英雄：被割断喉管的张志新，被切掉肾脏的黎九莲——这一切让人千百遍地想起那句有名的宣告："在没有英雄的年代里，我只想做一个人。"然而做人、做一个大写的女人又谈何容易！一转眼明星满视野，在热闹的商业操持下，中国女人也并未如预期的那样，直趋大写的庄严。社会层面彰显出的女性范式依然脱不掉一如既往的单调，要说有什么不同，只是徒添了精神的苍白。

　　所以，就总会有一些人，特别是一些女人，怀着一丝不满的渴望，把目光投向

20世纪的上半叶，想找寻一种、两种或更多的有别于上述的生命感动。《林徽因传》该是张清平在如此找寻中写下的心灵记录，于是，我得以在她的记录旁书写自己的感动，自己的思考。所以，首先得感谢作者提供给我们这样一个文本，一方思考的平台。

毫无疑问，林徽因的精神气质隶属于五四后生长起来的那一代中国自由主义知识分子群体。近年来，关于这一群体的历史评价、学术论辩颇为热闹，已经多元了的中国思想学术界提供给人们多个切入这一群体的视角。然而，无论你从哪一视点锁定自己的站位，似乎都绕不开审视这一群体成员的精神气质、文化素养与宽容襟怀。立足于此，我同意这样的说法，"自由主义其实就是一种生活方式"，还能有比"生活方式"的选择更能昭示出人们真实的精神追求的吗？

这些自由主义知识分子中，规避战乱，以其扎扎实实的生活践履、丰丰富富的健全人格，为催生现代中国而自觉努力者不乏其人。在面临命运的抉择时，他们中大部分人拒绝赴台，亦不屑作白华，其对旧中国的决绝之态，否定性地彰显着其历史性的价值理想。尽管他们从此踏上了20世纪中国自由主义知识分子的不归之途。

新中国成立后，中国的知识分子经历了一场又一场荡涤魂灵的风风雨雨，林徽因于其中可谓幸运者。她辞世于1955年的春天，诚如作者所言，这是"命运女神对她的眷顾和厚爱"，"以她细腻敏感的心灵，怎样承受1957年的狂暴风雨？以她高傲纯正的天性，怎能面对1966年的浊浪排空？"然而，我们也不能为林徽因奢求更好的命运，等待她的不过是双重误读的悲剧。其一，是湮没——准确地说，这非"误"读，而是"不"读——遁入历史无人识。（其实林徽因在新中国成立初，拖着空洞的肺叶，曾焕发出怎样令人瞠目的生命热情呀！）即使笔者这样以讲授现代文学为职业的人，初读林徽因竟来自醉心新月派诗歌的外国友人之触动！其二，是扭曲。张清平绝非近年来首先关注林徽因的人，在她书写之前，林徽因已经浮出历史地表。可叹的是商品经济的铁锹助其出土，注定了林徽因不能清清爽爽地以一个大写的人从历史的深处走来。她总是被与别人捆绑在一起，作为徐志摩的热恋闪闪烁烁地让今人猜测无限。于是，什么杰出的女建筑家，独特的女诗人都无关紧要，重要的是诗人徐志摩曾因痴情于她而亲手捣毁了自己的家庭，可琢磨不定的林徽因却嫁给了梁启超的儿子梁思成——我这样"学舌"是有着一丝恶意在其中的：敢爱、能爱、特别是可爱的梁思成以其无与伦比的坚实基础与宏大结构（建筑术语）支撑关爱了林徽因的一生，却难得应有的立足之地！仿佛任公的儿子，徽因的丈夫才是其符号（当然建筑学界业内人士自当别论）；这其中又因了徐志摩浪漫诗人的巨大阴影，梁思成免不了成了他人生生死死热恋中的一个陪衬！这就是最通俗、最流行的林徽因"读本"。因此，我们有理由特别关注张清平的《林徽因传》，冀望她的笔还一方历史的真实，让读者在林徽因们的精神风采里了悟今人的苍白。

陈思和先生曾就作者与传主的关系有过如下见解："一部优秀的传记著作里，传主不但要复活他本来的精神面貌，还应该起'借尸还魂'的功能，将作者的生气也焕发出来。所以传记不是纯客观的材料展览。它需要'对话'，作者与传主间的一种高层次的精神对话。"阅读《林徽因传》使我们看到，作者在长期知识与学养储备的基础上，有了走进林徽因的可能，有了切近传主精神的对话。

在这一"对话"中，传主的心灵路程较之生活阅历似乎更能触发作者的激情，于是她不自觉间总是把叩问的笔触探向林徽因和她身边一群人的精神层面。她讶异于这一群人的精神何以如此健全？她于心向往之中竭力再现着他们的独特群体气候，一刀一笔地镌镂着林徽因的精神素质，兼以工笔描绘出予林徽因以影响和润泽的各个人的风采。林徽因所以成为林徽因，离不开梁思成，缺不了金岳霖，也少不得徐志摩。于是，北总布胡同的林家客厅，西南联大梁思成夫妇脱坯和泥造起的住宅，李庄五年病魔煎熬中困苦封闭的研究生活——林徽因就于这当中和着一群人的步履以独特的自我向读者走来，每一步都是丰盈的、尊严的、大写的。这一群人用生命书写履历的时候最为惹眼的是心灵的自由。他们之间即使穷困得典当衣物，最富有的依然是真诚，而又因了站在同一地平线上，他们彼此间深为敬重和懂得！于是其肝胆相照的罕见美好遂成了20世纪中国知识分子间的绝唱。

如果说以前读到有关中国自由主义知识分子的文章，让人从学理上了解了这一群体的历史风貌，那么《林徽因传》一书则是用文学的传记手法生动绘出了自由主义知识分子的精神和生活姿态。一支深情而负责任的笔引着读者回归往昔，沉浸于林徽因们的世界，这是一个异常美好的世界，这是一个令人神往的世界，尽管它已凝然定格于历史。

2001 年暑假于长春

张洁（1937 年—），祖籍辽宁抚顺，出生于北京。当代著名女作家，中国作家协会副主席，美国文学艺术院荣誉院士。著有小说散文集《爱，是不能忘记的》，长篇散文《世界上最疼我的那个人去了》，中篇小说集《方舟》，中短篇小说集《祖母绿》，长篇小说《沉重的翅膀》《无字》《只有一个太阳》等，其作品多次获得国内外文学大奖，也被译成英、法、德、俄、丹麦、挪威、瑞典、荷兰、意大利等多种文字出版。

目录

第四部分　万古人间四月天

第一部分

林家有女

我说你是人间的四月天；
笑响点亮了四面风：轻灵
在春的光艳中交舞着变。

你是四月早天里的云烟，
黄昏吹着风的软，星子
在无意中闪，细雨点洒在花前。

那轻，那娉婷，你是，鲜妍
百花的冠冕你戴着，你是
天真，庄严，你是夜夜的月圆。

雪化后那片鹅黄，你像；新鲜
初放芽的绿，你是；柔嫩喜悦
水光浮动着你梦期待中白莲。

你是一树一树的花开，是燕
在梁间呢喃，——你是爱，是暖，
是希望，你是人间的四月天！

——林徽因《你是人间的四月天》

第一章 初春的阳光

这是杭州蔡官巷林家宅院的最后一进院子，白粉的墙，黛色的瓦围着这个院落，院子里栽有枇杷、海棠。北面三间房子一溜儿排开，宽敞的厅堂两厢，东边是徽因娘的卧室，西边是徽因婶婶的住房。娘和婶婶这会儿都到徽因祖母居住的前院尽媳妇的本分去了，静静的后院里只有徽因。徽因躺在娘的卧室里养病，六岁的徽因出水痘了，按老家福建的说法，叫作出"水珠"。

往常这个时候，徽因正和表姐们一道，在前院的花厅跟着大姑母念书呢。"水珠"会传染，所以大姑母严禁表姐们到后院来看徽因。

徽因盼望有人来后院，不仅是因为病中孤独、像被囚禁似的，还因为她希望有更多的人知道自己出"水珠"。徽因喜欢"水珠"这个美丽的名称，她不觉得这是病，她因自己出"水珠"而有了几分骄傲和几分神秘的喜悦。她期盼有人和她分享这份喜悦。

她集中注意力听着各种细碎的声音。那些声音从外院传来，似有似无，显得不十分真切，更让她有一种梦境般的感觉。她觉得过了好长时间，可到底没有等来一个人。

她终于不耐烦了，慢慢地下了床，趿着鞋，走到了房门口。菱形镂花的木门斜斜地向着厅堂

如花少女林徽因

林徽因出生地——
浙江杭州蔡官巷

开着一扇，徽因扶着门框向外张望。

正当下午时分，厅堂当中的一张八仙桌异常寂寞地立在那里。桌上没有纸笔墨砚，也没有花瓶和插花，倒是每天吃饭时，那上面总是会有咸鱼、酱菜一类极寻常的小菜。可徽因却看呆了。她看到，厅堂的桌子上下映着一片金色的阳光，那阳光泄泄融融地铺开，桌、椅、窗棂，浴在澄明的光霭中，看上去像是静物图案。徽因不明白，顶寻常的厅堂，在春天阳光的映衬下，怎么会带上这样一种动人的气息。

徽因顺着窗前的椅子爬上了桌子。她望望窗外，院子里粉墙疏影，暗香浮动。她看看身边，桌上有娘梳妆用的镜箱。她拉开镜箱上的一个个小抽屉，一边玩着那抽屉拉手上花篮形状的小铜坠儿，一边听外面脆生生的鸟语。小小六岁女孩的心中，便永远留下了初春那一汪生动恬静的阳光。

在这阳光的映衬下，一张孤独的桌子，一角寂寞的厅堂，一只精巧的镜箱，一声清脆的鸟语，还有"水珠"——那小孩子疾病的美丽名字，一起流动成了一种莫可名状的情绪，久久弥漫在她的心中。

多年以后徽因才明白，这莫可名状的情绪就是诗意。这诗意的阳光伴随着她，映照了她的一生。

林徽因是父亲林长民和母亲何雪媛结婚八年后的第一个孩子。

1904 年 6 月 10 日，徽因出生于杭州。祖父林孝恂得知孙女出生的消息，喜悦地吟哦着《诗经·大雅》中的诗句："思齐大任，文王之母。思媚周姜，京室之妇。大姒嗣徽音，则百斯男。"他为孙女起名为徽音。

徽音改名为徽因是 20 世纪 30 年代初的事情。当时她经常有作品见诸报刊，而另一位经常写诗的男作者名叫林微音，报纸杂志在刊发他们的作品时，常把俩人的名字搞混。《诗刊》为此还专门发过更正声明。

徽因说：我倒不怕别人把我的作品当成了他的作品，我只怕别人把他的作品当成了我的。从那以后，林徽音遂改名为林徽因。

林徽因原籍福建闽侯。祖父林孝恂字伯颖，为光绪十五年（1889 年）进士，授翰林院编修，一直在浙江做官。历任金华、石门、仁和、孝丰知县和海宁知州。在任期间，他创办了养正书塾、蚕桑职业学堂，是清朝末年创办新学的先驱之一。

林孝恂有五女二男七个孩子，徽因的父亲林长民是长男。为了林家子侄辈的教育，林孝恂在杭州家中设立了家塾。家塾分国学与新学两斋，国学延请林纾为主讲，新学延请林白水为主讲。徽因的父亲、叔叔和姑姑们，从小打下了国学深厚的根基，又受到了新学的启蒙。

徽因两岁那年，父亲赴日本留学，在早稻田大学学习政治法律。徽因与母亲跟着祖父母生活。

在徽因幼年的记忆里，父亲就是那个成年不在家的人，父亲就是一封封从日本寄回来的信。那些信都是写给祖父母的，信中抨击时弊，谈论政治，抒发抱负；徽因和母亲是父亲在信的末尾一笔带过的一句问候。

徽因四岁了。祖父让她跟着表姐，由大姑母发蒙读书。

徽因喜欢和表姐们在一起读书玩耍。大表姐孟瑜、二表姐孟亮是大姑母的女儿，三表姐语儿是三姑母的女儿。孟瑜比徽因大五岁，孟亮比徽因大三岁，语儿比徽因大两岁。四个女孩在一起，一时好得像一个人，一时又会为一点小事争执不休。大姑母总是由着她们闹，不到不可开交之时，她是轻易不会出面调停的。

大姑母常对家人赞叹徽因聪颖灵秀。一起读书的几个姐妹中，数徽因年龄最小、也最贪玩，听讲时看似漫不经心，可每叫她背书时，她总是滔滔成诵，口齿伶俐清晰。

清光绪三十四年（1908 年），4 岁的林徽因在家庭阴影笼罩下，显得忧郁而孤独，这是迄今为止发现的林徽因最早的一张照片

民国元年（1912 年），8 岁的林徽因（左一）与姐妹们合影

1910 年，林长民从早稻田大学毕业。回国后，与同学刘崇佑在家乡福建创办了福州私立法政学堂，他担任校长。

1911 年，武昌起义爆发。林长民把法政学堂交给别人管理，他奔走于上海、南京、北京等地，到处宣传革命。南京临时政府成立后，他就任临时政府参议院秘书长。他发起组织了"共和建设讨论会"，拥戴流亡日本的梁启超为领袖，并促其回国。

民国初年，风云际会，各种政治力量"乱纷纷你方唱罢我登场"。林长民作为民初立宪派的名人，始终旗帜鲜明地拥护共和，反对复辟。张勋复辟期间，时任国务院参事的林长民支持段祺瑞讨伐张勋复辟，后被段祺瑞政府任命为司法总长。

随着林长民升迁的脚步，徽因一家由杭州搬到上海，而后迁居北京。

徽因 12 岁了。这两年她个子长得特别快，和小表姐语儿一般高了。家里把她和表姐们一起送进英国教会办的培华女子中学读书。这里的教师都是外籍的，授课全用英语，学校有严格的校规，学生平时住校，星期天才可以回家。

12 岁的徽因姿容秀丽，梳两条细细长长的辫子，笑起来颊上有两个深深的酒窝。她从小多病，看上去有些纤弱，似一株婷婷的嫩柳，纤细柔美，又带有几分青涩。

新学期一开学，学校发下了新校服。培华女中的新校服是量着每个女孩的身材做的，十分可体。星期天，徽因和表姐们相约穿着新校服去照相，那是北京最好的一家照相馆，她们各自照了单人相后，又在一起照了合影。优裕的生活和良好的教养使林家的女孩子个个美丽大方、文雅出众。她们的校服是五四时代女学生装的改良：中式的偏襟立领琵琶扣圆摆上衣，西式的及膝百褶裙，深色丝袜，黑色带襻儿皮鞋，典雅秀丽中又有种洋派。走在大街上，引得行人纷纷驻足。

几个女孩平日在学校并不一个班，星期天凑在一起，叽叽喳喳有说不完的话，她们争先恐后地讲述着学校的趣事，抱怨着学校烦琐的规矩。徽因和表姐们在一起时，是活泼的小妹，从小就具表演才能的她模仿着英文

民国五年（1916年）夏天，亭亭玉立的林徽因，犹如略带稚气的仙子一般

12岁的林徽因（右一）进入北平一家由英国教会创办的培华女子中学就读，这是一个星期天她与表姐妹们穿着新校服的合影

习作课上老师的语调，还惟妙惟肖地配合着动作："姑娘们，读书吧，多读书不仅能教会你们写作，还能教会你们热爱这个世界，亲爱的。"姐妹们笑成一团。

可是，只有小表姐语儿知道，徽因其实并不快乐。徽因心里有一个结，那是一个解不开的结。在学校时，徽因盼着回家，可每次回家，她又有说不出的沮丧和压抑。

徽因很小就知道，父亲不喜欢母亲。母亲的心很苦，母亲常常背着人哭。

徽因的母亲出身于浙江嘉兴一个商人家庭，14岁嫁给林长民做了二夫人。林长民善诗文，工书法，儒雅风流，才华超群；而她却是个没有受过教育的旧式妇女。从小生长在商人家庭的她既不懂琴棋书画，又不善操持家务，所以，她既得不到丈夫的疼爱，也得不到婆婆的欢心。

她为林长民生了两个女儿，大女儿徽因和小女儿麟趾。林长民对两个女儿疼爱有加，对她却始终十分冷淡。小女儿麟趾因病夭折后，林长民又在上海迎娶了年轻美貌的三夫人程桂林。从此，徽因的母亲就过着被丈夫冷落遗忘的生活。当时徽因母亲才31岁。

徽因唤程桂林为"二娘"，二娘为爹接连生下了几个弟妹。二娘和弟妹们住在前面的大院，徽因和娘住后面的小院。父亲回家后，总是待在前院。前院有弟妹们的欢笑吵闹声，前院还有父亲买给二娘的各式新奇物件。徽因喜欢前院堂屋里的那架自鸣钟。钟上有个小门，到了钟点，小门就会自动打开，从里面跳出一只小鸟，翠绿的羽毛，嫩黄的嘴，小鸟好笑地点着头，几点钟就叫几声。

徽因只要一去前院，回来就会听到母亲的数落。她数落前院，抱怨父亲。她边数落边哭，哭自己命苦，哭死去的温顺的小女儿。每当这时，徽因心里就交织着对父母又爱又怨的复杂感情。她爱父亲，却怨他对母亲冷漠无情；她爱母亲，却恨她在抱怨和嗟叹中使父亲离开得越来越远；她爱那些同父异母的弟妹，却又小心翼翼地怕伤了母亲的心。

这一切在徽因的心灵里，留下了痛苦的记忆，对她的性格形成有久远的影响，也直接影响着她以后的人生选择。

多年以后，林徽因已成为一位颇有名气和影响的女诗人。1937年4月18日，她在《大公报》文艺副刊上发表了一篇小说，题目是《绣绣（模影零篇四）》。小说写了一个凄惨哀婉的故事：乖巧俊秀的女孩儿绣绣生活在一个不幸的家庭，母亲懦弱无能、狭隘多病，父亲娶了新姨娘又生了小孩子；绣绣整日挣扎在父母亲无穷无尽的争执吵闹之中，挣扎在没有温情、没有爱怜，只有矛盾和仇恨的亲人之间，渐渐因病而死去。

小说最后以绣绣的小朋友"我"的口吻写道："……那时我对绣绣的父母俩都恨透了，恨不得要同他们说理，把我所看到各种的情形全盘不平地倾吐出来，叫他们醒悟，乃至于使他们悔过。却始终因自己年纪太小，他们的情形太严重，拿不起力量，懦弱地抑制下来。但是当我咬着牙毒恨他们时，我悟到此刻在我看去无疑问的两个可憎可恨的人，却是那温柔和平的绣绣的父母。我很明白即使绣绣此刻有点恨着他们，但是缔结在绣绣温婉的心底的，对这俩人到底仍是那不可思议的深爱！"……

虽说这只是一篇虚构的小说，可也从某个角度反映了少女林徽因的心绪。

1920年，林徽因十六岁了。培华女子中学英国贵族式的教育，培养了学生良好的举止和谈吐。徽因美丽聪慧又热情，无论是在同学中还是在家里众多的姊妹中，她都是最被喜爱的女孩。

而这几年，徽因父亲的仕途和抱负却屡屡受挫。

1917年11月，林长民因北洋政府的官场斗争，被迫辞去司法总长一职。这之后，他曾与同道好友汤化龙、蓝公武赴日游历，曾担任巴黎和会观察员，还曾著述撰文，宣传自己的政治主张。

女中学生林徽因

踩在高跷上的女中学生林徽因，这时是否已经显露出今后与男同事一样轻松攀登古建筑顶端的潜质呢

1920 年，林长民以"国际联盟中国协会"成员的身份被政府派赴欧洲访问考察。这是一次为时一年半的长旅，林长民决定携女同行。

正是北京的早春时节，虽然阳光明亮，却仍是春寒料峭。这一天，徽因收到了父亲的信，父亲在信中告诉徽因："……我此次远游携汝同行，第一要汝多观览诸国事物增长见识；第二要汝近在我身边能领悟我的胸次怀抱；第三要汝暂时离去家庭烦琐生活，俾得扩大眼光养成将来改良社会的见解与能力……"

徽因捧着父亲的信读了又读。春风刮得正紧，她生怕突然一阵大风会把信刮走，会把这梦一般的激动和喜悦刮走，她把信紧紧地贴在胸前——到欧洲去、和父亲一起到欧洲去，这是多么让人神往的事啊！她感到眼前那一片初春的阳光明亮得炫目，心中仿佛有鲜花在盛开。

第二章 雨雾英伦

1920 年初夏，林徽因伴随父亲来到了欧洲。

两个多月的海上行程，万吨客轮如一叶扁舟，行驶在浩瀚的印度洋上，仿佛永远也到不了岸。浪涛日夜不息地拍打着船舷，徽因一直有一种眩晕的在梦中的感觉。

眩晕中，看天空由紫转蓝，由蓝转灰，看一轮巨大的红日从海水中涌出又落下，看光与影在波涛中追逐嬉戏。起风时，狂暴的大海仿佛要把孤单无助的客轮掀翻、撕裂，人便如羽毛般在船舱里载沉载浮。

上岸后很长一段时间，徽因仍然如同行走在船上，看什么都有些飘忽、恍惚。

按照出访计划，林长民带着徽因游历了法国、意大利、瑞士、德国、比利时的一些城市。

一处处文化名胜，一个个博物馆，还有工业革命后迅速发展起来的一家家工厂、报馆，林长民都带着女儿一一走过。十六岁的徽因原本对工厂报馆这些地方没有太大兴趣，但林长民却认为，恰恰是这些地方体现了现代资本主义的生产方式和经营方式，可以给中国社会今后的改良做参考，故"不可不观"。

各处景物走马灯似的从眼前流过，各种印象叠加在了一起：巴黎街头自由的人们和自由的空气，罗马游览胜地绿色松林如波涛般望不到尽头，阿尔卑斯山上终年不化的皑皑白雪，法兰克福一碧如洗的蓝天上盘旋的鸽群——钟声、鸟鸣、树林、草地组成了和谐的交响，风情万种；遗址、遗迹如珍奇宝石穿成的项链，浪漫多姿；古老而迷人的欧洲像一幅色泽古黯

民国九年（1920年）夏，林徽因与父亲林长民在英国合影。在这张照片中，林徽因的双眸清澈而明亮，五官精致而有一种雕琢之美

的织锦，散发着久远的高贵的气息。

游览之外，林长民更多的时间要用于各种应酬。他要出席"国际联盟协会"的会议，要与各国各地的有关人士晤面，他应邀去一些地方做演讲，还要接待许多慕名前来拜望他的当地留学生和华人社团的成员。当他忙于这些事情的时候，常常顾不上徽因。徽因有许多时间一个人待在伦敦的寓所里。

徽因的感受是复杂的。她敞开心灵摄取吸收来自这个新世界的印象和知识，纷至沓来的杂驳信息常常使她感到既新奇又疲倦。同时，远离故国，远离同龄伙伴的她又时常感到深深的孤独和无所适从。在父亲频繁外出的时间里，孤零零的她时常想，父亲出去给别人演讲些什么呢？他讲的那些问题有那么重要吗？他怎么根本就不在意近在身旁的女儿呢？

一个人的时候，她更多的是偎在壁炉旁，一本接一本地阅读英文版的书刊。此时，她才对北京培华女子中学谨严的学风心怀感激。来到英国后，她没有怎么费力就能够自如地与人交流和用英语阅读。

她读维多利亚时代的小说，读丁尼生、霍普金斯、勃朗宁的诗，读萧伯纳的剧本。刚开始，她的阅读还带有学习英语的目的，可读着读着，这些书就引领着她进入了一个令她心醉神迷的世界。尽管其中的一些作品她早在国内就看过林琴南的中译本，可如今读过原著，她才知道那些文言的译本是多么蹩脚，简直不能传达原文的情致于万一。徽因天性敏感细腻，文学唤醒了她对生活的种种体验，激起了她强烈的共鸣。

伦敦的天气仿佛永远只有好坏两极。

春夏之际，太阳明媚而艳丽。垂柳柔柔的枝条在风中软软地飘荡，星星点点的野花点缀着青葱绵密的草坪，一切都有着鲜明的色彩，一切都充满了勃勃的生机。这时节，徽因总爱跟着女房东一同外出。

女房东是一位建筑师，徽因常和她一道出去写生、作画。她最爱去的地方是剑桥一带，那里有画不完的各种建筑和景致。徽因拿着一本书，随她坐在草坪上，四下望去，皇家教堂富丽庄严，皇家学院散发着宁静、幽雅的气息，"三一学院"图书楼上，拜伦雕像风神潇洒地凝视着遥远的天际。

在国内，徽因随着家庭的搬迁，南来北往走过许多地方，出国后跟着父亲也到过一些城市。可只有在这里，在尽情领略了英国剑桥脱尽尘埃的景色后，她才恍然觉察，那无边青青的碧草、潺潺奔涌的流水、窈窕玲珑的睡莲、明艳灿烂的朝晖晚霞，好像可以随着空气、星光一起渗透进入的灵魂。

她想起小时候住在祖父家，看过好多宋元名家的山水画。那时她不明白，为什么那些画卷上，总是画着那么雄奇的山川，那豆大的房舍和米粒大小的人物。如今她懂了，人在自然的怀抱里真是很小，小到只想变成一株草，一朵花，一滴露珠。

在与女房东的交谈中，徽因知道了建筑师与盖房子的人的区别，懂得了建筑与艺术密不可分。以这样的眼光再去回想她在国内国外看过的庙宇和殿堂，果然就对这些建筑有了不同的理解和感受。

民国九年（1920年），少女林徽因随父林长民游历欧洲，这是她与英国伦敦寓所的房东合影

民国九年（1920年）盛夏，如鲜花盛开一般美丽的林徽因，跟随父亲林长民来到了英国伦敦，并考入了圣玛丽女子学院

从这时起，徽因萌生出了对未来事业的朦胧愿望。1920年9月，徽因以优异的成绩考入了伦敦 St. Mary's College（圣玛丽学院）学习。

入秋后，伦敦就进入了湿漉漉的雨季。

这是一个阴郁的星期天，连着下了几天的雨一点儿也没有要停下来的迹象。

父亲去瑞士参加"国联"的会议，已经走了几天了。徽因一整天都是一个人待在书房里。她一边看书，一边心神不宁地听着外面的雨声。天渐渐地暗了下来，不知从哪里飘来了煎牛排

和咸肉的味道。她感到饿了，来到饭厅，给自己煮了杯牛奶，在面包上薄薄地涂了层黄油，一边吃一边忍不住流泪。饭厅的天花板很高，灯很暗，长方形的大餐桌前只坐着她一个人。硬木的餐椅也很高，她坐在那里两条腿挨不着地，梳着两条细细辫子的身影映在饭厅的墙上，晃晃的，像是阿拉伯神话中的魔鬼巨人。牛奶喝完了，面包却无论如何咽不下去。她抽噎得喘不过气来，她实在太闷了，闷到不能不哭。读了那么多小说的她，充满了各种各样的幻想。她盼望在这烦闷的、下雨的日子能有点浪漫的事情发生——突然有人叩门，进来一位聪明有趣的年轻人，坐在她的面前听她讲述自己的心事——或者是他们一齐坐在楼上书房的壁炉旁，他给她讲故事——她做着所有这个年龄女孩子的梦，渴望着有一个理想中的人物来爱她。而生活中的她却从来没有一个男朋友，从来没有见过一个如同她想象中那样浪漫而又聪明的人。

父亲总在外面忙着。她的生活中除了下雨还是下雨……

1920年的11月16日，从早上到下午一直是雾蒙蒙的天气，一个叫徐志摩的年轻人来拜访林长民。

徐志摩新近才从美国哥伦比亚大学转学到伦敦，和他一块儿来的张奚若是伦敦大学政治经济学院的留学生。

人生有许多事情让人不可思议。每个人的生命中都会遭遇许多人，有的人几十年朝夕相对，却形同陌路、相知甚少；有的人不经意间相识相遇，却犹如前世今生，萌生出终生不渝的情谊。

当父亲和这两个年轻人亲热地寒暄、交谈时，徽因照例是端上茶点，在一旁听他们说话。她没有想到，这个肤色白皙、戴一副圆眼镜的青年男子，从此会闯入自己的生活。

徐志摩 1897 年出生于浙江海宁硖石镇。他的父亲徐申如在沪杭金融界有着相当的实力和地位。徐志摩出国前在北京大学攻读法政专业时，其内兄张君劢介绍他拜梁启超为师。1918 年，徐志摩赴美留学。他遵从父命，在哥伦比亚大学攻读经济学博士。可他后来发现，他对经济学、金融债券学等没有丝毫兴趣，却喜欢研读西方文学、哲学、社会学、政治学方面的著作。他尤其崇拜英国哲学家、剑桥大学的教授罗素（1872—1970）。他悉心研读了罗素的《社会的改革原则》《政治理想》《往自由之路》等著作，下决心从美国转学到英国来，"从罗素"，求新知。就这样，他从美洲大陆来到了欧洲大陆。可他到了英国才知道，罗素已离开剑桥，到中国讲学去了。于是，他只得就读于伦敦大学政治经济学院，重新攻读经济学博士。

此间，他结识了一批英国作家。在著名作家狄更生的帮助下，徐志摩获得了剑桥大学特别生的资格。可以随意在剑桥大学的各个学院选课听讲。后来，他由剑桥大学的特别生转为正式研究生。剑桥民主开放的学术空气、自由宽松的学习生活，让徐志摩有了如鱼得水的感觉。

徐志摩见到林长民，很快就成了相见恨晚、无话不谈的朋友。他惊讶林长民"清奇的相貌，清奇的谈吐"。他在后来的回忆文章中写道，林长民的谈吐"满缀警句与谐趣"，对人生有着"锐利的理智的解剖与抉剔"，他"豪爽、倜傥又幽默"，平生最"厌恶的是虚伪、矫情和顽老"，是一个自负于自己的禀赋，进而思政事有成，退而求文章千古的"书生逸士"。

徐志摩和林长民在一起，不仅谈社会、谈政治，也谈文艺、谈人生。徐志摩劝历经宦海沉浮的林长民"趁早回航，领导这新时期的精神，共同发现文艺的新土"。

在他们互相引为知己后，俩人还玩过一场互通"情书"的游戏。当时徐志摩在剑桥读书，林长民经常外出，他们商量着互相通信。在通信中，徐志摩扮一个有夫之妇，林长民扮一个有妇之夫，双方假设在这样不自由的境况中互相爱恋，在书信中互诉衷肠。

徐志摩最喜欢林长民的一句诗："万种风情无地着。"诗句风流蕴藉，抒发了一个接受了现代文明的传统知识分子的欲求和无奈。他渴求情爱，而缠绵悱恻的情感却无处着落，渴求施展抱负，而满腔报国情怀也无处着落。他们用互通"情书"这种匪夷所思的方式来感受、玩味"万种风情无地着"的万般无奈。

当林长民离开人世后，徐志摩发表了他们这批通信中的一封，他在前面加上了说明，题目是：《一封情书》。

20世纪20年代末，徐志摩还写过一篇辞藻华丽、感情浓艳的短篇小说——《春痕》。小说中的主人公叫"逸"，"逸"为人风流倜傥，对他所爱的女子仅止于在心中生发出无限的爱恋。这情感似"远山的轻霭薄雾"般使他忧伤，也使他惆怅。

徐志摩说，"逸"这个人物是以林长民为模特儿的。

随着与林长民交往的深入，徐志摩和徽因也熟了起来。他发现，这个梳着两条垂到肩膀的细细辫子、像个不谙世事的中学生模样的小姑娘，不仅长得俊秀可爱，而且是个可以对话的朋友。他把自己的发现告诉了林长民，林长民不无骄傲地说："做一个有天才的女儿的父亲，不是容易享的福，你得放低你天伦的辈分，先求做到友谊的了解。"

徐志摩发现徽因读书很多，他们常常谈及一些作家作品。这些谈话让他兴奋。他感到，徽因的可爱不仅在她的外貌，更在她活泼跳跃的思维，明澈清新的识见。她对文艺作品的理解和悟性超出了她的年龄。

徽因的表达能力极强，她的北京话略带一点儿福建口音，而她的英语则是地道的牛津音，发音吐字有音乐感，听上去舒服极了。

不知从什么时候起，徐志摩发现自己来林寓不仅仅是为了找林宗孟，而是想见到徽因，想和徽因说话。

冬天的伦敦雨雾连绵，阴霾潮湿，林长民又外出了。圣诞节、新年紧挨着，徽因有一个长长的假期。徐志摩撑着一把湿漉漉的雨伞来到林宅，带着他一贯温雅真诚的笑容，还带来了无穷尽的有趣的话题。

起居室里，壁炉的火明亮地跳跃着。
这是房间里最暖和的地方。壁炉两侧一
边一把舒服的摇椅，椅子上搭着苏格兰
方格图案的毯子。平时，林长民总是在
这里看书看报，与来访的客人聊天。

风流倜傥的诗人徐志摩

徐志摩和徽因坐在壁炉前，从伦敦
冬季讨厌的雨雾谈起，谈到英国诗歌中
对英国景物的描写。徐志摩告诉徽因，
他最喜欢的诗人是拜伦、雪莱、华兹华
斯和济慈。他问徽因读没读过济慈的《夜
莺颂》。徽因立即用英语背诵了起来：
"……这神妙的歌者，绝不是一只平凡
的鸟：他一定是树林里美丽的女神……"正背着，徽因停了下来，问徐志
摩："你听到过夜莺的叫声吗？"

徐志摩笑了："济慈写的是一百多年以前的事情，一百年前的伦敦和
现在大概有很大的不同。诗人们站在威士明治德桥上，可以在无烟尘的空
气里深呼吸，可以望见田野、小山一直铺到天边。那时候的人更可能亲近
自然，所以白天听得见满天云雀的歌唱，夜里听得见夜莺的啼鸣。我哪里
会有这样的福气。"

停了停，徐志摩又说："据写《济慈传》的雷顿爵士说，有一年济慈
家邻居的树林里，飞来了一只夜莺，每晚不倦地叫。济慈快活极了，在半
睡半醒中整夜地倾听，一直听得心痛神醉，写下了这首《夜莺颂》。"

徐志摩接着用英语背诵道："……你还是不倦地唱着，在你的歌声里
我听出了最香冽的美酒的味儿，还有那遍野的香草与各种树馨。……我的
灵魂脱离了躯壳，跟着你清唱的音响，像一个影儿似的淡淡地掩入了你那
暗沉沉的林中。"

当徐志摩停下来时，徽因说："忘了曾在哪本书里读到过，济慈有一
次在写诗时低低地自言自语：'I feel the flowers growing on me.'（我
觉得鲜花一朵朵的开在我的身上）这是多么奇妙的感觉和想象！"

徐志摩点头称是："这的确是想象力最纯粹的境界，孙猴子能七十二
般变化，诗的变化更是不可限量。莎士比亚戏剧里至少有一百多个永远有

生命的人物。男的女的、贵的贱的、伟大的、卑琐的、严肃的、滑稽的，其实都是他自己摇身一变变出来的。济慈、雪莱最通晓与自然和谐的变术。雪莱写《西风颂》时，不晓得歌者是西风还是西风是歌者；写《致云雀》时，不晓得诗人在云端里唱还是云雀在字句里唱。同样的，济慈咏《忧郁颂》时，他自己就变成了忧郁的化身：'忽然从天上掉下来，像一朵哭泣的云'。他写《秋颂》时，他自己就成了那树上渐渐成熟的果子，或是稻田上静卧着的玫瑰色秋阳。"

说到这里，徐志摩话锋一转，谈起了中国一些艺术家想象力的贫乏："咱们元代的书画家赵孟頫，世人公认其善画马。据说他为了画马，自己在家里关紧房门伏在地上学马的各种样子。如其这个故事可信，那我们的艺术家的想象就带出了粗蠢不堪的乡下人模样。"[①]

徽因轻轻地笑出了声。

他们的谈话从一个话题跳到另一个话题，忘记了窗外绵绵的阴雨，忘记了壁炉的火苗在渐渐弱下去。

徐志摩告诉徽因，自己出国的初衷是为了学习外国的先进技术手段，走实业救国的路子。原以为振兴实业就是多开工厂，可出国以后，他已经改变了看法。他现在看见烟囱就感到厌恶，他同情那些在大工业机器轰鸣声中辗转挣扎着求生活的劳工。因此，他如今信奉新文艺，对政治有兴趣。

林徽因不懂政治。她的心灵世界里，更多的是文学和艺术，是书中所描写的生活。她弄不大清楚，英国的工党和保守党有什么区别；她更是不明白，父亲和徐志摩所关心的政治究竟能在多大程度上改变现实生活。

徽因越是不明白，徐志摩越想对她讲清楚自己的政治见解。他认为从东方到西方，英国的现代民主政治是最好的政治制度。

他说，德国人太机械，法国人太任性，美国人太浅陋，只有英国人堪称是现代的政治民族。

他认为，英国人是自由的，但不是激烈的；是保守的，但不是顽固的。

他告诉徽因，星期天到伦敦的公共场所去转转，就可以看到英国政治生活的一斑。广场上东一堆西一堆的人群，有劳工党人，有保守党人，有自由党人，他们各自在宣传演说自己的政治主张。有的支持政府的某项政

---

① 徐志摩：《济慈的夜莺歌》。

策，有的反对政府的某个决定；有的赞成天主教，有的赞成清教；有的在演讲自由恋爱的好处与弊端，有的在宣传布尔什维克主义……总之，各种各样的主张和见解可以在同一场地对同一群听众发布。无论演讲者的态度多么极端，言论多么过激，广场上的警察只是对他的生命安全和言论自由负责，而决不会进行干涉。听说有一次著名作家萧伯纳站在一只包装肥皂的木箱上冒着倾盆大雨演说社会主义，最后他的听众只剩下三四个穿着雨衣的巡警。

徽因又笑了起来。

徐志摩这时结论道：正因为英国自由而不激烈，所以他们虽有革命的实绩却无大流血的历史记录；同样，因为英国保守而不顽固，所以他们虽然"不为天下先"，却也并不僵化落后。

尽管徽因对不同政党及其政治主张没有太大兴趣，但她仍然被徐志摩的讲述所打动。

打动林徽因的不仅仅是他奔放热情、洋洋洒洒的语言，而且还有从他的话语中流露出来的近乎于痴的执着态度，那是一种"孩子似的天真"。

胡适曾这样评析徐志摩："他的人生观真是一种'单纯信仰'，这里面只有三个大字，一个是爱，一个是自由，一个是美。他梦想这三个理想的条件能够会合在一个人生里，这就是他的'单纯信仰'。他一生的历史，只是他追求这个单纯信仰实现的历史。"

1921 年的冬天，伦敦多雨雾而阴冷，徐志摩在林家温暖的壁炉前，度过了一个又一个寒冷而漫长的冬日。

春天来临了，伦敦的春天美好得令人陶醉。

19 世纪的英国作家拉斯金在他的《英国山楂花》中歌颂春天：

瞧啊，冬天已经过去，
雨也随着它走了
大地到处呈现着鲜花，
鸟儿歌唱的季节来到了。
啊，飞起来吧，我可爱的小鸽子，飞吧。

春深了，徐志摩已深深地被林徽因所吸引。他自己也说不清楚，怎么

民国九年（1920年），
林徽因在英国伦敦花园一
角留影

会在感情上如此迷恋这个姑娘。

他喜欢徽因淡淡春山般的双眉，他喜欢徽因盈盈秋水般的眼睛，他喜欢徽因脸颊上那一对时隐时现的笑窝，他更喜欢和徽因无拘无束地谈心。徽因空灵的艺术感觉和她的见解谈吐，常常激发出他思维的灵感和火花。

最让他心旌摇曳的是暮春时节和徽因结伴在剑桥漫步。

他们顺着蜿蜒的小河向前走，小河的上游是拜伦潭——当年拜伦常在这里游玩。小河上下游的分界处有一座小水坝，湍急的水流在阳光下闪着碎银的光亮，柔软的水草慵懒地轻拂着水面，丛密的灌木根须在河畔的水流里伸展。静谧的小径上，浓荫密布碧草如茵，一辆牛奶车响着清脆的铃声消失在小路的尽头。绿荫里，古老的石壁长满青苔，娇艳的蔷薇静静地开放；厚厚的落叶堆积在树林中，缕缕光线像簇簇金箭般斜射进去。黄昏时分，夕阳的光辉笼罩四野，远处教堂的钟声一声声撞入人的心里……

五年后，徐志摩在《我所知道的康桥》中写道："我这一辈子就只那一春，说也可怜，算是不曾虚度。就只那一春，我的生活是自然的，是真愉快的！（虽则碰巧也是我最感受人生痛苦的时期）……说也奇怪，竟像是第一次，我辨认了星月的光明，草的青，花的香，流水的殷勤……"

徐志摩在这里抒发了他对剑桥的感情，也抒发了他爱恋中难忘的感情。他生平第一次，深深地体会到了爱恋一个人的痛苦和甜蜜，尽管他与妻子张幼仪已经结婚六年。

六年前，徐志摩还在杭州一中读高中。当时的政界、金融界名流张嘉璈到这所浙江省的名校视察。他在视察中看到了徐志摩的国文考卷，嘉许赞赏之余，回去即托人向徐志摩的父亲徐申如求亲，以其小妹张幼仪相许配。张幼仪乃大家闺秀，其两位兄长张嘉璈、张君劢均为政界要人，徐申如欣然允诺了这门亲事。

两人结婚时徐志摩十八岁，张幼仪十六岁。

徐志摩来英国后，张幼仪带着他们的儿子阿欢也来到英国伴读。就在这时期，徐志摩爱上了林徽因。

徐志摩的感情来得迅疾而强烈。他认为，他对林徽因的爱是他性灵觉醒的结果，他对林徽因的追求是对爱与美及自由追求的最高体现；他大胆地表达这种情感是出于道德的勇敢，合乎人道的精神、新时代的精神。所以，他要结束与张幼仪无爱的婚姻，以获得自己的真爱。

他在写给张幼仪要求离婚的信中说："……真生命必自奋斗自求得来！……彼此有改良社会之心，彼此有造福人类之心，其先自做榜样，勇决智断，彼此尊重人格，自由离婚，止绝苦痛，始兆幸福，皆在此矣。"

在徐志摩看来，解除了这种没有爱情的婚姻关系，就解除了痛苦。假如没有这种勇气，怎么能谈得上改良社会，造福人类。他决心"勇决智断"，去争取自己真正的恋爱，真正的幸福，真正的生命。

面对徐志摩热烈而率真的感情追求，林徽因不知所措了。

刚和徐志摩认识时，林徽因只是把他当作父亲的朋友。张奚若当初是和徐志摩一同到林寓拜访林长民的，他后来回忆说，林徽因当时梳着两条小辫子，差一点儿把他和徐志摩叫作叔叔。后来随着交往的深入，林徽因对徐志摩也产生了感情，尽管这种感情与徐志摩对她的感情并不完全相同。她爱徐志摩广博的见识，独立的见解，奔放的性情，坦荡率真的为人。尽管徐志摩长她八岁，在年龄上是她的兄长，可在内心里她又视他为一个具有赤子之心的、孩子般的"真人"。她感激徐志摩为她打开了心灵的空间、生活的空间，她的精神在这种交流中得到了舒展和升华。她承认，她喜欢和徐志摩在一起，除了父亲之外，她从来没有和任何异性说过这么多话。

毕竟林徽因只有十六岁，所有的感情体验，包括慌乱的眩晕、喜悦、害怕、羞涩、疑虑、担忧，对她来说都是第一次。她还不太区分得清，在她对徐志摩的感情里，有多少是友情，多少是异性间的倾慕。也许，本来这种种情感都是互相纠缠在一起的。用林徽因的终生好友费慰梅的话来说："她是被徐志摩的性格、他的追求和他对她的热烈感情所迷住了……对他打开她的眼界和唤起她新的向往充满感激。""在多年以后听她谈到徐志摩，我注意到她的记忆总是和文学大师们联系在一起——雪莱、济慈、拜伦、曼斯菲尔德、弗吉尼亚·沃尔夫以及其他人。在我看来，在他的挚爱中他可能承担了教师和指导者的角色，把她导入英国诗歌和戏剧的世界，以及那些把他自己也同时迷住的新的美、新的理想、新的感受。"[①]

最初的慌乱过去后，林徽因沉静了下来。面对自己的心灵，面对自己真实的向往，幻象消退了，愿望清晰了，她沮丧地对自己说：这怎么可能呢?

她难过地反省着自己：当初，正是清楚地知道徐志摩是有家室的人，才可能跟他无顾忌地交往，自己怎么可能去做破坏别人家庭的事情?

童年往事历历在目，不完善的家庭生活给母亲造成的伤害、给她自己造成的伤害已成为一种感受事物的方式，沉淀在她忧郁的气质中。在以后的岁月里，她曾不止一次地谈及早年残缺的家庭生活给她带来的痛苦："……我知道自己其实是个幸福而走运的人，但是早年的家庭战争已使我受到了永久的创伤，以致如果其中任何一点残痕重现，就会让我陷入过去的厄运之中。"[②]

更何况，出身名门、从小跟着祖父母生活的徽因，是在传统的伦理教育中长大的。尽管读了许多西方文学作品，但她单纯的生活阅历、她高傲的性情以及她的理性都使她不会去做任何与传统、与家庭的名望相悖的事情。后来，她曾冷静地说："徐志摩当时爱的并不是真正的我，而是他用诗人的浪漫情绪想象出来的林徽因，可我其实并不是他心目中所想的那样一个人。"

这桩事情传到了国内，徽因的几个姑姑在这桩事关徽因的终身大事上空前地一致。她们无论如何也不能想象，林家的大小姐会嫁给一个有妇之夫。她们写给林长民的信措辞激烈，传达出了家族的意志和声音。

多年以后，费慰梅在谈到这桩往事时说："徐志摩对她的热情并没有引起同等的反应，他闯进她的生活是一项重大的冒险，但这并没有引得她脱离她家里为她选择的未来的道路。"

1921 年秋，林长民出国考察的时间到期。林徽因随父亲乘海轮归国。

徐志摩的追求虽然没有得到林徽因的允诺，他却仍然不顾家人和亲友的一致反对，坚决要求与张幼仪离婚。徐志摩认为，自己的所作所为不仅

---

①费慰梅：《梁思成与林徽因——一对探索中国建筑史的伴侣》，第 15 页。

②《林徽因致费正清、费慰梅》（1935 年），《林徽因文集·文学卷》。（林徽因致费正清、费慰梅的信全为英文，由梁从诚整理翻译，下同）

是为了追求林徽因，而且是为了追求理想的生活境界。

他最敬重的老师梁启超先生得知这一消息，专门给他写信，劝他打消离婚的念头：

……其一，万不容以他人之苦痛，易自己之快乐。弟之此举，其与弟将来之快乐能得与否，殆荡如捕风，然先已予多数人以无量之苦痛。其二，恋爱神圣为今之少年所乐道，兹事亦可遇而不可求。况多情多感之人，其幻想起落鹘突，而得满足得宁帖也极难，所想之神圣境界恐终不可得，徒以烦恼终生而已耳。

呜呼志摩！天下岂有圆满之宇宙！……吾侪当以不求圆满为生活态度，斯可以领略生活之妙味矣。……若沉迷于不可得之梦境，挫折数次，生意尽矣，忧恨佗傺以死，死为无名。死犹可矣，最可畏者，不死不生而堕落至不能自拔，呜呼志摩，无可惧耶！无可惧耶！

梁任公的信可谓字字发自肺腑，是一位师长对后学直抒胸臆的谈心，也是一位过来人对晚辈的规劝。但这时的徐志摩主意已定，他在给任公的回信中坦陈自己就是要不畏"庸俗之嫉之"，反其道而行之：

我之甘冒世之不韪，竭全力以斗者，非特求免凶惨之苦痛，实求良心之安顿，求人格之确立，求灵魂之救度耳。

人谁不求庸德？人谁不安现成？人谁不畏艰险？然且有突围而出此，夫岂得至而然哉？

我将于茫茫人海中访我唯一灵魂之伴侣，得之，我幸；不得，我命，如此而已。

1922年2月，张幼仪在柏林生下了次子德生（又名彼得）。3月，徐志摩和张幼仪在柏林由吴经熊、金岳霖作证，正式离婚。

1922年8月，徐志摩回国。

有的文章在涉及这桩往事时，谈到徐志摩决定离婚之前，曾接到过林徽因的一封信，林徽因在信中要求徐志摩在她和张幼仪之间做出选择，由此促使徐志摩下了离婚的决心。

这种说法只是一种臆测和想象。徐志摩在生活中习惯于保存所有的通信及亲人朋友之间的文字，如果有这样一封信，徐志摩不会不留下来。现存有关徐志摩的资料中，找不到与这种说法有关的任何依据。

林徽因跟随父亲回国后，又继续进培华女子学校学习。

许多年过去了，徽因在徐志摩乘飞机遇难的悲痛中给胡适写了一封信，信里谈到自己对徐志摩的感情。从中，我们可以看到林徽因真实的心迹：

我的教育是旧的，我交不出什么新的人来，我只要"对得起"人——爹娘、丈夫（一个爱我的人，待我极好的人）、儿子、家族等等，后来更要对得起另一个爱我的人，我自己有时的心，我的性情便弄得十分为难……

这几天思念他得很，但是他如果活着，恐怕我待他仍不能改的。事实上太不可能。也许那就是我不够爱他的缘故，也就是我爱我现在的家在一切之上的确证。志摩也承认过这话。

十六七岁的林徽因在面临人生的重大抉择时，听从了理性的召唤，她理性的选择使自己的人生沉静而完满。她郑重地珍藏起了徐志摩的情感，对这份美好的情感她永远报以深情的凝视。

在以后的岁月里，林徽因始终与徐志摩保持着朋友间真诚而纯洁的情谊，她对徐志摩感情的理解和尊重，使她永远拥有徐志摩的敬重和挚爱。

林徽因回国了，徐志摩在思念、爱恋、失望和希望中辗转。他开始写诗了。星月的光辉让他感动得落泪，泠泠的溪水让他体会到寂寞，薄霜满地的树林让他倍觉伤感，强烈的无处可宣泄的各种意念燃烧着他，诗行铺满了一页页稿纸。

人们都说，徐志摩的《偶然》，是写给林徽因的一首诗。

我是天空里的一片云，
偶尔投影在你的波心——
你不必讶异。
更无须欢喜，
在转瞬间消灭了踪影。
你我相逢在黑夜的海上，

你有你的，我有我的，方向；

你记得也好，

最好是忘掉，

在这交会时互放的光亮！

林徽因从 20 世纪 30 年代初开始写作新诗，在很大程度上是受了徐志摩的影响。她写于 1931 年的《仍然》，可以看作是对徐志摩《偶然》的应答之作，也是她自己心迹的坦陈：

你舒伸得像一湖水向着晴空里，

白云，又像是一流冷涧，澄清，

许我循着林岸穷究你的泉源：

我却仍然抱着百般的疑心，对你的每一个映影！

你展开像个千瓣的花朵！

鲜妍是你的每一瓣，更有芳沁，

那温存袭人的花气，伴着晚凉：

我说花儿，这正是春的捉弄人，

来偷取人们的痴情！

你又学叶叶的书篇随风吹展，

揭示你的每一个深思；每一角心境，

你的眼睛望着，我不断的在说话：

我却仍然没有回答，一片的沉静

永远守住我的魂灵。

林徽因和徐志摩，就像天空中运行的两颗行星，各自有各自的运行方向和轨迹，当他们在浩渺的星空中相遇时，深邃无垠的天际闪耀着美丽、璀璨的光亮。

第三章　紫藤花开

培华女中的下课铃声响了，这是周末，一群群白衫黑裙的姑娘翩翩地飞出了校园。她们叽叽呱呱的英语中夹杂着好听的卷舌的北京话。校门口，排着一长溜来接她们回家的小汽车和黄包车。

终于到周末了！天气多么好，多么好！晚霞多么美，多么美！徽因盼着周末回家，从周一回到学校就开始盼。在盼望中，徽因觉得时间过得又快又慢，在盼望中，心被希望和幸福涨得有些轻微的疼痛。

徽因盼着周末回家，是盼着和梁思成相见。

梁思成是梁启超的长公子，徽因随父亲去英国之前，在两个家庭的往来中，他们就互相认识了。那时，思成已经考入清华学堂留美预科班。清华学堂留美预科班学制八年，1922 年，梁思成毕业在即。这一年，他二十一岁，比林徽因长三岁。在父辈的安排之下，他们由相识而相爱了。

以倡扬变法维新闻名于世的梁启超和立宪派著名人物林长民都曾是声名赫赫的政界名流，又都是儒雅旷达的文人名士、不堪忍受官场污浊而急流勇退的社会贤达。他们之间以才识超群、情趣隽逸而结为挚友。在这两位挚友看来，这门儿女亲事是十分相当的。

北京景山后街雪池林寓，是一座典雅的院落。当初林长民决定买下这个院子，除了这里地处北京的中心、环境安谧外，他还看中了后院那两棵高大挺拔的栝树。搬到这里后，他写诗题字都自称"双栝老人"。正值春天，栝树鳞状的叶片青葱碧绿，鲜黄色的花朵亮得逼人眼目。从院子里望出去，北海公园的白塔玉雕般素雅玲珑地耸立在晴空下。

徽因和母亲居住的小院有一架紫藤，紫藤小小的叶片呈长椭圆形，羽毛般密密匝匝地缠藤绕茎，阳光穿过藤萝架，筛下一地斑斑点点的阳光。思成常来这里看望徽因。

母亲很中意这个祖籍广东的小伙子。他待人谦和、斯文有礼，腼腆里透着忠厚。个子虽说不高，看上去却十分精神。更重要的是，母亲看得出来，徽因喜欢他。母亲欢喜地看着两个沉浸在快乐中的年轻人，他们像一对小鸽子，只要到了一处，就咕咕哝哝有说不完的话。

每当思成来看徽因，母亲总是吩咐厨师另外精心准备几个菜点。厨师是林长民早年从福州带出来的，做一手好潮州菜，林长民的许多朋友都十分羡慕。

徽因喜欢和思成在一起，他们无论是出身教养还是文化构成都有太多的相似，性情、趣味的相投使他们的交流十分默契。常常是徽因笑谈之中看到思成眼里闪烁着调皮的火花，就知道思成已完全理解了自己的所思所想。还有许多时候，思成对徽因讲述着什么，徽因会感到惊异，这正是自己想说的话，怎么就让他说出来了呢。这种精神的交融和互相砥砺使他们觉得彼此的心贴得很近。思成并不十分长于言辞，但他却具幽默感。他不动声色的谐谑，常常让徽因忍俊不禁。思成也并不高大，但他的笃诚宽厚却让徽因感到踏实而心安。

思成除了学业十分优异外，还有着广泛的兴趣爱好。他学过小提琴、钢琴，是校歌咏队队员、管乐队队长。他是校美术社的骨干，担任校刊的美术编辑。他的钢笔画用笔潇洒、简洁清新。他还是清华学堂有名的足球健将，在全校运动会上得过跳高第一名。他的体操也十分出色，单杠、双杠技巧在同学中出类拔萃。

作为长子，梁启超对他寄予了厚爱和厚望。在父亲的支持帮助下，他在清华学堂读书时期，就与同班同学吴文藻、徐宗漱一起翻译了威尔斯的《世界史大纲》，商务印书馆出版了这部译著。

从1914年开始，梁启超应聘到清华讲学。梁启超担心自己的孩子在清华接受了西方教育，会丢掉中国的传统文化，每个假期专门为子女授课。他讲"国学源流"，讲"前清一代学术"，讲《孟子》《墨子》等。父亲对思成最大的影响是乐观开朗、不断进取的性格和学术上严谨扎实的作风。而清华学堂则培养了思成广泛的兴趣爱好和民主、科学的精神。

清华学堂八年的学习生活，使小小少年郎成长为青年才俊，和徽因相爱更让他觉得自己是世界上最幸福的人。在思成的眼里，徽因简直是完美的化身。徽因的秀美、灵动，徽因的气质、见识，无一不让思成倾心。他对徽因不仅是情爱，而且是欣赏、是珍爱。紫藤架下，他望着徽因，满怀着深深的喜悦之情。他们倾心地交谈，思成觉得是幸福的分享，他们静静地相守，思成感到了内心的满足。

徽因沉浸在爱的幸福中。她第一次知道，真正的爱可以让心变得像白云一样轻柔。温情仿佛从沉睡中苏醒，她想诉说、想欢笑、想歌唱、想把这欢乐带给每一个人。这不是一般意义的欢乐，这欢乐来自灵魂。由于从小生活在不幸福的母亲身边，徽因的内心积淀着忧郁和悲哀。两心相许、真挚深情地去爱一个人和被人所爱，是她从少女时代就有的梦想和渴望，而思成让她的梦幻成真。爱使寻常的事情有了灵性，爱使普通的日子诗意葱茏。发自内心的喜悦冲洗了岁月深处积淀的忧郁，生命焕发出了夺目的光彩。

对于两个相爱的年轻人的未来，家里早有安排。一待思成从清华学堂毕业，就送他们去美国留学深造。

思成和徽因憧憬着未来，谈起了今后的专业选择。

徽因告诉思成，她以后准备学习建筑。思成感到很意外，他一时无法把眼前清秀、文弱的徽因和"建筑"联系起来。

"建筑？"思成反问道，"你是说 house（房子），还是 building（建筑物）？"徽因笑了，"更准确地说，应该是 architecture（建筑学）吧！"

徽因给思成谈起了她所知道的建筑，谈起了欧洲大陆那些"凝固的音乐""石头的史诗"。

望着自己深爱的姑娘神采飞扬的神情，思成就在这一刻，决定了自己的专业选择。

许多年过去后，梁思成以其开拓性的成就被公认为中国建筑学界的权威专家，可他常常向朋友谈起，他最初的选择是因为林徽因。他说，那时徽因刚从英国回来，"在交谈中，她谈到以后要学建筑。我当时连建筑是什么还不知道。徽因告诉我，那是包括艺术和工程技术为一体的一门学科。因为我喜爱绘画，所以我也选择了建筑这个专业。"[1]

---

① 林洙：《困惑的大匠——梁思成》22 页。

也许，他们最初的选择还带有一些年轻人特有的盲目，但他们事业的选择和爱情的选择由此结合在了一起。于是，最初的选择也就是他们一生的选择，他们从未后悔过。

冬去春来，紫藤发出了新芽，紫色的小花点缀在毛茸茸的绿叶中。徽因和思成爱得热烈而真挚。亲人们私下里商量着该给他们筹办订婚仪式了。

梁任公欣慰地看着这一桩他亲自促成的亲事，心里有说不出的满意。但他还是主张他们应该先赴美读书、完成学业，然后再订婚、结婚。他认为订了婚就要尽快结婚，而过早结婚势必影响俩人的学业。

最后，父亲的意见得到了遵从，梁思成和林徽因直到1927年在美国大学毕业后才订婚、结婚。

谁也不知道，灾祸会在什么时候降临。

1923年5月7日，思成、思永兄弟从学校回到家中。他们要去长安街与同学们会合，参加北京学生的游行示威。这一天是袁世凯政府签订丧权辱国的"二十一条"的国耻纪念日。

梁家的宅院位于南长街，思成推出了大姐思顺送他的摩托车。他骑了上去，思永坐在后座，他们向长安街驶去。

刚骑到南长街口，一辆小汽车急驶而来，从侧面撞上了梁家兄弟的摩托。摩托车被撞翻了，呜呜地吼叫着，轮子在空中转动。思成被压在摩托下面，昏了过去，思永被摔出去老远。

这是北洋军阀金永炎的汽车，他是大总统黎元洪的亲信、陆军部次长。金永炎坐在汽车里，目睹了自己司机肇事的全过程。他皱着眉头，命令司机开车离开这里。

汽车开走了，思永流着血站了起来，当他发现思成已不省人事时，顿时忘了自己的伤痛。他飞快地跑回家去求救，家里人被他满身是血的样子吓坏了，只听他连声叫道："快！快去救二哥吧，二哥撞坏了！"门房老王奔向出事地点，把思成背回家中。

梁启超守在思成身旁，呼唤着："思成，你醒醒，大夫一会儿就到，你不会有事的。"

思成脸色苍白，好大一阵子才有了知觉。他感到身体好像不是自己的，一动也不能动。父亲焦急的模样让他不安，他轻声说："爸爸，我是你不孝的儿子……不要管我，特别是不要告诉妈妈。"

梁启超努力镇定着自己，他紧紧地握着儿子的手说："不要紧，别害怕。"可他心里却念叨着：医生怎么还不来？医生快来吧！只要让我的孩子活下来，哪怕落下残疾我也认了。

医生来了，做了初步的检查和诊断。他告诉梁启超，思成腰部以上没有任何问题，可能是左腿骨折。救护车把思成送进了医院。

思永是思成同父异母的弟弟，他们从小就十分要好。他恐惧地看着思成一动不能动的样子，和全家人一起跑前跑后地忙着。听到医生说思成生命无恙，看着思成被救护车送走，他松了一口气，歪在一张椅子上就睡了过去。家里人又紧张起来，担心他有什么内伤，把他也送进了医院，兄弟俩住进了同一间病房。医院的检查显示，他只是摔破了嘴唇，腿上有些轻微的擦伤。思永一个星期就出了院，而思成却在医院住了三个多月。

民初时期，中国的西医还十分落后。思成做了全面检查后，医生告诉梁家，思成的腿伤不需要动手术，养一段时间就会好的。可是，这个诊断是错误的，耽误了及时的治疗。

思成伤得很重，他左腿股骨头复合性骨折，脊椎挫伤。确诊后，他一个月内就动了三次手术。最后一次手术结束，梁启超给远在菲律宾的大女儿写信，他以一贯的乐观自信写道：思成的腿已经完全接合成功，不久就将和正常人一样走路。可事实上从那以后，思成的左腿就比右腿短了1厘米，跛足和由于脊椎病弱而装设背部支架的痛苦从此伴随了他的一生。

徽因很快知道了消息，她赶到医院，眼泪止不住地流着。思成忍着痛对徽因笑道："差一点就见不着你了。"

从这天起，徽因一有空就来医院陪伴思成。

这桩车祸被北京的报纸报道了出去，北京《晨报》直斥金永炎的恶行。金永炎知道被撞者是梁任公的儿子后，亲往医院探望，表示道歉并承担了医药费。

天热起来了，病房里的空气黏滞而郁闷。

思成的腿上打着石膏，腰背上缠着绷带，躺在床上不能翻身，更不能下地，像陷在沙滩上的鱼，艰难地挨着病房里漫长的时日。

徽因放暑假了，这一年的暑假，她是在思成的病房里度过的。

每天早晨，待医生查了房，思成就朝着病房门口期盼地张望。

思成能分辨出徽因的脚步声，那声音很轻盈，好像风。当感觉到风的时候，风已经到了身边。

徽因来了，带来了当天的报纸，带来了思成喜爱的画册，还带来了思成爱吃的冰镇杏仁酪。

思成受伤的腿和背疼得厉害。为了转移思成的注意力，她给思成读小说、背新诗、讲同学和弟妹间有趣的事。思成行动不便，她给思成擦汗、打扇。

思成感到难熬的卧床的日子不再漫长。

徽因喜欢英国作家奥斯卡·王尔德的童话作品《夜莺与玫瑰》，打算把它译成中文。病房里，她和思成一句句讨论着，挑选最贴切的汉语词句。

王尔德的童话故事是一首关于爱情的赞美诗：一个青年爱上了一个姑娘，那姑娘说，如果青年能为她采得一朵红玫瑰，她就答应在王子举办的舞会上与他通宵跳舞。可是青年走遍了花园的所有角落，却找不到红颜色的玫瑰花。青年失望极了，在草地上掩面哭泣。

夜莺在橡树上目睹了这一切，为青年的爱情所深深打动：

"'爱'果然是件非常的东西。比翡翠还珍重，比玛瑙更宝贵。珍珠、榴石买不到它，黄金亦不能作它的代价，因为它不是在市上出卖，也不是商人贩卖的东西。"

夜莺在橡树上幻想着"爱"的玄妙，决意帮助这痴情的青年。

"她张起棕色的双翼，冲天地飞去。她穿过那树林如同影子一般，如同影子一般地，她飞出了花园。"

夜莺去找玫瑰花。她找到了"白如海涛的泡沫，白过山巅上的积雪"的白玫瑰；她找到了"黄如琥珀座上人鱼神的头发，黄过割草人未割以前金水仙"的黄玫瑰。可是，这都不是她要找的"红如白鸽的脚趾，红过海底岩下扇动的珊瑚"的红玫瑰。因为寒霜已啮伤了红玫瑰的萌芽，暴风已打断了红玫瑰的枝干，红玫瑰已不可能开花了。

在夜莺的苦苦哀求下，凋零的红玫瑰枝叶告诉了夜莺一个办法："你若要一朵红玫瑰……你须将胸口顶着一根尖刺为我歌唱。你须整夜地为我歌唱，那刺须刺入你的心头，你生命的血液将流到我的心房里变成我的。"

夜莺决定用自己的生命换得这枝象征着爱情的红玫瑰，她的前胸扎在了玫瑰的尖刺上，用歌声唤醒了花丛，用心血染红了花蕾。她全部的愿望。就是要那青年做一个真挚的情人。"因为哲理虽智，爱比她更慧；权力虽雄，爱比她更伟。焰光的色彩是爱的双翅，烈火的颜色是爱的躯干。

她有如蜜的口唇，若兰的吐气……"

林徽因用诗一般的语言，译出了这部礼赞"比生命更可贵的爱情"的童话，译文刊载于1923年《晨报五周年纪念增刊》上。这是十九岁的林徽因发表的第一部作品。

徽因的爱伴随着思成，她毫不以思成可能终生致残为意，而是暗自庆幸：思成与死神擦肩而过，他们能够朝夕相伴，相亲相爱，这多么好啊！

当思成可以拄着双拐下地行走时，友人给他拍了一张照片以作纪念。他手拄双拐、腿上打着石膏坐在椅子上，脸上却洋溢着宁静而满足的微笑。

面对两个年轻人亲亲热热的情景，思成的母亲、梁启超夫人李蕙仙却紧紧地皱起了眉头。她出身于官宦之家，兄长李瑞棻曾任光绪年间的礼部尚书。深谙"妇德"的她看不惯林徽因"洋派"的言谈举止。她认为思成伤卧在床，衣冠不整，大家闺秀应该低眉敛目、小心回避才是。一个尚未下聘礼的女子怎能如此不顾体统？

夫人的不满，梁启超不以为然。思成和徽因感情甚笃，他看在眼里，喜在心头。在给大女儿思顺写信时，他的得意之情溢于言表："老夫眼力不错吧，徽因又是我第二回的成功。"那第一回的成功，是指思顺的婚事。梁启超为思顺选择了周希哲。周希哲时任中国驻菲律宾大使馆总领事，后来任驻加拿大大使馆总领事。

梁启超认为，由他留心观察、看好一个人，然后介绍给孩子，最后由孩子自己决定，"这真是理想的婚姻制度"。

梁启超担心思成荒疏了学业，为思成安排了住院疗伤期间的学习计划。"父示思成：吾欲汝在院两月中取《论语》《孟子》温习暗诵，务能略举其辞，尤于其中有益修身之文句……可益神志，且助文采也。更有余日读《荀子》则益善。《荀子》颇有训诂难通者，宜读王先谦《荀子集解》。"

车祸延迟了思成赴美学习的时间，弟弟思永以及与他同届的梁实秋、吴文藻等人已启程赴美。在这一年里，思成在父亲的指导督促下，较系统地悉心研读了一批国学典籍。他后来回忆道："我非常感谢父亲对我在国学演习方面的督促和培养，这对我后来研究建筑史打下了基础。"[①]

这一年，徽因从培华女校毕业，考取了赴美半官费留学的资格。

---

① 林洙：《困惑的大匠——梁思成》，第19页。

她剪去了辫子，留着当时女大学生流行的发式：齐耳的短发轻微地烫过，刘海和发际蓬松地覆着前额和后颈。看上去，文雅秀丽中增添了几分成熟。

20 世纪 20 年代初，中国的社会生活发生了很大变化。西方的各种思潮和主义潮水般地涌入中国，思想文化领域各种旗帜高张，各地军阀为争夺势力范围连年混战不止，国民政府走马灯似的"乱纷纷你方唱罢我登场"。

每个时代都有属于这个时代的风尚。这时期，北京上层社会盛行各种聚会联谊活动。他们夏天办消暑会，冬天办消寒会，春秋之季办迎春会、菊花会，平日里还有同事朋友中的生日会。刚开始，这些活动只是在金融界、实业界盛行，后来便影响到了知识界。这是动荡不安的时代里，人们为了联络感情、沟通信息、寻求支持、扩大影响而形成的社会风尚。

1923 年，北京一些上层知识分子为了聚会的方便，由徐志摩、胡适发起，徐申如、黄子美出钱，在北京西单石虎胡同七号租了一个院子，成立了"新月社"，并创办了《新月》杂志。

有人说，"新月社"是受印度诗人泰戈尔的诗集《新月集》的启发而得名。徐志摩说："'新月'虽则不是一个强有力的象征，但它那纤弱的一弯分明暗示着、怀抱着未来的圆满。"[1]

他十分喜爱"新月"这个名称。20 年代中后期，他和胡适、梁实秋等人在上海开书店，办刊物，店名为"新月书店"，刊物名称仍曰《新月》。

尽管林徽因从不认为自己是"新月派"的成员，但她确实是从"新月"时期开始，进入了北京知识界的社交圈并从事文化活动。

在石虎胡同七号，"新年有年会，元宵有灯会，还有古琴会、书画会、读书会……有舒服的沙发躺，有可口的饭菜吃，有相当的书报看"。[2]

民国十三年（1924 年）前后，梁思成（左一）、林徽因（右二）在西单石虎胡同七号新月社院内与新月社部分成员在一起

---

[1] 徐志摩《"新月"的态度》。

[2] 徐志摩《欧游漫录·给新月》。

在这种怡情自娱的氛围里，新月社的成员们品茶、喝酒，谈政治，谈文艺，一时间名流云集。梁启超、丁文江、林长民、张君劢、陈源、林语堂、徐申如和徐志摩父子、王赓和陆小曼夫妇、余上沅、丁西林、凌叔华等在这里常来常往，林徽因和表姐王孟瑜、曾语儿也常来参加各种文艺、游艺活动。徐志摩有一首诗记咏这时期的"新月"生活——《石虎胡同七号》：

我们的小园庭，有时荡漾着无限
温柔，
我们的小园庭，有时淡描着依稀
的梦境；
雨过的苍茫与满庭阴绿，织成
无声幽暝，
小蛙独坐在残兰的胸前，听隔院
蚯鸣，
我们的小园庭，有时沉浸在快乐
之中。

20世纪30年代，中国著名新月派代表诗人徐志摩

20世纪20年代中期，徐志摩接办《晨报副刊》。他在副刊开辟了《诗镌》栏目，集合了以闻一多、朱湘为代表的一批志趣相投的诗人，倡导和创作格律新仪。林徽因始终伴随在泰戈尔身边，参加了所有活动。

当时的报刊上，有这样的记载："林小姐人艳如花，和老诗人挟臂而行；加上长袍白面、郊寒岛瘦的徐志摩，有如苍松竹梅一幅三友图。徐氏翻译泰戈尔的演说，用了中国语汇中最美的修辞，以硖石官话出之，便是一首首小诗，飞瀑流泉，淙淙可听。"

徐志摩说，如果一时期的问题，可以综合成一个，现代的问题就是"怎样做一个人"。泰戈尔在与中国人所处相仿的境地中，已经很高尚地解决了这个问题，所以他是我们的导师、榜样。

当时的中国，并不是所有人都同样欢迎泰戈尔。

泰戈尔在各处的演讲中多次强调提出，希望中国人不要舍弃了自己宝贵的文化传统，去接受和传播那些无价值的、丑恶的西方文化，不要盲目地追求工业主义、物质主义。可是，刚刚经历了新文化运动的青年学生，正是高举着"民主""科学"的旗帜，以提倡西方文明来反对传统文化、传统道德的一代人。面对中国的内忧外患，他们认为，在这个强权等于公理的世界，一味宣扬超卓的精神和高尚的人格，只会把中国推向灭亡。他们散发传单，组织游

民国十三年（1924年），印度诗人泰戈尔与梁启超合影

行，批评泰戈尔到处宣扬中国悠久的文明传统，宣扬封建文化，宣扬精神至上，而对中国的贫穷落后无动于衷。

在抗议声中，泰戈尔以身体不适为由，取消了原计划的另几场演讲。鲁迅先生在他的杂文《骂杀与捧杀》中以他犀利的讥诮语言谈到了当年泰戈尔访华的情形："……他到中国来了，开坛讲演，人们给他摆出一张琴，烧上一炉香，左有林长民，右有徐志摩……说得他好像活神仙一样，于是我们地上的青年们失望了，离开了。神仙和凡人，怎能不离开呢？"

5月8日是泰戈尔的六十四岁寿辰，北京的一些文化人为他举办了祝寿会。祝寿会由胡适操办，梁启超主持并为泰戈尔赠名。梁启超说，泰戈尔的印度名字为拉宾德拉，意思是"太阳"与"雷"，如日之升，如雷之震，译成中文应是"震旦"，而"震旦"恰巧是古代印度对中国的称呼。泰戈尔中文名字曰"震旦"，象征着中印文化的悠久结合。梁启超又说：按照中国的习惯，名字前应当有姓，中国称印度国名为"天竺"，泰戈尔当以国为姓，所以泰戈尔的中国名字为"竺震旦"。

民国十三年（1924年）5月8日，以徐志摩为首的中国当时的新诗团体"新月社"举行晚会庆祝泰戈尔六十四岁生日。会上由林徽因扮演了泰戈尔诗剧《齐德拉》里的公主

民国十四年（1925年），上海《图画时报》上的林徽因

掌声四起，泰戈尔接过了刻有他中国名字"竺震旦"的印章。

祝寿会的压轴戏，是观看新月社同人用英语演出泰戈尔的剧作《齐德拉》。

《齐德拉》取材于印度史诗《摩诃婆罗多》中的故事。

齐德拉是马尼浦国王和王后的女儿，也是他们唯一的孩子。她生得不漂亮，国王想立她为储君，从小让她像男孩子一样学习武艺，接受训练。一天，齐德拉在山中行猎，碰到了邻国王子阿顺那。她对阿顺那王子一见倾心，生平第一次为自己的相貌不美而感到痛苦。她向爱神祈祷，求爱神赐她以美貌，哪怕一天也好。爱神被她的虔诚所打动，答应赐给她一年时间的美貌。齐德拉变成了美女，赢得了阿顺那王子的爱情，与王子如愿以偿结了婚。婚后不久，王子吐露心声，说自己一直在心里爱慕着邻国英武的公主齐德拉。而这时的齐德拉也早已不耐烦冒充美女。于是，她又向爱神祈祷，请求收回赐予她的美貌。她在丈夫面前显露了真实的形象。

剧中，林徽因饰公主齐德拉，张歆海饰王子阿顺那，徐志摩饰爱神玛达那，林长民饰春神伐森塔，梁思成担任舞台布景设计。

演出开始前，林徽因在幕布前扮一古装少女恋望新月的造型，雕塑般地呈示出演出团体——新月社。

演出结束后，泰戈尔走上舞台。他身穿朴素的灰色印度布袍，雪白的头发，雪白的胡须，深深的眼睛一扫连日的倦意。他慈爱地拥着林徽因的肩膀赞美道："马尼浦王的女儿，你的美丽和智慧不是借来的。是爱神早已给你的馈赠。不只是让你拥有一天、一年，而是伴随你终生，你因此而放射出光辉。"

民国十三年（1924年）4月，泰戈尔、林徽因、梁思成在北平合影

5月20日夜，泰戈尔离开北京前往太原，然后赴香港经日本回国。徐志摩一路随行陪同。林徽因、梁思成和许多人一起到车站送行。

徽因和思成赴美留学的一切手续都已办好，不日即将起程。望着车窗外婷婷的徽因，徐志摩百感交集。这一次的离别将是真正的离别。在接待泰戈尔的这些天里，他有许多机会和徽因在一起。他们筹办各种活动，出席各种集会，一同排练，一同演出。在一起时，志摩只觉得忙碌而愉悦，分别在即，他才强烈地意识到，自己仍深爱着徽因。从英国回到北京后，得知徽因和思成相爱的消息，他曾感到深深的痛苦和失落。也曾想继续追求下去，但徽因的态度阻止了他。事已如此，他只能以英国式的绅士风度接受现实。但这些日子的朝夕相处，使他压抑在心底的感情又炽烈地燃烧起来。他向窗外望去，窗外送行的人们在一声声道着珍重，徽因近在咫尺，徽因又远在天涯，他只觉得五内俱焚，直到胡适一声低低的呼唤："志摩，你怎么哭了？"他才意识到自己早已泪流满面。

车开了。从车窗望出去，是无边无际的华北平原，一团昏黄的月亮若即若离地挂在车窗外，就像他剪不断、理还乱的思绪。徐志摩伏在茶几上，把满怀愁绪挥洒在面前的稿纸上：

我真不知道我要说的是什么话。我已经几次提起笔来想写。但是每次总是写不成篇。这两日我的头脑总是昏沉沉的，开着眼闭着眼却只见大前晚模糊的凄清的月色，照着我们不愿意的车辆，迟迟地向荒野里退缩。离别！怎么能叫人相信？我想着了就要发疯。这么多的丝，谁能割得断？我的眼前又黑了……

徐志摩写不下去了。他知道，这是一封寄不出去的信。心情黯然的他把没有写完的信随手扔在一边。泰戈尔的秘书恩厚之满怀同情地注视着徐志摩，他把这封信收拾起来，装进了手提箱。

以林徽因的聪颖灵秀，不可能不觉察徐志摩的心绪，不安有时会像一片云翳，投影在她的心间。但是，她的心中已是一片波澜不惊的平静。她告诉自己，生命中的这一章已经翻过去了，她不想把一页书翻来翻去地读。尽管这书中又苦涩又甘甜的滋味让她难以忘怀。她很

民国十三年（1924年）5月，"人艳如花"的林徽因、"郊寒岛瘦"的徐志摩与犹如苍松一般的印度诗人泰戈尔在北平合影，他们这一组合一时在北平文化界引起巨大轰动

想和志摩说些什么，但许多时候，语言显得多余而没有力量，她希望时间能弥合一切。去美国的船票已定好，即将奔赴新大陆的留学生活使她充满了期待和向往，里里外外有太多的事情需要一一去做。

1924年6月初，林徽因和梁思成前往美国。这一年，徽因二十岁，思成二十三岁。

第四章 宾大的钟声

7月的美国，阳光明丽，空气清爽。徽因和思成到了绮色佳的康奈尔大学，利用暑假的时间补习功课，调整身心，适应新的环境。他们准备9月份再到宾夕法尼亚大学建筑系注册。与徽因、思成一同到美国的还有思成的清华同窗好友陈植，他也准备学习建筑。

7月7日，思成给北京的亲人写信。他告诉父亲自己和徽因已经按预定计划在康奈尔大学安顿下来，开始了功课补习：徽因选了户外写生和高等代数两门课程，自己选了三角、水彩静物和户外写生三门课程。他告诉父亲："这里山明水秀，风景美极了！"

他们租住的公寓有个小小的阳台，黑色的雕花铁栏呈半圆形。站在那个小阳台上，可以眺望绿色的山谷和明亮的河水。白天，他们背着画夹出去写生，盛夏的太阳和新鲜的空气沐浴着他们。傍晚回到宿舍，他们喜欢舒展四肢倚在阳台上聊天、看书，一直到绚丽的夕阳被暗下来的山谷渐渐吞没。

一个多月的补习时间很快就过去了，当徽因、思成和陈植三人来到位于费城的宾夕法尼亚大学建筑系报到时，校方告知他们：为了便于学校的管理，建筑系只收男生，不收女生。学校的管理者认为，建筑系的学生需经常在夜里作图画画，而一个女生深夜待在画室是很不适当的。

徽因和思成商量后，改报了宾大美术系，同时选修了建筑系的主要课程。

宾夕法尼亚大学是美国的著名学府，山青水碧，环境一流。校园临着卡犹嘎湖，到处是绿地和树林。建筑系在一幢三层楼房里，楼前有大片的草坪，草坪的尽头是浅灰色的白桦林。

结伴留学宾夕法尼亚大学期间，梁思成与林徽因恰似梁思永所说——林小姐千装万扮始出来，梁公子一等再等终成配

建筑系每天的课程大部分安排在上午。下午的时间，学生要么在教室做绘图作业，要么上图书馆学习。教建筑设计的是两位著名教授，斯敦凡尔特和保尔·克雷。他们都毕业于巴黎美术学院，是当时欧美学院派最有影响的代表人物，学生十分崇拜他们。

思成、徽因在宾大留学期间，正是"包豪斯"建筑学思潮在国际建筑学界流行的年代。

"包豪斯"是德文 Bauhaus 的译音，它是 1919—1933 年兴起于德国、传播到全世界的一个建筑学派。其代表人物是德国建筑师格罗皮乌斯，西方建筑学界称他是"现代最伟大的建筑师之一"，还有米斯·德罗和柯布西埃，他们被并称为西方现代建筑史上的三大星座。在"包豪斯"建筑学院授课的还有音乐教师、著名画家、摄影家、雕塑家、城市规划专家。希特勒上台后，"包豪斯"大批成员流亡美国，其思潮通过美国走向世界。

"包豪斯"建筑学思潮强调科学和艺术的结合。提倡建筑学要综合各门艺术，成为一种综合艺术。

"包豪斯"的建筑教育，主张理论指导与全面的车间操作、实际训练相结合。大纲规定，课程中理论学习和实际操作各占一半，在实际操作课上，学生要学会使用各种建筑材料和工具，还要学习工程估价和拟定投标估价单。

在教学中，要求学生观察自然事物和各种材料特性，研究内部空间、色彩和形体的最佳组合。

同时，教学中还经常辅之以各种学术报告和客串讲座。

宾大建筑系主要以巴黎美术学院的教学思想为主，但也受到了"包豪斯"思潮的影响，这一切在梁思成和林徽因的学习中留下了深刻的印象。

最初的新鲜和激动过去之后，每天的学习生活就成了日复一日单调的重复和循环。

　　思成迅速地适应了这种刻板的学习生活。他在这方面十分像他的父亲，一旦投身到学问中，就会忘记周围的一切，专注而认真。

　　一天，他兴奋地告诉徽因，他选修了高年级的西方建筑史课程——讲授这门课的是阿尔弗雷德·古米尔教授。他从不知道世界上有这样有意思的学问。

　　从此，思成在完成了各科的学习和作业后，就一头扎进了图书馆。他的面前是英文活页笔记本和各种图书资料。他根据教授的讲授，一一分析和研究了西方建筑史所记载的重要建筑，从各种书籍文献中，他摘录下有关这些建筑的重要数据和评论，并根据这些建筑的照片在笔记本上绘制成一幅幅钢笔画。这些钢笔画线条活泼，精美而严谨，所有的笔记全用英文记录。思成笑称这是"笨人下的笨功夫"。这种费时费力的"笨功夫"耗去思成许多心血和时间，也奠定了他后来成为中国一代建筑大师的扎实基础。[①]

　　在思成找到了自己的专业方向忘我地投入时，徽因的成绩也同样不俗。

　　徽因虽说早就立志学习建筑，但她在绘画、制图方面并没有什么基础，不像思成，毕竟还有清华美术社的底子，徽因几乎是从头学起。但徽因悟性极强，与生俱来的艺术气质使她对线与形的把握带有鲜明的个性特征，教绘画的老师对她的这种能力十分赞赏。

　　徽因在美国的穿着还和在国内一样，浅色的中式上衣，深色的裙子，她美丽轻盈的身影吸引了校园里的许多目光。

　　她的一位美国女同学在为家乡报纸撰写的文章中，记述了对这个东方姑娘的观察与采访：

　　她坐在靠近窗户能够俯视校园小径的椅子上，俯身向一张绘画桌，她那瘦削的身影葡匐在那巨大的建筑习题上，当它同其他三十到四十张习题一起挂在巨大的判分室的墙上时，将会获得很高的奖赏。这样说并非捕风捉影，因为她的作业总是得到最高的分数或是偶尔得第二，她不苟言笑，幽默而谦逊，从不把自己的成就挂在嘴边。

---

　　① 林洙：《困惑的大匠——梁思成》，第176页。

在英国伦敦公园里的清纯少女林徽因，即便垂在胸前的小辫子上翻飞着两只丝带蝴蝶结，也遮盖不了她自幼就接受了良好的中西文化教养。

"我曾跟着父亲走遍了欧洲。在旅途中我第一次产生了学习建筑的梦想。现代西方的古典建筑启发了我，使我充满了要带一些回国的欲望。我们需要一种能使建筑物数百年不朽的建筑理论。"

"然后我就在英国上了中学。英国女孩子并不像美国女孩子那样一上来就这么友好，她们的传统似乎使得她们变得那么不自然地矜持。"

"对于美国女孩子——那些小野鸭子们你怎么看？"

回答是轻轻一笑。她的面颊上显现出一对美妙的、浅浅的酒窝。细细的眉毛指向她那严格按照女学生式样梳成的云鬟。

"开始我的姑姑阿姨们不肯让我到美国来。她们怕那些小野鸭子，怕我受她们的影响，也变成像她们一样。我得承认刚开始的时候我认为她们很傻，但是后来当你已看透了表面的时候，你就会发现她们是世界上最好的伴侣。在中国，一个女孩子的价值完全取决于她的家庭。而在这里，有一种我所喜欢的民主精神。"

徽因学习是努力的，思成无言而无处不在的关心也时刻温暖着她。但这种学习生活并不能使她感到满足。毕竟美国文化和中国文化有着巨大的差异：毕竟基础学科的训练是刻板而近乎枯燥的。她怀恋自幼浸濡其中、充满艺术氛围的生活，每当奔走在美术教室和建筑教室之间时，每当节假日美国的同学都外出度假或回家时，她就会抑制不住地想家，想北京，想父亲和娘，想互相有说不完的私房话的表姐妹们，还想新月社的友人。她写给国内亲友的信，流露了这种感情。

在给胡适的信中，她用"精神充军"来形容在美国的生活；提起北京，她用了"渴想""狂念"这样的字眼：她说："我愿意听到我所狂念的北京的声音和消息。"

在给徐志摩的信中，徽因写道："……我的朋友，我不要求你做别的什么，只求你给我个快信，单说你一切平安，多少也叫我心安……"

徐志摩接到这封信，产生了许多联想和想象。他飞快地赶到邮电局，给徽因发了一封电报。出了邮电局，他恍恍惚惚走在大街上，许多往事涌上心头，街上的一切他视而不见，只有徽因的模样在眼前晃动。不知不觉中，他又回到了邮电局，要求发一封电报。邮局的职员疑疑惑惑地看着电文，小心地问道："先生，您半个小时前刚发过一封和这一样的电报，该不会是搞错了吧？"徐志摩这才清醒了过来。

星期天，徽因在宿舍里给父亲写信。房东太太去教堂了，小楼里特别安静。几个同学来邀徽因外出野餐，徽因一口答应，但要去叫上思成。同学们笑道："我们谁也请不动他，就看你的了。不如我们打个赌，如果你把他请来，今天外出就什么事都不要你做。"

徽因从图书馆找到绘图室，终于找到了思成。思成正在绘图板上专心致志地绘制着古希腊神庙的局部。徽因一眼就看出，那是雅典帕特农神庙的圆柱和卫城的爱奥尼亚圆柱。

思成一抬头看到了徽因，高兴地指着图纸说：

"徽因，你来看，这柱子已经在多大程度上克服了希腊早期建筑那种大方块式的呆板。柱基和柱顶过梁的一点点改变，就使十分稳定的建筑获得了极优美的仿生物体的动态。你再看这爱奥尼亚柱，柱式多么雅致，线条多么流畅，柱体凹槽的生硬被柱顶的涡卷形装饰大大抵消……"

徽因赞同地看着，点着头。待思成说完，她讲起了今天的野餐计划，

梁思成、林徽因在宾夕法尼亚大学与同学在一起

讲起了和同学打的赌，她强调："你不能让我输给他们！"

思成这才注意到，徽因穿了一双外出旅游的短皮靴，一顶遮阳帽斜斜地戴在头上，显得十分俏皮。他迟疑了片刻，带着歉疚对徽因说："今天我还计划有好些事要做，你还是自己去玩儿吧！下次咱们找个好地方一起出去。"

思成的语气很轻柔，但徽因知道今天已经没有可能把思成从绘图板前拉开了。也许真正温和的人都有着坚强的意志，因为这样的事情已经不是第一次发生了。

徽因失望地走了。

天空蓝得像大海，鸽灰色的云柔软地铺在天边。野外的阳光温暖地洒在年轻人的身上，无边无际的绿色把徽因的眼睛映衬得明亮动人。陈植最会说笑话，徽因的笑声具有极强的感染力，他们的快乐是从心底溢出的，就像遍地的野花在春日里自由自在地开放。

当他们围坐在一起野餐时，一位美国同学说："当初刚和你们认识时，真有些担心，生怕一不小心触犯了你们谨严的规矩和宗教，想象着以后不知道要听多少孔夫子的道德经，想不到和你们在一起是这样轻松。"

徽因笑道："其实，从孔夫子庙到自由女神像之间并没有太大距离，我的房东太太就是极好的证明。她是位虔诚的教徒，我画的极寻常的人体素描曾经让她受了惊吓。我的男朋友来找我，从来只能在楼外站着。如果我们坐在楼梯边上说话，到了十点半，她是一定会咳嗽的。"

笑声四起。

笑声中，徽因禁不住地牵挂俯身向案的思成，隐隐地，还有一缕失落在心底升起，隐隐约约又挥之不去，像湖面上淡淡的晨雾。

接二连三，国内传来了令人不安和痛苦的消息。

徽因和思成来到宾夕法尼亚大学不久，思成母亲查出患有乳腺癌且已到了晚期。梁启超原打算让思成回国"尽他应尽的孝道"，没想到夫人李蕙仙很快病逝，思成即使立即往回赶，也需要一个多月的时间。梁启超又给思成拍来电报，让他安心在美国学习，不必赶回，一切后事由国内的亲人料理。

每个家庭都有不足为外人道的家务事。梁家这个人口众多的大家庭也不例外。在李夫人逝世的悲痛里，梁家上下无可回避的是：思成的母亲生前一直对徽因这个"现代女性"心存芥蒂，直到生命的最后时刻仍对思成和徽因的婚事耿耿于怀。

思成的大姐思顺，在母亲病逝前的半年里，从菲律宾回到国内，衣不解带地侍奉母亲，对母亲病逝前的所有痛苦感同身受。

思顺在梁家的地位十分特殊。她比思成年长八岁，作为长女，她格外得到父母的信任，也格外受到弟妹的尊重。由于李夫人身体不好，长时间以来，家中的大小事宜，梁启超都习惯于征求思顺的意见。在失去母亲的悲恸中，思顺不能忘记母亲对思成的放心不下和对徽因的不满。

种种消息和传言通过各种渠道传到了美国。

徽因感到别扭甚至难堪。她不能接受自己将要进入的家庭对自己的指责，即使对自己所爱的人也不愿意妥协。

徽因从来就不是压抑自己、委曲求全的人，她所有的委屈只能向着思成宣泄。她赌气地疏远思成，和同学外出去听音乐，看歌剧。平时小小不然的事情被放大了，被强调了，一点点矛盾就可以引起一场激烈的争执。

他们争执、怄气，说对方最不愿意听的话，然后和好如初，然后又是新的争执。他们消瘦、苍白、寝食难安，其实彼此心里都清楚，他们都深爱着对方。因为唯有爱，才会让人这样痛苦和无奈。

饱受感情折磨的思成在给亲人的信中倾吐了自己的痛苦，他给大姐思顺写道："——感觉着做错多少事，便受多少惩罚，非受完了不会转过来。"他希望得到亲人的理解和帮助。

思成的大姐思顺这时已经回到了加拿大自己的家中，在正常的家庭生活中，她痛苦的心情得到修复，逐渐恢复了平静。她爱自己的弟弟，她对弟弟的爱有种近似母爱的感情，无论如何，她也不忍心看着弟弟受苦。

爱其实更多的意味着包容和接受，包容和接受自己所爱的人的一切。

梁启超视孩子为生命，他得知孩子们感情修复后，欣慰极了。在给女儿的信中，他写道："……思顺对于徽因感情完全恢复，我听见真高兴极了。这是思成一生幸福关键之所在。我在几个月前很怕思成生出精神异动，毁掉了这孩子，现在我完全放心了……"

"我们一生不知要经历多少天堂地狱，即如思成和徽因，便有几个月在刀山剑树上过活！这种地狱比城隍庙十王殿里画出来的还可怕……"①

痛苦和不幸常常是接踵而至。

1925 年 12 月，徽因的父亲林长民猝然遇难，巨大的灾难劈头盖脸地挟裹了徽因。

当时，林长民任东北军第三军团副军团长郭松龄的幕僚长。

郭松龄是东北军中举足轻重的人物，他参加过同盟会，投身过辛亥革命。他在东北军鼎新革故，倡办讲武堂、提高东北军的素质，重振了东北军的军威。

1925 年，郭松龄集合东北军十万精锐，倒戈反奉。他通电全国，反对张作霖军阀专权，要求张作霖下野，力主消除军阀混战，实现民主政治。林长民投身其中，为其出谋划策，奔走呼号。

郭松龄的队伍在巨流河一带遭到了张学良率领的奉军伏击，林长民中流弹身亡，时年五十岁。

当事情见报时，人们还企盼着林长民的死只是误传，可噩耗从各个渠道传来，梁启超不得不赶紧给思成写信，让孩子们对此有思想准备：

我现在总还存万一的希冀，他能从乱军中逃命出来。万一这种希望得不着，我有些话切实嘱咐你。

第一，你要自己十分镇静，不可因刺激太剧，致伤自己的身体。因为一年以来，我对于你的身体，始终没有放心……你不要令万里之外的老父为着你寝食不安，这是第一层。徽因遭此惨痛，唯一的伴侣，唯一的安慰，就只靠你。你要自己镇静着，才能安慰她，这是第二层。

第二，这种消息，谅来瞒不过徽因。万一不幸，消息若确，我也无法用别的话劝解她，但你可以将我的话告诉她：我和林叔叔的关系，她是

---

①丁文江、赵丰田编：《梁任公年谱长编》，第 1046 页《与梁思顺书》。

知道的，林叔叔的女儿，就是我的女儿，何况更加以你们两个的关系。我从今以后，把她和思庄①一样看待。在无可慰藉之中，我愿意她领受我这十二分的同情，度过她目前的苦境。她要鼓起勇气，发挥她的天才，完成她的学问，将来和你共同努力，替中国艺术界有点贡献，才不愧为林叔叔的孩子。这些话你要用尽你的力量来开解她。

……徽因留学总要以和你同时归国为度。学费不成问题，总算我多一个女儿在外留学便是了，你们更不必因此着急。②

接信后，徽因在痛苦焦急中仍心存侥幸，她给梁伯伯发回急电，想知道父亲究竟身在何处？是否有新的消息？

确实的消息传来了，梁启超沉重地在信中说：

初二晨，得续电复绝望。昨晚彼中脱难之人，到京面述情形，希望全绝。遭难情形，我也不必详报，只报告两句话：（一）系中流弹而死，死时当无大痛苦。（二）遗骸已被焚烧，无以运回了……

徽因的娘，除自己悲痛外，最挂念的是徽因要急煞。……我问她有什么话要我转告徽因没有？她说："没有，只有盼望徽因安命，自己保养身体，此时不必回国。"③

还有许多事，梁启超在信中不便对孩子们说。他已经好几天没有回清华了，一直在北京城里为林宗孟④的后事奔走。林宗孟身后的惨状令人担忧。满门孀稚，满眼凄凉，两房太太均无养家的能力，最小的孩子年龄尚幼，披麻戴孝在灵帏前嬉闹着翻跟斗。全家眼下只有现金三百余元，立即就将难以为继。梁启超已经上书政府有关部门，请求为林宗孟募集赈款："非借赈金稍为接济，势且立濒冻馁……"⑤

---

① 思庄：梁启超的二女儿，梁思成的妹妹。

②《梁任公年谱长编》，第 1068 页《与梁思成书》。

③《梁任公年谱长编》，第 1069—1070 页《与梁思成书》。

④ 林宗孟：即林长民。

⑤《梁任公年谱长编》，第 1071 页《致张国淦书》。

徽因这些日子不知是怎样挨过来的。本来她执意要立即回国，被梁启超一封封电函阻止。她吃不下饭，睡不着觉，眼睁眼闭，全是父亲的音容笑貌。一想到父亲居然就这样离开了这个世界，她觉得原本坚实的一切都在摇动。死亡的降临是如此的简单、突兀，再没有任何东西让你相信可以永远拥有。命运不由分说地打击人，人却无处可逃。徽因想起父亲不久前还在来信中说：这些年来政治风云诡谲多端，已使他彻底厌烦了从政，打算从明年起谢绝俗缘，亲自课教膝前的小儿，同时再好好打磨自己的书法艺术……可是，命运没有给他时间。她不能想象一生儒雅偶傥的父亲横死荒野的情景，想起来一颗心就疼痛得裂成了碎片……从今往后，可怜的母亲将何以安身立命？年幼的弟妹又将依靠谁？还有自己，漂泊海外，学无所成……

二十多年来，徽因第一次真实地认清了自己的处境，认清了生活的严酷。父亲，闲云野鹤般的父亲，才情四溢的父亲，他的率性使他付出了生命的代价，也把无尽的痛苦和忧思留给了他的亲人……

面对命运，人要么被打垮，要么挺身承受。气若游丝的徽因站立了起来，她告诉自己：父亲没了，自己从此再也不是林家的大小姐，而是要对弟弟妹妹援之以手的大姐，是需要对母亲尽责的长女。

思成放下一切守护在徽因身边，他愿意做一切事情，只要能减轻徽因的痛苦。尽管他清楚地知道，这巨大的创痛鲜血淋漓难以愈合。

生命的脆弱和莫测使徽因和思成对人生、对爱有了新的认识。

爱，不仅仅是花前月下，儿女情长；爱更是患难与共、是彼此的扶助和共同的承担。人的一生不可能无牵无挂无负载地来往于世，承担使生命有了沉甸甸的分量，承担阻止了人在痛苦的深渊中下坠。

一段时间里，活泼好动的徽因变得沉默了。沉默的徽因依然灵秀清丽，只是她的眼睛里多了几分忧郁，几分深沉。

徽因全身心地投入到了学习中，其忘我的程度不让思成。

即使如此，在学习和生活中，他们鲜明的性格差异仍然随时有所表现。

宾大建筑系老师布置的作业别出心裁，他们有时让学生为毁损的建筑物做修复设计，有时让学生重新设计一座凯旋门、纪念柱而又不能背离当时当地的环境。

每当这时，长于想象、富于创意的徽因会很快地画出草图。然后，她就会因为采纳各种不同的修改建议而丢弃这张草图。新的草图又画了出来，她仍日感到不满意。直到交作业的期限到了，她还在画图板前加班加点。

就在她认为自己不可能完成这个设计时，思成来到她的身边，他以令人惊叹的绘图功夫，迅速、清晰而准确地把徽因富于创造性的草图变成了精彩的设计作品。

徽因自己也承认："我是个兴奋型的人。"①而思成则以自己的沉稳和徽因形成了最好的互补。他们之间这种默契与合作，在以后共同从事的事业中，一直保持了一生。

1927年3月，当复活节钟声敲响的时候，春天来到了宾大校园，这是思成和徽因在宾大学习的最后一个学年。

3月的一个周末，在纽约访问的胡适应林徽因的邀请来到宾大作演讲。

三年不见，胡适觉得徽因有了不小的变化，个子长高了点，好像"老成了好些"。

徽因告诉胡适，三年的美国生活，自己经受了苦痛的折磨，增加了阅历，一点一点地改掉了在北京被惯坏了的毛病，从 idealist phase（理想主义阶段）走向了 realistic phase（现实主义阶段）。②

谈到徽因父亲的死，胡适唏嘘不已。他对徽因说：最初听到消息，只觉得太奇特，太荒唐，太不近情理，怎么也不愿意相信。最可叹息的是，这些年在研究历史的过程中，深深感到中国最缺乏纪实的、具有史料价值的文学作品，所以到处劝老辈朋友们写自传，可他们虽然答应了，却迟迟没有动笔。林宗孟先生曾答允要以"五十自述"做自己的五十岁生日纪念，可到了五十，他却说："适之，今年实在太忙了，自述写不成了；明年生日我一定补写出来。"谁知他说走就走了，胡适叹道："他那富于浪漫意味的一生就成了一部人间永不能读到的遗书了！"

看徽因眼里闪着盈盈泪光，胡适忙调转了话头。他对思成说：任公也有同样的应允，但至今仍未动笔，因为他自信体力精力都很强。看来的确如此，你们在这里也尽可放心。

胡适给徽因和思成讲了国内的局势，讲了国内文坛和亲友们的情形。谈得最多的，是他们的朋友徐志摩的惊世骇俗的婚恋。

---

① 《林徽因致胡适》（1931年），《林徽因文集·文学卷》，第322页。

② 《林徽因致胡适》（1931年），《林徽因文集·文学卷》，第322页。

民国十五年（1926年），在美国宾夕法尼亚大学学生证上的林徽因，目光中透露出一种执着。当年，宾大建筑系不招收女生，而她正是凭着这种坚毅执着，最后竟成为该校建筑系的辅导员

1924年，徐志摩爱上了有夫之妇陆小曼。经过两年多的苦恋，他们于1926年10月结了婚。小曼的前夫王赓毕业于清华，曾留学美国西点军校。徐志摩和王赓原是好友，他和陆小曼的恋情承受着来自社会和家庭的巨大压力。用郁达夫的话来说：忠厚柔情如小曼，热烈诚挚若志摩，他们遇合在一道，自然要发放火花，烧成一片了。哪里还顾得到纲常伦理？更哪里还顾得到宗法家风？

胡适还告诉徽因和思成，志摩的前妻张幼仪至今仍带着孩子和志摩的父母生活在一起。志摩父母对志摩提出：如果要和陆小曼结婚，一是必须按老规矩办，必须请梁启超证婚，请胡适做介绍人才行；二是他们结婚和婚后的一切费用自理。

其他要求还好说，可梁任公根本就不赞成徐志摩的行为，怎么肯为他证婚？最后，还是胡适和张彭春的再三劝说，梁任公才板着面孔出席了婚礼。

说到这里，徽因和思成告诉胡适，去年曾收到任公谈及此事的一封信。他们至今还记得，那封信带着明显的火气：

"我昨天做了一件极不愿意做的事，去替徐志摩证婚。……我在礼堂演说一篇训词，大大教训一番，新人及满堂宾客无一不失色，此恐是中外古今所未闻之婚礼矣……"

胡适接着说，那天的婚礼在北海快雪堂举行，席间的亲友共有一百多人。梁启超手拄拐杖，直叱新人："徐志摩，你这个人性情浮躁，所以在学问方面没有成就；你这个人用情不专，以致离婚再娶。……以后务要痛改前非，重新做人！"梁启超的训词，令满座亲朋面面相觑。

胡适的讲述让徽因和思成仿佛身临其境。他们深知，这确实是老爷子为人行事的一贯风格。只是想到徐志摩、陆小曼当时的尴尬，又不禁心生几分同情。

天气渐渐热了，徽因晚上在房间读书总喜欢开着窗户，夜风里有湿润的花香，隔着纱窗可以看到路灯在草地上铺了一层柔和的晕辉。

那天夜里，徽因刚刚躺下。她怕风凉，又起来关上了窗户。不一会儿，听到有沙子抛在玻璃上的声音，原来是思成站在草地旁向她招手。她赶紧跑下楼去，思成在她耳边轻声说道："生日快乐！"接着把一个圆圆的沉甸甸的东西递到了她的手中。徽因这才想起，明天 6 月 10 号，是自己的生日。

思成挽着徽因的手，慢慢地走在小路上。徽因在路灯下摩挲着手中的礼物，看出这是一面仿古铜镜。

铜镜的一面镶嵌着圆圆的玻璃镜面，另一面的中心是对称的两个衣袂飘飘的飞天浮雕图案，飞天外圈环绕着卷草花纹雕饰，花纹旁均匀地铸着清晰的字迹："徽因自鉴之用思成自镌并铸喻其晶莹不刓也。"

看着徽因爱不释手的模样，思成高兴地说："怎么样？可以乱真吧？"他告诉徽因，这是他在美术学院的工作室里，用了差不多一周的课余时间雕刻、铸模、翻砂、仿古处理后做成的。做好后，他故意拿去请研究东方美术史的教授鉴定其年代。教授不懂中文，思成又不让他看另一面，他有些狐疑地说："从图案上看，像是北魏时期的物品，但从未见过这样的文字，对不起，我不能帮助你。"最后，教授知道了真相，看见思成就说："Hey! Mischievous imp（淘气鬼）！"

6 月的夜，风很轻，空气很湿润。徽因轻轻地把铜镜贴在脸上，笑窝里溢满了幸福。

6 月一过，毕业在即，徽因和思成面临着对未来的选择。

他们的学业出类拔萃。特别是思成，他的两个设计方案先后获得了学院的金奖，这在学院的历史上也是罕见的。至于毕业后的去向，他们可以选择回国，也可以选择继续深造。他们还接到了克雷教授的建筑事务所的邀请，走出校门就可以有很好的工作。这一切，对别人来说是求之不得的事情，可是他们却感到有些烦乱。思成想作关于中国建筑史的研究，却苦于缺乏资料，迟迟未能着手；建筑事务所的工作虽薪酬不菲，但他担心那种毫无创意的重复性工作会让人匠气十足。毕业后就回国是他们所盼望的，但顾虑到国内社会动荡，民不聊生，不知所学是否能派上用场。

梁任公以他的博大和通达排解了孩子们的苦恼：

……觉得这几年专做呆板工作，生怕会变成画匠，有这种感觉，便是你的学问在这时期内将发生进步的特征，我听见倒喜欢极了。孟子说："能与人规矩，不能与人巧。"凡学校所教与所学总不外规矩方面的事，若巧则要离了学校方能发现……千万不要对此而生厌倦,一厌倦即退步矣。至于将来能否大成,大成到什么程度当然还是以天才为之分限。我平生最服膺曾文正两句话:"莫问收获,但问耕耘。"将来成就如何,现在想他则甚?一面不可骄傲自慢,一面又不可怯弱自馁,尽自己能力做去,做到哪里是哪里,如此而于社会亦总有多少贡献。

思成来信问有用无用之别,这个问题很容易解答。试问唐开元、天宝间李白、杜甫与姚崇、宋璟比较,其贡献于国家者孰多?为中国文化史及全人类文化史起见,姚、宋之有无,算不得什么事。若没有了李、杜,试问历史减色多少呢?我也并不是让人人都做李、杜,不做姚、宋,要之,要各人自审其性之所近若何,人人发挥其个性之特长,以贡献于社会,人才经济莫过于此……[1]

梁启超随信寄来了一本陶版的《营造法式》。这是北宋时曾任工部侍郎的李诫编写整理的一部古代建筑技术专用书,是北宋时期官订的建筑设计、施工用书,近似于今天的建筑设计手册。

徽因、思成惊喜之余,却发现这部书采用的是宋代工匠们的语汇,读来如同天书,无从破译。可是,北宋就有这样建筑学方面的专著,不正说明中国的古代建筑确实值得研究吗?

游移的心安定了下来,他们决定先静下心来学习,待拿到学位再作安排。

1927年,林徽因从宾大美术系毕业,获美术学士学位。她选择了耶鲁大学戏剧学院,在帕克教授的工作室学习舞台美术设计。同年,梁思成在宾大获得建筑学硕士学位,申请进入了哈佛大学研究生院,攻读东方艺术博士学位。建筑学是一门实践性很强的学科,但思成的专业选择,更倾向于对建筑美学的探究。

在耶鲁,徽因很快得到了教授和同学们的喜爱。宾大三年的学习,她打下了扎实的美术基础功底。她的绘图设计能力远远高出学习舞美设计的其他同学。经过繁复、精确的建筑设计训练后再来学习舞台美术设计,徽因感到轻松愉快、游刃有余。她本来就热爱戏剧,又参加过戏剧演出,做舞美设计时,她能够身临其境地感受舞台上的戏剧空间,不仅考虑到舞台的视觉效

①《梁任公年谱长编》,第1115页。

果，还能考虑到舞台上场景的变换、演员的调度。帕克教授对她十分欣赏。

每当该交作业或临近考试时，那些美国同学就会向徽因求救。斯第华特·切尼是同学中年龄最小的姑娘，她聪明而任性，常常为一点点小事和同学争执、赌气。徽因像个大姐姐一样，平息、排解着这些女孩子间的纷争，并且总是百般安抚小切尼，和她一起分析剧本，帮助她完成作业。

十年后，徽因在北京的家中偶然翻开一本戏剧月报，发现了斯第华特·切尼的名字，她惊喜极了："……我的斯第华特·切尼成了百老汇一名有名的设计师！想想看，那个同谁都合不来、老是需要我的母亲般保护的小淘气鬼，现在成了百老汇有名的设计师，一次就有四部剧目同时上演。"

民国十六（1927 年）2 月，林徽因以优异成绩获得宾夕法尼亚大学的美术学士学位，这是她身穿学士服、头戴学士帽的留影

与此同时，思成在哈佛的研究却不太顺利。

他用三个月的时间，阅读了能够查找到的所有有关中国建筑的资料。他对这些外国人撰写的材料进行分析研究后发现，他们对中国建筑的认识仅仅停留在表面，缺乏本质的发现和研究，更不用说其中有些根本就是错误的认识。

他找到自己的导师，向他说明，自己需要回到中国进行实地考察，收集资料，两年后交博士论文。

徽因同时结束了为期半年的舞美设计的研修。

四年的留学生活要结束了，游子要回家了，日子顿时紧张、生动起来。日思夜想的故国亲人，遥不可知的未来，仿佛一下子变得触手可及；他们向生活了四年的宾大告别，向老师和同学们告别，向洒满阳光的树林和草地告别，他们心中存留了这里的美好记忆。

第五章　欧游踪迹

思成、徽因要回国了，北京的亲人忙碌了起来。

思成是梁任公钟爱的长子，徽因又没了父亲，任公对他们的婚事事无巨细，一一操心。他拟定了详细的计划，计划分国内国外同时进行。

思成、徽因在国外，婚礼按国外的规矩进行。他安排思成、徽因从美国先去加拿大，按西方风俗，在教堂举行仪式，婚礼由大女儿思顺和女婿周希哲为他们操办。婚后赴欧洲旅游，同时考察国外的建筑，然后回国。

双方的长辈和亲人都在国内，订婚、行文定礼等一切按国内的老规矩进行。国内的事情由家人为他们操办。

1927年12月12日，梁启超在给思成、徽因的信中，详细记述了北京家中为他们准备订婚仪式的情形：

这几天家里忙着为思成行文定礼，已定本月十八日（阳历）在京寓举行。因婚礼十有八九是在美举行，所以此次行文定礼特别庄严慎重些。晨起谒祖告聘，男女两家皆用全帖遍拜长亲，午间宴大宾，晚间家族欢宴……今将告庙文写寄，可由思成保藏之作纪念。

聘礼我家用玉佩两方，一红一绿，林家初时拟用一玉印，后闻我家用双佩，他家也用双印。但因刻印好手难得，故暂且不刻，完其太璞。礼毕拟将两家聘礼汇寄坎京，备结婚时佩带，惟物品太贵重，深恐失落。届时当与邮局及海关交涉，看能否确实担保，若不能，即仍留两家家长处，结婚后归来，乃授子宝存……

1927 年 12 月 18 日，在家里给思成、徽因操办了订婚仪式后，梁启超喜悦之余，又提笔给思成、徽因写信，与孩子们详细讨论结婚、归国的各项事情：

……这几天为你们聘礼，我精神上非常愉快。你想从抱在怀里的"小不点点"（是经过千灾百难的）一个孩子盘到成人，品行学问都还算有出息，眼看着就要缔结美满的婚姻，而且不久就要返国，回到我的怀里，如何不高兴呢？今天北京家里典礼极庄严热闹，天津也相当的小小点缀，我和弟弟妹妹们极快乐的玩了半天。想起你妈妈不能小待数年，看见今日，不免起些伤感，但她脱离尘恼，在彼岸上一定是含笑的……

婚礼只要庄严不要侈侈靡靡，衣服首饰之类，只要相当过得去便够，一切都等回家再行补办，宁可从中节省点钱作旅行费。

你们由欧归国行程，我也盘算到了。头一件我反对由西伯利亚路回来，因为野蛮残破的俄国，没有什么可看，而且入境出境，都有种种意外危险（到满洲里车站总有无数麻烦）。你们最主要目的是游南欧，从南欧折回俄京搭火车也太不经济，想省钱也许要多花钱。我替你们打算，到英国后折往瑞典、挪威一行，因北欧极有特色，市政亦极严整有新意（新造之市，建筑上最有意思者为南美诸国，可惜力量不能供此游，次则北欧特可观），必须一往。由是入德国，除几个古都市外，莱茵河畔著名堡垒最好能参观一二。回头折入瑞士，看些天然之美，再入意大利，多耽搁些日子，把文艺复兴时代的美，彻底研究了解。最后便回到法国，在马赛上船（到西班牙也好，刘子楷在那里当公使，招待极方便，中世及近世初期的欧洲文化实以西班牙为中心）。中间最好能腾出时间和金钱到土耳其一行，看看回教的建筑和美术，附带着看看土耳其革命后的政治（替我）。（关于这一点，最好能调查得一两部极简明的书（英文的）回来讲给我听听。）

梁启超像中国无数父母一样"望子成龙"，但他对孩子的爱既具传统特色，又有现代意识。

在生活上，他无微不至地关爱着孩子；在精神上，他循循善诱地引导着孩子；在学业上，他高标准地要求孩子。他平等、民主地对待孩子，尊重他们对生活、事业的选择，为他们的成才提供可能的一切条件。他无所不在的思想情感力量，潜移默化地引领着梁家下一代的人生道路。他这些写给孩子的信是我们洞悉那一代学人心灵世界的窗口。

梁任公给自己心爱的孩子写这些信时，已经重病缠身。他因便血于1926年初在北京协和医院开刀，切除了右肾，手术后未查出病源，便血仍然时轻时重，稍一劳累就会长时间的尿潴留。但他从来都以非常达观的态度对待疾病，对儿女更是"报喜不报忧"。他一如既往地读书、写文章、做学问，还制定了许多长远的写作规划。

1928年2月12日，快过春节了。从医院回家过年的梁任公，在写给思成的信中，仍是满纸殷殷的牵挂和疼爱：

> 思成，得姊姊电，知你们定三月行婚礼，国币五千或美金三千可以给你，详信已告姊姊。在这种年头，措此较大之款，颇觉拮据，但这是你学问所关，我总要玉成你，才尽我的责任……
>
> 今寄去名片十数张，你到欧洲往访各使馆时，可带着。投我一片，问候他们，托其招呼，当较方便些。你在欧洲不能不借使馆作通信机关，否则你几个月内不会得着家里人只字了。你到欧后，须格外多寄些家信（明信片最好），令我知道你一路景况。

1928年3月，林徽因和梁思成相恋五年后，在加拿大渥太华举行了婚礼。当时思成的姐夫周希哲在这里任中国驻加拿大使馆的总领事。因为在加拿大买不到中式的婚礼服，徽因又不愿意穿着千篇一律的西式婚纱，她就自己设计了一套旗袍式的裙装，特别是头饰，更是别出心裁，冠冕似的帽子两侧，垂着长长的披纱，既古典又富于民族情调。帽子正中的璎珞，美丽而别致。这也许是她一生所追求的"民族形式"的第一次创作尝试。

婚后，他们踏上了欧游的旅途。

他们来到了巴黎。

徽因上次和父亲到欧洲，还是个小姑娘。不同国家的景物在记忆中交织成了一片斑斓的色彩。这次和思成一起同游，那许多著名的建筑从教科书上还原了、放大了、贴近了，有一种"温故而知新"的亲切感。

正是巴黎明媚的春季。经过一个阴冷潮湿的冬天，好像全巴黎的人都来到了春天的阳光下。宽阔的香榭丽舍大道两旁，高大的乔木绽出了新绿，阳光在稀疏的枝叶间跳跃，洒下一地斑驳的光影。

卢森堡公园旁，是一家挨一家的露天酒吧，有人喝着咖啡看报纸，有人品着葡萄酒，陶醉地眯上了眼睛。几个大学生模样的年轻人正激动地谈论着什么，书和讲义随便地堆放在餐桌上。那几位一定是刚从画室出来的艺术家，他们古怪的衣着上还沾有斑斑点点的颜料和油彩。一家酒吧播放着轻快的华尔兹舞曲，有人随着音乐跳起舞来，一对恋人拥吻着，仿佛这世界上只有他们两人……

徽因挽着思成的胳膊漫步，她禁不住叹息道："多好啊，他们好像只活在此刻的幸福中，为春天，为音乐，为爱……"

思成扭头轻轻地在徽因耳畔说："我也觉得非常幸福，那是因为有你，有这一时刻。"

民国十七年（1928 年）3 月 21 日，梁思成与林徽因在加拿大渥太华的结婚照。林徽因穿着自己设计的嫁衣，幸福地走进教堂踏上了红地毯，这身嫁衣是她追求"民族形式"的第一次尝试

凯旋门前，思成举着相机频频按动快门，他想从不同角度拍下凯旋门的全貌及凯旋门上的所有雕塑。徽因打开画夹准备写生，可是，她的视线却被路旁一个年轻女子所吸引。那是一位推着婴儿车的年轻母亲，她面容姣好，胸部饱满，身材苗条，栗色的头发从中间分开，在脑后松松地挽了个发髻，洁净的衣裙随着她轻盈的脚步变幻着迷人的线条。徽因赶紧叫思成，想让他把这个画面拍下来，可思成正全神贯注地调着光圈、速度，待他抬头看时，那女子已推着婴儿车走远。

徽因懊恼地抱怨思成："哎呀，你真是的！你不知道，她多像拉斐尔笔下的圣母，那么美，那么温情。"

思成笑道："下次再遇到'圣母'，你就上去请求与她合影，这样，我也可以从容'瞻仰'了。"

他们来到了从教科书上烂熟于心的巴黎圣母院，这是早期哥特式建筑的代表作。

圣母院的平面是横臂很短的"拉丁十字"，整体呈向上伸展的态势。进门后中厅和左右侧廊围成半圆。立面很美，上层楼塔高耸，下层有三座尖拱门，中层是镶嵌着彩色玻璃的玫瑰花窗。中层的横壁上，刻着法国历史上 28 位国王的雕像。一排装饰尖拱把左中右三部分联系了起来。他们所站立的中厅宽 12.5 米，却高 30 多米，厅上部也交织着尖拱，整个空间给人以竖高的视觉感受。

思成细细地"读"着这座建筑，他对徽因说："这样的建筑要用心灵去体验。垂直向上的结构，表现了对崇高目标的渴望。狭窄高峻的建筑空间表达了上帝的高高在上，以及人的渺小和无足轻重。

"你看光线，在这里起了多么重要的作用。顶层的窗户多，面积大，所以教堂的上部光线明亮，下部则是神秘的昏暗。宗教关于尘世黑暗和上帝光辉笼罩天国的思想，在这里得到了直接的体现。"

徽因低声道："有人把哥特式教堂比作一位祈祷的少女，这少女双膝跪倒在地，双臂伸向天空，她在向上苍祈祷什么呢？"

民国十七年（1928 年）夏，蜜月中的林徽因与丈夫梁思成漫游欧洲多个国家，这是她在考察古建筑过程中留影

思成轻声应道："我想，她在向上苍诉说人生是多么短暂，人类是多么渴望无限和永恒。"

他们参观了卢浮宫——法兰西人奉献给艺术的最华美的宫殿。他们感叹，毕竟是卢浮宫，世界上再没有任何博物馆有这样辉煌的包罗万象的收藏。

一个展厅接一个展厅地走下去，看了达·芬奇，看了枫丹白露画派的代表作，看了各个国家不同流派五光十色的作品，徽因被伦勃朗迷住了。伦勃朗的画光影交错、节奏强烈、情感沉郁，她站在伦勃朗的画前，久久挪不动脚步。徽因对思成说，卢浮宫这么多圣经题材的画，只有伦勃朗的基督体现了基督教精神，那么悲悯，那么仁慈，让人不能忘记基督的眼睛。

走出展厅，他们的眼睛很饱，精神很饱，肚子却很饿。徽因累得直喊脚疼。

他们喝了杯热热的加奶的咖啡，吃了个小圆面包，接着走进了古希腊、罗马雕塑展厅。

展厅里，从大理石中剥离出来的种种形象，好像会说话，好像有灵魂。古希腊的雕塑展示了这一时期艺术温文尔雅的和谐，米洛的维纳斯就是其完美的代表。而古罗马的雕塑则表现了一种伟岸的气魄，是力量的象征。

他们站在文艺复兴时期米开朗基罗的"挣扎的奴隶"面前。

徽因说："米洛的维纳斯失去了双臂，给人的却是和谐、自在、舒展的感觉，让人体会到自信和稳定的情绪。而'挣扎的奴隶'看上去肌肉发达，高大、孔武，却呈现出强烈的扭曲和挣扎，完全是悲剧性的表达。"

思成点头同意道："罗丹最喜欢的一尊雕像名叫'微笑'，那尊雕像没有头，没有别的部分，只有围着短短兽皮的运动着的腿，罗丹认为这尊雕像用形体和肌肉表达微笑，比眼睛和嘴表达得还充分。像这样用抽象的形体来传达感觉和情绪，就已经很接近建筑和音乐的意蕴了。"

徽因笑嗔道："你真是三句话不离本行，说什么都能扯到建筑上去。"

思成调皮地笑了："说真的，这些天在欧洲到处看到的都是人体雕塑，我在这里学到的人体结构比在宾大上几年美术课学到的还要多。"

徽因大笑起来，"这可都是些好几百年、上千年的老爷爷、老奶奶啊！"

他们走出展厅时，思成反身对着雕像微微一鞠躬道："老爷爷、老奶奶们，再见！"

离开法国前往意大利。他们依偎着坐在火车上，默默地向巴黎告别。塞纳河波光粼粼流经全城，林荫路旁的露天咖啡馆撑开了鲜艳的大伞，报童一边跑一边叫卖着当天的报纸，姑娘的头发和丝巾在风中飘扬……巴黎的空气中有一种独特的成分，是迷人的鲜花和葡萄美酒？还是那自由的精神和浪漫的气息？

他们走出罗马车站，正是黄昏时分。夕阳照耀下的罗马古城，色彩犹如油画般凝重。

乘车前往旅馆的路上，徽因开始激动起来。特别是经过那些她和父亲曾逗留过的地方时，她一一指点着叫思成看——这是美丽的尼亚迪斯喷泉，这是格雷教授讲过的马修斯·奥尔琉斯圆柱，这是马尔斯广场的方尖碑……古罗马的建筑呈现出令人震惊的宏伟壮丽，表达了他们对现实物质世界的热爱和占有欲望。

到旅馆后，他们洗去一身的疲倦，换上了起居服。思成看着头发湿漉漉的徽因，快活地说："这会儿我想起了屋大维时代的罗马贵族，泡在卡热萨拉浴池里，和周围的参议员和贵族院元老一起，在画着图案的瓷砖上玩碰运气的游戏。"

"你这话听着怎么这么耳熟啊？"徽因笑着翻出了他们在火车上买的导游手册。

"好，好，算你聪明。今儿晚上咱们怎样安排？"

"我想出去看罗马城的夜景。"

"还是算了吧！"思成担心徽因太累，"今天早点儿休息，明天咱们去圣彼得大教堂。"

圣彼得教堂是世界上最大的教堂，1506 年开始建造，1626 年竣工。历时一百二十年才完全建成。

来这里参观的人很多，其中有许多虔诚的教徒。大厅中，圣彼得塑像的脚趾几百年来在信徒们的亲吻中变得漫漶一片，圣坛下烛光摇曳。无数人在喃喃祈祷，双手合十，眼含热泪。

这座大教堂是文艺复兴时期建筑艺术的代表作。

中世纪，古希腊、罗马的艺术被视为异端。始建于文艺复兴鼎盛时期的圣彼得教堂，运用了古希腊、罗马神庙的建筑艺术，以取代哥特式建筑浓郁的宗教色彩。古希腊、罗马神庙建筑的主要特点是集中式平面和穹隆式屋顶，风格单纯，逻辑简明，富有纪念性，与哥特式教堂采用拉丁十字平面造型，处处尖塔耸立、复杂多变的风格完全不同。

思成飞快地在速写本上勾画圣彼得教堂著名的大穹顶：穹顶从平面到顶端高达一百多米，被设计者拉长为椭圆形，周围一条条有力的拱肋强调着它；穹顶鼓型基座的廊柱与拱肋——对应，相互关系清晰明了；大穹隆周围是四个小穹隆与之呼应，突出了它的统率地位。整个穹顶造型饱满，呈现出昂扬的气势。

徽因一边看，一边叹道："真可惜！这么宏伟美丽的造型被讨厌的大厅遮挡了。"

圣彼得教堂的大厅设计很蹩脚，是建筑史上比例不当的著名例证。

开始建这座教堂时，建筑师布拉曼特采用希腊式造型，并已开始施工。这时，教会出面干涉，撤掉了布拉曼特，换拉斐尔为建筑师。拉斐尔在教会的压力下，在穹隆的前面设计了一个长长的大厅，建筑造型又成了"拉丁十字"，原本突出的大穹隆被大厅遮挡。几十年时间过去了，教堂的设计施工几经反复，最后由七十二岁的米开朗基罗主持设计。他重振时代雄风，去掉了大厅的设计，突出雄伟的穹顶。但是，米开朗基罗逝世后，玛丹纳又在大穹隆的前面加设了大厅。加设大厅可以容纳更多的信徒，突出穹顶下的圣坛，强调由此岸到彼岸的宗教气氛。

后世人们看到的就是这个既宏伟壮丽、又被损害了的形象。思成合上了速写本，对徽因道："人们通常说，建筑是人类文化的纪念碑，这座纪念碑上，既留下了丰功伟绩，也留下了败笔和遗憾。"

徽因和思成用一下午的时间参观了西斯廷教堂，那里以米开朗基罗的天顶画而闻名。尽管他们以前不止一次地从画册上看到过这些画作的局部或全部，可当他们站在西斯廷教堂的天顶画下，却不能不感到强烈的震撼。

这是以《旧约·创世纪》故事为题材创作的一组天顶壁画。

壁画距离地面有二十多米高，由九幅情节连续的主题画构成。

壁画的规模之大是前所未有的。在整整四年零三个月的时间里，米开朗基罗每天爬上高高的脚手架，弓着腰，仰着脖子，眼睛望着天顶作画。当这个大工程完成后，他很长时间直不起腰来，一直保持着弓腰仰头走路的奇怪姿势。

徽因拉着思成的手，仰着头慢慢地在大厅里挪动着脚步。……天地鸿蒙，上帝造人，亚当苏醒，大洪水，男女预言家……雄浑的画面呈现出英雄主义的气质和力量。

后世的人说，壁画中先知耶利米的形象就是米开朗基罗自己的写照。他头发蓬乱，白须垂胸，低着头，骨节粗壮的手支撑着下颌，似在俯视，又似在沉思，显得苍老而沉郁。人们似乎能感受到他的痛苦和忧伤像山一样压了下来……

仰头的时间长了，徽因的脖子酸痛，头也有些晕，但她却舍不得移开视线。

徽因和思成交流着感受。他们理解了文艺复兴为什么会发源于意大利，这里古典文化的土壤实在是太深厚了。在意大利，所有文艺复兴时期的建筑、雕塑和绘画，全部表现出古典主义的和谐比例和冷静的克制，表现出对人、对人性的肯定和赞美。在这个历史时期，在这个特定的地域，文艺领域的革命，并不表现为激进和激烈地破坏，而是充满自信地复兴古代文化中被认为不可放弃和不可转让的东西。

罗马市中心广场洒满了和煦的阳光，晶莹的喷泉扬起的水雾上，挂着一弯小小的彩虹。徽因往喷泉池里投入了一枚硬币，为他们的意大利之行留下一个小小的见证。

在一家著名的比萨饼店，思成点了两客馅饼。思成一边吃，一边对徽因说："这东西真是徒有虚名。赶明儿回到北京，一定让你尝尝王姨①烙的馅儿饼。那才叫好吃，馅儿大皮儿薄，香极了！"

在异国的晴空下，两个年轻人想家了。从这个国家到那个国家，从这个城市到那个城市，他们行踪不定，去留匆匆，很长时间没有收到家里的信，也很长时间没有给家里写信了。不知国内的情况怎样，不知父亲的病情如何，不知回国后能不能找到合适的工作。想起行前父亲信中的叮咛，内疚和牵挂涌上他们的心。一路上，钱花得很快，他们商量着缩短行期，尽快回北京去。

在中国驻西班牙公使馆，他们收到了两封从北京寄来的信。任公一直在治病养病，给儿女写信是他病中排解思念的方式。

我将近两个月没有写给孩子们的信了。今最可告慰你们的，是我的体子静养极有进步，半月前入协和灌血并检查，灌血后红血球竟增至四百二十万，和平常健康人一样了。你们远游中得此消息，一定高兴百倍。

思成和你们姊姊报告结婚情形的信，都收到了，一家的冢嗣，成此大礼，老人欣悦情怀可想而知。尤其令我喜欢者，我以素来偏爱女孩之人，今又添了一位法律上的女儿，其可爱与我原有的女儿们相等，真是我全生涯中极愉快的一件事。你们结婚后，我有两件新希望：头一件你们俩体子都不甚好，希望因生理变化作用，在将来健康上开一新纪元。第二件你们俩从前都有小孩子脾气，爱吵嘴，现在完全成人了，希望全变成大人样子，处处

---

① 王姨：王桂荃，梁启超的二夫人，梁思成的庶母，思永的母亲。北京西郊梁启超墓东边有王夫人的墓，墓碑上有子女们的祭辞，还种植有母亲树。

互相体贴，造成终身和睦安乐的基础。这两种希望，我想总能达到的。

你们回来的职业，正在向各方面筹划进行（虽然未知你们自己打何主意）。一是东北大学教授，一是清华学校教授，成否皆未可知，思永当别有详函报告。另外还有一件"非职业的职业"——上海有一位大藏画家庞莱臣，其家有唐（六朝）画十余轴，宋元画近千轴，明清名作不计其数。这位老先生六十多岁了，我想托人介绍你拜他门，当他几个月的义务书记，若办得到，倒是你学问前途一个大机会。你的意思如何？亦盼望到家以前先回信表示。你们既已成学，组织新家庭，立刻须找职业，求自立。自是正办。但以现在时局之混乱，职业能否一定找着，也很是问题。我的意思，一面尽人事去找，找得着当然最好，找不着也不妨，暂时随缘安分，徐待机会。若专为生计独立之一目的，勉强去就那不合适或不乐意的职业，以致或贬损人格，或引起精神上苦痛，倒不值得。一般毕业青年中大多数立刻要靠自己劳作去养老亲，或抚育弟妹，不管什么职业得就便就，那是无法的事。你们算是天幸，不在这种境遇之下，纵令一时得不着职业，便在家里跟着我再当一两年学生（在别人或正是求之不得的），也没什么要紧。所差者，以徽因现在的境遇，该迎养她的娘才是正办，若你们未得职业上独立，这一点很感困难。但现在觅业之难，恐非你们意想所及料，所以我一面随时替你们打算，一面愿意你们先有这种觉悟，纵令回国一时未能得相当职业，也不必失望沮丧。失望沮丧，是我们生命上最可怕之敌，我们须终身不许他侵入。

……你来信终是太少了，老人爱怜儿女，在养病中以得你们的信为最大乐事，你在旅行中尤盼将所历者随时告我（明信片也好），此当卧游，又极盼新得的女儿常有信给我……

他们拆开了父亲的第二封信。这封信写得很匆忙，父亲告诉他们，思成的工作已经确定了下来，已接到东北大学的聘书，月薪265元。父亲专门说明，这是初任教教员的最高薪金，暑假一结束就要开始上课。他说："那边的建筑事业将来有大发展的机会，比温柔乡的清华园强多了。但现在总比不上在北京舒服，我想有志气的孩子，总应该往吃苦路上走。"

这是1928年的7月，再有一个多月学校就开学了。徽因、思成结束了漫游，从苏联乘火车回国。

民国十七年（1928年），梁思成、林徽因在欧洲度过蜜月之旅

三个多月的游历，他们漫步在欧洲大陆，这是他们第一次相伴远游，也是平生唯一一次真正的漫游。这是他们永结同心的蜜月，也是他们与建筑学结下终生不解之缘的蜜月。

在以后漫长的岁月里，这些人类最优秀的文化艺术精魂，一直如同空气一般弥漫在他们的文化素养里，流淌在他们高朋满座的客厅中。给他们判断事物以独立的审美眼光，为他们所从事的事业竖起了衡量的标准。

在徽因走过的日子里，经历了鲜花着锦般的美好，也经历了战乱、困厄与病痛。无论身处何种境遇，她都能保持诗意葱茏的情怀和境界，保持宠辱不惊的风范与胸襟，这不能不追溯到她早年所接受的教育和识见。

火车一路东行，车窗外是西伯利亚无边无际的森林、湖泊和原野。鄂姆斯克、托木斯克、伊尔库茨克、贝加尔……一个个远东的车站留在了身后。徽因、思成在中苏边境换乘了中国的火车，车头冒着黑黑的煤烟，过哈尔滨、沈阳，到了大连。

他们一路上无心逗留，从大连登上一艘日本轮船。直抵天津的大沽口，冒着盛夏的暴雨，黄昏时分乘上了从天津开往北京的火车。

这是一辆老式的慢车，每个小站都要停上一阵子，车厢顶上摇摇晃晃坐满了买不起票的穷人，雨水顺着关不严的车窗和漏雨的车厢渗了进来，滴落在乘客的身上。天黑了，车厢里没有电灯，乘务员在座位的靠背上点着了蜡烛。思成用报纸折成帽子戴在徽因和自己头上挡雨，那情景真是又奇异又滑稽。

横穿欧亚的旅途中，一对美国夫妇查里斯和蒙德里卡，认识了徽因和思成。这两位年轻的中国人给他们留下了难忘的记忆：

……在这些粗鲁的、发臭的旅客群中，这一对迷人的年轻夫妇显得特别醒目，就像粪堆上飞着一对花蝴蝶一样。除了那自然的沉默寡言以外，在我们看来，他们好像反映着一种不可抗拒的光辉和热情。

……菲利斯①是感情充沛、坚强有力、惹人注目和爱开玩笑的。思成则是斯文、富有幽默感和愉快的，对于古代建筑、桥梁、城墙、商店和民居的任其损坏或被破坏深恶痛绝。他们俩人合在一起形成完美的组合……一种气质和技巧的平衡——一种罕有的产生奇迹的配合。

在那军阀土匪当道的混乱年代，在我们看来，即使以他们的才能和优越的社会地位，似乎他们也将在中国社会的大旋涡中消失得无影无踪……②这是查里斯1980年应费慰梅的要求写成的对这一段往事的回忆。

游子回家了。

这是他们日思夜想的亲人，这是他们魂牵梦萦的北京。行走在他们熟悉的大街小巷，听着柔和悦耳卷舌的北京话，看着皇家庭院金色的和蓝色的屋顶，遥望西山、玉泉山淡淡的剪影……还有洋车夫们的殷勤，街坊邻里的客气，一切都让他们温暖和感动。他们一一拜望了居住在北京的亲戚，到西山祭奠了长眠在那里的思成母亲李夫人。尽管长旅归来，十分劳顿，尽管国内随处可见的混乱和贫困使他们产生了精神时差，可重归故国的欢乐压倒了一切。回到自己的家，漂泊的心有了栖息地。

他们的住房修整一新，所有的用具都是王姨为他们重新购置的。每天清早一起床，思成最小的弟弟、不满五岁的思礼就闹着要去找二嫂，天天挨着徽因不肯离开半步。梁家宽敞的宅院里，充溢着喜洋洋的气氛。

徽因、思成随着弟弟、妹妹们称王姨为"娘"。思成告诉徽因，这个大家庭多亏了娘，父亲才有祥和安宁的环境著述、教学、从事各种社会活动。徽因、思成都很尊敬和爱戴这位善良、能干的庶母。

在欧洲拍摄的照片冲洗出来了，徽因对家人一一讲述着照片上的名胜、建筑、风土人情。她对任公抱怨道："你瞧，思成多可气，这么多照片，他就没好好给我拍过一张。人都是这么一丁点儿，他是拿我当 scale（标尺）呀！"任公望着眼前的儿女，呵呵地笑着，笑声里全是慈爱和满足。

这期间，任公的身体时好时坏，思成和徽因的归来，给了他莫大的慰

---

① 菲利斯：林徽因的英文名字。

② 费慰梅《梁思成与林徽因——一对探索中国建筑史的伴侣》，第43页。

藉，病中的他显得格外有精神。给女儿思顺的信中，他讲述了思成、徽因到家后的情形："新人到家以来，全家真是喜气洋溢。初到那天看见思成那种风尘憔悴之色，面庞黑瘦，头筋涨起，我很有几分不高兴。这几天将养转来，很是雄姿英发的样子，令我越看越爱。看来他们夫妇体子都不算弱，几年来的忧虑，现在算放心了。新娘子非常大方，又非常亲热，不解作从前旧家庭虚伪的神容，又没有新时髦的讨厌习气，和我们家的孩子像同一个模型铸出来。"

思成和徽因在美国购买的书都托运回来了，他们整理着，分着类，那都是最新英文版的建筑学著作和戏剧、美术著作。

徽因轻抚着一本《西方美术史》光滑的书脊，感叹道："看着这些书，真想学一回孟尝君的门客，去哪个衙门口高唱：'书兮，书兮，胡不归？'"

思成对徽因的牢骚报以会心的一笑。

徽因和思成这些日子到过一些政府机构，目睹了那些衙门办事的不力和无序。从国外的生活跨回国内的生活，巨大的落差让他们有一种挫折感。但他们还是互相打气，希望尽早着手工作，希望所学的东西能早日派上用场。

徽因回国后，很重要的事情就是要奉养母亲，可在她和思成的工作没安顿下来之前，这些事情还谈不上。

到家半个月的时间一眨眼就过去了，8月底，思成赴东北大学任教，徽因回福州看望母亲。

第六章　年轻的先生

　　东北大学的前身是国立沈阳高等师范学校和公立沈阳文科专科学校。1922 年，省长王永江倡议筹建东北大学。他辟出沈阳市北陵一带五百余亩土地，拨出款项，依照德国柏林大学的图纸开始了学校的建设。

　　1923 年，东北大学正式成立，张学良就任校长。他起用了一批年轻人，用几年的时间，对学校建制进行了扩充和革新，在原来的文、法、理、工四科的基础上，设立了文学院、法学院、理学院、工学院。工学院增设了建筑系，当时，除南京中央大学机械系设有建筑专业外，全国仅此一个建筑系。

　　1928 年秋，建筑系首届招收了一个班的学生。思成既是系主任，又是所有课程的教师。他作为中国这门新兴学科的带头人，早在美国求学时就确立了研究中国建筑史文化的人生目标；如今，他又把培养能够进行建筑文化创造的年轻人作为自己从事教学的目标。工作千头万绪，实在忙得不可开交。他写信给徽因，希望她能尽快来东北。

　　接到思成的信，徽因立即从东南起程赴东北，回到了思成身边。看上去，她比离开北京时黑了一点儿，一双眼睛闪闪发亮，头发从中间分开，平滑柔顺地梳在耳后。她的到来，使他们的寓室充满了温暖的气息。书桌上的台灯换上了淡黄色的绉纱灯罩，墙壁挂上了任公为他们手书的条幅，书架上陈

民国十七年（1928 年）8 月，"年轻的先生"林徽因，在东北大学中国第一个建筑系讲堂上

设着从家中带来的古代陶瓷，茶几上一盆仙客来葱郁挺秀，生意盎然。

东北的 10 月，夜里已经开始上冻。早上起来，玻璃窗上结着一层冰花。徽因生起了炉子，安上了烟囱，夜里备课，再也不感到冻手冻脚。

思成望着徽因，十分感慨地说："我想起了拉斯金对英国妇女的演讲词。"

拉斯金是英国 19 世纪著名的作家、演说家。他写过许多关于建筑、绘画的论文，徽因曾给思成推荐过他的作品，那是典型的维多利亚时代的风格，才华横溢，讲究辞章，语言具有音乐般的节奏感。

"我记得拉斯金把美好的女性比作'王后花园里的百合'。"思成继续说道，"他说，真正的妻子，她无论走到什么地方，家便围绕着她出现在什么地方。她头顶上也许只有高悬的星星，她脚下也许只有寒夜草丛中萤火虫的亮光，然而，她在哪儿，家便在哪儿。对于一位高贵的妇女来说，家从她的身边延伸，它流泻出幽静的光射向远方，庇护着无家可归的人们……"

徽因被打动了。她记起了拉斯金在这篇演说词中还谈到，一个家庭中，男女双方的幸福和美满，依赖于互相寻求和接收唯有对方才能提供的东西，包括思想、情感、彼此愉悦的方式。而在生活中，这样的幸福并不容易得到。她欣慰地想，自己和思成应该算是互相发现和得到了吧。她有些不好意思地笑道："看来，你不应该做建筑师，而应该做个诗人！"

徽因在建筑系担任专业英语课和美术装饰史课的教师，思成则讲授《建筑学概论》和《建筑设计原理》等课程。

当时的东北，外有日本人虎视眈眈，内有各路土匪昼伏夜出，时局并不太平。徽因后来曾对友人谈及他们这时期的生活："当时东北时局不太稳定，各派势力在争夺地盘。一到晚上经常有土匪出现——当地人称为胡子。他们多半从北部牧区下来。这种时候我们都不敢开灯，听着他们的马队在屋外奔驰而过，那气氛真是紧张。有时我们隔着窗子往外偷看，月光下的胡子们骑着骏马，披着红色的斗篷，奔驰而过，倒也十分罗曼蒂克。"①

生活当然不是这样罗曼蒂克。

初为人师的他们工作得十分辛苦。建筑学在中国是一门新兴学科，根

---

① 林洙：《困惑的大匠——梁思成》，第 29 页。

本没有合适的教材，他们又不愿意照搬欧美的教科书，要在教学中把建筑学、美学、历史、绘画史等相关学科的知识融会贯通到自己所讲授的课程中，备课的工作量是很大的。

刚开始，报考建筑系的学生大多数并不知道建筑是怎么回事，年轻的梁先生、林先生引领着他们由认识这门学科到热爱这门学科。

入学的第一堂课上，梁思成告诉学生："建筑是什么，它是人类文化的历史，是人类文化的记录，反映着时代精神的特质。"他对学生提出了要求：想要成为一个优秀的建筑师，就要有哲学家的头脑，社会学家的眼光，工程师的精确与实践，心理学家的敏感，文学家的洞察力，总之，要以广博的知识为铺垫，是一个具有较全面修养的综合艺术家。他说："一切工程离不开建筑，任何一项建设，建筑必须先行，建筑是一切工程之王。"他的话让学生们的专业自豪感油然而生。

学生爱上林先生的课，上林先生的课是一种艺术享受。他们跟着林先生穿行在古今中外艺术的历史长廊，书画、雕塑、音乐、语言、佛教哲学、工程技术……与其说学生们接受的是知识和学问，不如说他们接受的是文化艺术的感染和熏陶。这种感染和熏陶如同"润物细无声"的春雨，点点滴滴渗透了年轻易感的心灵。

学生们爱上梁先生的课，梁先生深厚的学养和功力令他们折服。《建筑学概论》中介绍了世界各国不同时代的经典建筑，梁先生总是从形象入手，帮助学生掌握其特征。在讲中世纪的建筑从罗马式发展到哥特式时，梁先生一边讲一边在黑板上画……黑板上的建筑厚厚的墙壁变薄了，出现了长长的大窗户，为了加强变薄的墙壁。出现了扶壁、飞扶壁，拉长了柱子，调整了比例，有了筋肋和各种装饰，小水塔、吐水兽……也不过十来分钟，黑板上是一幅完整、准确、精美的建筑物的剖面图，从结构比例到细部装饰，无不惟妙惟肖。

学生们课下常常感叹，梁先生、林先生只是二十几岁的人，比自己并不年长多少，可他们的人品学问却令人心向往之，仰之弥高。

梁思成、林徽因在教学中根据建筑具有很强的实践性的特点。鼓励学生手脑并用，追求"建筑的诚实"。思成很想在系里配备一个建筑实验室，让学生有动手的场所。可是，他的这一愿望一直没能够实现。

沈阳的冬天，天黑得早，零下二十几度的严寒使人们不愿意出门。思成知道徽因怕冷，把炉子烧得旺旺的，炉子上的水壶，冒着袅袅的白烟。

几个学生踏着冻得硬邦邦的土地来到了教员宿舍楼，他们来林先生梁先生家交自己的水彩作业。

屋子一下子变得拥挤了。

他们捧着林先生沏的茶，略显拘束地坐在椅子上。

思成一面翻看他们的作业，一边问道："今天讲的关于建筑的属性，诸位没有什么问题吧？"

一个学生说："听了梁先生的课，如醍醐灌顶，清楚了建筑具有的双重属性。"

思成听着，一歪头问道："好哇！那就请你说说看。"

这个学生有点不好意思，像在课堂上回答老师提问一样咬文嚼字："建筑具有的物质属性，使它与一些只具有精神属性的纯艺术区别开来——如音乐、舞蹈、美术……同时，建筑又具有精神属性，它作为一种造型艺术，必须满足人们对美的需求……"

说到这里，他停了下来，看着梁先生。

思成肯定地点点头说："不错，我们面对一个建筑物，就能理解这位同学所谈的。建筑具有不同层次的属性，最低的层次与物质功能紧密相关，体现为安全感和舒适感；第二个层次要求的是美观的形象，体现为'悦目'。最高的层次要求创造出艺术美，以陶冶人的心灵。这一层次重在体现出'赏心'。当然，建筑最低层次的属性是它最本质的属性。从原始人的洞穴，到农民的茅草棚和人们野外宿营的帐篷，无论是谁，都需要星空下的一处房屋，需要一个能够遮蔽自己的地方。这是本能的需要，生存的需要。一部建筑史，就是一部人类社会求生存、求发展的历史。无论是苏轼的'短篱寻丈间，寄我无穷境'，还是杜甫的'安得广厦千万间，大庇天下寒士俱欢颜'，都体现了这层意思。至于建筑的第二、第三个层次，则是人类社会物质生活发展到一定水平之后，对更高的精神需要的追求。"

徽因接过了话题，她语速很快地说："但是，并不是所有的建筑物都具有这三个层次的精神属性。例如仓库、车库和许多贫民住宅，这些建筑的精神因素就近乎于零；学校、医院、办公楼的精神因素有所提高，但主要还是强调其实用性；美术馆、博物馆、剧院和公园体现了'悦目'这一特性，就是说不但要求它们实用，还要求它们美观、好看；至于宫殿、园林的精神因素比例就更高一些；而纪念碑、凯旋门这样的建筑几乎没有什么物质功能，已接近纯艺术的雕塑作品。应该说，所谓的建筑艺术主要体现在后几种建筑上。我们平常欣赏的也主要是这几类建筑……"

学生们听得十分专注，他们的眼睛亮亮的。

思成、徽因很重视与学生进行这样的课外交流。他们认为，无所不包的课外交流，对学生潜移默化的影响更深远。有时，他们让学生欣赏唐代的佛教绘画作品，如敦煌壁画图册，有时，他们展开几张魏碑的拓片，让学生比较唐代壁画与魏碑在意蕴上的不同。他们告诉学生，艺术鉴赏没有公式定理，全靠多看多想，鉴赏鉴别能力才能提高。面对一座建筑也是如此，把握了历史感，就有了鉴别力。

学生们喜欢梁先生林先生家，因为这里总是充满一种温暖、可爱和诗意盎然的气氛。

有许多这样的夜晚，有许多这样的讨论。

送走学生后，时间已晚。明天上课要讲评的作业还堆在书桌上没有批改。

看着徽因疲倦的神色，思成说："你先睡吧，我来看作业，一会儿就得了。"

寒冷、静寂的东北大学校园，思成、徽因家的灯总是亮到很晚。

徽因从小生活在南方，很不适应东北漫长、寒冷的冬季，她常常感冒。但学生的课不能耽误，她照常忙于备课、上课，得不到很好的休息，感冒迁延很长时间不能痊愈，看上去她显得疲惫而虚弱。

徽因、思成欣慰的是，建筑系的工作渐渐走上了有序的轨道，学生们的进步十分明显。他们商量着，一旦忙出个头绪，就要着手进行古建筑的研究，这是他们做什么都放不下的课题。

1928年12月一个滴水成冰的日子，他们接到了任公病重的电报，思成、徽因放下手头的一切事情，立即赶回北京。

前些天，他们收到过父亲的一封信，信上的毛笔小楷看上去有些潦草，这在任公的书信中是很少有的情形。

——这回上协和医院一个大当。他只管医痔，不顾及身体的全部，每天两杯泻油，足足灌了十天，把胃口弄倒了。也是我自己不好，因胃口不开，想吃些异味炒饭、腊味饭，乱吃了几顿，弄得肠胃一塌糊涂，以致发烧连日不止。人是瘦到不像样子，精神也很委顿……

读着这封信，思成、徽因心里很沉。如果不是难受到无法忍受，父亲是不会写这样的信的，因为父亲从来不爱抱怨叫苦。他们只想尽快回到父亲身边，可他们万万想不到，这竟是父亲写给他们的最后一封信。

梁任公两年来进出协和医院，已成平常。这次住院，开始亦未觉异常。住院后，他自恃体质强健，虽然发烧不止，仍然强撑着在病床上赶写《辛稼轩年谱》，谁知这竟是他的大限之期。

几个儿女思顺、思永、思庄、思忠均在国外。思成和徽因回到他身边时，他神智尚清。望着自己钟爱的孩子，他虽口不能言，但面有悦色。

1929 年 1 月，任公舌僵神昏，病势垂危，于 19 日下午 2 时 15 分溘然长逝，享年五十七岁。

梁任公一生著述一千四百万字，临终却没有留下一句遗言。

任公家族和社会各界的祭奠和追悼活动持续了月余，思成和徽因作为梁家的长嗣，经历了他们有生以来最大的事件。徽因此时已怀有身孕，在悲痛中与思成一起全力操持着丧事。

全国各地的报纸以显著的位置和篇幅，刊发了任公逝世的消息及逝世前的情形。思想文化界知名人士纷纷著文追忆先生生平业绩，怀念先生的道德文章。美国史学期刊《美国历史评论》也刊发了文章。该文在介绍了任公生平及成就后总结道："……在译本自传《三十自述》里，梁先生说：'我十八岁初到上海，第一次拿到一本地图册之前，我不知道世界上有五大洲。'然而就是这个年轻人，以非凡的精神活力和自成一格的文风，赢得全中国知识界的领袖头衔，并保留它一直到去世。表现在他的文风和他的思想里的这种能够跟上时代变迁的才华，可以说是由于他严格执行自己常常对人引用的格言：'切勿犹疑以今日之我宣判昨日之我'。"

梁启超先生的溘然长逝使中国思想文化界失去了一位巨擘，其家族和子女的伤痛更是深重。梁启超一生崇拜墨子的人格精神，自号"任公"，以天下为己任，吃苦耐劳，成为晚清及民初学术文化界的一面旗帜。他曾经寄希望于清廷，寄希望于袁世凯，寄希望于民国政府，却一次又一次地大失所望。最后，他选择了寄终极关怀于中国文化的现代化。他的人生选择和取向深刻地影响了他的儿女们。在风雨如晦、时局维艰、学术研究难以为继的情势下，任公的后代却薪尽火传，成为不同学科的顶尖级人物。他们的成就显然与任公的教诲和影响密不可分。

2月17日，北平各界与广东省旅平同乡会在广惠寺公祭梁任公。这一天，广惠寺的大门外，高扎着白色的素缟牌楼，白色牌楼上，蓝色花朵连缀成了"追悼梁任公先生大会"的字样。寺内哀乐低回，祭台前，"天丧斯文"四个大字触目惊心。三千余幅祭联、哀幛布满了广惠寺的佛堂。

佛堂前，思成、徽因与几个年纪尚幼的弟妹思礼、思懿、思达、思宁身着麻衣，足穿草履，跪伏在灵帏内。他们向每一位来宾稽首叩谢，泣不可抑。五百余人无不为之动容，佛堂内一片呜咽之声。

梁启超的灵柩安葬在北京香山卧佛寺东的山坡上，按他生前的意愿，与五年前逝世的李夫人合冢。

思成、徽因为父亲设计了一座高大的墓碑。墓碑用大理石制成，高2.8米，宽1.7米，形状似榫，古朴庄重。墓碑的正面刻着："先考任公府君暨李太夫人墓"，墓碑的背面刻着九个子女的名字。

这是思成、徽因从美国学成回国后设计的第一件作品。

四十年后的1970年，梁思成因病住进了协和医院，他从自己的主治医师那里得知，父亲的死原来是一次医疗事故。

1926年3月，梁启超因便血入协和医院诊治。诊断结果为一侧肾患结核已坏死，决定手术切除。手术由协和医院院长刘瑞恒主刀。刘瑞恒判断失误，竟将健康的肾切去，而留下了坏死的肾。这是导致梁启超壮年逝世的直接原因。对这一重大医疗事故，协和医院严格保密。事故的责任人刘瑞恒，事后调离了医院，到卫生部做了政务次长。直到1949年后，医学教学在讲授如何从X光片中辨别左右肾时，才举出了这一病例。①

3月，寒冷的北国大地刚刚开始化冻，徽因和思成回到了东北大学。

经过这场亲人离丧的变故，徽因、思成身心俱疲。特别是徽因，严重的妊娠反应使她几乎吃不下任何东西，哪怕喝口水也会呕吐。思成很担心，劝她卧床休息。她却说，只有站在讲台上面对学生时，才能忘掉身体的不适。学生们仍然喜欢听林先生讲课，只是他们眼见得原来清秀苗条的

---

① 林洙：《困惑的大匠——梁思成》，第27页。

林先生更显得瘦削了。

随着新学期的到来，思成、徽因在美国宾夕法尼亚大学的同学陈植、童寯、蔡方荫等人来到了东北大学建筑系。他们的到来，使徽因、思成的小家越发热闹，也使原来许多停留在计划中的工作能够实施。

几个年轻人挂出了"梁、陈、童、蔡营造事务所"的牌子，开始承接建筑设计任务。多年的理论学习终于有了实践的可能，他们个人的经济收入也有了改善的机会。

事务所刚成立不久，就接了两桩大活儿。为吉林大学设计校舍让他们施展了身手，漂亮的花岗岩和加固水泥的行政楼、教学楼、宿舍楼在 1931 年如期竣工。几个年轻人看着出自自己手中的图纸变成了矗立在阳光下的建筑群，兴奋得连呼"过瘾"。

北方交通大学锦州分校的设计则命运多舛。他们完成了这个项目的设计和预算，工程已经开始施工。可是不久，"九一八"事变爆发，工程毁于战火。

张学良作为东北大学的校长，不大懂也不大管学校教学的一应事务，但他却很注意学校的形象。1929 年，他向社会征集东北大学校徽，林徽因设计的"白山黑水"图案中奖入选。

初夏是沈阳一年里最好的季节，云淡风轻，绿草萋萋。脱去了笨重的冬装，人轻盈得想要飞起来。

妊娠反应过去了。徽因的饮食正常了，体重也增加了。当思成着手对沈阳的古建筑进行考察测绘时，徽因也和他一同前往。在北陵，在故宫，她和思成爬高上低地拉着皮尺测量，做着记录和绘着草图。

思成一边工作，一边小心招呼着徽因。他欣喜地看到，随着胎儿的发育成长，徽因显得丰腴了一些。她的

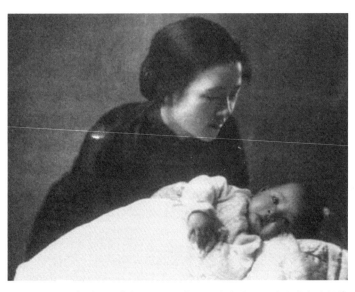

民国十八年（1929 年）8 月，初为人母的林徽因，满脸爱意地望着女儿梁再冰

目光专注而宁静，那安详自在的神情完全与周围生生不息的大自然融为一体。

1929 年 8 月，徽因和思成的第一个孩子在沈阳出生。这是个漂亮的女孩儿，他们唤她"宝宝"，给她起名为"再冰"，以纪念孩子离世不久的祖父饮冰室老人。

宝宝的出生给年轻的父母带来了巨大的喜悦，也带来了无尽的劳碌。许是在母腹中经历了巨大的悲痛，襁褓中的宝宝十分容易受惊，一点儿动静就会使她啼哭不止，再加上徽因奶水不足，孩子主要靠喂牛奶。牛奶煮好，刚把孩子哄得不哭了，奶又凉了，然后再煮。……孩子吐了，孩子病了，孩子的一颦一笑都牵动着年轻父母的心。

徽因累垮了，她少年时得过的肺病复发。医生认为东北的气候不宜于肺病的疗养，思成只得把徽因和宝宝送回北京，这时，徽因的母亲也到了北京，一家人在一起，总算有了照应。

民国十九年（1930 年），美满幸福的婚姻家庭，让笑意从林徽因心中泄露了出来

这时期的东北，时局已很不稳定。日本人毫不掩饰对东北的领土野心，对此，明眼人都洞若观火；还有张学良管理学校教师的军阀作风，也让思成十分气愤。尽管舍不得自己亲手创办的建筑系，舍不得建筑系的学生，但东北大学已不是久留之地，再说，徽因母女也让思成日夜牵挂。1931 年，思成结束了这一学年的课程后，辞去东北大学的教职，回到北京。

"九一八"事变后，日本侵占了东三省，不久，东北大学也被日本人关闭。但开办不久的东北大学建筑系，却培养出了刘致平、刘鸿典、张铸、赵正之等一批人才，他们是我国最早自己培养的卓有成就的建筑学者和建筑师。

对于思成和徽因来说，东北大学的三年是他们将多年所学知识付诸教学实践的过程，为他们将来成功创办清华大学建筑系打下了基础，积累了成功的经验。

回到北京后，梁思成给建筑系的学生写了一封信，信中流溢着他和徽因对学生的殷殷嘱托之意和拳拳系念之情：

诸君：

我在北平接到童先生和你们的信，知道你们就要毕业了，我还记得你们头一张 wash place（古典水墨渲染图），头一题图案，那是我们"筚路蓝缕，以启山林"的时代，那么有趣，那么辛苦。那时我的心情，正如看见一个小弟弟刚学会走路，在旁边扶持他、保护他、引导他、鼓励他，唯恐不周密。

现在你们毕业了，毕业二字的意义，很是深长。美国大学不叫毕业，而叫始业 commencement，这句话你们也许听了多遍，不必我再来解释，但是事实还是你们"始业"了，所以不得不郑重地提出一下。

你们的业是什么，你们的业就是建筑师的业，建筑师的业是什么，直接地说是建筑物之创造，为社会解决衣食住三者中住的问题；间接地说，是文化的记录者，是历史之反照镜，所以你们的问题是十分的繁难，你们责任是十分的重大。

你们创造力产生的结果是什么？当然是"建筑"，不只是建筑，我们换一句话说，可以说是"文化的记录"——是历史。这又是我从前对你们屡次说厌了的话，又提起来，你们又要笑我说来说去都是这几句话，但是我还是要你们记着，尤其是我在建筑史研究的立场上，觉得这一点是很重要的，几百年后你我或如转了几次轮回，你我的作品，也许还供后人对民国二十一年中国情形研究的资料，如同我们现在研究希腊罗马汉魏隋唐遗物一样……

我以上所说的许多话，都是理论。而建筑这东西，并不如其他艺术，可以空谈玄理解决的，它与人生有密切的关系，处处与实用并行，不能相脱离。课堂上的问题，我们无论如何使它与实际问题相似，但到底只是假的，与真的事实不能完全相同，……必须在社会上服务，经过相当的岁月，得了相当的经验，你们的教育才算完成，所以现在也可以说，是你们理论教育完毕，实际经验开始的时候。

现在你们毕业了，你们是东北大学第一班建筑学生，是"国产"建筑师的始祖，如一艘新舰行下水典礼，你们的责任是何等的重要，你们的前程是何等的远大！林先生与我俩人，在此一同为你们道喜，遥祝你们努力，为中国建筑开一个新纪元！

民国二十一年七月　梁思成

梁思成回北京后，应聘到朱启钤先生任社长的"中国营造学社"任职，这是个专门研究中国古代建筑的民间学术机构。

朱启钤，字桂莘，人称朱桂老，曾在袁世凯政府担任内务总长，曾奉袁世凯之命修缮皇宫，对古代宫廷建筑产生了兴趣。

朱启钤发现了宋代建筑学家李诚的《营造法式》，这是我国古代重要的建筑规范。他将这部著作重新印刷发行，在学界产生了很大反响。

中国营造学社创始人朱启钤

这之后，他自筹资金，发起成立了"中国营造学社"，他自任社长，专门从事中国古代建筑的研究。最初，学社设在朱启钤家中，学社成员大多是一些国学家。

1930年，朱启钤为筹措学社的经费，向"庚子赔款——中华教育基金会"提出了申请。基金会董事周诒春，曾任清华学堂校长，是营造学社的热心支持者。他担心学社没有建筑学方面的专门人才，申请经费的理由不充分，曾专程到沈阳鼓动梁思成、林徽因加入学社。

梁思成考虑营造学社的研究项目，正是自己的研究方向，于是，同意到学社工作。继而，"庚子赔款"基金会为学社提供了资助经费。

梁思成在学社担任法式部主任，林徽因被聘为学社的校理。他们的学生刘致平等

民国十九年（1930年）3月，朱启钤为中国营造学社成立时书写的对联

人，从东北大学建筑系毕业后，也来到北京投奔老师。

自此，营造学社注入了鲜活的现代的血液，成为中国建筑学界有重大影响的学术研究团体。

工作安定后，梁思成在靠近东城墙的北总布胡同租了一个四合院，徽因娘和徽因很满意这个安静而不偏僻的院子，一家三代搬了进去。

与他们相邻而居的是清华大学哲学系教授金岳霖，朋友们都称他"老金"。

孔子云："三十而立。"梁思成在自己三十岁这一年，确立了自己事业的目标，在北京安下了家。

第二部分

生命的夏季

是你，是花，是梦，打这儿过，

此刻像风在摇动着我；

告诉日子重叠盘盘的山窝；

清泉潺潺流动转狂放的河；

孤僻林里闲开着鲜妍花，

细香常伴着圆月静天里挂；

且有神仙纷纭的浮出紫烟，

衫裾飘忽映影在山溪前；

给人的理想和理想上

铺香花，叫人心和心合着唱；

直到灵魂舒展成条银河，

长长流在天上一千首歌！

——林徽因《灵感》

第七章　烟霞西山

1931 年夏天，思成送徽因到香山养病。徽因娘和小再冰也一同来到了香山。

他们住在双清别墅。别墅建于 1917 年，因早年乾隆皇帝曾在此题字"双清"而得名。这里林木扶疏，山泉澄碧，环境清幽。院子四周有覆盖着琉璃瓦的矮墙，院子里一池荷花在和风中娉娉婷婷地舒展着花苞，密密匝匝的莲叶掩着水面。

思成在学社工作不忙时就上山来陪徽因。他雇脚夫把家中的一些藏书送上山来，其中多是历史典籍。他们正在做着一件类似于考据的工作，从史籍中点点滴滴地梳理着中国历朝历代宫廷建筑的兴废。

看书看累了，他们就去陪娘说一会儿闲话。庭院里小再冰在女佣的看护下玩儿得正好。

思成不让徽因多看书和写作，他总是让她多将养歇息。时常，思成会拉着她去山上走走。

夏日明晃晃的阳光洒满了山路，走不了几步，汗水就濡湿了衣衫，可树荫下却是沁人肌肤的阴凉。思成担心一凉一热徽因受不了，常常叫来赶驴的脚夫，和徽因一人骑一头毛驴，在山路上且看且行。

香山山势平缓，绿树绿草深深浅浅铺满了山岩。岩壁间一缕清泉在山石间流淌，松柏脂清苦的气息弥散在空气中。远处，有山寺如图画般点缀在山间，让人凭空生出许多遐想。

北京四郊尤其是西山一带，有许多古建筑遗物。其中，辽金元的遗迹间或有之，更多的则是明清时期的建筑。徽因和思成计划在香山休养期间，重点考察几处有代表性的建筑。

拣一个晴好的日子，他们去了卧佛寺。

从玉泉山到香山，在北辛村那里，出现了一条向北上坡的岔路，那就是通往卧佛寺的路。

卧佛寺向南而筑，起伏的山峦如屏障般地依在寺的北面，寺院的建筑也随着山势上行。

两行古柏引领着道路。迎面一座琉璃牌楼，汉白玉的门洞，汉白玉的须弥座，黄绿琉璃的柱子、横额、斗拱、檐瓦。思成像是对徽因说，又像是自言自语："这是乾嘉年间的做法。"徽因也说："按《日下旧闻考》所记，这里还应有一座如来宝塔，如今也不知去向了。"

琉璃牌楼内，是一道白石桥，桥正对着山门。钟鼓楼分立在山门两侧。这里像是新近才修整过，角梁下的铜铎用白锡焊过，漆了红绿的颜色，看上去十分扎眼。

入得寺后，他们缓步细细地观览。

民国十八年（1929 年），身患肺病的林徽因来到北平西郊香山休养，这是她在清乾隆年间修建的双清别墅留影

天王殿后面是正殿，正殿里供着那尊著名的卧佛，寺院因之而得名。相传这里原来还有一尊卧佛，为唐太宗贞观年间的栴檀佛像，雍正皇帝曾参拜过，已于乾隆年间遗失。

普通旅客对这些佛像最有兴致，思成和徽因感兴趣的却是这里的建筑布局。

和所有的寺院相仿佛，卧佛寺从前端的牌楼到后殿，都是建筑在一条中轴线上。但和其他寺院相比，它不是通常的"四合头"结构、分为前后几进院子，而是从山门开始由左右两条游廊贯穿全寺。虽然游廊中间有方丈客室和东西配殿，但一气连接的游廊使整个寺院构成一个大长方形。

思成一边在笔记簿上画着这里的建筑平面图，一边和徽因谈论着。

徽因说："记得在敦煌壁画的画册里，当时的佛寺就是这样的格局。"

"这种建筑格局，在唐宋时代十分普遍。"思成说，"日本平安飞鸟时代的一些建筑，也是这种结构，他们显然是受唐代建筑的影响。"

除此之外，卧佛寺各大殿的外观造型和内部结构，都是标准的清代风格。徽因和思成兴趣不大，与寺院的住持智宽和尚聊了起来。

思成告诉智宽和尚："这是全北平唯一的一处唐代布局的寺院，应当提请游人注意，妥善加以保护才是。"

智宽和尚长叹道，几年前，他的前任住持已与基督教青年会签订了合同，以每年一百元的租金，把寺院的大部分殿堂租借了出去，供前来游玩的青年会成员住宿，租期是二十年。

徽因惊异地说："怎么佛寺竟也沦落得和胶州湾、辽东半岛一样的命运！"

智宽和尚一一指点给他们看：观音堂前的水池，已成了青年会的游泳池，池塘四周的白石栏杆，拆下来叠在池边做了入池的台阶。

思成一边看一边摇头："这年头，难道他们不明白保存古物的道理？"

"其实，这算不得什么稀奇！"徽因说，"中世纪的教皇们不是下令拆了古罗马时期庙宇，用拆下来的石块去修'上帝的房子'吗？这栏杆，也不过是将一些'迷信废物'，拿去为上帝尽义务。你所说的'保存文物'，在许多人听来只是迂腐的废话。"

说到这里，徽因的嘴边露出了一个调皮的笑："按说，还多亏了青年会，让许多年轻人知道了卧佛寺。到夏天，北平的学生们谁不愿意来爬爬山、游游水？这不知成全了多少相爱人儿的心愿。那殿里一睡几百年的释迦牟尼，还能代行月下老人的职责，真乃是佛法无边啊！"

由香山到八大处，要经过一处山口——杏子口。那里的三座石佛龛，是八百年前金代的遗物。

这天，思成开着车，带着相机，和徽因一同前往杏子口。山路蜿蜒狭窄，转弯处呈 S 形。他们将车停在山下，沿着山路慢慢向上爬。

徽因穿着旗袍，脚下是一双平底皮鞋。没走多远，便有些喘。思成有些担心地问："怎么样，没事吧？"

徽因笑道："记得读过孙伏园的一篇文章，他说，人毕竟是由动物进化来的，所以各种动物的脾气有时还要发作。小孩子爱戏水，是鱼的脾气发作了。过一些时间人就想爬山，是因为猴子的脾气发作了。"

"这个说法倒有趣。"思成和她一起笑了。

杏子口位于两山之间，从山口望出去，豁然一片开阔的田壤平展展地铺向天际,淡淡的雾岚在田野上飘浮。远处的玉泉山静卧在田畴云岚上,近处的三座佛龛分峙在南坡、北坡的山崖。石龛规模虽不大,但位居要道,背倚蓝天,倒也有一种超然物外的庄严。

北坡上两座青石结构的佛龛并立在一起,颜色苍绿。西边那座龛较大,重檐,顶层的檐角微微翘起;西墙上有跑马、佛像等古拙的刻饰,东墙上有"永安五年四月廿三日到此","至元九年六月十五日贾智记"的字样。龛内有一尊无头趺坐的佛像,身体已裂,但衣褶纹路还带有鲜明的南宋时期的遗风。

辨认着佛龛上斑驳的字迹,思成一边推算一边对徽因说:"承安是金章宗年号,承安五年应该是公元 1200 年。至元九年是元世祖年号,元顺帝的至元到六年就改元了,所以这个至元九年是 1272 年。"

徽因叹道:"这小小的佛龛,居然已经在这里经受了七百多年的风雨。多少人事、多少朝代,都被雨打风吹去。"

南崖上只有一座佛龛,大小与北崖的相差无几。三面墙体,北面开门,墙体已成醇厚的深黄色,像是纯美的烟叶的颜色。墙上刻着双钩"南无佛"三个大字,龛内佛像不知失于何年,如今只剩下空空的土台。

杏子口这三座佛龛,既不壮观,也不夺目,但在开阔苍凉的大自然的陪衬下,在兴废更替数百年的历史中,却独有一种神秘、独特的荒残美。它让人感叹"千古兴亡多少事",它让人油然而生思古之幽情。

从高高的佛龛处望下去,山路上的行人如泥丸般大小。一个农人挑着担子泥丸般地过去了,一个挎着包袱的老婆婆弯着腰泥丸般地过去了,一队骆驼踩着慢腾腾的步子,驮着货物过去了。当这些生命泥丸般地从杏子口路过时,当他们停下脚步喘息时,一抬头就能望见山崖上蓝天下的佛龛,望着高高的佛龛,他们苦难的生存仿佛有了屏蔽,他们无涯的艰难也仿佛有了慰藉。

七八百年前,古人在这里留下这些建筑,其情也深,其意也切!

坐在佛龛的台基上,四野尽收眼底,徽因禁不住思绪万千。

她对思成说:建筑审美容不得半点势利。那些声名显赫、得到康熙、乾隆嘉许的景致未必就好;而这些名不见经传、湮没在乱石荒草中的断碑颓垣、残墟遗构,却也许是真正的宝贝。

徽因在《平郊建筑杂录》这篇论文里,尽情抒发了自己的感受。她把这种由建筑所带来的审美愉悦，称之为"建筑意"。她写道：

　　这些美的所在，在建筑审美者的眼里，都能引起特异的感觉，在"诗意"和"画意"之外，还使他感到一种"建筑意"的愉快。

　　……无论哪一座巍峨的古城楼，或一角倾颓的殿基的灵魂里，无形中都在诉说，乃至于歌唱，时间上漫不可信的变迁；由温雅的儿女佳话，到流血成渠的杀戮。他们所给的"意"的确是"诗"与"画"的。但是建筑师要郑重郑重地声明，那里面还有超出这"诗""画"以外的意存在。眼睛在接触人的智力和生活所产生的一个结构，在光影恰恰可人中，和谐的轮廓，披着风露所赐与的层层生动的色彩；潜意识里更有"眼看他起高楼，眼看他楼塌了"凭吊兴衰的感慨；偶然更发现一片、只要一片、极精致的雕纹，一位不知名匠师的手笔，请问那时锐感，即不叫他做"建筑意"，我们也得要临时给他制造个同样狂妄的名词，是不？

　　林徽因用散文的笔调写建筑学论文，赋坚硬的建筑以柔情，给冰冷、无生命的物体以色彩。正是这样的文字里，林徽因展示了自己的才情。流露出自己的性情。也正是这些文字，得到了梁思成和许多建筑学家的激赏。

　　思成取出相机，选取着拍摄角度。他往山下走了一段路，用仰角拍下了杏子口的佛龛。

　　佛龛的台基上，坐着握笔在膝上书写的徽因，她年轻、美丽、衣着洁净文雅，夏日的风吹动了她额前的卷发和肩上的纱巾。她的脚下，是丛生的荒草，她的身后，是斑驳、荒芜，因而愈显苍凉的佛龛和山坡，她的头上，是高远、深邃、明丽的蓝天。

　　香山的阳光和空气滋养了徽因。一段时间后，她的身体有了明显的起色。她的双颊丰润了，晒黑的皮肤闪耀着动人的光泽，古建筑考察使她的体力得到了锻炼和恢复，她的心情从来没有这样安适。

　　城里的老金、沈从文和别的朋友不时结伴上山探访徽因，徐志摩也常约着徽因的堂弟林宣一同来看望她。徽因高兴地告诉朋友们，自己的体重已增至九十八磅，吃饭睡觉都很好。志摩和她开着玩笑："如今再出演印度美人，可以不用化装了。"

　　志摩他们总是星期六下午从北京出发，天黑时赶到香山，当晚住在旅馆，第二天吃过早饭，再前往双清别墅。

矮矮的院墙上，爬满了绿色的藤萝。徽因和志摩把椅子搬到阴凉的廊下，泡上一壶绿茶，随意而自在地聊着。

他们谈时事，谈生活，更多地还是谈文学和新诗。

当时，以闻一多、徐志摩为代表的"新月派"诗人，正在提倡新诗的格律化，主张新诗要有音乐美、绘画美、建筑美。除徐志摩、闻一多外，诗坛还出现了朱湘、刘梦苇、饶孟侃等一群极富才华、才情俊逸的青年诗人。闻一多把新诗对格律的要求比作"戴着脚镣的跳舞"，朱湘把写诗当作终生的事业来追求，而徐志摩更是在诗中表达出感情的美和文学的美。他们致力于改变"白话新诗不像诗"的问题，在创作探讨中坚定着信念：新诗发展的历史使命，要靠大家的共同努力来承担。

志摩和徽因谈到，朱湘为人性格虽说别扭了些，但诗写得真不坏。尤其他对诗歌写作的理解和痴迷，为旁人所不及。他们十分赞同和欣赏朱湘的诗论：诗的本质是对人性的表达，所以它历久弥新，亘古难变；而诗的形式则要随着不同时代的变化而变化。

诗的本质是向内发展的；诗的形体是向外发展的。比如，《诗经》《楚辞》《荷马史诗》，都是一两千年前的文学作品，可我们如今读起来依然会受到深深的感动，就是因为它们具有对于永恒人性的表达。至于诗的形体，却总是在不停地新陈代谢。就拿中国来说，赋体在汉代发展到了极致，便有诗体取而代之。诗体的包容性最大，它的时代也就最长。四言盛于战国时期，五古盛于汉魏六朝及初唐，七古盛于唐宋之际，律绝盛于唐。到了五代两宋，便有词体代诗体而兴，及至元、明、清，词体衍而成曲。那么，今天的新诗也不过是一种代曲体而新兴的诗体，如今的时代就是新诗的时代。

阳光在院墙的藤萝上移动，在这样的谈话中，时间过得特别快。说累了，他们会静静地品茗，看清风徐徐翻卷荷叶，听鸟儿声声鸣叫响彻山涧。

有时，徐志摩会忍不住向徽因倾诉内心的烦闷。

徐志摩的苦恼来源于他和陆小曼的婚后生活。

当初，徐志摩冲破来自社会和家庭的重重压力，得以和陆小曼结合，他曾经感到自己是世界上最幸福的人。他说，陆小曼是他一生的成绩和归宿，他们的婚后生活如同"甜美的梦撒开了轻纱的网"。可是，幸福和甜美真是像梦一样短暂，现实距徐志摩的理想越来越远。

如今我们看照片上的陆小曼，像极了 30 年代月份牌上的美女，眼波流动，顾盼有情，甜美妖媚。而当时生活中的陆小曼则是体质娇弱、性情浪漫、爱排场、喜交际。上海滩闪烁着迷幻霓虹的夜晚，充满了成熟植物气息的空气，不断翻新的发型、服饰、鞋帽，都使她流连忘返，沉迷其中而不能自拔。影剧院里有她的包厢，夜总会和赌场中，常可以见到她婀娜的身影；上流社会举办的京剧、昆曲票友演义，总有她曼妙的表演和歌唱。她常常带着全家人和朋友们为一年一度的菊花大会摆酒，到丽娃丽达村划船，到新利查、大西洋吃西餐，到一品香吃大菜。除此之外，几年前，她为了治胃病，不听徐志摩的苦劝，又抽上了鸦片，每天要在烟榻上消磨许多时光。

徐志摩和陆小曼结婚时，他的父亲徐申如曾宣布，徐志摩婚后的一切开支自理，他不再予以接济。这一决定断绝了徐志摩的财源，陆小曼在上海流水般的花销迫使徐志摩像被鞭子抽打的陀螺般旋转不停。他在北京三所大学兼课，课余写诗作文，甚至为了提成，在熟人间做房屋买卖的中介。即使如此，仍然是入不敷出。他寄往上海的信中，几乎每一封都在谈钱，谈挣钱的不易，恳请陆小曼稍事节俭。

朋友们很关照志摩，他在北京吃、住在胡适家里。胡适待他如同兄弟，各种日常用品为他预备得一应俱全。他住在胡适家楼上的一间屋子里，与胡适的大儿子祖望相邻。细心的胡太太发现，志摩的两件丝绵长袍，一件磨损，一件烧有破洞，就不声不响地替他缝补好。他感冒咳嗽了，胡太太亲自熬金银花、贝母汤让他喝。

徐志摩奔波于京沪之间。1931 年上半年，他往返于北京至上海八次。他十分苦恼，这哪里有他理想生活的影子。

上海福煦路（今延安中路）的一座石库门洋房是他和陆小曼的家。陆小曼的父母也住在这里。他们家里有五六个仆役，有汽车、有司机。每当志摩回到上海，家里等着他的总是这样的情形：沉溺于夜生活的陆小曼常常是天快亮时上床，直睡到下午两三点钟才起床。等吃过饭，梳洗打扮停当，天就又快黑了。

徐志摩说，这是一种销筋蚀骨的生活，他之所以要离开上海，寄居北京，就是要脱离这种生活。他多次劝告，甚至恳求陆小曼到北京来，过一种健康的、有所作为的生活，陆小曼只是不听。对此，徐志摩不知如何是好。他反省自己："这几年生活不仅是极平凡，简直到了枯窘的深处。跟着，诗的产量也尽向瘦小里耗……"

徐志摩上香山，不仅是为了看望徽因。在与徽因的交谈中，在空明澄净的山色中，他心中的烦闷郁积也得到了宣泄和荡涤。所以他对徽因说："我只有到这里来了。"

在林徽因面前，徐志摩彻底敞开了自己的心灵。他诉说着对婚后生活的失望，对陆小曼的失望。他剖析着自己，认为自己不适宜婚姻生活。他说自己时常感到孤单，即使和陆小曼在一起。看来自己不能不孤单，因为自己对生活的要求与需要不是平常的要求和需要，自己对事对人评价的标准也不是平常的标准。认真想想，自己所想要的生活也许根本就不存在于这世界上。

"看来，我这一生不会再有幸福了！"他对徽因说着，声音里有委屈，有不甘，还有一种听天由命的无奈。

林徽因满怀温柔同情地倾听徐志摩诉说苦恼，她不知道该怎样安慰志摩才好。她在想，志摩在生活中追求理想并没有过错，尽管这种追求伴随着无尽的痛苦。志摩的精神、志摩至纯至真的性情更多的属于艺术、属于诗，而生活中却有着那么多的内容和杂质。她理解志摩，因为她自己在某些方面和志摩有相似之处：生命的冲动和热情不是源于对生活的认识和体察，而是源于性灵、源于灵魂。

她安慰着自己的朋友：爱的梦想和这世界一样古老而永恒，无论梦想是否能实现，拥有梦想就应该感到幸福。更何况，生命的意义只存在于生命的过程，无论是痛苦还是忧伤，总是比死气沉沉、麻木不仁地活着更符合自己的性情。当然，她也建议志摩还是力劝陆小曼早日北迁，在北平把生活安定下来。

天色由澄蓝变成了灰蓝，阳光投射在矮墙上的光线变得柔和而深沉。在和徽因的长谈中，志摩的情绪好了起来，心灵仿佛水洗过一般宁静。此时志摩眼里的徽因，早已不是当年寓居伦敦的那个梳着两条辫子的小姑娘，她更像一个善解人意的小姐姐。

告别了徽因，回到生活中，志摩仍然是一个乐观的理想主义者。他说："我相信真的理想主义者是受得住眼看他往常保持着的理想煨成灰，碎成断片，烂成泥，在这灰、这断片、这泥的底里，他再来发现他更伟大、更光明的理想。我就是这样的一个人。""……我们在这生命里到处碰头失望，连续遭逢幻灭，冒险——痛苦——失败——失望，是跟着来的，但失望都不是绝望。我不能让绝望的重量压着我的呼吸，不能让悲观的慢性病侵蚀我的精神。我是一个生命的信徒，起初是的，今天还是的，将来我敢说也是的。"

在香山养病的日子里，林徽因开始了写诗、写小说。

林徽因写诗常常在晚上。清幽的山中生活、宁静的心绪，让她诗兴勃发。据林徽因的堂弟林宣回忆，当年徽因写诗时，"要点上一炷清香，摆一瓶插花，穿一袭白绸睡袍，面对庭中一池荷叶，在清风飘飘中，吟哦酿制佳作。"

林宣在回忆中还讲到，林徽因很为自己营造出的气氛和环境所陶醉，她曾和思成玩笑道："我要是个男的，看一眼就会晕倒！"梁思成却故意气她："我看了就没晕倒。"徽因气得嗔怪思成太理智，不懂得欣赏美。[①]

当朋友们上山来看她时，她偶尔会拿出自己写的诗给他们看，她的诗得到了朋友们的肯定。徐志摩把她的诗拿走，有的发表在刚刚创刊的《诗刊》上，有的发表在《新月》上。从此，新月诗人缤纷的诗丛中，一个清丽、幽雅的声音引起了人们的注意和认同。

在朋友们的鼓励和期待中，徽因的诗情像春水般奔涌了。在短短的时间里，她写了《谁爱这不息的变幻》《那一晚》《笑》《深夜里听到乐声》《情愿》《仍然》《激昂》《一首桃花》《莲灯》等诗作。林徽因写诗好像没有通常所谓的"成长期""成熟期"。也许得益于自幼家庭的熏陶和积淀，也许是性情使然，她的诗虽不能说是字字珠玑，但可以说每一首都达到了相当的水准。

---

① 陈宇：《一路解读徐志摩——徐志摩亲朋采访手记》。

第八章　北总布胡同的足音

北总布胡同三号，是一座典型的北京四合院。垂花门廊，方砖铺地，院子里种着石榴树、槐树，还有海棠花和马缨花。

宽敞的居室里，陈设着徽因和思成从旧货店里挑选的硬木家具。沙发旁，有他们在野外考察时捡回来的残损石雕。阳光从南窗射进屋内，照着书架上、案几旁满满的中英文书籍。墙上是梁任公为他们手书的条幅：

清水出芙蓉，天然去雕饰；
白鸥没浩荡，万里谁能训。

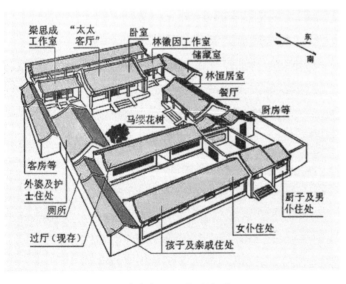

北总布胡同三号设计图

徽因、思成开始了在营造学社的工作。思成留美期间，确立了以中国建筑发展史为自己的研究方向。而建筑在中国历来被认为是一门手艺，由工匠师徒相传，没有留下什么文字记载。几千年的古代中国，有关建筑技术方面的书籍仅有两部，一部是宋代李诫的《营造法式》，另一部是清代的《工程做法则例》。《营造法式》由于年代久远，许多建筑术语让现代人不知所云。思成就从较为切近的清代的《工程做法则例》入手进行分析研究。受过西方教育的思成不满足于钻故纸堆诠释文字，他更重视对照古建筑进行实证考察。

营造学社社址在中山公园的一排平房里。这里远离游人，环境很清净。梁思成找到两位一辈子在故宫做建筑维修的老木匠，对照《工程做法则例》，开始了对古代建筑的解析和研究。他说："有《工程做法则例》做教科书，木匠们做教员，清代宫殿做教具，对清代建筑方法和规则的研究开始有了一个坚实的基础。"

徽因则协助思成搜集资料，绘图摄影，研究历史典籍，制作整理卡片。

思成的案头是一摞摞古建筑构件的草图，他指点着图纸告诉徽因，这叫作"蚂蚱头"，那叫作"三福云"。徽因觉得，那些遥远而生疏的名称一下子变得贴近而清晰，她兴奋地说道："这些名称多么生动形象！古代匠人的想象力不能不令人钦佩。"

他们的工作庞杂而琐细，但又必要而切实，就像在欣赏一个国家的文学作品之前，必须懂得和熟悉那个国家的文字一样。要研究中国的建筑历史，必须熟知中国历代建筑施工技术、方法的演变，如此才能对历代建筑艺术的年代及其价值予以准确的定位。思成、徽因在这种工作中得到了无穷的乐趣。

他们计划着，一旦手上的工作有了眉目，就到外地去实地考察、测绘那些散落在各地的古建筑遗存。

一个凉爽的早晨，金岳霖正在屋里看书，忽然听见外面有人叫他。他出门一看，什么人也没有。"老金，老金"，这叫声好像来自空中。他抬头向上望去，只见思成和徽因高高地站在前院正房的屋顶上，笑嘻嘻地喊他。老金知道，这是思成和徽因在学着攀援、上房，为以后外出考察做准备。他有些担心那房子的屋顶不太结实，连声说道："还不赶快给我下来！"

徽因觉得好玩儿，笑着在房上走着。思成扶着她下了房，来到老金家。

老金早已吩咐仆人泡好了茶。闲聊间，老金说："我送你们一副对联：上联是'梁上君子'，下联是'林下美人'。"

老金平时就喜欢作对联，常常把朋友们的名字嵌入联中。他曾以他的朋友兼同事吴景超和龚业雅夫妇的名字作了一副对联："以雅为业，龚业雅非诚雅者；维超是景，吴景超岂真超哉。"他还给陶孟和的夫人沈性仁

民国十九年（1930年）夏，林徽因在北总布胡同三号家中客厅看书

作过一副对联："性如竹影疏中日，仁是蓝香静处风。"

他作的这副对联又巧妙地嵌入了思成和徽因的姓。思成听了高兴地说："我就是要做'梁上君子'，否则我怎么能打开新的研究路径，不还得纸上谈兵吗？"徽因的反应则不同，她说："真讨厌，什么美人不美人的，好像一个女人就没有什么事可做，好像只配做摆设似的！"[1]

老金知道，徽因不仅在建筑学研究上十分痴迷，而且在诗歌创作上亦有不俗的成绩。老金很喜欢徽因的诗，每次读到都会对徽因谈自己的感受，肯定徽因的创作，鼓励徽因继续写下去。所以，对徽因的不满他不但不以为忤，反而欣然赞同。

每个星期六的下午，是徽因、思成和朋友们聚会的时间。因为金岳霖是单身，无人打扰，所以聚会通常是在金家，有时也在思成和徽因家。

金岳霖和梁家同住一个院子。梁家住前面的大院，老金住后面的小院，前后院各自单门独户。

---

① 金岳霖：《我喜欢做对联》，《哲意的沉思》，第76页。

后院很小，没有什么树。金岳霖种了一棵姚黄，栽在一个特制的大木盒里，几个人才抬得动。仲春时节，姚黄花开，如火如荼。

老金把最大的一间南房当作客厅，客厅靠北墙摆放着八个大书架，书架上以英文书居多。客厅的南面，围着一圈沙发，墙上挂着邓叔存作的水墨山水。

老金有一个洋车夫，一个会做西餐的厨师。在他这里，朋友们喝咖啡，吃冰淇淋。咖啡是老金特地吩咐厨师按朋友们的口味做出来的。因为老金是湖南人，朋友们笑称这里为"湖南饭店"。

常来这里参加聚会的有清华大学政治学教授张奚若，哲学教授邓叔存，经济学教授陈岱孙，国际政治专家钱端升，社会研究所所长陶孟和，考古研究所所长李济，北京大学教授，作家沈从文，徐志摩如果不回上海，也会在星期六下午到来。

老金精通英文，习惯于用英文思考哲学和逻辑学问题，但他又在中国传统文化中浸濡很深。他对中国山水画有很高的鉴赏力，还酷爱京剧，家中收藏有许多京剧名角的唱片，自己也能唱得有板有眼。他还喜欢斗蛐蛐比赛这种游戏，他认为斗蛐蛐涉及技术、艺术和科学问题。

政治学家张奚若，早年先后就读于哥伦比亚大学和伦敦大学，是一个非常直率而重原则的人。朋友们说他的性格是"完全四方的"。他坚持"述而不作"，一生只写过一篇政治学论文《主权论沿革》，但却以自己的学问和人品在清华的教授中受到敬重。

陈岱孙是一位高大、严肃、不苟言笑的经济学家。钱端升对国际问题有着浓厚的兴趣和明晰的见解。李济曾在哈佛大学攻读人类学和考古学，这时期正领导着中央研究院考古所对殷墟的发掘。

小说家沈从文是梁家的常客。他创作的湘西风情小说为当时的文坛吹送着一股新鲜而强悍的风。林徽因非常喜欢沈从文小说的风格和他作品中的人物，尽管这些作品所描写的生活距离她的生活是那么遥远。

这是一个优秀的知识分子群体。他们大多出生于士绅之家，家学渊源使他们自幼熟读经书，具有深厚的国学根基。青年时代又接受了五四"民主""科学"思想的洗礼。他们走出了国门，立志用科学方法研究中国的过去和现在，期待着中国尽快走上现代化的道路。特定的时空经纬成就了他们，他们学贯中西、文通古今，视野开阔，抱负远大，其人格构成和知识构成都有着传统士人所不可能具有的新型质地。

20世纪30年代初，社会生活相对稳定。他们大都成家立业，有较高的经济收入，在交通不便、信息不发达的当时，这批文化教育背景接近、情趣爱好相投的文人学者，需要有这样一个场所来定期交流信息、探讨问题、联络感情。每个星期六下午，他们聚在一起，不同的学科、不同的思想见解、不同的感受，在这里交流和碰撞。这样的聚会，对于他们来说，是精神的聚餐，心灵的盛宴，滚滚红尘中的绿洲。更重要的是，他们在彼此的交流中得到了认同，这种认同使他们在这乱纷纷的世界里确立了自我。

北总布胡同三号的院子外面，一排洋车停在胡同的树荫下，车夫们有的眯着眼打盹儿，有的在聊闲天儿。

金岳霖的车夫王喜，一手提着一壶凉茶，一手抱着一摞碗，招呼相识的伙计喝茶。

一堆人喝着凉茶，漫无边际地闲聊着。突然有人问："王喜，听我们老爷说，你们家老爷居然有时候会忘了自己的名字！真有这事儿？"

王喜是个老实人，平时不怎么说话，看到大伙儿都瞅着他，想听他说话，也来了精神："可不！那一回我们老爷打电话，找东局五十六号的陶先生[1]，那边传电话的一定要我们老爷报自家个的姓名，可老爷愣是想不起来。他扭脸儿问我，甭说，我还真不知道我们老爷的全名儿。老爷又问，你就没有听见别人说起过？我想想，回答说，只听说人家叫您金博士。一个金字提醒了老爷。这么着，电话才算打通了。"

车夫们禁不住全都"哧""哧"地笑了起来。

王喜正色道："我们老爷可是有大学问的人，会说好几国的话，看的书都是洋字码儿。"

此时金岳霖的客厅里，笑语声声，谈兴正浓。林徽因的话题吸引住了在座的朋友。

她正向大伙儿介绍最近看过的一本书——《京师坊巷志》。这是清光绪年间葆真堂刊本，由义乌朱一新所作。该书钩沉考证了元明以后京城街巷的规模建置及其名称沿革，为他们研究北京的建筑历史提供了依据。

徽因谈道："据该书考证，大清门外，即如今的正阳门外，俗称棋盘

---

[1] 即陶孟和。

街，早在元代就极尽繁盛，'四周列肆长廊，百货云集，又名千步廊。'到了明清两代，继续用千步廊作为皇宫前的附属建筑。"

"可是，"徽因深深地吸了一口气，接着说："这本书却没有谈到，早在隋代的汴州，就有这样的桥市。北宋建都汴梁时，正对着汴河州桥一带被称为御街，而两边的廊屋也被称为御廊。《东京梦华录》记载，宫门南面御街阔三百余步，两边的御廊原本准许市人买卖其间：自宋徽宗政和年间后，此处买卖才被禁止……"

徽因最后总结说："这样一种形式十分美观的建筑后来被金、元抄袭，用于北京皇城的外围建筑，到明清保持下来成为定制。《京师坊巷志》中的文字证明了这一点。"①

思成接着徽因的话说："朱一新毕竟是清末的经学家。他宗信程朱，书中杂证各家记载，结以精审的考证，还可见出朴学家的治学精神。如书中对'胡同'这一称呼的考证，就能看出其用力之勤。"

话题由此引申开去，由北京的胡同，谈到"胡同"名称的沿革。徐志摩道："早有文字学者研究，胡同是衚衕的省写，与上海弄堂的'弄'字同源。元人李好古所作《张生煮海》杂剧中，就曾提到羊市角头转塔儿，恐怕是这两个字最早见诸文字。"

说到这里，他笑了："北京的胡同中，最为国人所熟知的，要算八大胡同，大概与清末上海的四马路出名是一个道理吧。"

大家你一言，我一语，说北京胡同名称亲切、谐趣而形象，远胜过美国纽约呆板的什么第几大道。如梯子胡同，是说这胡同看上去像梯子似的，尽是上坡路。口袋胡同和闷葫芦瓜儿胡同一样，是只有进口没有出口的死胡同。那些住有南方人的胡同，不管他们是杭州人还是无锡人，老北京都统称为"苏州胡同"。北京还有好几处马神庙和马神庙胡同，为什么不叫龙王庙呢？为什么别的地方很少马神庙呢？遥想战国时期，燕昭王就曾为死去的骏马修筑黄金台。打那以后，无论是元代的蒙古统治者，还是清代的满族统治者，都是骑在马背上的民族，靠金戈铁马征服天下，自然会尊马为神、为马修庙，胡同也就因马神庙而得名了。

胡同的名称，还传达出了老北京的生活环境，如城里许多以井命名的

① 林徽因：《谈北京的几个文物建筑》，《林徽因文集·建筑卷》，第344页。

胡同：甜水井、苦水井、三眼井、四眼井、高井、王府井；有的胡同名称指点出了旧京城城区的划分：羊市、猪市、骡马市，箭厂、细砖厂、琉璃厂、兵马司、銮舆卫、大栅栏。看到这些名称，人们就会产生许多想象和联想。不过，后来的人们或者是为了附庸风雅，或者是为了改头换面，许多胡同被改换了名称。如劈柴胡同改作辟才胡同，狗尾巴胡同改作高义伯胡同，勾阑胡同改作钩帘胡同，大脚胡同改作达教胡同，让人看了不知所云。

作为"女眷"参加聚会的，还有张奚若夫人杨景任、陶孟和夫人沈性仁。

杨景任毕业于苏格兰大学，可看上去，她却更像传统的全职太太。金岳霖谈及她时，说得十分形象："要看她这一方面的性格，最好是听她同肖叔玉太太的谈话。两人都争分夺秒地谈，由赵钱孙李到黄焖鸡到红烧肉。"而同时，家里的一应事务她从来不要张奚若操一点儿心，关心支持张奚若关心支持的一切事情，一对儿女也带得十分出色。

沈性仁则是另一种性格。朋友们说她"入山唯恐不深，离市唯恐不远"，是一个远离人群站在一边的人。可是对于朋友，她则是肝胆相照、利害攸关，以朋友的问题为自己的问题，以朋友为自己的生活中心。金岳霖说："……离开朋友的关系去找她本人究竟是如何的人，她的愿望要求等等究竟如何，你只会感觉到一阵清风了无牵挂；可是如果你在朋友关系中去观察她，她那温和诚挚的个性都显明地表示出来。她似乎是以佛家的居心过儒家的生活，所以她一方面入山唯恐不深，另一方面又陷入朋友的喜怒哀乐柴米油盐的生活之中……"

金岳霖这段话说得十分精彩，他是在谈沈性仁，但又何尝不是在谈他自己，谈他们这个群体。

金岳霖晚年所写的一批文章，常常谈到自己的朋友。在《梁思成林徽因是我最亲密的朋友》一文中，他写道："爱与喜欢是两种不同的感情与感觉。这二者经常是统一的。不统一的时候也不少。……爱说的是父母、夫妇、姐妹、兄弟间比较自然的感情，他们彼此之间也许很喜欢。……喜欢说的是朋友之间的喜悦，它是朋友之间的感情。我的生活差不多完全是朋友之间的生活。"

他又说："朋友的关系不想则已，想起来却是古怪，血统既不相干、生活方式也可不必一样；它似乎是一种山水画的图案，中间虽有人烟山水草木土地的不同，然而彼此各有彼此的关系，而彼此的关系又各不相同。……中年以上的人差不多完全靠老朋友，新朋友是不容易得到的，心思情感兴趣习惯等等都被生活磨成尖角，碰既碰不得，合也合不来，老朋友在同一历史道路上辗转而来，一见就会心领意会情致怡然……"

金岳霖以中国山水面的构图比喻朋友间的关系，是因为他热爱中国的山水画，深谙中国山水画的意趣。

每周一次的聚会，开始照例是大家向张奚若和陶孟和问询一下近来南京政府的政治动向，包括人事安排方面的变动，虽然他们对那些安排其实并没有多少兴趣。他们感兴趣的是文化艺术方面的话题。

金岳霖是研究哲学的，可他从来不谈哲学，却爱谈建筑和字画，特别是山水画。与他同在清华研究哲学的邓叔存，家中收藏有许多中国古代名画，他经常会带一两幅画来参加聚会，让朋友们欣赏。

金岳霖说："在艺术方面，中国对世界文化的最大贡献之一，就是山水画。古人论山水画，确实有许多玄学。我认为，这许多玄学与山水画都不相干。这不是说，山水画没有哲学背景和根源，这个背景和根源就是天地与我并生，万物与我为一。唐人有一首诗云：'松下问童子，言师采药去。只在此山中，云深不知处。这位童子对于他所在的这座山是何等放心，何等亲切呀！中国的许多山水画都有这种意境。"

邓叔存不仅懂画、藏画，而且还能书善画。他临摹的明人山水就被一些朋友挂在客厅或书房里。中国画分南宗、北宗，邓叔存欣赏南宗，作画时用笔的中锋，喜欢写画，不喜欢画画。他说，中国山水画与西洋风景画的最大区别在于，西洋风景画讲究绘画角度，透视要求严格，是一种科学的作画方法。而中国山水画的中心则是意境，而且要求看画的人也要有意境。它与科学无涉，而更多地包含了作者、观赏者的人生态度。

一次聚会时，不知谁提起了几年前王国维先生投水自杀一事，由此说到十几年前梁巨川先生的自杀。这时，徐志摩和陶孟和争论了起来。一向谦和持重的陶孟和对他们的自杀行为持批评反对态度，而徐志摩则高度肯定他们以身殉道的精神。在座的朋友或赞同孟和，或支持志摩，一时争执得十分激烈。

陶孟和批驳徐志摩道："志摩，不管你对于自杀有什么深奥的见解，我还是认为自杀并不是挽救世道人心的手段。我申明，我所不赞成的是消极的自杀，而不是一个奋斗的殉道者的光荣的死。假使一个人为了信仰被世人杀死，那是我所钦佩的。假使一个人因为自己的信仰不为世人所信从，竟自己将自己的生命断送，这是一种消极的行为。所谓'杀身成仁'，绝不是凡杀身皆能成仁，更不是要成仁必须杀身。"

徐志摩说："我们讨论一个问题，首先要弄清楚前提。这里的前提是：我们尊重的不是巨川先生和观堂先生自杀行为的本身，而是他们通过自杀所表现的那种精神。

一个国家，一个民族，往往在最无耻的时代里诞生出一两个最知耻的个人。例如宋末有文天祥，明末有黄梨洲，他们的名字就有永久的象征的意义。他们的死为民族争得了人之所以为人的精神。我想，巨川和观堂先生是实在看不过现今流行的不要脸主义，他们活着不能改变什么，决意牺牲自己的生命，给这时代一个警告，一个抗议。"

陶孟和说："志摩，你千万不要以为反对自杀就是爱惜生命而不爱惜主义和理想。假使你认为自己理想的价值远远高于生命的价值，那么你究竟是用自杀的方法去得到那个理想呢，还是活着通过种种努力去实现那个理想？

当然，我承认每个人应该有自杀的自由，但是如果以挽回世道人心为生命的愿望，就更不应该自杀。老先生一生高洁的行为尚不能唤起世人的敬仰与仿效，他一死就可以唤醒世人吗？救世或醒世是没有捷径的，只有持久不懈的努力，自杀的结果只是损失一个生命，并且使死者的亲族陷于穷困，这种影响也是及于社会的。"

徐志摩笑了："孟和先生真是一个社会学家呀，一个社会学家分明不能容许连累亲族、累及社会的自杀行为。这让我想起了明末清初的钱牧斋。他曾拿定主意殉国，雇了一只船，载着他的亲友，想到河心宽阔处死去。可他坐在船头用手探了探河水，却忽然发现河水原来这样冷。于是，他决定不死了，回到温暖的船舱，原船人马摇了回去。还有与他同时代的吴梅村，他曾在梁上挂好上吊的绳子，自己爬上桌子正要把脖子套上绳圈的时候，他的妻子家人跪在地上痛哭不已，于是他就放弃了自杀的念头。那会儿，他的想法也许与孟和先生的见解一致：'自杀的结果是损失一个生命，并且使死者的亲属陷于穷困，并影响及于社会。'

"我又想起一个近例：蔡子民先生彭允彝时代公开宣言他的不合作主

义，离开了北京。当时有人批评蔡先生，说他那是消极的行为。胡适之先生针锋相对，在《努力》上发表了一篇极精彩的文章——《蔡元培是消极吗？》——他说蔡先生的态度正是那个时代所能采取的积极态度，代表了进取的、抗议的精神。"

徐志摩停顿了片刻，说出了他的结论："归根结底一句话，人的行为是不能一概而论的。梁巨川、王观堂先生的自杀，蔡子民先生的不合作，这些事件产生的影响绝不是我们的常识所能测量，更不能用社会学的或者科学的标准所能评价的。在信仰精神生命的痴人看来，只要还有寸土可守，就决不能让实利主义压倒人的性灵的表现，更不能容忍时代的迷信——在中世纪是宗教，在现代是科学——湮没了宇宙间永恒的价值。"

林徽因是赞同徐志摩的观点的，听到这里，她禁不住为徐志摩富有激情的滔滔雄辩鼓起掌来。

金岳霖更欣赏论辩者的"绅士风度"，因此他同情儒雅口讷的陶孟和。

当林徽因鼓掌时，他的眉头微微皱起，用德语说道："偷换概念，逻辑不清！"

林徽因的掌声鼓励了徐志摩，他忍不住地对老金俏皮道："有一天，我和一个朋友坐在洋车上，无意中说起了洋话。想不到惹恼了拉车的那位，他回过头来说：'先生，你们说的是什么话呀？我怎么一句也听不懂啊！'这会儿，我也很想对哲学家这样说话。"

……

争执也罢，嘲笑或自嘲也罢，大家在这一时间里，精神是完全地放松，完全地投入，哪怕红了脸，动了气，再见面仍然是好朋友。一到聚会的时间，顺着北总布胡同的墙根儿，就会排着一长溜洋车。

又是一个周末，下午三点多钟，到老金家的人差不多聚齐了，唯独少了林徽因。大家问思成，思成说："她有点儿事，一会儿就到。"

沈从文笑眯眯地和老金开着玩笑。他二人虽说都是湖南人，但沈从文的话带着浓重的湘西口音："老金，怎么不穿你的局绸长袍了？"

老金一本正经地回答："不穿了，不穿了。我把'局绸'放进箱子里了。文物嘛，当然要保存起来。"

大家听了，都笑起来。

原来，金岳霖有一件长袍，喇嘛红的局绸面料，白色的猞猁毛皮里子，冬天他到北大、清华上课总穿着。一次，沈从文见了，告诉他，这袍子的面料叫"局绸"，是清朝江南织造局本局所制，原本只有宫里的人才穿得到，是十分珍贵的东西。金岳霖听了，恍然大悟道："怪不得买袍面的时候，卖料的小伙计就特意告诉说，这是局绸，贵着呢！可当再问他为什么叫局绸时，他却答不上来。"当时老金也没在意，被沈从文这么一解释，加之别人一起哄，说没准儿这袍面还是曹雪芹他祖父监制的，金岳霖从此就不再穿它，让家里的佣人小心收拾了起来。

正说着话，林徽因来了，向朋友们解释着来迟的原因：

她正准备出门时，女仆赵妈叫住了她。赵妈说西隔壁的邻居是一户顶老实的人家，这家人租住的房子下雨漏雨，刮风漏风，可他们家穷得实在没有能力修房子，只好来求赵妈，请徽因去给房东说说情，让房东给修一修。

徽因跟着赵妈过去看了看，那房子破损得实在不像样。她就找到了房东。房东告诉她，这家房客打乾隆年间就租住在这里，都住好几辈人了，三间房每月只付五十个铜板，两百年来一直就这么点儿租金，因为根据祖上的租房契约，只要是同一个家庭住在这里，就不能提高房租。房东觉得十分委屈，这么丁点儿租金，简直就是白住，再怎么着也不能倒贴钱给他修房吧？

听房东这么一说，徽因认为也有道理。最后，只好自己拿出一笔钱来，作为房屋的修缮费用交给了房东。

听完徽因的讲述，朋友们笑道："谁说人心不古？这事儿就证明老北京的历史传统依然在民间存在。"

北总布胡同的槐树黄了又绿，绿了又黄，胡同里梁家和金家的聚会却无论冬夏，长年不断。

在当时北京的文化人中，与此相类似的文化沙龙还有以朱光潜、梁宗岱为中心的"读诗会"。经常参加"读诗会"的有冯至、朱自清、冰心、凌叔华、卞之琳、何其芳等人。与北总布胡同文化氛围浓郁的聚会相比，"读诗会"有着更为纯粹的文学色彩。林徽因有时候也参加"读诗会"的活动。

这些活动，构成了20世纪30年代京派文化生活的独特气息和魅力。

林徽因喜欢这样的聚会，她习惯通过与好朋友的交谈来表述自己的见解，沟通彼此的心灵。她常想，人世间生活着这么多形形色色的人，他们在你的生活中来来往往，你认识了他们，甚至你也不讨厌他们，但是，他们在你的生命中却不会留下任何痕迹。只有极少数的人，你愿意和他分享你心灵的秘密、你的快乐和忧伤、你的热爱和热情，真正的友人是你可以搁置心灵的地方，是上帝给予人生的恩惠和慰藉——林徽因热爱朋友，离不开朋友：每当和朋友在一起，她就思路洞开，妙语如珠，艺术和思想的灵感如电光石火般熠熠闪亮，耀人眼目。凡是当年接触过林徽因的人，对此都留下了深刻的印象。

20世纪30年代，林徽因（右）与好友谢婉莹（冰心，左）在野餐中的合影。据说，随后因为冰心一则以林徽因位于北平北总布胡同三号居所为原型的《我们太太的客厅》短篇小说的发表，而使昔日好友成为"仇敌"

萧乾在 30 年代初，是个刚刚崭露头角的文学青年。他的短篇小说《蚕》在《大公报·文艺副刊》上发表后，林徽因看到了。她很喜欢这篇小说，就写信请沈从文带萧乾周末到她家喝下午茶。

"萧先生文章甚有味。我喜欢，能见到当感到畅快。你说的是否礼拜五，如果是下午五时在家里候教，如嫌晚星期六早上也一样可以的。"

60 年代后，萧乾仍清晰地记得当年的情景：

那天，我穿着一件新洗的蓝布大褂，先骑车赶到达子营的沈家，然后与沈先生一道跨进了北总布胡同徽因那有名的"太太客厅"。

听说徽因得了很严重的肺病，还经常得卧床休息。可她哪像个病人……她对我说的第一句话就是："你是用感情写作的，这很难得。"给了我很大的鼓舞。她说起话来，别人几乎插不上嘴。别说沈先生和我，就连梁思成和金岳霖也只是坐在沙发上吧嗒着烟斗，连连点头称是。徽因的健谈决不是结了婚的妇女那种闲言碎语，而常是有学识、有见地、犀利敏捷的批评。我后来心里常想：倘若这位述而不作的小姐能够像十八世纪英国的约翰逊博士那样，身边也有一位博斯韦尔，把她那些充满机智、饶有风趣的话一一记载下来，那该是多么精彩的一部书啊！她从不拐弯抹角，模棱两可。这种纯学术的批评，也从来没有人记仇。我常常折服于徽因过人的艺术悟性……

萧乾的这些记述写于 1998 年 12 月他重病住院期间，直到他生命的最后日子，他还在写着对林徽因的回忆文章。

第九章　永远的伤逝

正值盛夏，天气闷热极了。北总布胡同梁家的四合院里，一丝风也没有。徽因和母亲正收拾东西，准备第二天全家人一起去香山避避暑热。因为一大早就要动身，所以提早在做准备。

思成在书桌前整理着图纸。他有点儿伤风，说话瓮声瓮气的。

一家人正忙着，志摩来了。他说天气太热，晚上做不了什么事，就溜达到这里来看看思成、徽因。

徽因、思成放下了手中的事情，高兴地和志摩说着话。

志摩看看摊在桌子上的图纸和资料，随手拿起一张写得密密麻麻的卡片，上面写着《诗经·小雅·斯干》。他拉着腔调念道："'如跂斯翼，如矢斯棘，如鸟斯革，如翚斯飞，君子攸跻……'有意思，怎么你们又研究起《诗经》了？"

徽因说："这可能是最早的咏建筑的诗。它写的是周王宫室刚刚落成的情景。那一连串比喻够多巧妙！他说那宫室有的像人抬起脚跟远望那样飞檐翘角；有的像箭镞那样笔直而有棱；有的壮观如大鸟展翅；有的如出没在草丛中的野鸡一样五彩斑斓。最后以君子登临之乐来赞美这建筑物，够传神了吧！"

思成接着说："自古以来，中国的学子士人，看重文章诗词，喜爱金石书画，历史文化精神在诗词歌赋、金石书画中得以张扬。唯有建筑，被看作是一门手艺，几千年来，只是师徒传授，从不见诸于文章。如今，想把建筑作为一门艺术来研究和鉴赏，只有从这些历史典章中寻找记载和依据。你没瞧见，徽因钻故纸堆已经有瘾了。"

志摩十分感兴趣地问："最早有记载的宫室建筑是什么时候？"

"公元前 12 世纪。"徽因说，"司马迁老先生在《史记·殷本纪》中记载，殷纣王的宫室南椐朝歌，北椐邯郸，皆为离宫别馆。"

故宫博物院院长马衡

梁思成找出一张壁画的拓片让志摩看："这是故宫博物院收藏的'采桑猎钫图'，战国时期的作品。你看这上面的宫室建筑共分几室，各室间有立柱，每室各有一门，门扉双扇。上端有斗拱承枋，枋上更有土卜拱。你再看这里，四周似有栏杆，两端下斜垂线以代表屋檐。从这一稀罕的例证就可想见，建筑技术在当时已发展到了怎样的水准。可以说，后代建筑的基本结构，这时已经成型。"

徽因告诉志摩，思成打算对各地的典型古代建筑以绘图测量摄影的方法做系统的记录研究。到时候她要和思成一同去踏勘考察。

志摩说："我羡慕你们！既做着自己喜欢做的事，又踏了青，访了古，还是贤伉俪结伴同行，真不知是几世修得的福分！"

思成笑道："诗人总是善于想象，事实上做这些事恐怕没有那么好玩。"

徽因问志摩最近是否要回上海，小曼身体怎样。志摩告诉徽因，他通过朋友的关系，可以免费搭乘南京飞北京的邮政班机，这样一来可以省钱，二来可以快上许多。只是时间不能自己安排，完全得随着航空公司走。

徽因有些担心地问："运送邮件的飞机安全吗？"

志摩满不在乎地说："没事儿，我坐过两次了，挺好的。"

正说着话，宝宝跑了过来。宝宝快两岁了，会说简单的短语。女佣刚给她洗过澡，脖子上扑着白白的一层痱子粉，穿着宽松的小裙子。

志摩是这个家里的常客，她叫着笑着扑了过来。

志摩把她抱在自己的膝上逗她玩儿，他对思成、徽因说："宝宝越长越俊了，脸盘儿是梁家的，眼睛却是林家的。"

徽因说天太热，叫宝宝下地自己玩儿，宝宝跑开了。

大家说起了一连数日的高温天气，说也许很快就有一场大雨。徽因忽然想起前些天刚见到温源宁。听他讲起了徐志摩的趣事。

温源宁是徽因的表姐夫，与徐志摩在英国剑桥大学时是同窗好友。温源宁告诉徽因，有一次下大雨，徐志摩硬要拉着他到郊外去，说是等着看雨后的彩虹。他迟疑着不想外出，徐志摩就一个人跑了去。

徽因提起这些，问志摩是否确有其事。志摩笑着点了点头。

徽因又禁不住问："那天，你在外面等了多久？究竟看到虹了没有？"

志摩道："记不得等了多长时间，但最后还是看到虹了。"

他讲起了大雨笼罩四野的苍茫雄浑，讲到雨过天晴彩虹跃出的绚丽神奇。

徽因好奇地打断了他的话，问道："你怎么一定知道会看到彩虹？"

志摩笑答："完全是诗意的信仰。"

志摩又讲起了他在剑桥时常常在日落时分骑着自行车像夸父逐日一样急驶在英国乡间的土路上，追逐着渐渐西沉的太阳。有一天，他顺着一条大道向前骑，西天上铅灰色的云层呈穹隆状覆盖卜来，夕阳在厚厚的云层里放射出万缕金辉。天和人离得很近，人骑着车，仿佛可以一直骑到那厚厚的云层中去，骑到那金光万道的夕阳的光辉中去。这时，原野上突然出现了一大群放牧归来的羊群。志摩说，这一时刻，自己只觉得这一大群温顺的生物，这一条笔直的大路，这千万缕不可逼视的夕阳的光辉，都有着神圣的境界。他情不自禁地跪了下去，对着西沉的落日，对着这世界上和谐而神奇的万事万物顶礼膜拜。

就这么说着话，天时已晚。志摩喝光了杯中的茶，起身告辞。他说："好久没有这样痛快地聊过了。"

徽因、思成送他出门，看着他上了黄包车。

胡同里的路灯洒下了昏黄的光晕，空气里有熏蚊子的艾蒿的气息。

第二天上午，北京下了入夏以来的头一场大雨。骤雨敲击着屋瓦，天色十分晦暗。

住在胡适家的徐志摩有些心神不宁。好些天没有收到陆小曼的信了，志摩想，也许上几封信催她来京，惹她不高兴了？在上封信里，志摩告诉小曼，自己整天北京、上海两地跑，要穿的衣服都找不着。天气这么热，他只有身上穿着的这一件白大褂，想在北京做一件又不想花钱。他让小曼把家里那块颜色很扎眼的羽纱染了给自己做件长衫，也不知小曼做了没有。在胡适家住了近一年，胡适全家待他极好，可他仍不由得时常生出寄人篱下的感觉。长此以往，如何是好呢？想到这些，他心里又乱了。

他坐到了书桌前。长时间来，他习惯于用纸笔整理自己的思绪和感情。可提起笔来，思路却回到了昨晚梁家的客厅。徽因、思成的默契和谐，宝宝的活泼稚气，以及他们对未来的安排和打算，都让志摩既羡慕，又感慨。想来徽因一家这会儿已在香山了吧？

他信手写下"你去"这个标题。一首诗流泻在笔端。

晚上，停电了。志摩点上蜡烛，把白天写的诗读了两遍，又写了一封信，连同那首诗装进了信封。他想，明天可能会放晴，他想把信尽快给徽因寄出去。

这是现存唯一一封徐志摩与林徽因之间的通信。他们的通信都在新中国成立后和"文革"中焚毁了。只有这封信和这首诗在遗忘中被保存了下来。从这封仅存的书信中，我们可以看出，徐志摩和林徽因之间的感情确实要比许多人传说和想象的要纯洁高尚得多。

徽音：

我愁望着云泞的天和泥泞的地，只担心你们上山一路平安。到山上大家都安好否？我在记念。

我回家累得直挺在床上，像死——也不知哪来的累。适之在午饭时说笑话，我照例照规矩把笑放在嘴边，但那笑仿佛离嘴有半尺来远，脸上的皮肉像是经过风腊，再不能活动！

下午忽然诗兴发作，不断的抽着烟，茶倒空了两壶，在两小时内，居然诌得了一首。哲学家上来看见，端详了十多分钟，然后正色的侃：I is one of your verybest. 但哲学家关于美术作品只往往挑错的东西来夸，因而，我还不敢自信，现在抄了去请教女诗人，敬求指正！

雨下得凶，电话电灯会断。我讨得半根蜡，匍匐在桌上胡乱写。上次扭筋的脚有些生痛。一躺平眼睛发跳，全身的脉搏都似乎分明的觉得。再有两天如此，一定病倒——但希望天可以放晴。

思成恐怕也有些着凉，我保荐喝一大碗姜糖汤，妙药也！宝宝老太都还高兴否？我还牵记你家矮墙上的艳阳。此去归来时难说完，敬祝

山中人"神仙生活"，快乐康强！

脚病人

洋郎牵（洋）牛渡（洋）河夜

你　去

你去，我也走，我们在此分手：
你上那一条大路，你放心走，
你看那街灯一直亮到天边，
你只消跟从这光明的直线！
你先走，我站在此地望着你：
放轻些脚步，别教灰土扬起，
我要认清你的远去的身影，
直到距离使我认你不分明。
再不然，我就叫响你的名字，
不断的提醒你，有我在这里，
为消解荒街与深晚的荒凉，
目送你归去……

不，我自有主张，
你不必为我忧虑；你走大路，
我进这条小巷。你看那株树，
高抵着天，我走到那边转弯，
再过去是一片荒野的凌乱：
有深潭，有浅洼，半亮着止水，
在夜芒中像是纷披的眼泪：
有乱石，有钩刺胫踝的蔓草，
在守候过路人疏神时绊倒，

但你不必焦心，我有的是胆，

凶险的途程不能使我心寒。

等你走远。我就大步的向前，

这荒野有的是夜露的清鲜：

也不愁愁云深裹，但求风动，

云海里便波涌星斗的流汞：

更何况永远照彻我的心底，

有那颗不夜的明珠，我爱——你！

七月七日

忙碌中的日子过得特别快，不知不觉间，已是秋天了。北京的秋天是一年里最好的季节。天，格外地晴爽、碧蓝，秋蝉的鸣叫一声声残了，鸽哨掠过，带着空气的柔软和透明。

一阵风吹过，满地都是落叶。踩上去，有细碎的声响。老银杏树的叶子黄得绚烂夺目，那是最高明的画家也调不出的色彩。

院子里，石榴红了，枣子青了。沿墙根儿排着一溜花盆，仿佛一夜之间，菊花全开了。

林徽因最爱北京的秋天，只是一入秋，她虚弱的肺部格外容易因受凉而感染，少不得让思成格外操心。

营造学社的工作地点在中山公园西北角的一排平房里，紧挨着气象森严的皇城。这里幽静开阔，与故宫一墙之隔，离北京图书馆也近，是个做学问的好地方。

下午四点过，太阳偏西了，从学社门口的院子望出去，毗邻的故宫一层层屋檐和角楼笼罩在沉闷的阴影中，发散出森严的气息。那气息仿佛来自久远的过去，来自那每一间神秘房舍的角角落落。寒鸦归巢的叫声让人心里一阵阵发紧，每当这时，学社的同人就互相招呼着准备回家了。

1931 年 11 月 10 日下午，思成和徽因提早结束了手头的工作，他们五点以前要赶到清华大学参加一个茶会，这个茶会是为欢迎英国的柏雷博士而举办的。

柏雷博士是英国女诗人曼殊斐儿的姐夫。徐志摩热爱那位英国女诗人，在英国留学期间曾专门去拜访过她，还写了《曼殊斐儿》一文以志纪念。尽管她已病逝多年，徐志摩仍一如既往地在精神上爱恋和仰慕着她。

茶会上，徐志摩不停地向柏雷博士问长问短，希望能从柏雷口中得知一些曼殊斐儿生前身后的情形。徽因和思成会心地笑着，为志摩的痴心和执着而感动。

茶会结束后，志摩告诉徽因、思成，可能这几天要回一趟上海。他说，小曼接连几次拍电报来催，本来早就该走的，可飞机一次又一次地改时间。他有些懊恼地说：时间已经改了三次。课也一调再调：如果飞机再改期，便不走了。

徽因、思成回家后，接到一个电话，就又出了门。一位宾大老同学从美国回来了，他们得去探望一下。待忙完这一切回到家中，天已经很晚了。给他们开门的听差老王说：徐先生晚上来过，在客厅里等了好大一会儿，喝了一壶茶，留下个字条儿，才刚走了不大工夫。

徽因、思成看到了桌子上志摩的留言："定明早六时飞行，此去存亡不卜……"

徽因怔住了，心中涌过一阵不安。她急忙拨通了电话，问询志摩行程的安排。她说："我和思成觉得乘飞机到底有些让人不放心，不如还是坐火车吧！"

"你们放心，"电话中志摩的声音仍是那么愉快，"飞机很稳当的，我还要留着生命看更伟大的事迹呢，哪能便死！"

志摩的轻松态度倒使徽因觉得自己太过敏感，她连忙岔开了话题："干吗开口闭口死呀活呀的，小曼身体不好，你这次回上海就多住些日子吧。"

"不行啊，我这边还有课，顶多一个礼拜就回来了。"

徽因说："下个礼拜我也有课，要在协和礼堂给外国使节们讲中国的建筑。"

志摩忙问："下个礼拜几？十几号？"

徽因道："定在 19 号晚上，是下个星期三吧。"

志摩说："我 19 号已经回来了，到时候给你捧场去。"

一个星期眨眼工夫就过去了。11 月 19 日中午，徽因、思成收到了志摩在南京登机前发出的电报："下午三点抵南苑机场，请派车接。"

下午，思成亲自开车去接志摩。天气阴沉沉的，起落的航班很少，空旷的机场十分寂寥。

一直等到下午四点半，仍不见志摩乘坐的"济南号"邮政班机的踪影。思成有些着急，向机场的管理人员打听，得到的回答是，济南一带今日有大雾，也许飞机没有起飞。再问，仍是一个不清楚。思成只得驾车返回家中。

晚上，协和礼堂灯光明亮。许多外国驻华使节揩夫人来听林徽因的演讲。她今天演讲的题目是：《中国的宫室建筑艺术》。

徽因在演讲中列举了故宫，讲到了北海、天坛，这些地方都是这些外国人去过而缺乏了解的。更吸引他们的是徽因那流利的、带有伦敦音的英语和灵动、形象的讲述。他们认为，这场专业性很强的演讲，因林徽因杰出的表达而引人入胜。当徽因结束演讲后，他们纷纷走上前来，向徽因致意和致谢。

徽因匆匆地和他们道别，匆匆地赶回家中。志摩没能如约而至，她心中隐隐有些不安。

一进家门，她便问："思成，志摩有消息吗？"

思成说："没有消息。我已给适之打过电话，适之也很着急，他担心志摩途中有什么变故。"

这一夜，徽因睡得很不安稳。夜半醒来，她再也不能入睡。志摩行前的留言中"存亡不卜"几个字仿佛谶语般在眼前晃动。她还想起志摩的一篇文章——《想飞》，那里边有些句子仿佛是不祥的预兆："……天上那一点子黑的已经迫近在我的头顶，形成了一架鸟形的机器，忽的机沿一侧，一球光直往下注，砰的一声作响——炸碎了我在飞行中的幻想，青天里平添了几堆破碎的浮云。"

徽因用力驱赶着这些念头，在心里默默祈祷。她祈祷黑夜快快过去，她期待随着新的一天到来，志摩会像往常一样笑嘻嘻活泼泼地出现在人们面前。

11 月 20 日早晨，北京《晨报》在十分醒目的位置刊发了"济南十九日专电"：

京平北上机肇祸

昨在济南坠落

机身全焚，乘客司机均烧死

天雨雾大误触开山

放下《晨报》，思成立即开车带徽因前往胡适家。胡适也看到了《晨报》，他匆匆赶往航空公司，请他们拍电报向南京航空公司了解情况，又拍电报给山东省教育厅长何思源，让他帮助查询。

胡适在外面奔走打听时，张奚若、金岳霖、孙大雨、钱端升、张慰慈、饶孟侃等人一个个不约而同地来到了胡适家中。一时大家都没了主意，默默地围坐着，相顾无言，屋内的气氛压抑而沉闷。往常活跃开朗的徽因今天茫然失神，她紧张地凝视着电话，一阵又一阵密集的电话铃声，全是朋友们打来问询消息的。

胡适回来了。他神色黯然、声音喑哑地对大家说："南京那边已证实，出事的是志摩搭乘的'济南号'飞机……"

徽因不知道是怎样离开胡适家的，她只觉得心头像针扎般抽搐着疼痛，喉咙紧得吐不出一个字，眼前墨一般的昏黑。她只知道是思成在紧紧挽着她走，她还听到街上叫卖"号外"的声音："诗人徐志摩惨祸……"

灾难的突然降临使热爱志摩的朋友们猝不及防。徽因怎么也不能把志摩和死连在一起！他是那样生气勃勃、才华光芒四射的一个人。他正值三十四岁的年华，像孩子般的认真和天真，谁能接受他已陷入沉寂的另一世界的现实？

可是，理智告诉徽因，志摩确实一去不回了！没有音信，没有消息，永远地一去不回，永远地没有音信，没有消息……面对这不可预测的人生，徽因悲哀地感到生命的脆弱，世事的难料，这种感觉曾在父亲遇难时强烈地袭击过她。第二天一早，思成、老金、奚若前往济南齐鲁大学。会同沈从文、闻一多、梁实秋等人商议办理徐志摩的后事。他们劝阻了执意要一同前往的徽因。她的体质一向很弱，又怀有身孕，他们担心她无法面对那惨痛的场面。

22 日上午九点多钟，梁思成一行赶到了济南。徐志摩的灵柩停放在一座叫福缘庵的小庙里，他们在那里向徐志摩的遗体告别。沈从文后来在一篇文章中记述了当时的情形：

两个工人把棺盖挪开，棺木里静静的躺着徐志摩，他身穿绸袍马褂的寿衣，足蹬黑色云头如意寿字鞋，戴了一顶红顶球绸纱小帽。露出一个掩盖不尽的额角，额角上一个大洞，这显然是他的致命伤。眼睛是微张的，他不愿意死！鼻子略略发肿，想来是火灼灸的。门牙已脱尽，与额角上的那个大洞，看来都是向前一撞的结果。这就是永远见得生气泼刺，永远不知道有"敌人"的徐志摩。

梁思成献上了一个小花圈，那是他和徽因连夜做成的，碧绿的铁树叶和洁白的花朵上浸透了徽因的泪水。

返回北京时，思成带回了一片失事飞机的残骸。徽因把这片残骸用一大块白绫包扎起来放在家中，一直到她去世。

1931 年 12 月 7 日，徐志摩遇难半个月后，北京《晨报·副刊》上发表了林徽因的《悼志摩》：

……志摩人格里最精华的是他对人的同情、和蔼和优容；没有一个人他对他不和蔼，没有一种人，他不能优容，没有一种感情，他绝对地不能表同情……他只知道温存、和平、体贴，只要他知道有感情的存在，无论出自何人，在何等情况下，他理智上认为适当与否，他全能表几分同情，

诗人徐志摩之墓

他真能体会原谅他人与他自己的不相同处。从不会刻薄地单支出严格的迫仄的道德的天平指摘凡是与他不同的人。

志摩的最动人的特点，是他那不可信的纯净的天真，对他的理想的愚诚，对艺术欣赏的认真，体会感情的切实，全是难能可贵到极点，他站在雨中等虹，他甘冒社会的大不韪争他的恋爱自由，他坐曲折的火车到乡间去拜哈代，他抛弃博士一类的引诱卷了书包到英国，只为要拜罗素做老师，他为了一种特异的境遇，一时特异的感动，从此在生命途中冒险，从此抛弃所有的旧业，只是尝试写几行新诗——这几年新诗尝试的运命并不太令人踊跃，冷嘲热骂只是家常便饭——他常能走几里路去采几茎花，费许多周折去看看一个朋友说两句话：这些，还有许多，都不是我们寻常能够轻易了解的神秘。我说神秘，其实竟许是傻，是痴！事实上他只是比我们认真，虔诚到傻气，到痴！他愉快起来他的快乐的翅膀可以碰得到天，他忧伤起来，他的悲戚是深得没有底。寻常评价的衡量在他手里失了效用，利害轻重他自有他的看法，纯是艺术的情感的脱离寻常的原则，所以往常人常听到朋友们说到他总爱带着嗟叹的口吻说："那是志摩，你有什么法子！"他真是个怪人么？朋友们，不，一点都不是，他只是比我们近情、近理，比我们热诚，比我们天真，比我们对万物都更有信仰，对神，对人，对灵，对自然，对艺术！

朋友们，我们失掉的不止是一个朋友，一个诗人，我们丢掉的是个极难得可爱的人格。

林徽因对徐志摩的回忆和悼念，写出了徐志摩独特的气质和魅力，写出了他对艺术、对美的痴迷，对朋友，对一切人的包容和善良，对理想、信念的坚守与愚诚。文章凸显了徐志摩"即使打破了头，也还要保持我灵魂的自由"的性情。在当时众多的悼亡文字中，林徽因的《悼志摩》具有格外的分量。

与此同时，"新月社"的同人们计划设立"志摩奖金"，以鼓励和扶植白话新诗的创作，因为这是徐志摩未了的心愿。志摩的亲属和朋友则着手收集志摩已发表和未发表的作品，筹划编辑《徐志摩全集》。在收集材料的过程中，不期然地，林徽因与凌叔华发生了矛盾。

凌叔华是当时颇有影响的女作家。20世纪20年代，她因写作《花之寺》《绣枕》等小说引起了文坛的瞩目。这些小说反映了封建大家庭中备受压抑的女性生活，情致委婉，笔法细腻。后来，她与《现代评论》的主编陈源结婚，于 40 年代移居国外。

矛盾源于徐志摩委托凌叔华保管的一只小箱子。

那还是 1925 年的事情。当时，徐志摩正与陆小曼热恋，事情在北京闹得沸沸扬扬。心力交瘁的徐志摩决定远走欧洲，暂避一时。

行前，徐志摩把一个小箱子交给了凌叔华，请她代为保管。箱子里装有他在剑桥大学时期的日记、陆小曼的日记以及一些文稿信札。他半开玩笑地对凌叔华说，如果此行出了什么意外不能回来的话，你得给我写个传，这只箱子里倒有些你可能用得着的材料。

徐志摩之所以把这些很个人的文稿交给凌叔华保管，大概因为其中的文字有的关系到林徽因，有的关系到陆小曼，只有交给一个与此不相干的人较为合适。

朋友们都把自己手头原有的和搜集到的志摩遗稿送到了胡适那里，由胡适安排人统一整理。

11 月 28 日，星期六，徽因来到了胡适家。她是来找胡适谈整理志摩诗稿的事情。

迎她进门的是胡适夫人江冬秀，团团的脸笑得和气极了。她说胡适这会儿有客人，请徽因先到书房稍候。

书房里有一张很大的书桌，书橱顺墙而立，书虽多，但十分整齐有序。一些取下来的书中夹着纸条儿，码在案头，大概是查好待用的。一眼看去，书的门类极多，线装布封的诸子、硬皮精装的外文原著、历史政治、禅经佛学、中医中药……书桌上有一幅字——"容忍比自由还更重要"。看上去墨色很新鲜，可能是应谁之索要而写，上下款还未题。字如其人，胡适的字清癯洒脱，横竖撇捺显得细长，一点一顿则很用力，看上去虽不像瘦金体那般劲逸，却显得十分工整、脱俗。

正看着，胡适走了进来。说了一会儿闲话，他们谈起了整理志摩遗稿的事情，也谈到社会上一些报刊对志摩的指责与攻击。那些文字所涉主要是徐志摩的个人生活，尤其是他的离婚与再婚。胡适说："指责志摩行为的人们应该明白，所谓离婚再婚这两件事其实最可代表志摩对理想的追求。他万分诚恳地相信那两件事是他实现'美与爱与自由'的人生的必然过程。当然，在别人看来，这两件事的结果，似乎都没有能够实现志摩的理想生活。但到了今天，我们怎么忍心用成败来议论他！"

徽因说："我和志摩认识的时间要算不短了吧？可我从未听见他抱怨过任何人，攻击过任何人。这是他那不爱计较的天性所决定的。可越是这样，反倒越是有人以攻击他为乐事。"

接着，徽因谈起志摩诗稿整理的情形。这些诗大多是发表过的，所以整理起来还算顺手。徽因熟悉那些诗行，一些诗句他们曾在一起讨论过。想起写下这些诗句的人如今已是生死永隔，徽因的眼睛又湿了。

时近中午，徽因开始收拾东西准备回家。胡适留徽因吃饭，他向徽因介绍太太善做家乡的徽菜"一品锅"。

"既然是吃午饭的时候了，就不要走了。"胡适介绍完"一品锅"后说，"我还有要紧的东西给你看呢！"

徽因忙问他什么要紧的东西。他打开了一个书橱，那书橱里一层层排列着用硬壳的纸夹夹着的稿子，看上去有十几册。

胡适用手抚过这些纸夹，说："这些都是我多年对于《水经注》的研究，其中有许多是前人的说法，我在研究整理前人的基础上再提出我的看法。有朋友说我下这样的功夫研究《水经注》不值得，我说不然，佛书上常说一句话——'功不唐捐'，没有功夫是白费的。前人著书立说，我们应该是者是之，非者非之，冤枉者为之辩诬，作伪者为之揭露。我花这么多力气，如果能为后人指示一个做学问的方法，功夫就不算是白费。"

徽因赞同地一面点头，一面在心里叹道：人们常提到适之先生"大胆的假设，小心的求证"，可是却不常提他的下联"认真的做事，严肃的做人"，这上下联结合起来，才真正能体现适之先生的精神风貌！

徽因以为胡适挽留自己，是要给她谈《水经注》。没想到，胡适这时又从书橱下面捧出一只小箱子，他对徽因说："这是志摩早年的日记和一些零碎物品，从凌叔华那里要过来的。其中有些往来信件，我已拣出，按人分类存放好，以后还给写信人。我想这些东西也许你最有资格读它，你最好在看过后编个目录出来，以便以后编《志摩文集》时好用。"

徽因顿时激动起来。半年前，志摩曾对徽因说起过，他完整地保存着留学英国时期的"康桥日记"。从英国回北京后，是"雪池时代"，"雪池时代"的日记被小曼看到后，不高兴极了，结果给烧掉了。志摩说，如果徽因愿意，他想把保存完好的"康桥日记"交给徽因。他玩笑似的说道："假如这些日记和当时寄给徽因的信保存在一处，倒是有些收藏价值。"志摩说这些话时，徽因只是觉得往后有的是时间，什么时候看看这些过去的记录倒挺有意思。她没有想到，说过这些话不久，就会和志摩永别。她更没有想到，今天会在胡适这里得到这些日记。

志摩离世之后，这些记载着志摩生命行踪的文字多么珍贵！她十分感谢胡适对自己的信任，接过了箱子，再无心逗留。她谢绝了胡适和胡太太的执意挽留，乘一辆洋车回到家中。

晚秋的阳光斜斜地射在桌上，起居室安静而洁净。

徽因小心翼翼地把小箱子中的东西一一取出，摊在宽大的书桌上。她大致归了归类，做了一个记录：

箱子中主要是些日记本，一本中文日记，三本英文日记，其中两个大点儿的本子，从时间上看大概就是"康桥日记"，另一个小本子是 1925 年的意大利日记。好几个本子都是仅仅写了刚开头的数行文字，其余皆是空白。还有一大一小两本陆小曼的日记。除此之外，箱子里有几包《晨报·副刊》的原稿，两包《晨报·副刊》的零张杂纸，一些相片，两把羽扇，以及一些零零碎碎的剪报、稿纸和住址本。

做着记录，徽因心中有些失望。这些都不是她想看到的。尤其是那两本日记。一本的时间是从 1921 年 7 月 31 日到 12 月 1 日，另一本从 12 月 2 日到 1922 年志摩回国，徽因 1920 年 11 月在英国与志摩相识，1921 年 7 月同父亲离开英国。这两本恰好是徽因不在英国时期的日记。难道这就是志摩所说的"康桥日记"？怎么恰巧没有与自己有关的那段时间？徽因心里感到很疑惑。

又到周末，朋友们来到了梁家。听徽因说正在整理徐志摩的遗作，张奚若说："公超前些天在叔华那里看到了志摩的'康桥日记'，说叔华预备邀公超一起为志摩作传。"

徽因心中的疑惑清晰了起来。如此看来，凌叔华存放着真正的"康桥日记"，胡适拿到的小箱子，已经被凌叔华做过了手脚。对于凌叔华这种小心眼儿行为。徽因十分不以为然。虽然她和凌叔华相识多年，但彼此之间并没有什么真正的交往，更谈不上相知和了解。只是以前听志摩说起过："叔华这人小气极了！"徽因当时说："是吗？小心点儿，别得罪了她。"没想到，这回轮到自己领教这种"小气"了？

徽因想向凌叔华讨要志摩的"康桥日记"，想看看那时期志摩究竟都写了些什么。但她知道讨要时一定会很尴尬，因而顾虑、迟疑。在犹豫中，一些念头渐渐地占据了上风：别的不相干的人都在传来传去地看那些日记，为什么作为当事人的自己却不能看呢？虽然她也意识到这种心理有些女人气，但要看到与自己有关的这部分日记的欲望却愈益强烈了。

她分析自己说："我不会以诗人的美谀为荣，也不会以被人恋爱为辱。我永是我，被诗人恭维了也不会增美增能，有过一段不幸的曲折的旧历史也没有什么可羞惭，我只是要读读那日记，给我的是种满足，好奇心的满足，回味这古怪的世事，纪念老朋友而已。"

12月7日上午，天气干冷干冷，阳光黄黄的，没有一丝暖意。

徽因正在看《晨报》。这天的《晨报》是"哀悼志摩专号"。"专号"上刊登了头天北京文化界同人追悼徐志摩的活动，还刊发了林徽因的文章《悼志摩》。

徽因翻看着报纸，心里十分郁闷。昨天开过追悼会后，她的情绪一直没有缓过来。

没想到，凌叔华这时来了。

徽因接待了她。聊了一会儿闲话，凌叔华说明了来意。

她对徽因说，她准备编辑一部《志摩信札》之类的书，希望能从徽因这里得到一些志摩的信件。

徽因心里顿时有些不快，她对凌叔华这种只考虑自己的需要，不顾及别人感受的做法。情绪上十分抵触。特别是那两本"康桥日记"鲠在她的心头，让她感到心中憋闷。她告诉凌叔华说，前些年自己和思成一时在国外，一时在东北，所以他们所有的旧信全都保存在天津，恐怕不能立刻拿出来。而且这些信几乎全是英文的，即使拿出来也要经过翻译，不能马上就用的。

徽因又告诉凌叔华，适之已把志摩那只小箱子交给了自己，并委托整理，为了对得起适之的信任，自己在整理时力求保持历史的、客观的态度。

说到这里，她尽量委婉地向凌叔华道："听说你那里有志摩的'康桥日记'，能让我看看吗？"凌叔华迟疑了一会儿，极简短地回答："可以。"

徽因又问："你那里有几本？两本吗？"

凌叔华的声音带出了情绪："两本。"

徽因想打破这种气氛，显得很轻松地问："那两本和箱子里的是一样的封皮吗？"

凌叔华愈发地不耐烦了："是的！哦，不是！我说不清。"

看着凌叔华极不高兴的神色，林徽因十分窘迫。但她还是忍着不快说："那我下午去你家取，成吗？"

凌叔华一口回绝道："我下午要外出，不在家。"

依徽因的脾气，她这时想说：那么我现在就同你一道去取。但是她不想把事情弄僵，强忍着不快，把到了嘴边的话又咽了回去，只是问什么时候去取合适。

最后，她和凌叔华约定，后天，12月9日，她遣家里的听差去凌叔华家取回来。

到了12月9日，徽因想到凌叔华的态度，总觉得有些不放心。她怕派别人去又有什么节外生枝的麻烦，决定还是自己亲自去。

果然凌叔华不在家。门房将一纸留言交给了徽因，留言上写道："昨日遍找志摩日记不得，后检自己当年日记，乃知志摩交我乃三本：两大，一小，小者即在君处箱内，阅完放入的。大的一本（满写的）未阅完，想来在字画箱内（因友人物多，加以保全）。因三四年中四方奔走，家中书物皆堆叠成山，甚少机缘重为整理，日间得闲当细检一下。必可找出来阅。此两日内，人事烦扰，大约须此星期底才有空翻寻也。"

徽因读完留言，觉得有一口气堵得心头发慌，本想掉头就走，但她定了定神，还是留了一张字条："叔华：如有时间，还请你务必将日记找出。那是个不幸时间的留痕，我欲一读，想你可以原谅我。"

徽因回到家里，被人捉弄的感觉挥之不去。思成也觉得叔华如此行事太没道理，但他只能劝慰徽因。徽因原本就神经衰弱，被这件事一搅，夜里怎么也睡不着了。她翻来覆去地推测各种可能，甚至还站在凌叔华的立场，想她为什么要这样做。徽因揣测，也许是凌叔华怕自己不还那本日记，所以要抄留一个副本，如此才拖着迟迟不给；果真如此，也太难为她了。

过了几天，徽因的一些朋友不知怎么也知道了这件事。有人告诉徽因：凌叔华在陶孟和家对陶夫人沈性仁说，徽因拿走了小曼的两本日记不想还，还想要她保存的志摩日记，她不愿意给。

转眼一星期过去了。12月14日是星期一，徽因和思成去营造学社了，凌叔华来到了林徽因家，留下了一个日记本和一张便条。

当林徽因打开这本日记时，不禁啼笑皆非——这只是半本日记，开始的日期是1920年11月17日，最后的一句话是："计划得很糟。"日记中断在徐志摩第一次见到林徽因的前一两天。

徐志摩的"康桥日记"正好缺失了与徽因相识的那一段时间。谁裁去了这一部分日记？林徽因生气了，失去知心朋友的悲痛与不明就里的被蒙骗的感觉搅和在一起，使她急于澄清事实。

因为事情起因于胡适的委托，所以徽因给胡适写了两封信，诉说了整个事情的始末。为了能把事情的原委讲清楚，徽因在信中甚至不厌其烦地罗列了她和凌叔华之间每一次来往的时间、地点、主要谈话及结果。这种一一列举一反她通常的清高，甚至显得有些不厌其烦和絮絮叨叨。她毫不掩饰自己的气愤："适之先生：下午写了一信，今附上寄呈，想历史家必不以我这种信为怪。我为人直爽性急，最恨人家小气曲折说瞎话，此次因为叔华瞎说，简直气糊涂了。"

她坦陈自己的感情：

关于我想看的那段日记，想也是女人小气处或好奇处多事处，不过这心里太Human了，我也不觉得惭愧。……我觉得这桩事人事方面看来真不幸，精神方面看来这桩事或为造成志摩为诗人的原因而也给我不少人格上知识上窘练修养的帮助，志摩in away不悔他有这一段苦痛历史。我觉得我的一生没有太堕入凡俗的满足也不算一桩坏事。志摩警醒了我，他变成一种激励在我的生命中，或恨，或怒，或快乐，或遗憾，或难过，或痛苦，我也不悔的，我也不得意我自己的倔强，我也不惭愧。我的教育是旧的，我变不出什么新的人来，我只要"对得起"人——爹娘、丈夫（一个爱我的人，待我极好的人）、儿子、家族等等，后来更要对得起另一个爱我的人，我自己有时的心，我的性情便弄得十分为难。前几年不管对得起他不，倒容易——现在结果，也许我谁都没有对得起，您看多冤！

我自己也到了相当年纪，也没有什么成就，眼看得机会愈少——我是个兴奋型的人，靠突然的灵感和神来之笔做事，现在身体也不好，家常的负担也繁重，真是怕从此平庸处世，做妻生仔的过一世！我禁不住伤心起来。想到志摩今夏对于我富于启迪性的友谊和爱，我难过极了。

这几天思念他得很，但是他如果活着，恐怕我待他仍不能改的。事实上太不可能。也许那就是我不够爱他的缘故，也就是我爱我现在的家在一切之上的确证。志摩也承认过这话。

徽因给胡适写信，只是因为诸多烦恼郁积在胸不吐不快，她并没有想到这些纯私人的诉说在几十年后可能发表。因此，这些信件尤其能使我们看到一个真实的林徽因。这是一个毫无心机的林徽因，一个不善于应对曲折复杂人事的林徽因，一个待人诚实、遇事急躁、缺少方法的林徽因。特别是其中谈到她与徐志摩的关系，更是可以廓清种种关于他们之间感情的凭空猜测和臆断。

胡适接到徽因的信后，于12月18日写了一封信给凌叔华，此信传递了胡适兄长式的温和的批评、规劝和调解，也旁证了林徽因在信中所谈的事情：

叔华：

……昨始知你送在徽因的志摩日记只有半册，我想你一定把那一册半留下做传记或小说材料用了。但我细想，这个办法不很好。……你藏有此两册日记，一般朋友都知道……所以我上星期编的遗著略目，就注明你处存两册日记……今天写这信给你，请你把那两册日记交给我。我把这几册英文日记全付打字人打成三个副本，将来我可以把一份全的留给你做传记材料……

我们无从知道凌叔华看到胡适此信后的态度和做法，但是，那半册（或一册半）日记从此没了踪影，成了一件后人永远也说不清的往事。

事情已过去了半个世纪，1982年10月和1983年5月，客居英国伦敦的凌叔华两次在写给徐志摩的表弟陈从周的信中提到了这件往事：

……这情形已是三四十年前的了！说到志摩，我至今仍觉得我知道他的个性和身世比许多朋友更多一点……不意在他飞行丧生的后几日，在胡适家有一些他的朋友，闹着要求把他的箱子取出来公开，我说可以交给小曼保管，但胡帮助林徽因一群人要求我交出来（大约是林和他的友人怕志摩的恋爱日记公开了，对她不便，故格外逼胡适向我要求交出来）。我说我应交小曼，但胡适说不必。他们人多势众，我没有法拒绝，只好原封交与胡适。可惜里面不少稿子及日记，世人没见过面的，都埋没或遗失了。

……日来平心静气地回忆当年情况，觉得胡适为何要如此卖力气死向我要志摩日记的原因，多半是为他热恋政治。志摩失事时，凡清华北大教授，时下名女人，都向胡家跑，他平日也没有机会接近这些人，因志摩之死，忽然胡家热闹起来，他想结交这些人物，所以得制造一些事故，以便这些人物常来……那时林徽因是最着急的一个。她也同我谈过，我说已交适之了。

从凌叔华的信中，我们可以看出她对那桩已过去半个多世纪的往事仍然耿耿于怀。此时，林徽因已去世二十多年，凌叔华自己也垂垂老矣。究竟是什么使她这样充满怨毒，不肯理解和原谅那些已如浮云般缥缈和遥远的故人往事呢？是她对徐志摩的感情？还是她对林徽因的嫉妒？还有那让林徽因无限牵挂，而且引起此后许多人凭空猜测的"康桥日记"，也仍然是下落不明。由此我们还可以看出，同一件事情，不同的人会有多么不同的看法和结论；更重要的是，从中，我们可以感觉到人与人之间的巨大差异。

"生者为过客，死者为归人。"志摩消失在无垠的长空，只是一瞬间的事，可他身后的各种是非纷扰，几十年来却一直没有断绝过。

第十章　一花一世界

北京的春天多风沙，可一到 5 月，风就柔和了起来。人们脱下臃笨的棉袍，换上夹衣，利利索索地行走在晴好的阳光下。

大街上、胡同里的树木抽出了新绿，洋槐花一嘟噜一嘟噜地开放在院子里、街道旁。卖芍药花的担子停放在十字街头，花朵饱满，其色灼灼。柳絮一球球儿地旋转着、追逐着，静静地在胡同里飘飞。枣树也开花了，枣花一粒粒的，看上去不起眼儿，可闻着有股兰花的味道。

这是 1932 年的 5 月，一个高个子、沙色头发的美国年轻人走进了北总布胡同，他就是费正清。刚到北京时，他在中央研究院一边学习汉语，一边研究清朝政府与西方各国的外交历史。后来他得到了清华大学的教职，讲授欧洲文艺复兴的历史。他租了一个四合院，在北京的教堂迎娶了苗条身材、蓝灰色眼睛的新娘费慰梅。

这对年轻的美国夫妇在这时期认识了林徽因和梁思成。费正清和费慰梅是梁思成根据他们英文名字的译音为他们起的中文名字。费正清的英文全名是约翰·金·费尔班克，费慰梅的英文全名是维尔玛·丹尼欧·坎农。

对于费正清与中国知识界的关系，一位西方学者这样写道："不像在北京的许多外国人，费正清夫妇十分幸运地是他们的朋友圈超出了西方人团体的界线，他们与一些中国人建立了深厚、持久的联系，特别是与著名的政论作家和改革者梁启超的儿子梁思成及他的妻子菲利斯关系更为密切。作为建筑师，他们两人在美国得到培养，分别就读于耶鲁大学和哈佛大学……梁思成夫妇向他们介绍了其他一些学者，其中有哲学家金岳霖（被亲切地称为老金）、政治学家钱端升，还有陶孟和、陈岱孙，以及物理学家周培源——这是一个在自己国家的未来，在费正清与这个国家的关系中起了重要作用的杰出群体。"

在北京度过的蜜月生活令这对美国人终生难忘。当然，这种生活也包括治外法权给他们带来的种种利益。他们保留着自己的爱好，骑马、打网球，同时又尽情领略东方古国的浪漫与悠闲。在月光下沿着古老的城墙漫步，观看西山美丽的日落景象。费正清在给父母的信中描述了"这个童话般的世界"："我带着维尔玛沿着帝国宫殿的路回家，我们乘车穿过宫殿的大门，黄昏时分抵达我们居住的胡同……在烛光下，我们甜美而亲密地就餐，屋外传来中国人举行婚礼的笛声和铜锣声……"

家里送给他们一千五百元美金，根据当时的兑换率可增值五倍，由此保证了他们舒适的生活。其中包括雇用仆役，以及外出旅游的费用。

与林徽因、梁思成的交往使他们在中国的生活变得精彩而丰富。

夏日炎热而漫长的下午，费正清要去图书馆查阅资料，写作论文，费慰梅则乘一辆人力车直奔北总布胡同。徽因的家庭及朋友，对于医生家庭出身、从小热爱艺术的费慰梅有着磁石般的吸引力。她喜欢坐在车上观看北京的街景，在她的眼里，沿街叫卖的奶油杨梅、蜜饯樱桃、藤萝饼、玫瑰糕，无论是名称还是形状，都带着甜美的诗意。卖冰水冷饮的担子，敲着叮当作响的冰盏儿，走过幽静的胡同。

徽因这时刚成为第二个孩子的母亲。这是个健康而漂亮的男孩，出生在 1932 年炎热的 8 月。思成是梁家的长男，这孩子是梁家的长孙，他嘹亮的啼哭给全家带来了极大的喜悦与满足。思成和徽因给儿子起名为"从诫"，一是纪念宋代的建筑学家、《营造法式》的作者李诫，二是希望这个孩子将来能子承父业，成为出色的建筑学家。女儿宝宝已三岁多了，家里的人随着宝宝，唤这个男孩叫"小弟"。

小弟有着饱满的额头、白皙的皮肤、秀气的下颌。徽因最喜欢看小弟凝视着什么的模样。那双眼睛是那样清澈，大大的

美丽的妻子林徽因，也是丈夫梁思成心中骄傲的女神

林徽因、梁思成与费正清夫妇及金岳霖在北平

黑眼珠，白眼底透着点儿淡淡的蓝色，这样一双眼睛看到的，应该是一个纤尘不染的世界。

怀抱着这个新生命，徽因心中涌动着浓浓的爱意，这爱意如四月的春风，抚慰着她的身心。她把这人间的情爱和暖意用诗句记录下来，为儿子写了《你是人间的四月天——一句爱的赞颂》。

这时期思成开始对华北一带的古建筑进行科学考察。徽因不能一同前往，她只能尽自己所能安排好家里的一切，让思成放心地外出。

每当仆人报告"费太太来访"时，徽因就会离开书房或把孩子交给女佣，和费慰梅在起居室坐下。佣人送来了茶和点心，她们之间的话题就像杯中的茶叶，慢慢地舒展开来。

林徽因和费慰梅的交谈完全用英语，即使后来费慰梅的汉语已达到一定程度，她们仍然主要用英语交谈。这样使费慰梅毫无语言障碍和心理障碍，同时林徽因也得到了双语交流的快感。费慰梅后来对梁从诫说过，林徽因的英语，常常使他们这些以英语为母语的人都感到羡慕。

林徽因从小在东方和西方双重文化的教养下长大。四书五经、诗词曲赋与拜伦、雪莱、莎士比亚、狄金森一起滋养着她的心灵，东西方文化在她的血液里水乳交融地流淌。仁义礼智信的传统与崇尚自由、张扬个性的精神在她的行为方式中都有鲜明的体现。保持双重文化的生活形态，对林徽因来说，不仅是出于习惯，更是一种生命的需求。

费慰梅在自己的回忆中说：

……我们有时分析和比较中国和美国的不同价值观和生活方式，但接着我们就转向我们在文学、意识和冒险方面的许多共同兴趣，把关于对方不认识的朋友的追忆告诉对方。

天才的诗人徐志摩当然是其中的一个。她不时对我谈起他，从来没有停止思念他。我时常想，她对我用流利的英语进行的题材广泛、充满激情的谈话，可能就是他们之间生动对话的回声，那在她作为一个小女孩在伦敦时就为她打开了一个更广阔的世界……

在梁家的客厅里，在许多朋友中，费慰梅以一个女人的眼光追随着林徽因，探究着林徽因。她想知道，徽因所具有的魅力来自何处。

生活中有许多这样的女人，她们在少女时代，拥有生命中的所有美好：青春美貌、热情幻想、无私爱恋、飘逸出尘……可随着结婚生子，在岁月的流逝中，在日复一日的柴米油盐的磨损中，她们的精神空间和生活空间日益狭窄，渐渐失去了生命的光泽和质感。

林徽因此时已是两个孩子的母亲，以体弱多病之身操持着一个大家庭的日常事务，要相夫教子，要奉养老人，要担心时局的动荡，要关心物价的涨跌，还要打理梁林两个大家族许多亲戚之间的往来关系。可是，无论多么忙乱，徽因从不让自己的心灵沉湎其中。她把心灵空间留给了朋友，留给了诗歌，留给了建筑艺术，留给了音乐和绘画。当她的双眸闪闪发亮的时候，一定是她在生活中发现美或创造美，或者是要和朋友们分享自己的发现与创造的时候。这是

20 世纪 30 年代初，年轻的母亲林徽因，安适地坐在北总布胡同三号庭院里，在温煦阳光下显得那么娴雅而宁静

林徽因和儿子梁从诫在一起

梁思成、林徽因与金岳霖等在北平

她最动人的时候，每当这个时候，她整个人就会焕发出奇异的神采，产生一种无法言喻的魅力。

出去看画展，一幅画会突然激发她的灵感，使她联想到音乐，联想到建筑，联想到诗歌创作，于是就会有无数美妙的构思奔涌而出，她就会抑制不住地要对朋友倾诉。在家听音乐，一首乐曲会令她凝神屏息，浮想联翩，热泪盈眶。她对费慰梅说："那是一段当我还是个小姑娘时在横渡印度洋回家的船上所熟悉的乐曲——好像那月光、舞蹈表演、热带星空和海风又都涌进了我的心底，而那一小片所谓的青春，像一首歌中轻快而短暂的一瞬，幻影般袭来，半是悲凉，半是光彩，却只是使我茫然。"还有，当她用文字抒写内心的欢乐或悲伤的时候，也是她最快乐的时候。她对费慰梅说："当我在做那些家务琐事的时候，总是觉得很悲凉，因为我冷落了某个地方某些我虽不认识，对于我却更有意义和重要的人们。这样我总是匆匆干完手头的活，以便回去同别人'谈话'，并常常因为手上的活老干不完，或老是不断增加而变得很不耐烦。这样我就总是不善于家务，因为我总是心不在焉，心里诅咒手头的活（尽管我也可以从中取乐并且干得非常出色）。另外，如果我真的在写作或做类似的事，而同时意识到我正在忽视自己的家，便一点也不感到内疚，事实上我会觉得快乐和明智，因为做了更值得做的事。只有在我的孩子看来生了病或体重减轻时我才会感到不安，半夜醒来会想，我这么做究竟是对还是不对。"

林徽因创作初始以诗闻名，她流传下来的诗歌主要创作于20世纪30年代。当时刊登新诗的《诗刊》《北斗》《新月》《学文》《文学月刊》等报刊，常可以看到林徽因的诗。沈从文主编《大公报·文艺副刊》期间，经常向林徽因约稿，所以，林徽因的许多作品发表在《大公报·文艺副刊》上。

　　林徽因的诗极富艺术个性。她早期的诗作，诗句流畅，意象丰盈，节奏轻快。追求美，赞颂美，捕捉稍纵即逝的美，是她早期诗作的主要表现内容。

　　《新月诗选》中所选林徽因的《笑》，被诗人陈梦家称为"一首难得有的好诗"：

> 笑的是她的眼睛，口唇，
> 和唇边浑圆的旋涡。
> 艳丽如同露珠，
> 朵朵的笑向
> 贝齿的闪光里躲。
> 那是笑——神的笑，美的笑：
> 水的映影，风的轻歌。
> 笑的是她惺忪的卷发，散乱的挨着她耳朵。轻吹如同花影，
> 痒痒的甜蜜
> 涌进了你的心窝。
> 那是笑——诗的笑，画的笑：
> 云的留痕，浪的柔波。

　　这首诗用一连串比喻把一个年轻女子的笑描绘得天真轻盈，甜美传神，那笑如同"露珠""花影"，又像是"水的映影""风的轻歌""云的留痕""浪的柔波"。语言清新婉丽，韵律感强，富有音乐美。

　　另一首描写笑的诗作《深笑》，想象和比喻更是大胆新奇：

> 是谁笑得那样甜，那样深，
> 那样圆转？一串一串明珠
> 大小闪着光亮，迸出天真！
> 清泉底浮动，泛流到水面上
> 灿烂
> 分散！
> 是谁笑得好花儿开了一朵？

那样轻盈，不惊起谁。
细香无意中，随着风过，
拂在短墙，丝丝在斜阳前
挂着
留恋。
是谁笑成这百层塔高耸，
让不知名鸟雀来盘旋？是谁
笑成这万千个风铃的转动，
从每一层琉璃的檐边
摇上云天？

诗中，林徽因用了"百层塔""琉璃檐""鸟雀盘旋""风铃转动""摇上云天"这些富于建筑美的意象，表现了她作为一个精通建筑艺术的诗人的独特造诣。同时，这首诗熟练地运用了象征主义的手法，用听觉感受表现视觉形象，用视觉感受表现听觉形象，细腻真切地传达了感觉体验的丰富与复杂。

林徽因的诗，诗句和结构玲珑精致，刻画主观感觉轻灵微妙。如她的《一首桃花》，写三月的桃花"像是春说的一句话"，仿佛只是为了给世界留下"一瞥多情的痕迹"，多情而美好。全诗将灵动的想象寄寓于轻柔的意象，如一滴晶莹的露珠，如一声若有若无的叹息，构成了空灵的意境。这种意境已超越了对某种具体感情的抒发，而达到了独抒性灵的境界。

抗战爆发后，林徽因的平静生活被打破，在颠沛流离和病痛折磨中度过了许多年。她所体验最深的是国难家愁，很难再有以前那样的心境，不仅诗作的数量大为减少，而且表现内容也有了重大的变化。唯美主义的倾向被写实主义的倾向所取代，诗歌情绪由空灵、曼妙转为萧索、痛苦。

林徽因现在保存下来的诗作共 63 首。她的许多作品在长年的离乱中散佚了。那些存留下来的作品虽然在时间的长河中沉埋了多年，至今读来，仍然能够感受到它们原有的明净与清鲜。

除了写诗，林徽因在 30 年代前期还写过小说。她的小说虽说数量不多，但同样表现出不俗的成就和才华。

她的第一篇小说《窘》，发表于 1931 年 9 月的《新月》上。这篇小说在运用心理描写表现感情方面有特别的韵致。

小说的主人公是中年教授维杉。他在与朋友少朗的交往中，遇到了少朗的女儿芝。这是一个处在"成人的边沿"的少女，她天真活泼，又带有少女的娇羞。维杉觉得她"使你想到方成熟的桃或杏，绯红的，饱饱的一颗天真让人想摘下来赏玩，却不敢真真地拿来吃"。面对芝，他常常陷入莫名的怔忡恍惚之中。但同时，他又意识到自己在芝的面前是父辈，是"老叔"。这种想接近芝又有所顾忌的情形让他觉得"窘极了"。

林徽因在小说中细腻地表现人的意识和潜意识，维杉潜意识的萌动所表现出的心猿意马，这种"发乎于情"的意识被抑制而"止乎于礼"的种种情状，都描写得惟妙惟肖，含蓄蕴藉。

《九十九度中》是林徽因一篇重要的小说。

小说以大约一万五千字的篇幅，写了暑热中北京城的一天。在华氏九十九度的高温天气里，大户人家大摆筵席，庆祝家中"长寿而又有福气"的老太太六十九岁生日；小户人家结婚嫁女办喜事，姑娘嫁过去作填房，满怀无奈与悲凄："好像生活就是靠容忍与让步支持着"；洋车夫打架斗殴被巡警抓进又热又臭的拘留所，出苦力的脚夫因中暑患霍乱而毙命……作者的笔就像一部跟踪拍摄的摄像机，不仅"现场实录"式地拍下了社会各阶层不同人等乱纷纷的日常生活，而且拍下了不同人物的内心世界。镜头不停地转移、切换，组成了一幅 30 年代北京社会的众生相。

这篇小说娴熟的现代主义表现技巧，引起了文学界和批评界的注目。批评家李健吾 1935 年在一篇文章中评论道：

《九十九度中》正是一个人生的横切面。在这样溽暑的一个北平，作者把一天的形形色色披露在我们的眼前，没有组织，却有组织；没有条理，却有条理；没有故事，却有故事，而且那样多的故事；没有技巧，却处处透露匠心。这是个人云亦云的通常的人生，一本原来的面目，在它全幅的活动之中，呈出一个复杂的有机

20 世纪 30 年代由冰心、柯灵主编的林徽因小说《九十九度中》封面

体……作者引着我们，跟随饭庄的挑担，走进一个平凡然而熙熙攘攘的世界：有失恋的，有作爱的，有庆寿的，有成亲的，有享福的，有热死的，有索债的，有无聊的……全那样亲切，却又那样平静——在这纷繁的头绪里，作者隐隐埋伏了一个比照；而这比照，却表示出她人类的同情。一个女性的细密而蕴藉的情感，一切在这里轻轻地弹起共鸣，却又和粼粼的水纹一样轻轻地滑开……

……在我们过去短篇小说的制作中，尽有气质更伟大的，材料更事实的，然而却只有这一篇，最富有现代性……

除此之外，林徽因还写了《模影零篇》短篇系列，包括《钟绿》《吉公》《文珍》《绣绣》四篇小说。

这些作品同样表现了林徽因的特点：对不同人的命运的关注，对社会不公的含蓄批判以及精巧的结构，灵动的语言等。但相比较而言，《九十九度中》表现的生活内容更丰厚开阔，艺术手法更现代，也更富有文学性。至今读来，仍是一篇耐人咀嚼的作品。

林徽因的才情是多方面的。她写诗、写小说、写散文，还写剧本。她对戏剧有特殊的感情。她曾参加过话剧演出，又在美国学习过舞台设计，对戏剧有很高的艺术造诣。在她创作力最为旺盛的 30 年代，她创作了四幕话剧《梅真同他们》。

剧本表现的是大户人家里一群年轻人的情感故事。主人公梅真是李家的使女，天资聪颖，性情率真，模样俊俏。李家二太太十分喜欢她，把她当自己孩子一样看待，还让她和自己的孩子一样上学读书。这令心胸狭隘的长房大小姐十分嫉恨，常常借故讥刺梅真。梅真心里暗恋着在外地读书刚刚归来的二少爷，二少爷虽然也爱梅真，却担心家族的反对和外人的耻笑，因而犹疑不决，回避向梅真吐露真情。梅真始终清楚自己的身份和地位，但她心里也始终存在着某种幻想。……剧本只写到第三幕，种种感情纠葛和误会形成了几方面的矛盾冲突，梅真的命运如何，还是一个巨大的悬念。

《梅真同他们》前三幕刊载于 1937 年 5—7 月的《文学杂志》，8 月份将发表第四幕的预告已经登出。可是，随着这一年 7 月 7 日卢沟桥枪声响起，中日战争全面爆发，《文学杂志》被迫停刊。林徽因举家南迁，从此进入兵荒马乱、颠沛流离的岁月，《梅真同他们》的第四幕再也没能写出来。

许多年后，许多读者仍忘不了梅真及剧中那一群青年男女的命运。有人问林徽因：梅真后来怎么样了？她回答道："梅真参加抗战去了。"

应该说，这个剧本所写的人物、故事并无新意，作者对人物形象的刻画也有较明显的虚构和理想化成分。特别是梅真这个主要人物，出身低微，却是小姐的性情脾气和行为方式，让人感到，作者并不真正了解生活中的这一类人物。

但是这个剧本的可读性很强。其关键就在于林徽因对剧本中描写的那一群家境优裕、受过良好教育的小布尔乔亚青年男女是熟悉的，她真切地写出了他们日常生活中的喜怒哀乐及情感方式。所以，剧中虽然没有什么强烈的戏剧冲突，但其浓郁的生

20 世纪 30 年代初，林徽因在北平

活气息，以及那群少爷小姐形象却活泼泼地让人感到饶有趣味，吸引着读者看下去。尤其是剧本的语言，让人看过以后久久难忘，完全是生活中的口语，但经过了作者的提炼熔铸后，显得既鲜活又不失文雅，而且富有情趣。可以想象，这样朗朗上口的语言，定是很适合舞台演出的。

读林徽因的作品，无论是诗歌、散文，还是小说、剧本，都氤氲着一种特殊的气息。那是泛着神秘光泽的古铜香炉吐出的幽幽檀香的气息，那是泰晤士河上的蒙蒙晓雾、宾夕法尼亚大学青青校树的气息，那是温暖的客厅壁炉里明亮跳跃的火焰的气息，那是草青人远、一流冷涧的雨后天的气息。

她的文字是感性的，充满浪漫的情思和优雅的情趣，她的目光越过琐屑、庸常的生活投向了远方。她作品中的人物，无论是古典、神秘的钟绿，还是特立独行的吉公，甚至婢女梅真，都是脱俗的、几近不食人间烟火的。

因此，虽然她向另一种苦难、冷寂的人生投去了目光，但却因思想感情的隔膜而缺乏真切的感受。狭小的生活圈子，精神上与底层社会的距离，使她的文字不乏虚幻的、脱离现实的成分；心灵的视野更多局限在书

斋里和客厅中，使她的作品缺乏更大范围的影响力。

　　林徽因自己也意识到了这些。她和梁思成外出考察古建筑时，走到了偏远的地区和乡村，看到了别样的人生。当她重新回到自己的客厅、书斋时，那阳光下的原野山峦，那些小山村里的生命和人群，还有那些被遗忘在深山僻壤中的古代建筑，都令她难以释怀。她深知，出身教养、人生阅历、社会地位、经济状况等等各方面的不同，就像一扇扇有形的和无形的"窗子"，把她和外面的世界隔离了开来。尽管她在文章中嘲讽衣食无虞、远离百姓的"时髦学者"，可面对生活里拉车的、送煤的、拉粪的、叫卖的、帮工的、奔波求生的那些人时，她还是有着强烈的精神上的优越感的。她十分清楚，"窗子以内"和"窗子以外"的人生有着巨大的差别与隔膜。窗子以外那种"带着整个血肉的身体到处碰运气"的艰辛人生，是她永远不能融入其中，也不可能融入其中的。

　　在散文《窗子以外》中，林徽因倾吐了自己的这种认识：

　　……永远是窗子以外，不是铁纱窗就是玻璃窗，总而言之，窗子以外！

　　所有的活动的颜色、声音、生的滋味，全在那里的。你并不是不能看到，只不过是永远地在你窗子以外罢了。多少百里的平原土地，多少区域的起伏的山峦，昨天由窗子外映进你的眼帘，那是多少生命日夜在活动着的所在；每一根青的什么麦黍，都有人流过汗；每一粒黄的什么米粟，都有人吃去；其间还有的是周折，是热闹，是紧张！可是你则并不一定能看见，因为那所有的周折、热闹、紧张，全都在你窗子以外展演着。

　　你诅咒着城市生活，不自然的城市生活！检点行装说，走了，走了，这沉闷没有生气的生活，实在受不了，我要换个样子过活去。健康的旅行既可以看看山水古刹的名胜，又可以知道点内地淳朴的人情风俗。走了，走了，天气还不算太坏，就是走他一个月六礼拜也是值得的。

　　没想到不管你走到哪里，你永远免不了坐在窗子以内的。不错，许多时髦的学者常常骄傲地带上"考察"的神气，架上科学的眼镜。偶然走到哪里一个陌生的地方瞭望，但那无形中的窗子是永远存在的。不信，你检查他们的行李，有谁不带着罐头食品、帆布床，以及别的证明你还在你窗子以内的种种零星用品，你再摸一摸他们的皮包，那里短不了有些钞票；一到一个地方，你有的是一个提梁的小小世界。不管你的窗子朝向哪里望，所看到的多半则仍是在你的窗子以外，隔层玻璃，或是铁纱！隐隐约约你看到一些颜色，听到一些声音，如果你私下满足了，那没什么，只是千万别高兴地说起什么接触了。认识了若干事物人情，天知道那是罪过！洋鬼子们的一些浅薄，千万学不得。

你是仍然坐在窗子以内的，不是火车的窗子，汽车的窗子，就是客栈旅途的窗子，再不然就是你自己无形中习惯的窗子，把你搁在里面……算了算了！你简直老老实实地坐在你窗子里得了，窗子以外的事，你看了多少也是枉然，大半你是不明白，也不会明白的。

在这篇散文中，林徽因真切地剖析了自己的生活与心灵状态，这种与现实人生若即若离的状态，代表了 20 世纪 30 年代中国自由主义知识分子的生活状态和心灵状态。文章风格洒脱轻灵，自由跳跃，既不是浪漫主义慷慨激昂的直抒胸臆，也不是写实主义愤世嫉俗的抨击批判，其中闪耀着理性、智慧和灵性的光彩，也有着对生活现状无奈的承认和妥协。

这篇散文后来入选了西南联大的国文课本。

中山公园（原名中央公园）位于长安大街天安门的西侧，是当时的京派文人经常出入的地方。

公园的入门券为法币五分钱。进了大门没多远就是"公理战胜"牌坊。顺着长廊往北走，沿途有牡丹池、蔷薇架、丁香林、芍药圃。"来今雨轩"中，永远有人在悠闲地品茗下棋。从这里往西，松柏林荫道旁有三家各有特色的茶座：春明馆、长美轩和柏斯馨。

春明馆茶座是老派的格局，馆内陈设着围棋和象棋，供应的点心是带有地方特色的山楂红、豌豆黄、艾窝窝、茯苓饼、栗子面窝头，还有北京的各种面食，如豆包、炸酱面、素卤面、肉末儿烧饼。来这里的多是些老派名士，身着长袍马褂、头戴瓜皮小帽，他们坐在茶桌旁，或摆上一局棋，悠悠地走上半日，或子曰诗云，吟诗作赋。

柏斯馨茶座则是摩登西洋派，陈设全是西式的，饮料也多为柠檬汁、橘子汁、苏打水、咖啡、啤酒、葡萄酒，茶点为蛋糕、咖喱饺、三明治等。来这里的多为曾经留学欧美的留学生、洋博士。他们读的多是英文报刊，谈话中夹杂着一串串外语。一些在北京做事的外国人也常常光顾这里。

长美轩茶座的位置在春明馆和柏斯馨之间，其风格也是二者的中和。

它既比春明馆开放，又比柏斯馨具传统色彩。这里的茶食为葵花子、花生米、核桃仁、杏干，主食则有烧卖、小笼包、蛋炒饭、清汤馄饨。来这里的多为一些文化界、学术界的绅士淑媛，他们在这里有自己习惯的座位，入座后，清茶一杯，点心一碟，就摊开了手中的书卷或稿件。

1936 年的一个春日，沈从文邀请林徽因、朱自清、杨振声、朱光潜、李健吾等人在长美轩聚会。

这一年，《大公报》为了扩大在读者中的影响，搞了两项活动。一是出版《大公报文艺丛刊·小说选》，由林徽因负责小说的选编工作。二是设立一年一度的"大公报文艺奖金"，每年奖励一至三位作者，主要聘请京沪两地与《大公报·文艺副刊》关系密切并有一定影响的作家担任裁判委员，林徽因是裁判委员之一。沈从文安排的长美轩聚会，就是为了讨论这两项活动的有关事宜。

大家在谈笑中商定了本年度的获奖人选及奖金分配后，林徽因给大家谈起了由她负责的小说选编工作的情况。

她介绍说，小说集的作品已基本确定，有老舍、杨振声、沈从文、萧乾、李健吾、蹇先艾、沙汀、张天翼、凌叔华等二十五位作者的三十篇小说入选，这是从近三年来《大公报》副刊数百篇作品中挑选出来的。在选编过程中，她有许多感受。

林徽因说，这本小说选集是三年来南方北方新老作家创作的一次"联合展览"，她希望读者拿到这本书，就能对当今的文学状况有一个综合的、感性的认识。当然，在选编过程中，她也看到了小说创作中存在的一些带有共性的问题：

"这些作品在题材的选择上似乎有个倾向，就是选择描写农村生活或劳动者生活的居多。这种倾向说好一点，是我们这个时代对于他们——农人与劳动者——有浓厚的同情与关心；说坏一点，是一种盲从趋时的现象。描写劳工社会、乡村色彩已成为一种风气，而且在文艺界也取得了一点成绩，作家们容易不自觉地因袭这种格调。他们撇开自己所熟悉的生活不写，而对乡村的穷苦和偏僻的地区发生兴趣。就单篇来说，许多作品写得不错，个别作品还写得特别精彩。但就一种创作倾向看，则整体表现出一种缺乏创造力的贫弱。"

"如今，"杨振声不紧不慢地接了一句，"'普罗文学堪称时尚。'"

　　林徽因反应极快地说："强调普罗文学，并不能掩饰这种创造力的缺乏和写作动机的不纯正。优秀的文学就是优秀的文学，无论作者的出发点如何！"

　　在描写上，林徽因又谈起了入选作品艺术表现方面的不足。"感到大多数作品采取的是写一个故事的方法，或者以一两个人物为中心，或者以某个地方发生的一桩事件为主干，单纯地写故事的发展与结束。这是一种很薄弱的表现手法。我疑惑是不是一些作者误会了短篇小说的特征，把短篇小说表现生活的可能性看得过于狭窄的缘故"。

　　"很少有人大胆尝试截取生活的断面，也很少有人剖析自己生活中的种种矛盾，这不能不说是一种遗憾。"

　　说到这里，林徽因有些激动。她说话本来就快，一激动语速就更快了："文学作品最重要的是诚实。诚实比题材的新鲜、结构的完整、文字的流利更重要。所谓诚实并不是说作者必须实际经历自己作品中所描写的生活，而是说，小说的内容即使完全是虚构的，情感却必须是真实的，必须是作者在情感上能体验得出的情景和人性。许多人在写作中故意选择一些自认为很浪漫、自己却并不了解的生活为表现题材，然后铺张出自己所没有的情感来骗取读者的同情，这样的作品自然会令我们认真的读者感到不耐烦和失望。"

　　林徽因的见解得到了人家的赞同。朱自清说："也许这与作者的生活经历不丰富有关。"

　　"生活经历的丰富不丰富，"林徽因说道，"不在于生活经历的多与少，而在于作者的观察力和感受力是否锐利敏捷，在于能多方面体味所见、所听、所遇的种种不同情景，能理会到人在生活中互相的关系与牵连：生活的必然与偶然之中所起的戏剧性的变化；更得有自己对生活的看法及思想、信仰或哲学。所以说，一个生活丰富的人，并不在于客观地见过若干事物，而在于能主观地激发很复杂、很不同的情感，能同情于人性的许多方面"。

　　"所以一个作者，除运用文字的能力学问外，必须是能立在任何生活上面，能在主观与客观之间，感觉和了解之间，理智上进退有余，情感上横溢奔放，记忆与幻想交错相辅，到了真即是假，假即是真的程度，他的笔下才现出活力真诚，他的作品才会充实伟大，不受题材或文字的影响，而能持久普遍的动人"。

30 年代，林徽因从事文学创作是在从事古建筑研究之余，应该属于业余作家。可是，她的创作以及对创作的理解却并不业余。与当时一些从国外引进的"普罗"文艺理论、盲从趋时的文学观念相比，她坚持"诚实"写作的见解更贴近文学的本质。

1936 年 8 月，林徽因选编的《大公报文艺丛刊·小说选》由上海良友图书公司出版。面市后很快售罄，仅隔三个月就又再版。

林徽因一生主要致力于对古老的东方建筑艺术的研究，在研究建筑学之余，她丰沛、明亮的精神之火外化在一首首诗歌、一篇篇小说、散文和其他创作和评论中。从这些作品中可以读到她独具个性的灵魂美。她的生命也由此而更加充盈和丰满。在并不漫长的中国现代文学史中，她写下了虽不算浓重却独具美质的一笔，这是不应该被忘却的一笔。

第十一章 一叶一菩提

立春后，又下了一场雪，雪不大，却柔柔地飘了一天一夜。平日里"无风三尺土，有雨一街泥"的大街小巷被雪覆盖着，显得肃穆而洁净。

太阳出来了，照在雪地上，晃得人睁不开眼。金岳霖戴着一顶老头帽，夹着两本书，眯着眼走进了中山公园营造学社的平房。

林徽因正趴在桌上绘一张图，看见老金，高兴地招呼着，放下了手中的工作。

屋里生着炉子，门上挂着棉布帘，洁白的窗纸严严实实地糊在窗户上，屋里很暖和。

金岳霖摘下眼镜，擦着镜片上的哈气说："去琉璃厂转了一圈儿，挑了两本书，看着时候还早就拐这儿来了。思成呢？"

徽因给老金沏着茶，说："思成去北平图书馆了，有事吗？"

"什么事也没有，只是顺路来看看你们在忙些什么。"

徽因翻动着桌子上的一叠纸告诉老金，自己准备写一篇关于中国古代建筑特征的文章，需要配一些相关的插图，先做一些案头的工作。

"哦，那一定很有意思！"老金十分感兴趣，"能不能说来听听？"

金岳霖比徽因年长九岁，比思成年长六岁，徽因和思成视他如兄长，关系十分亲近。

徽因高兴地笑着说："行，咱们出去踩踩雪，边走边说。在屋里待了半天，闷得头疼。"

中山公园过去叫社稷坛，紧挨着紫禁城，是帝王们每年祭祀土地和五谷神的地方，园子里遍植松柏，享殿和寝殿外是红色的围墙。社稷坛的矮

民国二十五年（1936年），林徽因与儿女在北平公园内留影

墙外有三条神道，白雪覆盖下，这一切显得格外庄严美丽。

顺着园子里扫净积雪的小径，徽因和老金走到了中山堂前。过去帝王们前来祭祀时，这里是文武百官觐见皇上的地方。

大殿秀丽而庄严。殿前的台基和三道石阶由汉白玉镶嵌，合抱的朱漆立柱并列，雕镂精致的门窗，青绿彩画的阑额，黄色的琉璃瓦被白雪覆盖得晶莹璀璨，大殿屋顶的坡度优美和谐。

看守大殿的人认得徽因，恭敬地招呼着，打开了殿门。

这座大殿的房顶没有天花顶棚，是传统营造法式中"露明造"的形式。抬头望去，所有的梁架斗拱结构全部外露，每一处结构都处理得有如装饰画一样美妙，同时又组成了和谐的图案。

"这个大殿给了我写作的许多灵感呢！"徽因叹息道。

她告诉老金，外国的许多建筑史著作中，很少承认中国的建筑在世界建筑史上有其独立的系统及其地位。她这篇论文，就是在分析中国古代建筑主要结构特征的基础上，论证无论在世界，还是在东方，中国建筑都有着独特的地位和价值，这些结构特征从来没有因为外来的影响而发生变化。

徽因认为，中国建筑艺术的主要特色，表现在古建筑的屋顶、台基、斗拱、色彩和平面布局等方面，这些是中国建筑精神之所在。

老金平时也常听思成和徽因谈起这类话题，那通常是就某一处具体的建筑物发表看法。他听得出，今天徽因所谈的，是徽因多日研究的心得，也是她文章中的主要观点，所以他听得格外认真。

徽因指点着中山堂的屋顶对老金说："屋顶是建筑物最实际必须的部分，自古以来，人们就竭心尽力地求得尽善尽美，使它在满足实际需要的同时，又独具艺术性。最早的屋顶，因为要解决雨水流灌和遮挡阳光的问题，就扩张出了屋檐。屋檐的突出并不是什么难解决的事，但是，出檐深则低，就会阻挡房屋的采光，同时，雨水大的时候，檐下就会发生溅水的问题。于是，古代的人们发明了飞檐，用双层瓦檐让檐的边沿稍稍翻上去，形成一种曲线。这种四角翘起的'飞檐'，是极自然又合理的结构。历来被看得很特异神秘的屋顶，并没有什么超出结构原则和不自然造作之处，其实它非常美观实用。这屋顶的坡度是一道美妙的曲线，上部巍然高举，檐部如翼轻展，使原本极无趣、极笨拙的屋顶，一跃而成为整个建筑的美丽冠冕。

"屋顶上的装饰物——脊瓦上的脊吻和走兽，也是结构的组成部分。瞧，那龙头形的'正吻'，古时称作'鸱尾'，最早想来是总管'扶脊木'和脊桁等部分的一处关键。这木质关键突在脊上，略作鸟形，后来加以点缀，刻成了鸱鸟之尾。把它雕刻成鸱尾的形状，还带有一点象征意义，因为古代传说鸱鸟能吐水，所以把它放在瓦脊上，指望它能制服火灾。

"外国人十分注意中国屋顶的特殊形式，他们加上了许多自己的想象。有人说这屋顶是受游牧时代帐篷的启发，有人说那是蔽天松枝的象形。有人说中国建筑中的飞檐怪诞，有人说中国建筑像是儿戏。他们永远不懂，这些部分不仅有艺术价值，而且有实用价值。"

老金指着屋顶和梁柱之间重重叠叠的木结构部分说："这个我知道，叫斗拱。"

徽因笑了，说："没错，这叫斗拱。这也是中国建筑的一个显著特征。那前后的木翘，左右的横拱，结合成为斗拱，它是柱与屋顶间的过渡部分，使支出的房檐重量渐次集中到柱的上面。宋元之前的斗拱，的确十分精彩，它是房柱与房檐之间最恰当的关节，同时又是檐下的一种点缀，结构本身又是装饰——斗拱是最好的范例。只可惜明清以来的建筑，逐渐减轻了斗拱在结构上的作用，使它几乎纯粹成了装饰。"

说到装饰，徽因看着那些描绘着奇丽图案的阑额赞叹道："多漂亮的彩绘！老金，你注意过吗？彩绘大多位于檐下，在阴影掩映之中。它主要由青蓝碧绿的冷调组成，有时略加金色。而檐以下的门、柱、窗大多是纯粹的朱红色，与阑额上的彩绘形成鲜明的对比，既和谐又庄严。"

徽因用手轻轻地抚摸着精致的菱形木雕窗扇，仿佛自言自语地说："我喜欢这些细部的处理！这些简单又复杂的线条组合，是一座建筑的装饰，它使建筑有了感情，有了人情味。"

说话间，他们走出了大殿。徽因轻轻地跺着脚，大殿石阶上的雪已扫去，雪地上留下细细的竹帚的痕迹。

"这台基应算作中国建筑的一个基本结构。"徽因说，"看上去不稀奇，不过你把建筑看作一个整体，就能看出，有巍峨壮伟的屋顶，就得有舒展或多层的基座托衬，否则就会显得上重下轻。"

下了石阶，他们走了一截，不约而同地转过身来看那座建筑，一片雪白把那座大殿突出地雕塑了出来，光与影的映衬下，使大殿显得恢宏而凝重。

金岳霖问徽因："我前些天从一本外国期刊上读了篇文章，那个外国人谈到中国的建筑，认为中国的建筑布局沉闷单调。你一定也读过了吧？"徽因秀气的眉头微蹙着，抿了抿嘴唇说："我看到了。其实，这是外国人不懂中国建筑所下的浮躁结论。左右对称的平面布局，正是中国建筑的主要特征。均衡相称的建筑布局原则，是中国几千年社会组织制度的体现。因为只有严格的对称和比例，才能构建出井然的秩序。这既是建筑的秩序，也是社会生活的秩序。不过，中国从南方到北方，不在此例的建筑物也很多，如庭园、别墅、宫苑楼阁，这些建筑布局上常常不讲对称，而极其富于变幻。但是无论怎样的曲折纤巧都应该有一定的度，用审美的眼光来看，那种种取巧的人工手段，是最令人鄙薄的。"

听到这里，老金又问道："那么，相对于西洋建筑来说，中国建筑的缺憾是什么呢？"

民国二十五年（1936年），身为母亲的林徽因，心中诗意依然时常从目光中流露出来

"中国建筑的弱点，"徽因说，"首要应该说的是匠师们对木材——尤其是梁，用得太费。他们显然不明了横梁载重的力量只与梁高成正比，而与梁宽没有多少关系。因匠师们不会计算木材的承重，所以往往把梁的尺寸尽量放大，用极大的factor of safety（安全系数），造成了材料的浪费。还有，匠师们很少在建筑中运用三角形的稳定性的原理，房梁上的支架往往经过不长

久的岁月，便有倾斜的危险。我们在北平的街上，到处都可以看见用木柱或砖墙支撑的倾斜的房子，就是由此造成的弊端。另外，地基太浅是中国建筑的大毛病。普通建筑规定是台明高的一半，下面再垫上点灰土。这种做法很不科学，尤其在北方，地基若不挖到 frost line（结冰线）以下，建筑物的坚实程度就会因土地的冰冻发生问题。"

金岳霖在一旁听得连连点头，他问道："这些问题有解决的办法吗？"

林徽因笑了，说："这些缺点在现代建筑师手里，并不算什么难以解决的问题。怕只怕我们对这些问题不够了解。一旦了解，想要避免纠正是很容易的。"

一口气讲了这么长时间，林徽因深深吸了口气，她的眼眸明亮，双颧发红。金岳霖知道徽因肺不好，讲这么多话肯定很累。他让徽因回房中歇歇，可徽因仍沉浸在讲述自己研究成果的兴奋中。她是如此珍视这一切，那玲珑的飞檐，坚实的斗拱，精致的雕花门窗和沉稳的梁柱，在她的讲述中仿佛都有了生命和性灵。

金岳霖被徽因的讲述深深吸引，也被林徽因深深吸引。文弱秀丽的徽因具有独特的精神气质，那既是诗一般空灵飘逸的神采，又是具有忘我献身热情的科学精神。这两种原本互相排斥、互相矛盾的精神气质在林徽因身上体现得如此和谐。这种精神气质对于长期从事德国古典哲学研究和抽象的逻辑学教学的金岳霖教授来说，具有照亮和点燃心灵的作用。关于金岳霖和林徽因的关系，在有关林徽因的文字中多有涉及，种种臆测多不足信，最可信的应该是梁思成后来的妻子林洙的记述。

那是林徽因去世近十年后，林洙在与梁思成的交谈中，谈到了社会上流传的关于金岳霖为了林徽因终身不娶的事情。她问梁思成，是不是真有这回事。

梁思成说：

林徽因是个很特别的人，她的才华是多方面的。不管是文学、艺术、建筑乃至哲学她都有很深的修养。她能作为一个严谨的科学工作者，和我一同到村野僻壤去调查古建筑，又能和徐志摩一起，用英语探讨英国古典文学和我国新诗创作。她具有哲学家的思维和高度概括事物的能力。

梁思成笑了笑诙谐地说：

所以做她的丈夫很不容易。中国有句俗话，"文章是自己的好，老婆是人家的好。"可是对我来说老婆是自己的好，文章是老婆的好。我不否认和林徽因在一起有时很累，因为她的思想太活跃，和她在一起必须和她同样地反应敏捷才行，不然就跟不上她。

我们住在北总布胡同时，老金就住在我们家的后院，但另有旁门出入。可能是在1931年，我从宝坻调查回来，徽因见到我时哭丧着脸说，她苦恼极了，因为她同时爱上了两个人，不知怎么办才好。她和我谈话时一点不像妻子和丈夫，却像个小妹妹在请哥哥拿主意。听到这事，我半天说不出话，一种无法形容的痛楚紧紧地抓住了我，我感到血液凝固了，连呼吸都困难。但是我也感谢徽因对我的信任和坦白。她没有把我当成一个傻丈夫。怎么办？我想了一夜，我问自己。林徽因到底和我生活幸福，还是和老金在一起幸福？我把自己、老金、徽因三个人反复放在天平上衡量，我觉得自己尽管在文学艺术各方面都有一定的修养，但我缺少老金那哲学家的头脑，我认为自己不如老金。于是第二天我把想了一夜的结论告诉徽因，我说，她是自由的，如果她选择了老金，我祝愿他们永远幸福。我们都哭了。

过几天徽因告诉我说，她把我的话告诉了老金。老金的回答是："看来思成是真正爱你的，我不能去伤害一个真正爱你的人，我应该退出。"从那次谈话以后，我再没有和徽因谈过这件事，因为我相信老金是个说到做到的人，徽因也是个诚实的人。后来的事实证明了这一点。所以我们三个人始终是好朋友。我自己在工作上遇到难题，也常常去请教老金，甚至我和徽因吵架也常要老金来"仲裁"，因为他总是那么理性，把我们因为情绪激动而搞糊涂了的问题分析得清清楚楚。

林徽因是幸运的，她因自己生活中优秀的男性而更加优秀。

金岳霖是真正的绅士，他无疑是爱林徽因的，并且因为爱林徽因而爱林徽因的家庭，爱林徽因所爱的人。在以后的岁月里，他成了梁家的一员。林徽因、梁思成和他们的孩子都爱他信任他，从30年代一直到金岳霖的晚年，这种爱始终没有变形。金岳霖这种钟情于别人妻子的感情或许

会被人认为是一种不合道德规范的感
情，但这种感情却传达出超越一般道
德规范的美好。

　　梁思成是真正的绅士。一场对
作为丈夫的他来说至为尴尬的感情波
澜，被他的真诚和博爱所化解。他对
林徽因的尊重和珍爱使他不忍让徽因
在感情上受一点委屈。他对朋友的笃
诚和信任使他赢得了朋友们永远的敬
重——不论是徐志摩，还是金岳霖。
他的胸襟情怀使他生活中的夫妻之爱
和朋友之爱都达到了一种理想的境界。
所以林徽因发自内心地说：如果她的
人生可以重新安排，她仍然会选择现
在的家庭。在这样的家庭里，他们互
相欣赏，互相砥砺，他们的美好人格
和他们所钟爱的事业在互相辉映中熠
熠闪亮。

林徽因在北总布胡同家中抱臂沉思

　　后来的一些文字在谈及林徽因的
感情生活时常常颇有微词。其实这样的非议在当时就曾有过。值得一提的
是，作为当事人的林徽因对此从来不置一词。在外界的传闻和流言面前，
她始终保持着高贵的沉默，而在心灵的最深处自有珍藏。

　　1936 年初的一天，思成要去上海，因为一件小事，俩人怄气了。和
所有夫妻一样，他们在平日的生活里也不时发生争执，互不相让。这次俩
人是真生气了，气头上，他们拣着最解气的话说，结果是思成气鼓鼓地离
开了家，徽因在家哭肿了眼睛。

　　第二天一早，徽因收到了思成从火车上发回的两封电报一封信，信电
中全是对徽因的牵挂和对吵架的懊悔。徽因一夜没睡好，头晕得厉害。读
着思成的信和电文，她感到了幸福的眩晕，心头一松，靠在了沙发上。这
时，女佣又送来了沈从文的一封信。

　　沈从文因为一桩感情的纷扰与妻子张兆和发生了矛盾。苦恼中的沈从

文写信向徽因诉说，希望徽因能帮助他"抓住理性的自己"，把"横溢的感情"设法安排妥帖一点。

读着沈从文的信，徽因禁不住微笑了。她想，生活里的事情真是奇妙，从湘西走出来的沈从文和自己一样被感情困扰得痛苦不安。对这种苦恼她不仅理解，而且肯定地认为："人活着的意义，基本的是能体验情感。"

她铺开了信纸，与张兆和一样称呼沈从文为"二哥"。她清理着自己的思绪，剖析着自己的感情，开导和劝慰着苦恼中的"二哥"：

我的主义是要生活，没有情感的生活简直是死！生活必须体验丰富的情感，把自己变成丰富、宽大能优容能了解，能同情种种"人性"，能懂得自己，不苛责自己，也不苛责旁人。不难自己以所不能，也不难别人所不能，更不怨命运或是上帝，看清了世界本是各种人性混合做成的纠纷，人性又就是那么一回事，脱不掉生理、心理、环境习惯先天特质的凑合！把道德放大了讲，别裁判或裁削自己。任性到损害旁人时如果你不忍，你就根本办不到任性的事。（如果你办得到，那你那时残忍，便是你自己性格里的一点特性也用不着过分的去纠正。）想做的事太多，并且互相冲突时，拣最想做——想做到顾不得旁的牺牲——的事做，未做时心中发生纠纷是免不了的，做后最用不着后悔，因为你既会去做，那桩事便一定是不可免的，别尽着罪过自己。

我方才说到极端的愉快、灵质的透明的美丽的快乐，不知道你有否同一样感觉。我的确有过，我不忘却我的幸福。我认为最愉快的事都是一闪亮的在一段较短的时间内迸出神奇的——如同两个人透彻的了解：一句话打到你心里使得你理智和感情全觉到一万万分满足；如同相爱：在一个时候里，你同你自身以外的另一个人互相以彼此存在为极端的幸福；如同恋爱，在那时那刻眼所见、耳所听，心所触无所不是美丽，情感如诗歌自然的流动如花香那样不知其所以。这些种种便都是一生中不可多得的瑰宝。世界上没有多少人有那机会，且没有多少人有那种天赋的敏感和柔情来尝味那经验，所以就有那种机会也无用。……在夫妇中间为着相爱纠纷自然痛苦，不过那种痛苦也是夹着极端丰富的幸福在内的。冷漠不关心的夫妇结合才是真正的悲剧！

如果在"横溢情感"和"僵死麻木的无情感"中叫我来拣一个，我毫无问题要拣上面的一个，不管是为我自己还是为别人。人活着的意义基本的是在能体验情感。能体验情感还得有智慧有思想来分别了解那情感——自己的或别人的！……

当她准备结束这封信时，想起了沈从文的苦恼，于是又走笔写道：

算了吧！二哥，别太虐待自己，有空来我这里，咱们再费点时间讨论讨论它，你还可以告诉我一些实在情形。我这 24 小时中只在想自己如何消极到如此田地苦到如此如此，而使我苦得想去死的那个人自己去上海的火车中也苦得要命，已经给我来了两封电报一封信，这不是"人性"的悲剧么？那个人便是说他最不喜管人性的梁二哥！

徽因又及：

你一定得同老金谈谈，他真是能了解同时又极客观极同情极懂得人性，虽然他自己并不一定会提起他的历史。

福建的陈钟英、陈宁二先生，在 20 世纪 80 年代初编辑林徽因诗文集的过程中，曾多次到北京访问已年过八旬的金岳霖。他们记下了如下的一些事情。

金岳霖一生对林徽因满怀深情。林徽因去世后，金岳霖仍旧独身。陈宇在对金岳霖的访谈中，"很想了解这一行为背后意识观念层面上的原因。但这纯属隐私，除非他主动说，我不能失礼去问。不过，后来了解到了一件事，却不无收获。有个金岳霖钟爱的学生，突受婚恋挫折打击，萌生了自杀念头。金岳霖多次亲去安慰，苦口婆心地开导，让那学生认识到：恋爱只是一个过程，恋爱的结局，结婚或不结婚，只是恋爱过程中的一个阶段，恋爱的幸福与否，应从恋爱的全过程来看，而不应仅仅从恋爱的结局来衡量。最后，这个学生从痛不欲生的精神危机中解脱了出来。由是我联想到了金岳霖，对他的终生未娶，幡然产生了新的感悟。"在林徽因去世多年后的一天，金岳霖郑重其事地邀请一些至交好友到北京饭店赴宴。开席前他说："今天是林徽因的生日！"顿使举座感叹唏嘘。

陈钟英、陈宇在林徽因诗文集编好之后，拿去请金岳霖过目，金岳霖摩挲着，爱不释手。陈钟英想请他写篇关于林徽因的文字附于书中，然而金岳霖却迟迟地不开口。

"时间一秒一秒地过去了，"陈钟英写道，"我无法讲清当时他的表情，只能感觉到，半个世纪的情感风云在他的脸上急剧蒸腾翻滚。终于，他一字一顿，毫不含糊地告诉我们：'我所有的话，都应该同她自己说，我不能说。'他停了一下，显得更加神圣与庄重，'我没有机会同她自己说的话，我不愿意说，也不愿意有这种话！'他说完，闭上眼，垂下了头，沉默了。"金岳霖在80年代中期写了一些忆旧随笔，其中有一篇是《梁思成林徽因是我最亲密的朋友》。他写道："梁思成、林徽因是我最亲密的朋友。从1932年到1937年夏，我们住在北总布胡同。他们住前院，大院；我住后院，小院。前后院都单门独户。30年代，一些朋友每个星期六有集会，这些集会都是在我的小院里进行的，因为我是单身汉。我那时吃洋菜，除了请了一个拉洋车的外，还请了一个西式厨师。'星期六碰头会'吃的是咖啡冰淇淋，喝的咖啡都是我的厨师按我要求的浓度做出来的。除早饭在我自己家吃外，我的中饭晚饭大都搬到前院和梁家一起吃。这样的生活维持到'七七事变'为止。抗战以后，一有机会，我就住在他们家。他们在四川时，我去他们家不止一次。有一次我的休息年是在他们李庄的家过的。抗战胜利后，他们住在新林院时，我仍然同住，后来他们搬到胜因院，我才分开。我现在的家庭仍然是梁金同居。只不过我虽仍无后，而从诫已失先这一情况而已。我同梁从诫现在住在一起，也就是北总布胡同的继续。"

金岳霖写这篇随笔时，已年近九旬，生活起居皆已不能自理。梁思成、林徽因与他的情感延续到下一代，伴随着他走完了自己的人生。

1932年的阳春3月，梁思成的《清代营造则例》和《营造算例》脱稿了，林徽因《论中国建筑的几个特征》也在《中国营造学社汇刊》上发表。这是林徽因第一篇建筑学研究的论文，也是她对中国建筑艺术纲领性的总结。写作这篇论文时，妊娠反应使她常常脸色苍白地离开写字台和绘图板。可整篇文章的思路，包括其中许多图例的绘制，却完成得十分顺利和流畅。直到今天，当我们阅读这篇专业性很强的论文时，仍不能不叹服林徽因高屋建瓴、一气呵成地驾驭材料的能力。这样酣畅的笔墨仅仅用才华和灵气来解释是不够的，那实在是长期耕耘、了然于心的结果。

中国传统的知识分子多是"述而不作""坐而论道"，思成、徽因与传统知识分子的最大区别在于，他们不仅重理论研究，同时更重科学的实证。

对清代建筑文献的整理和对清代建筑实例的研究是他们系统全面地研究中国古代建筑的演练和前奏。接下来，他们计划从华北地区辐射开去，实地考察中国明清以前的古代建筑。

这是一项前无古人的事业，因为中国从来没有人写过自己的建筑史，自然也就没有古代建筑物的目录，在这样的前提下外出考察，就像是"盲人骑瞎马"，几乎完全是凭感觉，碰运气。

华北民间流传着这样的谚语："沧州狮子应州塔，正定菩萨赵州桥。"民谚唱出了华北一带的古代名胜。

正定菩萨，在河北正定县的隆兴寺，是历史上有名的大伽蓝。梁思成的考察，就准备从这里开始。

很偶然地，梁思成看到了在鼓楼展出的介绍蓟县风光的照片，鼓楼是当时的北平民众教育馆。其中有一张蓟县独乐寺的照片。那硕大的斗拱吸引了思成，他决定立即去蓟县。

外出考察是思成和徽因计划已久的事情，可徽因这时有孕在身，不能和思成同行。营造学社当时没有专职的测绘人员，思成在南开大学上学的弟弟思达正巧放春假住在哥嫂这里，思成就带着思达和营造学社的两个同事上了路。

这是思成第一次外出考察。当时中国县乡的交通极为不便，霍乱等传染病肆虐，食宿条件根本就谈不上，而且到处都可能遭遇杀人越货的盗匪。徽因一整天都在担心，直到当晚接到思成的电话。

"没有土匪，"思成在电话里告诉徽因，"四个人住店，一宿才一毛五！"

蓟县是北京东面的一个山麓小城，净美可人，让思成联想到了法国的小镇。独乐寺的观音阁高耸城墙之上，离老远就可以看出这是一处古拙而醇和的建筑。它建于辽代统和二年（984年），在它建成一百一十六年后，才有《营造法式》。思成在调查报告里写道："这是我生平第一次看到了一座如此古老的、在中国建筑史上具有重要地位的殿宇。"观音阁是环绕着一尊

独乐寺观音阁

高十六米的十一面观音塑像而建起的木结构建筑，共三层；安置观音的地方建成了一个中空的天井。人站在一层仰望观音塑像，显得高不可攀。拾级而上，到第三层，高及菩萨的前胸，可以看到观音的面容。古代的工匠在修筑这座建筑时，是如此匠心独运地处理高大的菩萨塑像和瞻仰朝拜者的关系。

思成一行完成了对独乐寺的考察测绘，回北京后，发表了关于蓟县独乐寺的调查报告。报告引起中外建筑学术界的注目，因为这是我国第一篇用科学方法考察、研究中国古建筑的报告。

乘着考察独乐寺的成功，当年6月，梁思成又考察了河北宝坻的西大寺。在西大寺的三大士殿迷蒙的尘土和堆积的稻草中，梁思成惊喜地发现了《营造法式》中"彻上露明造"的梁枋结构。

"无论殿内殿外的斗拱和梁架，"梁思成在报告中写道，"我们可以大胆地说，没有一块木头不含有结构的技能和意义的。在殿内抬头看上面的梁架，就像看一张 X 光照片，内部的骨干，一目了然，这是三大士殿最善最美处。"

对于这新的发现，他满怀感激："在发现蓟县独乐寺几个月后，又得见一个辽构，实是一个奢侈的幸福。"

这种幸福感，足以使他忘记一路的艰辛和狼狈。

6月火热的阳光下，他们长时间等待着不定时的长途汽车。车站位于猪市当中，他们在两千多头猪的惨号声中，登车出发。

汽车行驶在乡间的泥泞路上，车速如同蜗行，乘客不时被请下车，在松软的泥里、沙里，弯腰伸颈，努力跋涉，有时还需推着汽车走。

到了目的地，找不到可以住宿的地方，所有的客店，都是院子里喂着牲口，屋子里爬满苍蝇。

一次路遇倾盆大雨，他们正走在一片大平原上，大风裹挟着雨水扑打着他们，前不着村，后不着店，走了很远才遇见一个村落。

初次经历这一切的梁思成没有想到，在以后几年的外出考察中，他和徽因会对这样的"旅行"习以为常，不足为奇。

外出考察后回到家里，思成便觉得自己是最幸福的人。洗去一身的疲惫，换上居家的便服，捧着一杯香茗，徽因一边翻看他测绘的各种资料，一边急切地询问他考察中的各种情形和见闻。

当思成拍摄的那些照片洗出来后，徽因更是感慨万端："同样的寺庙，建于清朝和建于辽代的就有这么大的不同！三大士殿的屋檐和斗拱让人觉得沉甸甸的，而清朝的庙宇就缺乏这种厚重感和力度。"

徽因盼着尽早能同思成一道外出，去亲眼看一看那些藏在荒村野岭的珍宝。

家里仍然很热闹，常来的除新老朋友外，还有梁林两家的亲戚。思成的两个侄女正在上大学，通常总是来北总布胡同度周末，有时她们的同学也一起来，因为他们喜欢梁家的艺术氛围和自由气息，还因为在这里可以碰到他们仰慕的文坛名人。

徽因尽管永远有忙不完的家务，仍然不时地有新诗发表。整理思成的考察资料也是她乐意做的事。

1932年，她完成了建筑学论文《平郊建筑杂录》，为燕京大学设计了地质馆，还与梁思成一道，设计了燕京大学灰楼女大学生宿舍。

灰楼的楼梯扶手要比一般宿舍楼的楼梯扶手略窄一些，因为考虑到女

民国二十二年（1933 年）夏，生活富足安逸的林徽因，与长女梁再冰、爱子梁从诫在北平家中合影

学生的手比较纤小。

徽因看重细节，讲究细节的完美。生活完美与否常常由细节决定，一座建筑是否完美也同样由细节决定。

1933 年，儿子从诫满一岁了。他胖乎乎的小手上有圆圆的肉窝，见人就笑，逗人极了。三岁多的小再冰已知道爱美，每天早上起床都要挑自己喜欢的裙子穿。看着孩子一天天长大，对世界上的事情样样都感到惊奇，常常出人意料地提出一些有趣的问题，徽因十分快乐。一双小儿女让徽因十分忙碌，也十分幸福。她平时在工作中，在讨论问题时，从不轻易妥协。可是和孩子在一起时，却全没了主见。她宠着孩子，由着孩子，不知道怎样疼爱他们才好。当思成去山西考察时，她决定要一同前往，可临行前看着可爱的孩子，真是难舍难离。

但她还是同思成一起做着外出前的种种准备。

首先是案头的准备。他们花不少时间跑图书馆，阅读各地的地方志和其他书籍，了解准备考察的那一地方的历史、地理和宗教等方面的情况，记录下其中有关建筑的文字，以制定考察目录和考察计划。

再就是要得到当地政府的支持。他们考察的地方多是些穷乡僻壤，如果没有当地政府的支持，他们的行动就会因为不被当地人理解而受阻，有时甚至有生命危险。每次出发前，先由营造学社的社长朱启钤通过各种关系同当地政府和驻军打招呼，请求他们对考察人员给予必要的关照和保护；考察结束后，再请当地政府妥善保护这些古代建筑文物。

当然，也得有物质上的准备。古建筑考察是一项默默无闻的工作。营造学社资金有限，设备十分简陋。他们除了测量和照相的仪器外，每个人都备有一个工具包，当他们攀援在古建筑上时，包里那些可以伸缩的尺子和其他自制的工具都可以派上用场。吸取以往野外考察无处食宿的教训，他们还准备了轻便的吊床、行军床和一些罐头食品。

思成、徽因计划先到大同，再去应县。大同有云冈石窟，应县有辽代木塔。很长一段时间以来，应县的那座古老木塔就一直让思成寝食难安。

早晨起来，洗着脸，思成会突然自言自语道："到应县去不应该太难走吧，听说山西修有很好的汽车路……"正吃饭时，他会没头没脑地说："如果能测绘那应州塔，我想，我就……"话没说完，他自己笑了起来。当然，只有徽因明白他的意思。

最让他不放心的是，不知那木塔是否还在。即使还在，是否还是建于辽代的那座。过去的考察中有过这样的经历：千辛万苦地跑了几百里路，结果见到的要么是一片废墟，要么是明清以后仿建的赝品。

他盼望着能看到一张应县木塔的照片，只要看一看照片，他就能判断这座建筑的建筑年代。

一天上午，徽因从门房那里拿回了当日的报纸和信件，一个自制的牛皮纸信封引起了她的好奇。那信封上的寄信人地址是：山西省应县白云斋照相馆。

原来，思成想出了这么个主意。他先寄一封信到应县去投石问路，收信人地址写的是"探投：山西应县最高等照相馆"。信中，他请应县照相馆的人帮忙拍一张近期应县木塔的照片。没想到，"应县最高等照相馆"居然有了回音。

徽因把邮件交给思成，她欣赏思成的执着，嘴上却笑着打趣道："阿弥陀佛，幸亏你着迷的不是电影明星！"

思成看着照片和信，兴奋地对徽因说："太幸运了，八九百年的木塔居然还这么完好！你瞧这家照相馆多有意思，他们不要拍照片的酬金，只想要一点北平的信纸和信封。"

正是初秋9月，北平的点心铺开始卖月饼了，有京味的，有南味的。与月饼一同叫卖的还有黄澄澄的鸭梨、籽粒晶莹的石榴和大串挂着霜的葡萄。

除了吃的，小孩子还喜欢兔儿爷，这是老北京独有的彩绘泥塑。兔儿爷三瓣嘴，兔儿脸，披着铠甲，跨着龙驹，背插一面纛旗，作大将军状。大的有两尺高，小的可握在手中，中秋时节摆放在家中的几案上，一派喜气谐趣。

天气真好，不冷不热的。徽因放下手头永远也做不完的事情，和思成及营造学社的刘敦桢、莫宗江一行五人前往大同。

徽因很长时间没有这样到外面走一走了。天天在家里，习惯了孩子们的声音，习惯了佣人们事无巨细的问询，也习惯了母亲的唠叨，尽管有时会感到烦闷，但在生活惯性的驱使下，日子一天天也过得飞快而平静。如今远离了那熟悉的一切，开始了另一种生活，触目全是新鲜、兴奋和美好。在她看来，山西的"天是透明的蓝，白云更流动得使人可以忘记很多的事，更不用说到那山山水水、小堡垒、村落，反映着夕阳的一角庙，一座塔！景物是美得使人心慌心痛"。

山西的自然风物很美，山西的社会生活却落后而贫穷。

他们到了大同才发现，在这里居然找不到投宿的地方。街道上厚厚一层混合着煤尘的灰土，墙根屋角的垃圾在风中打旋，毛驴是主要的交通运输工具，车马店是唯一的"接待站"。

"谁能想到，"徽因说，"这里在辽金时代曾是陪都！"

无奈中，他们回到了大同火车站，不期然碰到了车站站长李景熙。他当年在美国宾夕法尼亚大学学习铁路运输，与思成、徽因同学。他乡遇故知，疲惫的一行人分外高兴。

李景熙把思成、徽因一行接到自己家里，腾出房间，安排他们住下。思成、徽因不愿意再让老同学为这么多人的饮食操心，第二天找到了市政当局。市政官员吩咐一家餐馆供给他们饮食。在大同考察期间，他们每天在这里就餐，一日三餐的伙食是一人一碗汤面条。

林徽因一行在考察中

他们测绘了建于辽金时代的华严寺和善化寺。

思成给五人分了工，有人测平面，有人查碑文，有人量斗拱，有人画横断面、纵断面。每天一到寺中，他们立即依照分工开始工作。思成爬梁上柱最利索，三下两下就到了殿堂房顶，拉开皮尺一边测量一边绘图，效率非常高。

然后，他们到了云冈石窟，着手考察石刻艺术中所表现的北魏建筑。

20世纪30年代，林徽因（右）在山西考察古建筑过程中，来到了著名的云冈石窟

云冈石窟，是中国早期佛教艺术壮观的遗迹，是北魏艺术的实证。《水经注》中记载着当时的盛况："凿石开山，因岩结构，真容巨壮，世法所希，山堂水殿，烟寺相望……"

而如今的云冈因为地处偏僻，却几乎没有什么游人。空旷的山崖上看不到一棵树，田野里的庄稼长得稀稀落落，只有一座座石窟和石窟中的一尊尊佛像守望着这块贫瘠干旱的土地。

在这里，他们又陷入找不到住处的窘境。没有饭店，没有旅馆，没有任何公共设施，甚至连车马店也没有。他们只好求助于当地的农民。一户农民终于答应借给他们一间房子，房子没有门窗，没有一件家具，只剩下露天的屋顶和透风的四壁。他们也只好在这间房子里摊开了行李。

这里昼夜温差很大，中午热得穿单衣，夜里盖棉被还冷得缩成一团。

吃饭也就在这个农家搭伙，每天的主食都是煮土豆和玉米面糊糊，偶然吃到一点咸菜就算佐餐佳品。

生活工作条件很差，但他们情绪很高。

一个民族的历史是一个有机体，其中的一切都互相关联。不同历史时期的造型艺术提供了不同历史时期的珍贵记载——建筑、服饰、礼乐、风尚乃至全部日常生活。一个民族的政治历史只是提供了生活的外在形态，而艺术则让人切近了这个时代的灵魂。

林徽因头戴凉帽在考察中

北魏时期，佛学东渐，一种强有力的政治统治平息了诸多纷争，在互相冲突的文明中建立起了相对平衡的新秩序。中国文化固有的血脉中，渗进了强有力的外来影响，这时期的造型艺术表现出了当时不同文化的交流濡染，而云冈石窟本身，就是西域印度佛教艺术大规模入主中国的结果。

他们考察了云冈诸窟的平面及其建筑年代，考察了石刻中所表现的建筑形式：如塔、殿宇、洞口柱廊，以及石刻中所见的建筑部分：如柱、阑额、斗拱、藻井。还有石刻中的飞仙及装饰花纹——北魏时期的建筑形式和建筑特点栩栩如生地呈现在他们面前。

一个时代可能会从兴盛走向衰落，但是艺术本身却永远不会被消灭。因为，政治和社会的历史代表着永远的动荡和冲突，而艺术则代表着人类永恒的光荣与梦想。

他们的工作繁重而琐细，因为所有石窟的碑碣都已漫没不存痕迹，需要他们根据洞窟石刻的手法一一进行考证。但他们工作得认真而兴致盎然。

工作间歇，行走在乡野山村，徽因总是能从其他人不在意的地方发现艺术的美。山村的土戏台，集市上家织的土布，一个式样古拙的长命锁，一只造型简雅的陶土罐——小件的东西她会买下带走。带不走的她总是要求思成拍下来。行程不定，装备有限，思成很注意节约胶卷，但他又不忍拂了徽因的心愿。

他们的工作惊动了远近的村人。人们传说着从京城里来了几个先生，每天不是画庙就是画菩萨，还扯着尺子到处量。其中有个女先生，长得好看不说，说话、待人还和气得很。

村人们活得很寂寞，他们都爱看热闹。远处的教书先生来了，军队里的士兵拉着马过来了，媳妇们拉着手站在一边，嘀嘀咕咕地说笑着，小孩们在大人腿边挤来挤去。思成选取不同的角度照相，徽因拉着皮尺量平面，人群发出一阵一阵"嗡、嗡"的议论声。

当他们在北齐天保三年造像碑上拓片时，教书先生主动过来帮忙。"这碑有年头了吧？"他问。

"有年头了"刘敦桢回答，"差不多有一千四百年了。"

当教书先生回到人群中说出"一千四百年"时，这久远的历史让围观的人们产生了十足的骄傲和自豪。

徽因用充满诗意的语言描绘着山西之行：

……旬日来眼看去的都是图画，日子都是可以歌唱的古事。黑夜里在山场里看河南来到山西的匠人，围着一个大红炉子打铁，火花和铿锵的声响，散到四周黑影里去。微月中步行寻到田陇废庙，划一根"取灯"偷偷照看那瞭望观音的脸，一片平静，几百年来没有动过感情的，在那一闪光底下，倒像挂上一缕笑意。

我们因为探访古迹走了许多路，在种种情形之下感慨到古今兴废。在草丛里读碑碣，在砖堆中间偶然碰到菩萨的一双手一个微笑，都是可以激动起一些不平常的感觉来的……由北平城里来的我们，东看看，西走走，夕阳背在背上，真和掉在另一个世界里一样！……

他们结束了对云冈石窟的考察，按计划，下一步要去考察应县佛宫寺的辽代木塔。当时，全国范围内还没有发现一座唐代建筑，而辽代离唐代不远，能够破译辽代建筑的秘密，也就能够大致了解唐代和宋代的建筑。尽管这是徽因向往已久的事情，但是思成还是力主徽因先回北京。因为一来离开北京的时间久了，家中老小让人放心不下；二来徽因的体质受不了这样长时间的折腾。思成答应徽因，及时把考察中的情形写信告诉她。

徽因回到北京家中没几天，就接连收到了思成的信。

第一封信：

……你走后我们大感工作不灵，大家都用愉快的意思回忆和你各处同作的畅顺，悔惜你走得太早。我也因为想到我们和应县木塔特殊的关系，悔不把你硬留下同去瞻仰。家里放下许久实在不放心，事情是绝对没有办法，可恨……

第二封信：

昨晨七时由大同乘汽车出发……到应县时已晚上八点。

离县二十里已见塔，又夕阳返照中见其闪烁，一直看到它成了剪影，那算是我对于这塔的拜见礼。

今天正式的去拜见佛宫寺塔，绝对的 Drewbelmin 好到令人叫绝，喘不出一口气来半天！

塔共有五层，但是下层有副塔（注：重檐建筑之次要一层，宋式谓之副塔），上四层，每层有平座（实算作十层），因梁架斗拱之间，每层须量俯视，仰视，平面各一；共二十个平面图要画！塔平面是八角，每层须做一个正中线和一个斜中线的断面。斗拱不同者三四十种，工作是意外的繁多，意外的有趣……

塔身之大，实在惊人。每面三开间，八面完全同样。我的第一个感触，便是可惜你不在此同我享此眼福，不然我真不知你要几体投地的倾倒！回想在大同善化寺暮色里面向着佛像瞪目咋舌的情形，使我愉快得不愿忘记那一刹那人生稀有的、由审美本能所触发的锐感。尤其是同几个兴趣同样的人，在一个时候浸在那锐感里边。

应县是个小小的城，是一个产盐区。在地下掘下不深就有咸水，可以煮盐，所以是个没有树的地方。在塔上看全城，只数到十四棵不很高的树！

工作繁重，归期怕要延长得多，但一切吃住都还舒适，住处离塔亦不远，请你放心……

第三封信：

……离家已将一月却似更久。想北平正是秋高气爽的时候。非常想家！

相片已照完，十层平面全量了，并且非常精细，将来誉画正图时可以省事许多。明天起，量斗拱和断面，又该飞檐走壁了。我的腿已有过厄运，所以可以不怕。现在做熟了，希望一天可以做两层，最后用仪器测各檐高度和塔刹，三四天或可竣工。

这塔真是个独一无二的伟大作品。不见此塔，不知木构的可能性到了什么程度。我佩服极了，佩服建筑这塔的时代，和那时代里不知名的大建筑师，不知名的匠人。

第四封信：

这两天工作颇顺利，塔第五层（即顶层）的横断面已做了一半，明天可以做完。断面做完之后将有顶上之行，实测塔顶相轮之高；然后楼梯、栏杆、格扇的详样；然后用仪器测全高及方向；然后抄碑；然后检查损坏处以备将来修理。我对这座伟大建筑物目前的任务，便暂时告一段落了。

今天工作将完时，忽然来了一阵"不测的风云"。在天晴日美的下午五时前后狂风暴雨雷电交作。我们正在最上层梁架上，不由得不感到自身的危险。不单是在二百八十多尺高、将近千年的木架上，而且近在塔顶铁质相轮之下，电母风伯不见得会讲特别交情。我们急着爬下，则见实测记录册子已被吹开，有一页已飞到栏杆上了。若再迟半秒钟，则十天的工作有全部损失的危险。我们追回那一页后，急步下楼——约五分钟——到了楼下，却已有一线骄阳，由蓝天云隙里射出，风雨雷电已全签了停战协定了。我抬头看塔仍然存在，庆祝它又避过了一次雷打的危险，在急流成渠的街道（？）上回到住处去。我在此每天除爬塔外，还到白云斋看了托我买信笺的那位先生。

他因生意萧条，现在只修理钟表而不照相了……

徽因读着信，想象着思成在应县的情形。她知道，思成把这一切都描述得轻松愉快，而实际的测量工作则是繁难危险的。

思成一行回到北京后，莫宗江给徽因讲述了他们的测量过程，说到当时的惊险情形，他仍然心有余悸："塔身全部构造都测量完了后，最险的就是测量塔刹的尺寸。塔高六十多米，我们站在塔的最高层，已经感到呼呼的大风，上到塔顶更感到会被大风刮下去。但塔刹还有十几米高，从塔顶到塔刹除了几根铁索外，没有任何可攀援的东西，真是令人望而生畏。梁先生凭着他当年在清华做学生时练就的臂力，硬是握着凛冽刺骨的铁索，两腿悬空地往塔尖攀去。这些古建筑都年久失修，有时表面看上去很好的木板，一脚踏下去都是糟朽的。这座八九百年的古塔，谁知道那些铁索是否已锈蚀、断裂。我们在下面望着不禁两腿瑟瑟发抖。梁先生终于登上塔刹，于是我也相随着攀了上去，这才成功地把塔刹的各部尺寸及做法测绘了下来。"

应县木塔，这座中国古代无与伦比的木结构建筑，在梁思成和其他建筑学家的考察指导下，得到了人们的认识和重视；新中国成立后，政府拨专款对木塔进行了整修和加固，使这座国内唯一的木制佛塔得到了完好的保护。

有了考察应县木塔的经历，梁思成养成了一个习惯。他只要听到别人谈及或从报刊书籍中看到哪个地方有古建筑，他就会写信给当地的邮政局长，并随信寄上所需费用，请他帮忙设法弄到这个建筑物的照片。收信人无论是否理解这种行为的意义，一般都会为写信人的至诚和信任所感动，照写信人的要求拍下照片寄回。由此，梁思成得到了一些极有价值的古建筑遗存信息。每当这时，林徽因就会笑道："侦探小说又开始了新的一章。"

春节到了，这是 1934 年的春节。

半个月前，徽因娘就开始张罗过年的事了。仆人们忙着打扫房屋，拆洗被褥，置办年货。徽因娘忙着准备宝宝、小弟的新衣帽、新鞋袜，红纸封包好了压岁钱，每个来拜年的亲戚的孩子都有一份儿。

除夕夜，家里布置一新。院子的大门外贴上了大红对联，院内的廊子里挂上了红色的纱灯。门房老王早已把鞭炮在长长的竹竿上缠好，街上不时传来"送财神爷的来啦"的吆喝声。

客厅里，炉子烧得暖暖的，一盆蜡梅枝干遒劲，静静地吐着幽香。老金差人从厂甸买回了两大串圆环状的冰糖葫芦，逗得宝宝和小弟围着他又叫又笑。徽因、思成和老金商定，第二天去雍和宫看"跳布札"。"跳布札"是蒙语，汉语意为"驱

20 世纪 30 年代，风姿绰约的林徽因在爬山

魔除祟"，是黄教喇嘛特有的宗教乐舞，也是雍和宫每逢过年的"保留节目"。

林徽因喜爱雍和宫的建筑，也喜爱"跳布札"那庄严热烈的场面。

位于北京东北角的雍和宫，是北京最大的喇嘛寺院。这里曾是清雍正皇帝做王爷时的府第，1734 年改建为寺院。雍和宫的建筑紧凑而有序，从最南头的石牌坊到琉璃花门是一条御道，敞亮宽阔如同一个小广场。由雍和门北进共有三个大庭院，五座大殿阁。

万佛楼是两层重檐的大阁楼，阁内有一尊五丈多高的弥勒佛像，据说是由一整块檀香木雕成。而最吸引徽因、思成的是万佛楼与左右两座配殿之间，是通过两座斜廊，亦称"飞桥"的建筑联结在一起。这种建筑形式他们只在敦煌壁画中见过，完全是唐代建筑遗风的留存，所以他们格外珍视。

"跳布札"在天王殿前的广场上举行。喇嘛们戴着狰狞可怖的面具，穿着颜色明艳的厚重棉袍，在鼓乐和诵经声中舞蹈，看上去有很强的仪式感。

徽因对老金说："他们的舞蹈让人想起远古的先民，我们过年看'跳布札'，应该是远古图腾祭祀之遗风。听沈从文讲，他老家湘西至今仍盛行傩戏、傩舞。"

"别忘了，"思成说，"我们这是在佛门。佛教要禳除的魔祟应该是指酒、色、贪、妒、妄、杀这佛门六戒。不过，清朝以后'跳布札'要禳除的还有准噶尔的叛乱分子。看，那个被斩杀的代表魔王的面人，保不准就是准噶尔的叛乱分子首领噶尔丹。"

思成有趣的阐释，使老金和徽因笑了起来。

果然，魔王被擒拿斩杀后，"跳布札"就进入了尾声。

这个春节让思成和徽因高兴的是，脱稿两年的《清式营造则例》一书由京城印书局印行出版了。三十二开的竖排本，装帧设计斯文典雅，封皮的右上角，手绘的斗拱图案看上去古色古香，"梁思成"的名字在斗拱的旁边，秀丽醒目。

梁思成在序言中写道："内子林徽因在本书上为我分担的工作，除绪论外，自开始至脱稿以后数次的增修删改，在照片之摄制及选择，图版之分配上，我实指不出彼此分工区域，最后更精心校读增削。所以至少说她便是这书一半的著者才对。"

民国二十三年（1934年）夏，"司机老梁"——梁思成拉着"林小姐"——林徽因来到山西考察古建筑

又一年的夏天到了，思成、徽因计划带孩子去北戴河避暑。北戴河有一幢梁任公在世时置买的别墅，面临大海，漂亮宽绰，思成兄弟姊妹总是在那里团聚。

他们想邀请费正清、费慰梅一同前往，没想到前去邀请的思成刚一开口，费正清就兴高采烈地说，他和费慰梅正准备邀请思成、徽因一同去山西消夏。

山西汾阳城外的峪道河，是吕梁山麓风景最秀美的地方。峪道河的源头"马跑神泉"，相传为当年宋太宗的骏骑踢出的甘泉。这甘泉当年解救了宋太宗干渴的三军，以后的千百年一直滋润着当地的百姓。以这泉流为动力，沿着峪道河，有数十家磨坊。近代以来，电动磨面机出现了，平遥一带成了山西的面粉业中心，峪道河的磨坊日渐萧条以至于沉寂。一些外国传教士喜爱这里清幽的环境，买下了这些磨坊改造成别墅。每到夏天来这里度假。费正清夫妇要去的，就是一位传教士朋友的磨坊别墅。

思成、徽因改变了前往北戴河的计划，决定接受费正清夫妇的邀请，因为他们期望到山西会有意外的收获。

山西赵城的广胜寺在早些时发现了宋版藏经，此发现轰动了整个学术界。思成和徽因分析，既然广胜寺所藏的佛经是宋版的，那么广胜寺就有可能修建于宋代或更早的年代。所以，他们早就计划要到赵城考察。从地图上看，汾阳距赵城不远。他们接受费正清夫妇之邀，既能与朋友一起度假，又能了却考察广胜寺的心愿，何乐而不为呢？

峪道河果然名不虚传。泉流从山上奔腾而下，磨坊依山傍水而建，山谷长满了杨树、槐树和高高低低的灌木。那斑驳的树荫、汩汩的溪水和厚厚的磨坊石墙仿佛把炎热的夏天挡在了山外。

安顿下来后，徽因、思成沿着溪水一边散步，一边熟悉周围的环境。在接近上游地方，有一家名叫"庆和义"的磨坊。他们走了进去。磨坊伙计看到来了两位城里的先生，急忙停下手中的活计过来招呼。他和气地笑着，脸上、头上沾有星星点点的面粉，音节顿挫的山西话他们有的能听懂，有的听不懂。

思成对磨坊的构造很感兴趣：山上下泻泉水的冲击力推动坊外的大木轮，木轮带动坊内转动的石磨，把小麦磨成了面粉。因磨粉机不息的震动，所以房子不能用此地民居常见的发券的方式，而采用了特别粗大的梁架。为了让磨出的面粉洁净，所以磨坊内部铺着光润的木地板。如此古雅的构造，自然适合做舒适凉爽的消夏别墅。

那伙计告诉徽因，早年间这里的生意可红火了，一年可以出五千多包面粉，每包的价钱约莫两块多钱，人们的日子十分好过。这些年不行了，磨坊都租给外国人做了别墅，就剩下这一家"庆和义"，也眼看着维持不下去了。别看关帝庙的戏台挺大，村里已经四年没来过唱戏的了。

徽因告诉伙计，说自己就住在下面的一间磨坊。

伙计笑得眯起了眼，说：那个外国传教士村里人都认得，人挺不错的。

原来村里的关帝庙有一个铁铎，老辈儿的人讲是万历皇帝赐给村里庆成王后人的。这铁铎不知怎么流落到了古董商手里，被这个传教士买了去。他看这铁铎好玩，晚上有时没事儿打着玩。村人听到了钟声，商议着这是村上吕姓人祖传的宝物，不能让它落到外国人手里；他们找到了传教士，情辞恳切地要出原价把铁铎买回，想不到传教士什么也没要就爽快地把铁铎还给村人，现在那铁铎还在关帝庙供着。

徽因听得有点糊涂。追问道："明庆成王的后人怎么会姓吕？"

提到这村子的历史，讲述的人更有了兴致。他说，明庆成王是永乐皇帝的嫡亲弟弟。这一村人都知道，原来他们都应该姓朱。雍正年间朝廷诏命他们改姓，由姓朱改成姓吕。他们的族谱上有记载，严格按辈分字号排行的方法，使他们不会弄错这一脉子孙的谱系。

向磨坊伙计道了谢，徽因和思成慢慢往回走。徽因说："别看人家如今在磨坊做活，人家正经是个皇裔贵族呢。还有咱们雇的那位帮忙打水洗衣的女人，没准儿也是哪位皇子王孙的媳妇。"

"我倒没想到这些，"思成笑道，"听他说了那么多，我只想到，既然这里有明代的王爷，明代的建筑肯定少不了。"

回到别墅后，他们拿出地图圈圈点点，计划着以峪道河为出发点，把邻近几个县的庙宇建筑作为重点考察的范围，估计需要一个月左右的时间。

费正清和费慰梅从北京带来了中文课本、英汉字典及一盒盒的方块字，慰梅还背着画夹和颜料。他们原打算在峪道河安安静静地度一个暑假，可思成、徽因的计划吸引了他们。费正清对中国的历史文化本来就有兴趣，而费慰梅更喜欢中国的艺术，他们没有怎么犹豫就随同思成、徽因参加了古建筑考察。

峪道河两岸的山崖上，有好几处庙宇。东岩上的实际寺，以风景优美著名。山头的龙王庙，因马跑泉享受了千年的香火。西岩的南头是关帝庙，几经修建，式样混杂。西岩的北头是龙天庙，看上去规模稍大，他们选择了这里进行考察。

龙天庙远远望去，结构造型参差高下，大小得当，权衡俊美，砖石的墙面色彩醇和，多为红黄色，在阳光下与山冈原野同醉，十分夺人眼目。

庙在山坡上，远离村落人家。门前一株老松，缄默耸立如同守门的寺僧。

庙门镇日关闭，少有开时。这一带民风淳朴，道不拾遗，夜不闭户，已成习惯。关闭的庙门只是一种形式，其实人们可以随意出入。

他们进得庙里，久无香火的偌大院落空无一人，枯松蔓草，伴着殿庑石级，显得荒芜神秘。

钟鼓楼以砖石的结构为主，而不像别的地方以木结构为主。

正殿左右两厢是砖砌的窑屋，以供僧侣居住。窑顶是平的，可从窑外的砖梯上下。

费正清说，这平顶的窑屋酷似墨西哥印第安人的平顶土屋，屋里住人，屋顶可以晾晒或种植，景物自有一种别样的风情。

正殿的前廊外是一座开敞的过厅，称之为"献食棚"，又称为祭堂或前殿，只不过别的地方通常不是开敞式的。

正殿是这座庙宇的主要建筑。殿前檐的斗拱权衡甚大，斗拱高约为柱高的四分之一，布局亦疏朗可喜。但细看各斗拱的雕饰，则光怪陆离，绝无沉静的古代气息。

正殿三间，供有龙天及夫人像，廊下有清乾隆十二年碑，碑文曰：

> 龙天者，介休令贾侯也。公（讳）浑，晋惠帝永兴元年，刘元海攻陷介休，公死而守节，不愧青天。后人……故建庙崇祀……像神立祠，盖自此始矣。……

他们从碑文上了解到，龙天庙曾重建于元季丁亥年间，如今的建筑，全是乾隆年间的新构。

思成和徽因画了平面图，抄了碑文，拍摄了照片，离开了龙天庙。他们结论道：这座庙宇虽然年代并不久远，各处建筑结构上亦无惊人之处，但整体却秀整不俗，可以视为山西南部小庙宇群落的代表作品。

此后的日子可没有这么轻松。他们走遍了文水、汾阳、孝义、介休、灵石、霍县、赵城等县。"餐风宿雨、艰苦简陋的生活与寻常都市相较，至少有两世纪的分别。"但收获也是巨大的，"我们所参诣的古构，不下三四十处，元明遗物，随地遇见。"

在考察这些地方的古建筑时，除了科学的、一丝不苟的踏查记录外，徽因还在考察论文中以诗意的笔触，写下了她考察中的审美感受。

在汾阳县的小相村灵岩寺，她为毁圮的废墟中几尊露天趺坐的佛像而震动：

> 进门只见瓦砾土丘，满目荒凉，中间天王殿遗址，隆起如冢，气象堂皇……更进又一土丘，当为原来前殿——中间露天趺坐两铁佛，中挟一无像大莲座；斜阳一瞥，奇趣动人，行人倦旅，至此几顿生妙悟，进入新境。再后当为正殿址，背景里楼塔愈迫近，更有铁佛三尊。趺坐慈静如前，东首一尊且低头前伛，现悯，测垂注之情。此时远山晚晴。天空如宇，两址反不殿而殿，严肃都丽，不藉梁栋丹青，朝拜者亦更沉默虔敬，不由自主了……

在孝义县吴屯村东岳庙，她以谐谑的口吻，善意地嘲讽庙宇屋顶建筑繁复的装饰结构：

夜宿村东门东岳庙正殿廊下；庙本甚小，仅余一院一殿，正殿结构奇特，屋顶繁复做法，是我们在山西所见的庙宇中最甚的。小殿向着东门，在田野中间镇座，好像乡间新娘，满头花钿，正要回门的神气……

在霍县，北门外桥配饰的粗制滥造及桥上铁牛形象的丑陋，令她失望。她毫不留情地挖苦批评这些失败的建筑和建筑饰物：

北门桥上的铁牛，算是霍州一景，其实牛很平常，桥上栏杆则在建筑师的眼中，不但可算一景，简直可称一出喜剧。

桥五孔，是北方所常见的石桥，本无足怪。少见的是桥栏杆的雕刻，尤以望柱为甚。栏板的花纹，各个不同，或用莲花、如意、万字、钟、鼓等等纹样，刻工虽不精而布置尚可，可称粗枝大叶的石刻。至于望柱柱头上的雕饰，则动植物、博古、几何形无所不有，个个不同，没有重复，其中如猴子、人手、鼓、瓶……以及许多无名的怪形体，粗糙胪列，如同儿戏，无一不足，令人发笑。

至于铁牛，与我们曾见过无数的明代铁牛一样，笨蠢无生气，虽然相传为尉迟恭铸造，以制河保城的。

林徽因在建筑学论述中，强调建筑与人的精神世界的对应关系，她指出，面对不同的建筑，人会产生不同的情感：崇高的、愉悦的、宁静的或错乱的、忧伤的甚至荒诞的。她的建筑学论文处处留下了自己的印记，那是人文的、审美的、情感的和价值判断的印记。

整个山西之行中，他们考察的重点是赵城县的广胜寺。而整个考察行程中，这也是最艰难的一段路程。

从介体县到赵城县有三百余里，当时山西正在修筑同蒲铁路。铁路未建好，公路却多段被毁，一旦下雨，这些路段就成了难以涉足的烂泥塘。不仅汽车不能行驶，连马车、驴车都无法前行。如此三百余里，他们几乎全是徒步走过来的。路途中，他们住过脏得可怕的小客店，睡过农家的大炕，也借宿过费正清夫妇问寻到的传教士住处——他们此行住过的最舒适干净的住处。尽管这现实令徽因和思成的民族自尊心感到难堪。

仿佛是为了抚慰他们一路的艰辛，当他们远远望见广胜寺时，层峦叠嶂的远山气象宏阔深沉，上下广胜寺建筑开朗宏大，殿宇、宝塔在夕阳的照射下辉映着炫目的光彩。

在沉沉的暮霭中，他们走进了寺院。僧人们敲响了沉沉的暮鼓，送上了清淡的斋饭，对远道而来的他们表达了诚挚的欢迎。

疲惫和困倦洪水般地裹挟了他们。寺院的住持破例允许他们可以在寺院的任何地方支架帆布睡床。

费正清夫妇选择睡在钟楼旁的露天平台上，他们说，在那里抬头便能望见中国北方灿烂的星空。

而思成和徽因则愿意躺在大殿里。这样，他们睁开眼就能看到屋顶美丽的斗拱和阑额。

筋疲力尽的徽因躺下后，眼睛累得都睁不开了。她喃喃地对思成说："多幸运，总算来到了这里。走不动的时候，真是后悔，想着吃这份苦值不值。一到了这儿，就庆幸多亏走了这一遭。说起来，广胜寺早已名满全国，可人们只知道宋版藏经珍贵，却不知道广胜寺建筑的珍奇。"

本来，考察完广胜寺，他们此行的任务也就算结束了。可翻阅赵县县志时，他们却意外地发现县志上记载着，在城东三十里的霍山中，有一座建于唐代的兴唐寺。从地图上看，兴唐寺距广胜寺只有二十里。可后来一打听才知道，从广胜寺到兴唐寺无路可走，必须下山绕行，再折回霍山向东上山二十里，才能抵达。不过，既然已经到了这里，又是一座他们久欲寻觅的唐代建筑，岂能白白放过。于是他们完成广胜寺的考察后，未事休整，就向兴唐寺出发了。

离开广胜寺下山，是早上九点。他们在蜿蜒的山路上行走了整整一天，等到重新进山时已是晚上九点！

山谷里黑黢黢的，山风四起，前面的峰峦迫近如巨大的屏障。天空被山峰挤得狭窄，狭窄的天空上有一两颗星星鬼魅地闪着亮。

徽因、思成和费正清夫妇徒步行走在山路上，脚夫赶着骡子驮着行李落在了后面。他一只手牵着骡子，一只手摸索着山岩，只听他不停地叨咕着："菩萨保佑，观音大士保佑。"思成、徽因累得说不出一句话，黑暗中只听见彼此沉重的喘息。但他们不敢停下来歇息，因为他们知道，一旦停下，就可能一步也不愿意往前走了。

路，越走越难。山崖上危石错落，枯枝横斜，远远地望见松柏间隐隐约约的灯光，他们以为已到了目的地，一鼓作气到了灯光处。看上去这里是一座庙，进得庙里，寺僧告诉他们，这里是霍山的山神庙，离兴唐寺还有好几里路。一行人泄了气，只得将错就错地在这里住下。

第二天，他们赶到了兴唐寺，所有的希望全成了泡影。兴唐寺虽然藏在深山，却不知毁于何时。现在的寺院全部是后来重建的，不土不洋的庙门，几座清式的小殿，殿中的塑像很小气，有的还加了玻璃罩，看上去十分鄙俗。整座兴唐寺没有一样建筑值得考察记录。

这样的事情在他们的考察中并不是第一次遭遇。常常是听说某处有如何如何一座古建筑，待千辛万苦地赶了去，结果是大失所望，败兴而归。

这一路他们也不算白跑，沿途，他们考察了山西的民居。

黄河流域一带的农民多居住在窑洞里，可令费正清夫妇惊奇的是，和那一排排窑洞相对峙的却是一座座威严、整肃的门楼和人院。

这样的大院一个庄子有两三处。

思成、徽因告诉他们，这些大院是 19 世纪在中国金融业产生过巨大影响的晋商——靠开钱庄、倒腾汇票发家的山西商人们的住宅。在费正清和费慰梅眼里，狭窄街道上这些排列整齐、有着雉堞高墙的院落，活像中世纪意大利城市建筑的移植。

他们一行走到灵石县常家庄，住进了一家大院。

走进高高的围墙，里面是上下两层、里外四进的院落。天井的四周雕梁画栋，廊檐部分是繁复的木雕，院子的深处还有个封闭的后花园，虽说是假山假水，却也一应俱全，令人遥想晋商们当年的气势。

徽因不喜欢这样的建筑。这里的一切都有着阴郁、森严的气息。高筑的院墙，布满阴影的房间，看上去处处充满了警惕和敌意，那是一种暴富之后面对随处可见的、令人绝望的贫穷和差距所产生的恐惧和敌意。阴森森的院落里，狭长的青石甬道显得逼仄而紧张，毫无变化的一进进院落显得单调而沉闷。在这样的建筑空间和精神空间里，怎么会有施福乡里、惠泽后代的胸怀？怎么会产生现代的生活理念和经营理念？难怪这些当时富甲天下、不可一世的晋商们会无声无息地湮灭在历史的长河中。

山西之行近一个月的时间里，思成、徽因与费正清、费慰梅朝夕相处。他们一起商量每天的行程，一起在曲曲折折的山路上跋涉，费正清夫妇甚至学会了简单的测绘。这样近距离的交往最便于相互之间的深入了解。

刚开始，费慰梅很不适应林徽因起伏变幻的情绪。常常有这样的情形，体力的透支和恶劣的环境使林徽因的心情坏透了，她抱怨批评落后的社会，诅咒糟糕的道路和天气，嘲笑阎锡山在山西境内铺设的可笑的窄轨铁路……还有那些不顾他们的考察计划，宣称每三个小时必须停下来休息吃饭的脚夫，为了一点小钱把寺院壁画撕下来卖给外国人的委琐的僧人……这一切都让徽因情绪反应激烈。温和细致的费慰梅面对情绪激动的林徽因，常常不知道该怎么办才好，她觉得这个急躁激动的徽因和那个快乐优雅的徽因简直判若两人。她仿佛要把情感消耗到极致才能使自己复归平静。不安时，她所思所想全是不安；悲伤时，她的心中充溢着悲伤；当然，看到美丽的景色，发现了珍贵的建筑时，她的喜悦同样强烈而富于感染力。

随着相处日久，了解也逐渐加深。费慰梅觉得，林徽因就像一团带电的云，裹挟着空气中的电流，放射着耀眼的火花。如果她性格中没有了这些特征，那么，林徽因将不是林徽因，而只剩下一个不真实的、缥缈的幻影。

最了解徽因的当然是思成。每当徽因情绪反应激烈的时候，思成则是专注地、坚定不移地按既定计划做事。他的豁达、包容和幽默是最好的镇静剂，很快，徽因烦乱的心境就会恢复平静，一如既往地把激动变成行动。

如果用思成和徽因终生痴迷的中国古建筑来比喻他俩的组合，那么，梁思成是坚实的基础和梁柱，是宏大的结构和支撑；而林徽因则是那灵动的飞檐、精致的雕刻、镂空的门窗和美丽的阑额。他们一个厚重坚实，一个轻盈灵动。厚重给人以负荷使命的承担，轻灵给人以飘逸变化的美感；厚重的意蕴展示了深沉恢宏、高贵纯正的境界，轻灵的律动表达了超脱束缚、飞升向上的愿望。仅靠轻灵不能承载永恒的价值，唯有厚重同样不能展示艺术的风姿。

他们的组合无可替代。

共同的行程，使费正清夫妇更深切地了解了思成夫妇的为人和他们工作的意义。原本热爱艺术的费慰梅从此迷上了中国的古建筑研究。在以后的岁月里，她对于中国山东武梁祠重建的构想，使她在美国建筑学界享有了声誉。她据此写出的《“武梁祠”祭坛》，在哈佛大学出版，思成和徽因为之欢欣鼓舞。两个家庭的亲密友谊贯穿了他们的一生。

1934 年 10 月，梁思成、林徽因应浙江省建设厅厅长曾养甫的邀请前往杭州考察、拟定六和塔的重修计划。

六和塔建于北宋开宝三年，是吴越王钱俶为了镇压每年 8 月惊涛澎湃的钱塘江潮而修筑，这座屹立在钱塘江畔的木塔共九层，高五十余丈，是宋代木结构建筑的经典之作。

完成这项工作后，他们又赴浙南几个县考察古建筑，不觉离开北京已有一个多月了。

11 月 19 日，他们从杭州乘火车返回北京。

这天是徐志摩的忌日。

整整三年了。前两年，每到这一天，徽因和思成总是在家里祭奠志摩。他们摆放出志摩的照片——照片上是志摩生动的笑脸，照片的周围环围着鲜花。几个好朋友聚在一起，感受着志摩离去后不可弥合的缺失。

车厢里的灯亮了，车窗外的景物越来越模糊。车轮和铁轨发出有节奏的撞击声，下一站就是硖石了。

硖石是徐志摩的故乡，志摩的遗体安葬在硖石的东山。徽因走到车厢门口，极力向窗外望去，窗外只有望不透的黑夜。志摩的诗句蹦了出来："……火车嘁着轨，在黑夜里奔，过山，过水，……就凭那精窄的两道，驮着这份重，梦一般的累赘……"

许多不相联系的往事从徽因眼前闪过，幻化成一片模糊，忧伤涌上她的心头。面对生与死这一永恒的疑问，人无处逃遁。她想，人生何尝不像这负重的列车，在苍茫的人世间喘息着前行，直到那世人皆知的终点。人们所有的努力，不过是想在现实生活长长的甬道里透出一些声响，弄出一些光亮。尽管"信仰只一细炷香，那点子亮再经不起西风沙沙的隔着梧桐树吹"，尽管"生和死一样的不可解，不可懂"，可是，人只要活着，总是要一程一程奋力前行。

火车在奔驰，下一站是杭州。不知什么时候，思成来到了徽因的身旁。沿途的景物飞掠而过，他们并肩默默站立。

几年来，营造学社筚路蓝缕的工作逐渐被社会所认识。营造学社主办的建筑学术期刊《中国营造学社汇刊》在海内外学术界日益受到重视。欧洲、美国的建筑学同行从这份期刊上了解到了中国建筑学者们的工作。美国普林斯顿大学艺术系主任乔治·劳利教授来到了北京，美国著名城市规划学家克拉伦斯·斯坦因和夫人来到了北京。他们对中国古代建筑的兴趣使梁思成、林徽因与他们一见如故，彼此留下了美好而深刻的印象。

在与克拉伦斯·斯坦因的交流中，思成接触和了解了当时建筑学的新兴学科——城市规划学科的发展和前景，这一学科成为他以后重要的研究领域。

1934 年底，中央研究院拨款五千元给营造学社，要营造学社测绘出北京故宫的全部建筑，然后出一本专著。梁思成是这项工程的负责人。

1935 年初，南京政府决定，由梁思成担任山东曲阜孔庙修缮和养护工程的首席顾问。

同年，梁思成被任命为北平市文物保护委员会顾问。

民国二十五年（1936 年）夏，林徽因与梁思成被聘为天坛修缮工程的建筑顾问，这是俩人攀上祈年殿顶上的合影，林徽因相信自己是中国历史上第一位踏上皇帝祭天殿宇顶上的女人

整个夏季，徽因与思成一道，踏勘测绘了北京的各处文物建筑。从故宫三大殿到社稷坛和太庙，从北海、颐和园到天坛……工作繁重、紧张又愉快，在这些史诗般宏大的建筑群落中探索和思考，给了他们精神上莫大的满足。

一个初夏的日子，他们登上了天坛的祈年殿进行测绘。

天坛是明清两代帝王每年冬至主持祭天大典的地方。这里方圆占地差不多有四千亩。整体面积比紫禁城还大，但建筑物远比紫禁城少。开阔疏朗的空间，幽深静穆的环境，给人以离尘出世之感。从祈年殿望下去，红色的围墙内，是一片苍郁的绿荫，眼前一条笔直的大道连接着祈年门、皇穹宇和圜丘。

圜丘是一座圆形三层的白色大理石平台，那是祭天的圣坛。圜丘平台晶莹洁白，象征着天的圣洁空灵。平台各层的石阶、栏板、栏杆、条石都是九或九的倍数，象征着"周天三百六十度"。圜丘外环绕着围墙，象征着天圆地方。

祈年殿是一座三层重檐的圆形大殿，他们站在第三层屋檐上。脚下，

天坛圜丘坛

是深蓝色伞形的琉璃瓦顶；头上，涂金宝顶在阳光下熠熠闪耀。这里是帝王们祈求丰年的祭殿，殿堂的十二根檐柱、十二根内柱和四根中心"龙柱"象征着十二时辰、十二个月、二十四节气和一年四季。大殿造型单纯洗练，富于纪念性。金碧辉煌的攒尖宝顶和帝王们的愿望一起融入了蓝天。

徽因一边测绘，一边发着感慨："世界上所有能载入史册的建筑都是权力意志的体现。最能体现权力意志的除了皇权就是神权；所以，这样的建筑不是宫殿就是庙宇。"

思成应道："是呀，所有建筑都是人造出来的，可它们一旦屹立在大地上，就有了自己的生命。人站在伟大的建筑面前反而会感到自己的渺小卑微。古人早就懂得这个道理。当初汉高祖修建未央宫，萧何就说：'天子以四海为家，非壮丽无以重威。'今天咱们算不算冒犯皇威呢？"

徽因笑了。

一同工作的助手为他们拍下了当时的照片。徽因笑着和思成站在一起，她身穿长长的旗袍，手拿一顶小斗笠。这身装束似乎很不便于攀登，但她就这样攀上了祈年殿。在祈年殿建成数百年的历史中，她是第一位攀登上去的女性。

　　这张照片是在强光下拍摄的，阳光明亮得晃眼，曝光的时间长了一点儿，照片的对比度强烈。看上去，徽因的眉毛、眼睛、头发格外黑，额头和面颊格外白。

　　北总布胡同三号梁家的院落里，这些日子有些异样的沉闷。徽因同父异母的小弟林恒从福建来到北京，住在姐姐这里，准备报考清华大学机械系。

　　徽因很爱这个从小失去父爱的弟弟，可徽因的母亲却不愿见到这个英俊沉静的男孩。徽因回到家中，看到母亲郁郁不快、少气无力的样子和弟弟心事重重的情形，立刻明白了这一切是怎么回事。

　　徽因特别不能忍受亲人之间的敌意，这让她想起小时候的眼泪和伤痛。如今，每天面对心怀怨怼的两个亲人，徽因心里难受极了。对母亲，她要百般劝慰，消除她对林恒的不满；对弟弟，她要好生安抚，和他一起回忆父亲、回忆儿时的事情，帮助他理解生活中的种种纠葛。她还让思成带弟弟去咨询报考清华的事宜，尽可能使他在这里住得安心。

　　可是，当徽因独自面对自己的时候，无边的悲哀就会涌上心头。她向费慰梅倾诉道："……这搞得我筋疲力尽并深受伤害，到我临上床时真恨不得去死或从来没有出生在这么个家庭里……我知道自己其实是个幸福而走运的人，但是早年的家庭战争已使我受到了永久的创伤，以致如果其中

民国二十四年（1935 年）秋，热爱朋友的林徽因（左三）带领女儿梁再冰（左二）与费正清、费慰梅夫妇（右一、右二）及金岳霖（左一）等人合影

民国二十四年（1935年）冬，林徽因与费正清夫妇到北平朝阳门外骑马归来时留影

任何一点残痕重现，就会让我陷入过去的厄运之中。"

家事的烦恼倒在其次，更让徽因和思成不安的是日本人步步进逼的险恶形势。"九一八"事变后，印着太阳旗的日本飞机和军用卡车不断地向长城以南进犯。东北沦入敌手，华北危在旦夕，每当从报纸上读到这些消息时，徽因就会产生一种不祥的预感，温文尔雅的思成常常抑制不住愤怒，把报纸扔进火炉里。

思成和徽因有一个共识，一定要抢在大破坏到来之前，把华北一带的野外考察完成。他们隐隐感觉到，要完成这项工作，可能已经没有多少时间了。

1935 年的秋天，费正清和费慰梅要回国了，分别在即，相聚的时刻便显得格外珍贵。他们常邀林徽因到郊外骑马，出城野餐。

徽因过去从未骑过马，她只是在香山养病时骑过驴。费正清、费慰梅引导着她，她很快就掌握了骑马的要领并热爱上了这项运动。为了骑马，她专门去买了一双马靴，一套保暖的衣裤和一顶舒适的皮帽。

西城的圆明园遗址和北城的元代城墙边空旷而寂寥，那些秋天的下午，他们驰骋在马上，追逐着夕阳。新鲜的空气和新鲜的运动让徽因两颊潮红，眼睛闪亮，"看上去棒极了！"费慰梅高兴地对她说道。

这年的圣诞节前，费正清和费慰梅回到了美国，他们在自己家收到了林徽因的信：

自从你们俩人来到我们身边，并向我注入了新的活力和对生活以及对未来的新看法以来，我变得更加年轻、活泼和有朝气了。……

你们知道，我是在双重文化的教养下长大的，不容否认，双重文化的接触与活动对我是不可少的。在你们俩真正在（北总布胡同）三号进入我们的生活之前，我总是觉得若有所失，缺了点什么，有一种精神上的贫乏需要营养，而你们的"蓝色书信"充分地补足了这一点。今秋或初冬的那些野餐、骑马（还有山西之行）使我的整个世界焕然一新。试想如果没有这些，我如何能熬过我们民族频繁的危机所带来的紧张、困惑和忧郁？骑马也有其象征意义。在我总认为都是日本人和他们的攻击目标的齐化门外，现在我可以看到农村小巷和在寒冬中的广袤的原野，散布着银色的纤细枯枝，寂静的小庙和人们可以怀着浪漫的自豪偶尔跨越的桥。

1935 年 12 月 9 日是个寒冷的冬日，北风响着凄厉的呼哨卷着尘土扫过大街小巷，天地间一片萧索景象。吃早饭的时候，女佣对徽因和思成说，今天不知有什么事，街上巡逻的保安特别多，路上空荡荡的，几乎见不着什么人。

就在这天，爆发了中国共产党领导的"一二·九"爱国学生运动。北京各高校的学生走上街头游行示威，要求政府抗日救亡，实行民主政治。

这次大游行，组织工作做得十分秘密和完善。因为怕走漏风声遭到阻截，各校事先并未通知统一的出发时间，只通知了集合的场所。学生们三三两两从学校走了出来，看上去和平时并没有太大的不同。就这样一个学校又一个学校，人在东西长安街上越聚越多。惊天动地的口号响了起来："反对秘密外交！""保持领土完整！""停止内战，一致对外！"……

大队军警包抄过来，水龙横扫。严寒中，学生们身上的棉袍立刻结成了冰甲，他们和军警扭打在一起，头发凌乱了，围巾撕破了，刺刀闪耀着寒光，热血喷涌而出。走在前面的男同学倒下了，女同学冲到了最前头，她们的口号声呼喊声撕裂了寒冷的空气。她们撒出的传单蝴蝶似的飞舞……

这次游行示威规模空前，震惊中外。北京各大学和一些中学生都参加了进来，还有一些市民在观望中走进了游行的队伍。许多人受伤，许多人遭逮捕，北京各高校的教授联名上书，要求当局无条件释放被捕学生。梁、林两家的子侄辈也有人参加了这场大游行。北总布胡同三号成了这些年轻人和他们同学的接待站和避难所。

徽因的弟弟林恒这时已是清华大学机械系一年级的学生，他在游行队伍被军警驱散后生死不明。思成从一家医院赶到另一家医院，在受伤的学生中寻找林恒；徽因在家焦虑地守着电话，彻夜未眠。

最后，他们终于在城外找到了伤势严重的林恒。待养好伤后，他什么也不说就放弃了清华的学业，报考了航空学校。

思成的小妹妹思懿也参加了大游行。她作为燕京大学的学生领袖之一上了被追捕的黑名单。风声越来越紧，徽因怕她躲在家里发生不测，将她装扮成少奶奶模样送往武汉。看她上了火车，徽因叮嘱道：平安到达后，就给家里发回一封贺电；若有变故，就设法发回一封唁电以便家人知道情况，相机行动。

三天后，徽因、思成收到了一封贺电，电文是："恭贺弄璋之喜。"揪着的心终于放下了，他们不由得相视而笑。这一年，他们的儿子从诫已经三岁了。

送走了思懿，徽因、思成接回了从广东北归的妹妹思庄。思庄的丈夫病逝，她一个人带着幼女生活。梁家的众多姊妹，除了在国外留学的，大都生活在北方，家人想让思庄回北方住些日子调节一下心情。思庄带着小女儿吴荔明和一个广东老妈子住进了北总布胡同三号。

思成大姐思顺的女儿这时期也住在这里，她在燕京大学读书，"一二·九"运动以后，学校的政治空气十分紧张。当局的追捕行动一直在继续，进步学生的宣传、募捐、慰问伤员的活动也一直在进行；同时，学生中动摇和分裂的现象也日益增多。校园里已经放不下平静的书桌。思顺的女儿住在徽因、思成处，家里人也就放心了一些。

这时期，徽因、思成家人丁兴旺，熙来攘往。人最多的时候，全家一共有十七张床铺，黄包车夫还要借宿在老金家。尽管各种杂务和厨房的活儿都有佣人干，但徽因的操心程度可想而知。

眼看时间像抓不住的水一样流逝，想看书想写东西却总也坐不下来，徽因很焦心。但家人的幸福和孩子们的快乐她也同样看重，她不知道怎么办才好。在给费慰梅的信中，她写道：

看来你对我的生活方式——到处为他人作嫁，操很多的心而又缺乏锻炼等等——很担心。是啊，有时是一事无成，我必须为一些不相干的小事操劳和浪费时间，直到——我的意思是说，除非命运对我发慈悲而有所改变。看来命运对于作为个人的菲利斯不是很好，但是对于同一个人，就其作为一名家庭成员而言的各个方面来说，还相当不错。天气好极了，每间屋子都重新裱糊过、重新布置并装修过了，以期日子会过得更像样些。让我给你画张图，告诉你是怎么回事。慰梅，慰梅，就看看那些床吧！它们不叫人吃惊吗！！！可笑的是，当它们多多少少按标出的公用地点摆放到一起之后，他们会一个接一个地要吃早点，还要求按不同的样式在她的或他的房间①里喝茶！！！下次你到北京来，请预订梁氏招待所！

此刻孩子们从学校回来了，他们非要看这张"床铺图"，还要认出他们自己的床，等等等等。宝宝总是挑剔她的衣服。因为天气已经热了。海伦的衬衫已经有点过时。从诚从道丽的绿衣服里得到一条短灯笼裤，很帅。

宝宝给你写了无数的信，现在寄给你一封。

告诉费正清，我的文章老也写不成，上帝才知道为什么我还在想完成它。先别生我的气，为我祈祷吧……

天气转暖的季节，是营造学社成员们外出的季节。每年的考察，他们多选在春夏秋三季，因为北方的冬天实在是太冷了。他们的长途跋涉和野外作业在滴水成冰的冬季几乎无法进行。

1936 年 5 月，林徽因与梁思成一同前往洛阳，会同正在河南调查古建筑的刘敦桢、陈明达、赵正之等人一起考察了龙门石窟。

龙门石窟位于洛阳南的伊河畔。石窟造像始于公元 493 年北魏孝文帝迁都洛阳之时，经过北齐、北周、隋等朝代，龙门石窟初具规模。到了唐代，龙门逐渐成为皇室、贵族造像活动的中心。历朝历代，伊水侧畔，龙门山崖，共开凿窟龛二千一百多个，造像十万余尊，题记和其他碑刻三千三百余品，修建佛塔四十余座，与敦煌的莫高窟、大同的云冈石窟并称为中国的三大石窟。

20 世纪 30 年代的龙门，地处荒郊，道路不通，人烟稀少。山上荆棘蒿草高可没人，石径湮灭，崎岖难行。

徽因用雨伞拨开蒿草，辨识着路径。山崖上横生的杂草荆棘不时地扯挂着衣襟和头发，她索性掏出随身携带的毛巾系在头上。思成笑道："嚙，真成了北方农家的媳妇了。"

同以往一样，他们一行各有分工。梁思成、陈明达为洞窟和佛像拍

---

① 原信中林徽因画了一张家的平面图，注明每间屋子住的是谁，放了几张床。

照，林徽因记录佛像和窟龛的雕饰，刘敦桢为洞窟编号和记录建筑特征，赵正之抄录铭刻和开凿年代。

石窟年久失修，铭刻漫漶不清，他们的工作进展缓慢。思成在摄影时为了选取合适的角度，常常忘记脚下的险径。一次，他没留神差点跌下山去，惊得给他们带路的当地杂役连声叫道："先生，小心些！小心些！"

一些洞窟出现裂缝，常年渗水，洞内阴森潮湿，许多雕像被风化剥蚀得面目全非。

他们来到了奉先寺，顿时被这里的气魄宏大的雕像所震慑，精神不由得为之一振。

高达十七米的卢舍那大佛端坐在群像之中，气度恢宏，妙相庄严。佛像面容慈悲博大，冷峻脱俗，透露出洞悉一切的大悲悯。与云冈石窟相比，那里的释迦趺坐大佛明显带有印度佛像的影响，神情也似嫌呆滞。

思成连声赞叹："如此高大的佛像，怎么能雕凿得如此传神！"

大家都注意到了，奉先寺向外十几米就是悬崖，上是青天，下临伊水。工匠们显然不能后退观察佛像面部各处细节的安排，而隔河相望又太远，当时还没有望远镜之类的辅助工具，他们是靠什么来把握佛像表情的呢？大家不能不对唐代工匠们的高超技艺感佩不已。

徽因摘下头上的毛巾垫着石阶，静静地坐着，长时间地仰望着这神奇的杰作。她觉得那一尊尊佛像都有生命，他们或安详或威严地凝视着自己，她全身心沉浸在这撼人心魄的体验中。

多少年哪，多少石匠粗糙的双手抚摸过这些粗糙的岩石，日复一日、日复一日沉重而单调地凿击。声声凿击中，岩石的碎屑、粉末哗哗流淌，就像匠人们流淌的汗水和血泪。从此，岩石再不是普通的岩石，山川也再不是普通的山川，浸透汗水血泪的岩石山川有了灵魂，有了神韵。

卢舍那大佛端坐着，悲悯、肃穆、洞悉一切地凝望着前方。前方是苍翠的山，还有山脚下的人。魏晋唐宋、五代十国、康雍乾嘉……多少朝代，多少人事从这双洞悉一切的眼眸前流过，一切都那么短暂，只有岁月依旧，只有苍穹依旧。

徽因轻轻地合拢了双手，在心中默祷：合掌为朴素的礼赞，微启又如莲花。

看到这些从京城来的先生们这么喜欢自己家乡的佛像，百无聊赖守候在一旁的杂役感到了几分满意。他用浓重的洛阳口音讲起了关于龙门的传说：

"听老辈子的人说，这龙门山原来是一整座大山。有个放羊娃儿每天来山上放羊，时间长了，他总听见山上有个声音在撺他。那声音很闷，很沉，无论他走到哪里都能听见。那闷沉沉的声音在撺着他问：'开——不——开？开——不——开？'他咋瞅都瞅不出这声音是从哪儿来的，觉得很纳闷。

回到家里，他把这事儿讲给他奶奶听。他奶奶正忙着烧火做饭，听着孙儿的话，头也不抬地说：'明儿个要是再问你，你就说，开！'

第二天，那个娃儿又上山放羊了。天近黄昏，他赶羊回家的时候，那闷沉沉的声音又响了起来：'开——不——开？开——不——开？'放羊娃儿想起了奶奶的话，放开嗓子大喊一声：'开——'只听得轰隆隆隆山崩石裂，龙门山从当中劈开，分成了两半，哗哗响的伊河水从这劈开的山中间流过……

打那时候起，咱这龙门山就成了这个样子……"

太阳偏西了，一抹金黄色的夕阳投射进奉先寺，卢舍那大佛的微笑越发显得隽永、神秘。

四下里安静极了。杂役讲故事时，几个人都停下了手里的工作，听得十分专注。他们分明觉得，这故事里有一种令人心灵震动的东西。

天暗下来了，路不好走，他们加紧收拾东西往回赶。

山色苍茫，伊水汤汤。山风摇动着草丛灌木，天宇间一片清明。

人在山中，被雄浑的自然包裹着，如一粒芥子般微小，对自然的畏惧、崇敬油然而生。

几百年、上千年前，人类更贴近自然，更依赖自然，他们敬畏日月星辰，惊惧风雨雷电。于是，那时代留下的雕塑和建筑中，呈现了无数在宗教中寻求皈依的灵魂。

厚重雄浑的龙门两岸，刀砍斧削的石壁上，一尊尊佛像肃立着，它们已经肃立了成百上千年，它们还会成百上千年肃立下去。

从龙门回到洛阳城里的旅店，他们都很累了。本打算早早睡下，可刚刚在床上铺好自己带来的床单，床单上立刻就落上了一层沙土。抖落掉之后，转眼间又是一层。他们感到奇怪极了，仔细一看才发现，原来床单上落的不是沙土，而是密密麻麻成千上万只跳蚤。

这一夜，他们是在人蚤大战、辗转反侧中度过的。

刘敦桢有记日记的习惯，他在日记中写道："寓室湫隘，蚤类猖獗，终夜不能交睫。"

此一行，他们在龙门踏察了四天。

离开龙门，徽因和思成又去开封考察了繁塔、铁塔、龙亭，然后从开封到山东，考察了长清、泰安、济宁等十一个县的古建筑。

天热起来了，考察途中，林徽因在给家人的信中写道："每去一处都是汗流浃背的跋涉，走路工作的时候又总是早八点至晚六点最热的时间里……可真真累得不亦乐乎。吃得也不好，天太热也吃不下……整天被跳蚤咬得慌，坐在三等火车上又不好意思伸手在身上各处乱抓，结果浑身是包！"①

尽管如此，徽因又和思成西出长安，到陕西耀县考察了药王庙。

他们原计划从耀县一路西行，走兰州去敦煌。但由于当局对延安的封锁，陕甘一带防备森严，必须持有军事部门签发的特许通行证才准允西行。徽因、思成只得打消了计划。

思成对存留在丝绸古道上的艺术宝窟敦煌有一种近乎朝圣的情怀。归途中，他对徽因说："什么时候能去敦煌，哪怕一步一叩首也心甘情愿。"可是他们想不到，这个心愿竟成了终生未了的遗憾，他们此生再也没有了去敦煌的机会。回到北京，徽因在给费慰梅的信中谈到了这些日子的外出考察，回忆起了他们在山西共同走过的旅程：

……我们再次像在山西时那样辗转于天堂和地狱之间。我们为艺术和人文景物的美和色彩所倾倒，却更多地为我们必须赖以食宿（以便第二天能有精力继续工作）之处的肮脏和臭气弄得毛骨悚然，心灰意懒。我老忘不了慰梅爱说的名言，"恼一恼，老一老"——事实上我坚守这个明智的说法，以保持我的青春容貌……这次旅行使我想起我们一起踩着烂泥到（山西）灵石去的欢乐时刻。

许多人提起林徽因，常常只把她和"太太客厅"联系在一起，其实"太太客厅"只是林徽因生活的一个方面。在她生活最优裕的那些年里，

①《致梁思庄》，《林徽因文集·文学卷》，第347—348页。

她和丈夫常年奔走在穷乡僻壤，一点一点地梳理着中国建筑发展的脉络，为每一次在人迹罕至的地方发现了古建筑遗存而如获至宝、欣喜若狂。她踩烂泥，坐驴车，住肮脏的小店，床铺上爬满跳蚤，被咬得浑身是包；山野的风和无遮无拦的烈日使她的皮肤变得粗糙，粗劣的食物和艰辛的路程损害了她的健康，但她从未因此改变自己的选择和作为。她对自己所珍爱的一切，具有一种献身的热情，这是林徽因最让人难以企及的地方。

　　林徽因有一首写于这时期的诗——《旅途中》，这首诗具有她过去诗作从未有过的宁静单纯的意境，语言发散出独特的魅力和芬芳。诗的魅力源于诗人心灵的魅力，语言的芬芳源于作者精神世界的芬芳。

　　　我卷起一个包袱走，
　　　过了一个山坡子松，
　　　又走过一个小庙门
　　　在早晨最早的一阵风中。
　　　我心里没有埋怨，人或是神；
　　　天底下的烦恼，连我的拢总，
　　　像已交给谁去……
　　　前面天空。

民国二十六年（1937 年）6 月，梁思成、林徽因一行骑着骡马和毛驴在寻找佛光寺的途中

敦煌壁画中的五台山佛光寺

山中水那样清，
山前桥那么白净，——
我不知道造物者认不认得自己图画：
乡下人的笠帽、草鞋，乡下人的性情。

几年的野外考察中，思成、徽因和营造学社的同人们有了很多古建筑
的重要发现。可在这些成果中，建筑年代最早的木结构建筑仍是学社初期
调查的蓟县独乐寺、应县木塔等宋辽时期的建筑。当时的日本建筑学界做
出了这样的断言：中国已不存在唐代的木结构建筑，要看这样的实物，只
有到日本奈良去。

一天，思成细细地读着英国人伯希和的《敦煌石窟图录》，这本书他
已翻看过多次。这一次，有两幅壁画吸引了他的注意。壁画中描绘了佛教
圣地五台山的全景，每座寺庙都标注了名称。其中，地处五台山外围的大
佛光寺标注说明建于唐代。他又特意到北京图书馆查阅了《清凉山（五台
山）志》，其中有关于佛光寺的文字记载。

思成记下了这一切。他对徽因分析道："佛光寺不在五台山台怀这个
中心区，交通不便，进香的信徒少，寺僧必定贫寒。那么，他们没有力量去
修理改建寺庙，古建筑的原貌也许侥幸能保存下来。不过，从唐代到如今这
么多朝代都灰飞烟灭了，天灾人祸中，一个寺庙的命运谁又能说得了呢？"

尽管如此，他们还是决定到五台山去碰碰运气。

1937 年 6 月，思成、徽因和营造学社的莫宗江、纪玉堂一起，前往
五台山寻找佛光寺。

　　山西他们已经来过不止一次，行进在山西境内，沿途的景物风情，山村的各式人物，甚至那不太好懂的山西话，都能唤起他们近乎乡情的亲切感。

　　思成和徽因，感受事物各有不同的切入点，鲜明地呈现出他们不同的个性。

　　思成看待事物，更多的是科学、理性的探究和建筑学家的眼光。坐在汽车上看到一座塔，他会批评道："这塔的结构设计不合理，塔身高高耸起，而那不足度的'收分'，和重重过深过密的檐，使人得到不安定的印象。"路过一座便桥，乘客下车步行过桥，空车从桥上开了过去，他仔细地观察着桥体，对徽因说："这桥堪称国产特色的工程——在木柱木架之上，安扎高粱秆，在高粱秆上再铺泥土，这样的结构居然有力量承载汽车，倒是值得注意。"

　　而徽因看事物，更多的是审美、感性的眼光："……乡村各种浪漫的位置，秀丽天真。老的扶着拐杖，小的赤着胸背，沿路上点缀的，尽是他们明亮的眼睛和笑脸。一处山坡上，有人在走路、放羊，迎着阳光、背着阳光，投射着转动的光影；近地里，孩子头上梳着三个小辫子的，乃至于五六个小辫子的，衣服简单到只剩下一个红兜肚，上面隐约绣有两三朵花……"

　　进山后，他们就没有了这份闲情逸致。通往佛光寺的山路太难走了，崎岖不平的小路沿着陡峻的山崖迂回前伸，一边是绝壁，另一边是深崖，有时候，连毛驴都害怕得腿颤抖着不肯前行。他们只好卸下行李，拉着毛驴慢慢行进。

骑驴考察的林徽因

林徽因骑驴考察古建途中

就这样走了两天，他们到了一个小山村——豆村。佛光寺矗立在豆村的一片高坡上，黄昏柔和的光影勾勒出了它苍劲的轮廓。思成、徽因一行兴奋得心怦怦直跳：我佛慈悲，真的是一座年代久远的古建筑！只看那巨大、坚固而简洁的斗拱和高挑深远的屋檐，他们就可以下这样的结论。

佛光寺坐东朝西，南、北、东三面群峰环抱，西面地势开阔而豁朗，整座寺庙显得气势不凡。进得山门，前后有两个院落，两个院落都很宽阔，殿、堂、楼、阁、窑、房、厩、舍井然有序。佛教以东为上，后院的东大殿是正殿。正殿面宽七间，进深四间，柱、额、斗拱、门窗、墙壁均未施油漆彩绘，而用土朱涂刷，看上去素洁古朴。

东大殿宽敞的佛龛上，共有三十五尊塑像，看上去像是一座仙林。其中的五尊主佛是释迦牟尼佛、弥勒佛、阿弥陀佛、普贤菩萨、文殊菩萨。主佛的四周，佛像环侍。大殿的两侧和后侧，分列着 500 罗汉的塑像。

让他们感到意外的是，在佛龛左边，还有一尊真人大小、身着便装的女人坐像。庙里的僧人告诉他们，这是篡位的武后的塑像。

兴奋而疲惫的一行人，就在寺院里住了下来。

第二天清晨，当他们在鸟儿的啁鸣声中醒来时，天空是明净的澄蓝，这是中国

民国二十六年（1937 年）6 月，林徽因在测量佛光寺石幢的高度

北方最美丽的蓝天。

他们开始了对佛光寺的考察测量。

斗拱、梁架、藻井以及雕花的柱础都一一看过，一切都显示出了晚唐建筑的特征。殿堂的墙上过去一定有很多壁画，可由于年代久远，全都剥落了。他们现在只能看到过梁和斗拱之间中楣部分的一些绘画。这些绘画水平各异，显然是不同时期的作品。在一个不起眼的角落，有一幅画着菩萨和侍者的壁画。他们在介绍敦煌的画册上看到过与此相同的画面和画法；他们推测，这可能是除敦煌之外，中国国内仅存的唐代壁画。

木构建筑最重要的部分是房屋的顶部结构，思成和助手们爬上了屋顶。这时，他们有如获至宝般的惊喜。他们看到了过去只在唐代绘画中见过的双主椽结构，看到了古老的人字形"叉手"承脊栋——这种结构过去只从《营造法式》上读到过，如今在这里见到了真迹，也许这是国内仅存的孤例！

黑暗的屋顶藻井像一间黑暗的阁楼，藻井上是厚厚的积存了千年的尘土。屋檩上吊挂着成千上万只黑色的蝙蝠，尘土中还堆积着许多蝙蝠的死尸。蝙蝠聚集在黑暗的角落，三角形的翅膀扇动着令人窒息的尘土和秽气。藻井里到处爬满了密密麻麻的臭虫，它们以吸食蝙蝠血为生。

思成他们戴着口罩，在呛人的尘土和难耐的秽气中一待就是几个小时。被惊扰的蝙蝠在他们身上飞来撞去，他们只顾不停地测量、记录和拍照。当工作告一段落，从屋檐下钻出来换换空气的时候，他们才发现，自己的身上和背包里爬满了臭虫，浑身奇痒难耐。

在殿堂工作了三天，他们的眼睛已适应了屋顶昏暗的光线。徽因发现大殿的一根主梁上有淡淡的字迹。

这个发现太重要了！尽管思成可以肯定，这是一座唐代的建筑，可唐代从公元618年一直到907年，怎样准确界定它的建筑年代呢？没有比写在建筑物的主梁上或刻在石碑石础上的日期更准确的了。

大家兴奋地忙碌着，决定在佛像的间隙中搭起脚手架，清除梁上的灰尘以看清题字。

徽因的远视眼这时派上了用场，她急切地从各个角度尽力地辨识着。她看出，那些隐隐约约的字迹中有人名，有长长的官职称谓。她断断续续地读出了这样几个字："……女弟子……宁公遇"。突然，徽因想起，在大殿外的经幢上好像看到过类似的名字。她急忙跑出去核实，果然，经幢上刻着"佛殿主女弟子宁公遇"。

徽因喜悦地向大家报告这一发现，并且弄清楚了，大殿中那尊身着便装、面目谦恭的女人坐像，并不是寺僧们所说的"武后"塑像，而是这座寺庙的女施主宁公遇夫人。

思成请寺僧到村子里雇人搭脚手架。寺僧们根本弄不明白这些先生在殿里爬高上低究竟要干什么，但他们明白，这些先生都说这座庙很重要，看起来以后庙里的香火要盛起来了，这总是好事情。

豆村地处偏僻，人烟稀少，那僧人出去了整整一天，才请来了两个老农。老农对要他们做的工作毫无头绪，在思成的示意说明下，费了很大劲才搭起了一个架子。徽因撕开床单，将床单浸了水传递到梁上去，擦掉了灰尘，土朱着了水，墨迹显示了出来；可是水一干，字迹又隐约不清了。他们用了近一天的时间，才算读完和记录下来那四根主梁上的全部题字。

大殿建于唐宣宗大中十一年，即公元 857 年。

这座建筑已有千年的历史，是思成他们历年搜寻考察中所找到的唯一一座唐代木结构建筑，比他们以前发现的最古老的建筑还要早一百多年。不仅如此，他们在这里还发现了唐代的壁画、书法、雕塑，这是从事野外考察以来最高兴的日子。发现的快乐使他们的所有艰辛都得到了回报。

太阳缓缓西沉，给佛光寺涂抹了一层金色的夕晖，整座寺院像是笼罩在神奇的佛光中。徽因提议，为这次重大发现举行一个庆贺仪式，大家一齐赞同。

所有的应急食品都摆了出来，罐头打开了，饼干开了封，牛奶倒进了杯子。这是他们的盛大节日，因为这座古老的寺庙，他们永远记住了这个日子；因为他们的发现，这座"养在深闺无人识"的寺庙从此获得了新的建筑生命。

思成、徽因一行在佛光寺整整工作了一个星期，对整座寺院做了详细的考察记录。离去之前，思成还给山西省政府写了报告，请求他们保护好这一处珍贵的建筑遗存。

徽因恋恋不舍地向这座在她和思成的学术生涯中意义重大的古建筑告别。她站在"女弟子宁公遇"的塑像前，要思成给她和塑像留个影。徽因望着宁公遇塑像仁蔼丰满的面容，遥想这是一位怎样的女人。她为了信念捐出

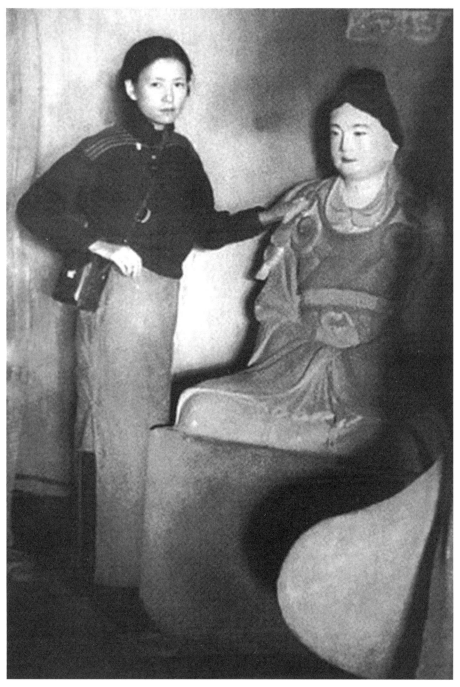

民国二十六年（1937 年）6 月，林徽因与梁思成一行四人在山西五台山豆村发现了中国当时最早的木构建筑——唐佛光真容禅寺，这是她与"佛殿主"宁公遇的合影

了家产修筑这座寺院，当寺院落成时，她把自己也永远地留在了这里，日日倾听着暮鼓晨钟和诵经声，谦卑地守护着缭绕的香火和青灯黄卷。

此刻，徽因恨不能也变成一尊塑像，"女弟子林徽因"发愿，要像这位虔诚的唐代妇女一样，永永远远守护好自己的心愿和信念。

离开这里时，思成答应寺庙的住持，他们将争取带着政府的资助再来这里，重新修缮佛光寺。

下了五台山，他们在代县住下。困乏之极的他们需要稍事休整，从佛光寺带出的一大堆考察资料也需要稍加整理。

在县城，思成找到了一卷报纸。报纸是太原的客商一星期前带过来的，尽管已是旧闻，总算聊胜于无。

当他翻阅这些旧报纸时，赫然两行大标题把他惊得从床上蹦下地来："我二十九军将士与日军在卢沟桥发生军事冲突！""7月7日——日军猛烈进攻，我平郊据点失守！"

以"七七事变"为标志的抗日战争已经爆发一个星期了，钻进五台山中的他们却浑然不觉。

北平怎么样了？亲友们怎么样了？下一步该怎么办？

他们当即决定，在最短的时间内返回北平。平汉、津浦两条铁路已不通车，他们徒步到阳明堡，然后出雁门关，过大同，走张家口，日夜兼程，赶回了北平。

第三部分

流亡岁月

当前的艰苦不是个别的，而是普遍的，充满整一个民族，整一个时代！我们今天所叫做生活的，过后它便是历史。客观的无疑我们彼此所熟识的艰苦正在展开一个大时代。所以别忽略了我们现在彼此地点点头。且最好让我们共同酸甜的笑纹，有力地，坚韧地，横过历史。

　　　　　　　　　　——林徽因《彼此》

第十二章　湘黔路上

宝宝：①

　　妈妈不知道要怎样告诉你许多的事，现在我分开来一件一件地讲给你听。

　　第一，我从六月二十六日离开太原到五台山去，家里给我的信就没有法子接到，所以你同金伯伯、小弟弟所写的信我就全没有看见（那些信一直到我到了家，才由太原转来）。

　　第二，我同爹爹不止接不到信，连报纸在路上也没有法子看见一张，所以日本同中国闹的事情也就一点不知道！

　　第三，我们路上坐大车同骑骡子，走得顶慢，工作又忙，所以到了七月十二日才走到代县，有报，可以打电报的地方，才算知道一点外面的新闻。那时候，我听说到北平的火车，平汉路同同蒲路已然不通，真不知道多着急！

　　第四，好在平绥铁路没有断，我同爹就慌慌张张绕到大同由平绥路回北平。现在我画张地图你看看，你就可以明白了。

　　请看第二版第三版②

　　注意万里长城、太原、五台山、代县、雁门关、大同、张家口等地方，及

　　平汉铁路

　　正太铁路

---

　　① 这是林徽因从山西回到北京后，写给女儿梁再冰的信。当时不满八岁的女儿正随着大姑妈和表姐表哥在北戴河度暑假。

　　② 原文如此。原信中有林徽因为女儿画的两幅地图。

平绥铁路

你就可以明白一切。

第五，（现在你该明白我走的路线了）我要告诉你我在路上就顶记挂你同小弟，可是没法子接信。等到了代县一听见北平方面有一点战事，更急得了不得。好在我们由代县到大同比上太原还近，由大同坐平绥路火车也顶方便的（看地图）。可是又有人告诉我们平绥路只通到张家口，这下子可真急死了我们！

第六，后来居然回到西直门车站（不能进前门车站），我真是喜欢得不得了。清早七点钟就到了家，同家里人同吃早饭，真是再高兴没有了。

第六，①现在我要告诉你这一次日本人同我们闹什么。

你知道他们老要我们的"华北"地方，这一次又是为了点小事就大出兵来打我们！现在两边兵都停住，一边在开会商量"和平解决"，以后还打不打谁也不知道呢。

第七，反正你在北戴河同大姑、姐姐哥哥们一起也很安稳的，我也就不叫你回来。我们这里一时也很平定，你也不用记挂。我们希望不打仗事情就可以完；但是如果日本人要来占北平，我们都愿意打仗，那时候你就跟着大姑姑那边，我们就守在北平，等到打胜了仗再说。我觉得现在我们做中国人应该要顶勇敢，什么都不怕，什么都顶有决心才好。

第八，你做一个小孩，现在顶要紧的是身体要好，读书要好，别的不用管。现在既然在海边，就痛痛快快地玩。你知道你妈妈同爹爹都顶平安的在北平，不怕打仗，更不怕日本。过几天如果事情完全平下来，我再来北戴河看你，如果还不平定，只好等着。大哥②、三姑过几天就也来北戴河，你们那里一定很热闹。

第九，请大姐多帮你忙学游水。游水如果能学会了，这趟海边的避暑就更有意思了。

第十，要听大姑姑的话。告诉她爹爹妈妈都顶感谢她照应你，把你"长了磅"。你要的衣服同书就寄来。

妈妈

---

① 原文如此。

② 指再冰的大表哥，下文的大姐也同样指其大表姐。

20 世纪 30 年代，优雅娴静的林徽因与女儿梁再冰在北平合影

林徽因给女儿的信写得乐观、从容。可她和思成很快就发现，北平危在旦夕，情况比他们预料的要严重得多。

7月盛夏，北京在卢沟桥的隆隆炮声中显得格外燠热难耐。一向幽静风雅的故都，笼罩在漫天的烽烟中。

报纸上每天都是醒目的大字通栏标题：

"保卫卢沟桥！"

"发动华北民众，援助二十九军抗日！"

"驱逐日本帝国主义强盗出中国！"

"完成五万条麻袋运动！"

民众的爱国热情空前高涨，大学生、市民纷纷自发地组织"劳军团"，前往卢沟桥慰劳英勇守土的二十九军将士，中学生、小学生奔走在7月的阳光下，流着汗水，逐街逐巷地征集麻袋。

麻袋里装上了沙土，东四、西四、东单、西单、王府井、南池子……北京城内的许多街口都筑起了街垒。

炮声越来越逼近北京。

可是，麻袋筑成的街垒被撤除了。要和谈了，要开战了……各种各样的消息不胫而走。苦闷、焦虑的情绪像传染病似的，使人们不得片刻安宁。

蔬菜进不了城，物价暴涨。面粉原来一元钱一袋，如今涨到六元一袋还买不到。

7月28日，大炮和枪声整整响了一夜。徽因和思成在北总布胡同三号自己的家里，一夜未曾合眼。

他们听着窗户玻璃被炮声震得嗒嗒作响，紧张地揣测和分析着战事。

天亮了。天空中响起巨大的轰鸣，大队的日军飞机由东边飞来。再向西边和南边飞去。

徽因和思成站在院子里，望着天上的机群。7月的阳光一清早就有些热度。一队队飞机尾翼上，圆圆的红膏药般的太阳旗灼得人眼睛要流出血来。从头上掠过的飞机巨大而清晰，清晰得如同幻觉，真实得令人恶心。

1937年7月29日，北京沦陷，日军分三路入城。

全城戒严四小时。

北京的街头冷落了，胡同寂然了，家家关门闭户，了无声息。

数日内，城内外断绝了交通。

8月5日，平津之间的铁路开始通车。徽因、思成和朋友们开始商量离开这座被日军占领的城市。

政府部门开始了撤离、疏散。营造学社虽不是政府部门，但在这样的形势下，显然已无法继续工作，学社决定暂时解散。社长朱启钤老先生不愿意离开北平，他把学社的遗留工作，学社的未来都托付给了梁思成。

思成和徽因为防不测，连日来忙着清点和收拾学社的研究资料。这些资料包括历年来古建筑考察的测绘图稿、图版、照片、底片、建筑模型等等。因为怕这些资料落入日本人手中，他们决定将其中不便携带的存入天津租界英国银行的保险库。

8月的一天，思成忽然收到一封署名"东亚共荣协会"的请柬，邀请他参加日本人召集的一个会议。

对于以梁思成为代表的营造学社的研究工作，日本人注意已久，这封请柬表明，日本人开始打思成的主意了。思成、徽因当即决定，尽快离开北平，取道天津向南方迁移。

此时，沈从文和徽因、思成的许多朋友已经到了武昌。

徽因、思成开始收拾行装。

他们的生活中居然积攒了这么多有用没用的东西，这让他们自己都感到惊讶。这就是生活留下的印迹吗？书籍、信件、字画、古董、服装、饰物、小玩意儿……每一件都联系着过往的故事，每一件都能勾起他们温情的回忆……梁启超送给思成的战国铜镜，林长民送给徽因的汉白玉坐佛，思成珍藏的魏晋书法拓片，林徽因喜欢的富有民族风情的手工艺品……在仓皇离乱不知所终的日子里，翻检这样的记忆格外让人伤感。如今，所有这些东西连处理都来不及，只能硬着心肠弃置一旁、听天由命了。

对思成、徽因来说，舍弃这些东西还不是最难以忍受的事情，他们难以忍受的是国家前途、个人命运的无法把握，还有那许多因种种原因滞留北京的亲人和朋友不能与他们同行。

连日的劳累，徽因咳嗽得厉害，思成也常常背痛。临离开北京前，他们一同去协和医院做了检查。医生警告说：徽因的肺部有空洞，任何一次感冒或别的什么不慎，都将导致严重的后果，而思成则被诊断为脊椎软组织硬化症，医生为他设计了一副铁架子"穿"在衬衣里面以支撑脊椎。

"穿"上铁架子，身上陡然增加了负重，思成对徽因笑着说："刚开始抗战，就穿上防弹背心了。"他很为徽因的身体担心，提醒她不要忘了医生的警告。徽因说："警告也是白警告，生死由命吧！"

临离开北京的前夜，他们一直忙到深夜三点半。孩子的东西，徽因娘的东西，徽因、思成的东西，正在写作的论文，古建筑研究资料……所有的东西精简了又精简，装进了两只皮箱，再加上两个铺盖卷，这是他们的全部行李。

清晨六点钟，他们叫醒睡得迷迷糊糊的一双儿女，挽着娘悄悄地起身出门。家里还有两位借住的客人——钱端升先生的太太和叶公超先生的太太，告别的话早就说了不止一遍，徽因、思成没有惊动她们。

清晨的胡同寂静凄清，胡同口的槐树梢上，挂着一弯惨白的下弦月，风很凉，徽因打了个寒战。

临上车的一瞬，徽因觉得自己的心"咯噔"响了一下，像是什么地方断了似的。她知道，自己被连血带骨地从这里拽出去了……北总布胡同三号笼罩在晨光熹微中，一家五口踏上了漫长的流亡路。

徽因、思成一家人从北京乘火车到天津，从天津新港起航往烟台，然后转车到潍坊、青岛，再乘火车前往济南、郑州，最后到了当时的"后方"——长沙。

徽因在给友人的信中说："从卢沟桥事变到现在，我们把中国所有的铁路都走了一段！……由天津到长沙共计上下舟车十六次，进出旅店十二次，为的是回到自己的后方。"

逃难的人群到处都一样多，战时的交通和别的任何部门一样混乱无序。公路旁、车行道中，随处可见装备简陋、衣衫褴褛的士兵，谁也不知道他们是在开赴前线还是在撤向后方。

9 月初的阳光把甲板烤得烫人，拥挤的人丛散发着热烘烘的臭气。思成的嗓子嘶哑得几乎说不出话来，宝宝、小弟又饥又渴像打蔫的小苗。头上，一架飞机盘旋着在轮船上做低空飞行，巨大的轰鸣声击打着心脏和耳膜。徽因搂着一双儿女，觉得头皮和脊椎一阵阵发麻。

昏暗的黑夜，他们在车站的铁篷子下面等火车。天上落着雨，雨敲打着铁皮，发出"嘭、嘭"的声响。一盏黯白的煤气灯从身后的什么地方射过来，映着地上黑一块亮一块的泥水洼。一处处等待上车的人瑟缩着，如同在风雨中飘摇的衰草。

"哀民生之多艰兮，长太息以掩涕。……心婵媛而伤怀兮，眇不知其所蹠。""宁溘死以流亡兮，不忍为此之常愁。"一路上，屈原《离骚》中的诗句常常涌上徽因的心头，每当这时，她的嗓子就像堵了一团棉絮似的，哽咽得喘不过气来。这些诗句还是徽因幼年时和表姐们一起跟着大姑姑背会的，平日里从未想起过，这时却像是从心里剥离出来一样揪扯着五脏六腑。

在社会政治生活发生重大突变的时代，历史就像一条水流浑浊、漩涡密布的河流，它裹挟着一切横冲直撞，左冲右突。一个人在这时代里犹如急流中的一片树叶，不知是会被彻底撕成碎片，还是会被卷到什么不能预知的地方。

徽因、思成来到了长沙，他们的老朋友金岳霖、张奚若、陈岱孙等许多人也先后到了这里。教育部将清华、北大逃亡出来的师生在长沙组成了临时大学。国难当头，教授们草草在这里安下了家。虽然生活很不容易，但他们的情绪高昂，全国民众空前高涨的爱国热情，使他们看到了中国的希望，他们盼着能早日为国家效力。

徽因、思成到长沙时，城里已找不到像样的房子。在朋友的帮助下，他们租到了一户人家楼上的三间小屋。房子紧靠火车站，进站出站的火车就像即将穿墙破壁而来。但是，只要和朋友们在一起，彼此离得还不算远，他们就感到踏实而心安。

徽因的母亲病倒了，徽因操持着家务，照顾着母亲、孩子。

林徽因、梁思成的好友——新中国第一任教育部部长张奚若

晚上，一帮老朋友总是在梁家会合。他们把地图摊开在桌子上，几个人凑在地图前指指点点，分析着近来的战报。他们为津浦线的战局担忧，为晋北的形势着急。徽因、思成两个月前刚从那里考察回来，对那些地方有特殊的感情。思成指点着一个个熟悉的地方：大营、繁峙、代县、雁门、朔县、宁武、原平……阳明堡……大同，那一段公路他们曾多次走过。他的手抚摩着地图，就像在抚摩那里的土地。

徽因坦率地表达了她对战事的不乐观，她说："我们从山西回北平时，卢沟桥事变已经发生一个多星期了，我们亲眼看到那一带的防御能力几乎等于'鸡蛋'。我就不相信那里一抗战就能有怎样了不起的防御抗击能力，阎老西儿①的军队根本就不堪一击。天气已经开始冷了，三个月前，我们在那边已穿过棉衣。看看街上那些过路的士兵，他们穿的是什么？真不敢想，他们在怎样的情形下活着或死去！"空袭警报总是在猝不及防时响起，一家老小搀扶着跑到临时大学空旷的校园里暂避。待空袭过去，再回到那座灰色的砖房。

街头有"抗日剧团"在演出活报剧《放下你的鞭子》，简单的剧情人们已经十分熟悉，可围观的人仍然很多。演出到最后，常常是观众和演员一起流着眼泪高呼口号："打回老家去！还我东三省！""全民抗战！抗战必胜！"

在这样的情形下，连最沉得住气的教授们也跃跃欲试地想做些切实的抗战工作。朋友们在思成、徽因家发着牢骚，他们批评教育部组织不力，让许多人囚在这里进不得退不得，对于抗战完全是多余的累赘。

流亡的日子是精神容易迷惘的日子，流亡的日子是情绪容易波动的日子，流亡的日子更是思念故乡、怀念亲人的日子。每当这样的时候，思成就会领着大家唱起歌来。他指挥着这个小小的歌咏队，一如当年他指挥清华学堂学生军乐团一样认真。他们从"起来，不愿做奴隶的人们"唱起，一直唱到"向前走，别退后，生死已到最后关头"。歌声穿越了狭窄、苦闷的空间，他们在歌唱中宣泄郁积，在歌唱中抒发激情，在共鸣中得到了满足。

长沙韭菜园教厂坪一三四号，是徽因、思成在长沙的临时住所，这座不起眼的灰色砖楼里传出的歌声，常常吸引着路人停下脚步抬头张望。唱歌的有男有女，有大人有小孩，歌声嘹亮激越，传达出不竭的信念和热情。一进入10月，长沙就是连绵的阴雨天气。从狭窄的天井望出去，檐漏淅淅沥沥地扯着不断线的雨丝，天空一片灰暗的阴霾。徽因闹肚子，她歪在床上，身上搭着被子，屋子里的东西散发出霉湿的味道。

思成的弟弟思永一家也来到了长沙，思永供职的中央研究院历史语言研究所（简称史语所）要迁往昆明。思成为营造学社的前途计，也准备到

---

① 指山西军阀阎锡山。

昆明去。

思成和徽因商量着动迁的事。宝宝和小弟在门口接雨水玩儿，他们清亮的笑声是这阴郁日子里唯一的亮色。

徽因身体不舒服，心情也不好。走，还是不走？如果要去昆明，最好尽快走。再不走，天气就冷了，一路上翻山越岭、下雨落雪会有许多困难。可是就算立即就走的话，大致算算，除了路上的花销，一家人到了昆明，手头只剩三百来块钱。学社现在没有一点经费来源，他们没有收入，带着仅有的这一点点钱，老老小小流落在那偏远的西南该如何是好呢？

商量的结果，思成、徽因决定，还是先停几天看看情况再说。思成打算与"中美庚子赔款基金会"联系上，看是否能为营造学社申请到研究基金。

第二天，天放晴了，太阳从云层中钻了出来，天蓝得不像战争时期的天，天上还有悠闲自在的白云。多美的阳光啊，徽因连日揪着的心顿时松快了许多。尽管两个孩子因受凉感冒躺在床上，去留问题仍然悬而未决。

徽因把发潮的棉被和衣物一一晾晒出去，把屋里的破藤椅搬到窄窄的廊子上，眯着眼睛享受着这难得的阳光。她有一搭没一搭地和屋里的思成说着话，因为孩子们生病，思成今天没有外出。

突然，空中响起巨大的轰鸣，那是他们已经熟悉的战斗机飞过的声音。

"是中国的飞机吗？"思成问徽因。他跑到廊子里手搭凉棚向天上张望，因为事先他们并没有听到空袭警报。

远处近处响起了震耳欲聋的爆炸声，还夹杂着炮弹穿越空气的尖利呼哨。

天哪！是日机的轰炸！

什么都来不及想，完全是出于本能，徽因、思成一人抱起一个孩子拉着外婆就往楼下跑。

还没跑出院子，离他们很近的一颗炸弹就爆炸了。房子顿时四分五裂，徽因被气浪抛了起来，怀里抱着小弟。她睁开了眼睛，却发现自己和孩子居然还好好的。房屋开始轧轧乱响，门窗玻璃、隔扇、屋顶、天花板，全都坍塌下来。徽因、思成没有片刻迟疑，飞快地冲出院子，到了黑烟滚滚的街头。

他们向临时大学跑去。飞机开始了新一轮俯冲，徽因、思成绝望地停下了脚步，一家人紧紧地偎在一起。反正是跑不掉了，索性全家人死在一处吧！

爆炸声又起，弹着点正是他们刚才准备跑过去的临时大学校园。

回望他们刚刚离开的住所，已成了一堆废墟。生与死之间，只有一线的距离。

硝烟散去，惊魂稍定，从废墟中扒出了他们所剩无几的家当，当晚只好到朋友家去借宿。

张奚若租住了两间房子，为徽因、思成一家腾出来一间，自己一家五口挤在另一间里。

朋友的情谊让他们感到温暖。他们都坚信，眼下的艰难是暂时的。他们愿意和自己的国家一起面对苦难，承担苦难，"为这可爱的国家带着血活着，或流着血或不流血地死去，都觉得荣耀。"这是他们的操守和信念。

信仰坐在我们中间多少时候了，你我可曾觉察到？信仰所给予我们的力量不也正是那坚忍韧性的倔强？我们都相信，我们只要都为它忠贞地活着或死去，我们的国家自会永远地向前迈进，由一个时代到又一个时代。我们在这生是如此艰难，死是这样容易的时候，彼此仍会微笑点头的缘故也就在这里吧？……①

看情形，长沙绝非久留之地。思成、徽因下了决心，离开长沙到昆明去。

昆明不通火车，汽车票难买极了，这次买票错过了一天，再想买就又要等上一个星期。

12月初，一家人离开了长沙。虽然已是初冬，天气却十分明媚，太阳和暖地照着，一点风也没有。

从长沙到昆明，要路过沈从文的老家。沈从文此时在武昌，连连写信邀思成、徽因去自己老家小住几日。思成、徽因决定路过沅陵时停两天，看看沈从文笔下的湘西，看看沈从文的家乡和亲人。

林徽因很喜欢沈从文的文字，她常对朋友们说，沈从文的性情更接近

---

① 林徽因：《彼此》，《林徽因文集·文学卷》，第50页。

诗的性质。他笔下的湘西，弥散着牧歌般的纯美及凄美。他那些描写故乡的散文和小说，读来无一不是诗。

"今天中午到了沅陵。"徽因在给沈从文的信中写道，"昨晚是住在官庄的。沿途景物又秀丽又雄壮，就使我们想到你二哥①对这些苍翠的天，排布的深浅山头，碧绿的水和其间稍稍带点天真的人为的点缀如何的亲切爱好，感到一种愉快。天气是好到不能更好，我说如果不是在这战期中，时时心里负着一种悲伤哀愁的话，这旅行真是不知几世修来。"

沅陵城依山傍水，风景秀丽幽静。徽因对思成说，在这样的地方，出现翠翠这样的女孩子一点也不奇怪。他们把娘安顿在城里的客店里，带着两个孩子，按沈从文信中所画的地图，找到了沈从文大哥的家。

沈家的房子建在山腰上，土黄色的墙壁，黑色的屋瓦，廊子的栏杆是新近油漆过的朱红色，在满山的苍翠环围中，显得格外醒目而别致。从文的大哥热情地迎接着他们，三弟沈荃也拄着拐杖出来招呼客人。前些日子，他所在的部队于浙江嘉善阻击日军，他负了伤，最近刚从前线回到家乡来养伤。

主客都在廊子里坐下，面前摆上了新鲜的山茶和山里的干鲜果子。房前的老树叶子绿得深沉，树上许多不知名的鸟雀啁啁啾啾的声音让人心中一片安静恬适。

他们自由自在地聊着，听沈荃谈打仗，听从文的大哥谈城里的土匪。徽因觉得这一切熟悉而亲切，周围的山水景物，面前的从文兄弟，仿佛都早已认识，早已见过。徽因想，那是因为湘西的山水在从文的文字里像画卷一样被细细地描绘过，而兄弟二人的性情又都像沈从文。

到了吃饭的时候，饭菜也端到外边来吃。湖南风味的蒜苗炒腊肉，刚从河里捕的鳜鱼肉质细嫩，山里的蕨菜清鲜爽口。想起前几日在长沙被轰炸的情形，徽因有异样的感觉，恍惚中，不知今夕何夕，不知身在何处。

天色暗了下来，小弟偎在徽因身上睡着了，徽因、思成向从文兄弟告别。他们相约，待战争结束，再来这里聚首。说这话时，他们的心里怀着深深的惜别和忧伤，水天茫茫，前程茫茫，此一别，谁知是否还有重逢的

---

① 指沈从文。翠翠系沈从文小说《边城》中的人物。

可能。即使重逢，此情此景也永远不可能重现了。

从地图上看，从湖南到云南并不遥远。可战时混乱的交通秩序和众多逃难的人群却使这次迁徙成了一次真正的长旅。

湘黔道上，沿途全是崇山峻岭。破旧的长途汽车喘息着爬行在逶迤的山路上。车窗外，是连绵的山岭。尽管时令已是冬天，但南方的山依然葳蕤苍翠。玉带般的山涧，经霜的红叶，白絮飘飘的茅草，苍黑的铁索桥，古旧的老渡船，还有山顶上一动不动的云彩，这如画的景色并不因战争和灾难而有任何改变，却比任何时候都让流离失所的旅人感到心疼。

晚上，汽车在一个从未听说过的山区小城停了下来，颠簸了一天的他们抱着行李僵硬着腿脚下了车。徽因和思成安排两个孩子照看着晕车的外婆，然后四处去寻找可以住宿的小客店。夜风很冷，一阵寒意从徽因的脊背上爬过，她禁不住地打着寒战。小城的街道狭窄而坑洼不平，徽因跟着思成高一脚低一脚地走，终于看到了小客店门前纸灯笼发散出的昏黄光晕，她凄惶的心才仿佛有了着落。

清晨，天还没亮，徽因、思成就又要叫醒孩子，把铺盖行李重新捆扎起来，再摸着黑到汽车站找一辆南行的长途客车。把一家五口和行李都安顿在车上后，再等着这辆车到上午十点以后出发。如果不在清早抢先上车，他们就没有可能离开这个地方。尽管这只是一辆没有窗子、没有点火器，看上去早就该报废的破烂车。

这样的汽车行驶在山路上，不知道什么时候就会抛锚。一天夜里，汽车爬上一个叫"七十二盘"的山坡后，突然停下不动了。司机打开了车头的盖子，东敲敲西看看地检查着。思成自己会开车，也会修车，他去帮助司机检查车况。根据以往的经验，他掏出手帕放进油箱，发现一点油也没有了。

天黑透了。12月的天气，风很大很冷，徽因和孩子们快冻僵了。远处传来不知什么野兽的吼叫声，有人讲起这一带常有土匪出没，他们专门抢劫汽车上的乘客。荒山野岭上不宜停留，思成提议，大家一起推着汽车往前走，这样还可以暖和一点。黑暗中，不知道走了多长时间，峭壁旁意外地发现了一个村庄，这一晚才没有露宿荒野。

这是1937年12月24日的深夜。徽因小声对思成说："这个平安夜让人难忘！这个小山村该不是上帝赐给我们的礼物吧！"

一家走到晃县时，徽因病倒了。这是湘黔交界的一个小县城。徽因感冒多日，得不到及时的治疗和休息并发了肺炎，高烧至四十度。

这场肺炎对虚弱的徽因有致命的危险。可是，整个晃县却没有一家医院，到处都买不到抗生素药品，甚至找不到可以住宿的地方。

天黑透了，刚下过雨的街道满是泥泞，思成搀着烧得发烫的徽因，领着一双年幼的儿女和小脚的外婆，挨家问讯着住处。所有能住人的地方都是同样的拥挤，阴暗简陋的空间里没有一个空余的床位。

在他几至绝望的时候，一间屋子里传出了小提琴的演奏声。思成想，这演奏者一定来自北京或上海，和他们也许有通融的余地。

他敲开了房门，房间里住的是八位空军学院的年轻学员，他们在这家小客店已经住了两天了，正在等车接他们到昆明去。

年轻人立刻理解了这位先生一家的困境，他们腾出了自己的房间，去和别的同学挤在一处。

徽因烧得脸颊通红，手脚冰凉。孩子们都懂事地帮助父亲解行李，铺床，外婆急得一个劲儿地念叨："怎么办哪！怎么办哪！"

思成想起了同乘一辆车来晃县的一位女医生。思成听她聊起，她曾留学日本，懂得一点中医。思成找到了她，按她为徽因开的处方抓药，一刻不停地煎好，喂徽因喝了下去。

中药药性缓，徽因好得很慢。一天三次，喝下思成熬的汤药，两周后，徽因退了烧。

徽因躺在床上的日子，孩子们百无聊赖。没有去处，没有可玩儿的东西，思成有时会领他们去小河边，教他们"打水漂"玩儿。思成掷出的石子像是长了翅膀，在水面上飞翔，孩子们蹦跳着欢呼雀跃。

晚上，守着一盏油灯，思成打开随身携带的地图，和徽因轻声商量着以后的行程。徽因叫过来两个孩子，教他们辨识走过的路线，从地图上一个个找到这些地方的名称。

那八个年轻的飞行学员常来看望徽因。徽因和思成熟悉了他们的名字和模样，精神好的时候徽因爱和他们聊天。徽因告诉他们，自己的弟弟和他们差不多年纪，也是航空学院的学生。这些年轻人话语不多，善良而腼腆。他们的家大都在沦陷区，孩子般地依恋着思成和徽因。

经过这场大病，徽因衰弱得厉害，但她执意坚持早日离开这个地方。

就这样全家人又上了路。

等车，挤车，日复一日在山路上行进。走过了湖南，走过了贵州，终于，离云南一天天近了。徽因觉得自己很像行驶在这山路上的车辆，尽管各部分的零件机构都已受损，但仍不停地喘息着翻山越岭。

1938 年 1 月，经过三十九天的跋涉，受尽磨难的徽因一家到达了昆明。

第十三章　安家龙泉镇

　　昆明的天蓝得纯净，昆明的云白得悠闲，昆明的太阳温暖明亮，昆明的蓝天、白云、太阳和人的距离很近。生活在这里的人们长时期来，在封闭的政治经济环境和四季如春的自然气候中生活得闲散自在，优哉游哉。他们习惯了眯着眼泡在茶馆里，抽烟、喝茶、听围鼓①。看马帮驮着盐巴、茶叶、蔗糖，从遥远的地方走来，又向遥远的地方走去。

　　抗战以后，昆明涌来了大批内地人，这座城市的生活内容也发生了变化。这些内地人有的是从那条路况很差的湘黔滇公路上辗转而来，有的是乘火车绕道越南再到昆明——那条铁路还是 20 世纪初法国人为了弄走云南的矿产资源而修建的。清华、北大和南开组成西南联合大学迁移到昆明后，昆明这座西南边陲小城开始真正有了现代的、文明的气息。

　　徽因、思成到昆明后，租了一户黄姓人家的房子住下来，还没等一切安置好，思成就病倒了。

　　思成年轻时脊椎受过伤，长途跋涉的辛劳使他的脊椎病发作。背部肌肉痉挛，痛得彻夜难眠。医生诊断说是因为扁桃腺的脓毒所引发，决定切除扁桃体。可是切除了扁桃体后，又引发了牙周炎，满口牙齿疼得吃不下任何东西，甚至连水都不能喝。医生又拔掉了他满口的牙齿。半年多时间里，疼痛使他不能在床上平卧，日夜半躺半坐在一张帆布椅上。医生怕他服用过量的止痛药产生药物依赖，建议他做些手工，以分散注意力。坐在躺椅上能做什么手工呢？徽因找出家人的袜子来，让他学着织补。

---

　　① 听围鼓：听演员和票友在茶馆里清唱。

民国二十七年（1938年）初，逃难来到春城昆明文津街九号的林徽因，虽然与绿树鲜花一样迷人，可她依然时常陷入战争的伤痛中

徽因觉得思成的病痛比自己生病还难受，她不知道怎样才能减轻思成的痛苦。她承担起了全部家务，买菜、做饭，洗洗涮涮。她变着法子做可口的饭菜，只想让思成多吃一口。过去女佣做的所有事情，如今她一一亲力亲为。思成、徽因当初决定来昆明，是想能早日安定下来，重新开始营造学社的工作。可来到昆明后，许多问题依然无法解决，没有经费，没有图书资料和起码的设备，没有从事研究的任何条件。同时，生计问题也同样严峻。治病要钱，租房子要钱，家里的各种开销要钱，而他们离开北京时所带的钱已所剩无几。

为了维持生计，徽因接受了去云南大学为学生补习英语的工作，每星期六节课。课虽说不多，但云南大学离他们的住所很远，每次去上课来回要翻四个山坡，路上要用很多时间。

昆明海拔高，爬坡上山走得快了，徽因感到胸闷气短，特别是下课回家，更觉得有些累乏。

山坡上有坟，还有一些矮矮的柏树，漫坡上开着蓝色的野菊花和金灿灿的报春花。一株茶花长在背风处，有一人多高，花朵碗口大，桃红色，娇艳无比。徽因每次路过这里，都要留心看看，看那些美丽的花朵静静地开放，静静地凋零。

一个月下来，徽因得了四十元钱的课时费。领到薪水，徽因在回家的路上走进了卖日用杂货的商店。

徽因早就看中了这店里的一块扎染布，她喜欢那布的质感和图案的新奇别致。

掏钱的时候，徽因又犹豫了。好看是好看，买回去做什么用呢？要用钱的地方多着呢。该给娘买顶帽子，她早晚一受凉总是头疼。该给小弟买双鞋，孩子的脚长得快，又爱到处跑着玩儿，他早就说想要双球鞋。还有，要把这个月的房租留出来，还要买点肉，孩子们几天没见荤腥了。徽因从来没为花钱的事情这样犯过踌躇。

最后，徽因买下来一种皮尺，那是外出考察古建筑必不可少的工具。皮尺要二十三元钱，是她这个月收入的一半多。徽因一点也没有犹豫，她想，思成见了这皮尺一定也会很高兴。

林徽因和女儿梁再冰在昆明

走到回家的那条街拐角处，徽因又花了几角钱为孩子们买了一块核桃糖，一包糖炒栗子。核桃糖是昆明的特产，把核桃仁和熬化的蔗糖在盆里混在一起，凝结成冻状后扣在案板上，买多少切多少，像北京的切糕似的。娘爱吃，孩子们更爱吃。糖炒栗子也让徽因想起北京，不过昆明的糖炒栗子比北京的好吃。栗子大，炒得又透，糖水渗进了栗子，吃起来又面又甜，吃完了栗子，手上还黏着一层糖。

思成、徽因与迁移到昆明的一些机构联系过，表示他们愿意为抗战服务——无论做什么工作。可是他们的要求没有任何回声和反响，倒有一些个人找到了他们，请他们帮忙设计住宅，设计庭园。

这些事务费了思成和徽因不少心思和精力，可那些人却从来想不起思成、徽因的劳动应该得到实实在在的报酬。

有的时候，思成、徽因会收到漂亮的请柬。那是一些有钱有地位的人来到昆明后要大宴宾朋。在向来宾介绍客人时，思成、徽因总是作为名人之后被隆重推出。尽管思成、徽因从小就见过各种场面和要人，但出席这种应酬却让他们感到十分不自在。每逢这种场合，徽因必得声明："……思成不能酒我不能牌，俩人都不能烟。"

遍地烽火，生灵涂炭，这些人照样心安理得地讲究排场和吃喝，这令思成、徽因不能接受。以后再有这样的邀请，不管是谁，他们一概谢绝。

航空学院那几个年轻人毕业了，正式开始在空军服役。思成、徽因作为特邀家长出席了他们的毕业典礼。他们每天在昆明上空演练着飞行速度和驱逐格斗，时刻准备和日机决一死战。思成、徽因爱这些年轻人，他们对这场战争抱着必胜的信念，为了国家，随时准备死在战场上。他们唯一不满意的是自己驾驶的飞机太落后，速度和性能都上不去。

思成、徽因关心着前方的战事，台儿庄的血战令他们激动不已，内地那些激战中的城镇、小县，许多是他们野外考察时走过的地方，每当从报纸上看到，就唤起他们故土般的感情。看着报纸，徽因对思成说："你猜我现在最想做的事是什么？我真想在山西从军！"说着，她也觉得不大现实，就又说道："不过在军队能做什么自己可不大知道！"

思成没有徽因那么多幻想，当他的身体开始恢复健康，他就开始了重建营造学社的努力。他总结了学社的工作，制订出新的工作计划，然后致函中美庚款基金会，问询如果他在昆明恢复学社的工作，能否得到基金的补助和支持。不久，基金会的董事周诒春回信说，仅梁思成一个人还不能组成一个机构，如果学社的另一位骨干成员刘敦桢和梁思成在一起，就承认营造学社的存在，也就可以考虑继续给予补助和支持。思成立即给刘敦桢写信，请他来昆明共振营造学社。很快，刘敦桢从湖南老家回了信，同意携家来昆明。思成的学生莫宗江、陈明达、刘致平也先后来到了昆明。就这样，险些夭折的营造学社又重新竖起了旗帜。

1938 年，国立西南联合大学的教师和学生陆陆续续从各地来到昆明。他们有坐汽车的，有徒步行走的，还有从越南绕行的。张奚若一家来了，赵元任一家来了，陈寅恪也来了。金岳霖没有家累，他绕道香港、海防，从河内乘窄轨火车到了昆明。闻一多身穿长袍，挽着裤脚，长髯飘飘，和学生一起从湖南经贵州徒步行走到了昆明。

中央研究院的一些研究所也迁移到了这里，思成的弟弟思永一家随着历史语言研究所来到昆明。

亲人、友人们又见面了。在流亡的日子里，许多人只剩下身上穿着的一套西装或一件长袍，即使找到一间住房，也是真正的家徒四壁。不过，彼此的处境都差不多，国难当头，兵荒马乱，大家能重新聚首，就是一种温暖、一种慰藉。

徽因在给友人的信中写道："我喜欢听老金和（张）奚若笑，这在某种程度上帮助我忍受这场战争，这说明我们毕竟还是一类人。"

金岳霖在给费正清的信中谈到徽因："……仍然是那么迷人、活泼、富于表情和光彩照人——我简直想不出更多的话来形容她。唯一的区别是她不再很有机会滔滔不绝地讲话和笑，因为在国家目前的情况下实在没有多少可以讲述和欢笑的。"

梁思成、林徽因等人在昆明

有了朋友，有了熟悉的人际环境，过去的时光仿佛又回来了，昆明的生活就有了几分美好。大家聚在一起时，徽因以她一贯的热情和诗意赞颂昆明的阳光有些地方很像意大利。

当然，无论何时，他们心中都有一个沉甸甸的结，那就是对于抗战局势、国家前途的担心和忧虑。金岳霖说："实际上我们的思想状况多少有点严肃，在我们心中藏着一些不表现出来的思念、希望和焦虑，这些东西用不着表现出来，因为人人都知道它的存在，它形成了一股感情的暗流，而表面上我们只是关心像房子、食物一类许许多多我们叫作日常生活的琐事。对于联大圈子的人来说，问题是大学的校址直到现在还定不下来。有许许多多的人为的障碍和物质的困难。想要保持中国的大学高等教育并非易事，不过我想我们总会成功的。"

思成、徽因一家租住在昆明城内黄姓人家的三间房子里，徽因在给费慰梅的信中谈到了他们的生活：

……思成笑着，驼着背（现在他的背比以前更驼了），老金正要打开我们的小食橱找点东西吃，而孩子们，现在是五个——我们家两个，两个姓黄的，还有一个是思永（思成的弟弟）的。宝宝常常带着一副女孩子娴静的笑，长得越来越漂亮；而小弟是结实而又调皮，长着一对睁得大大的眼睛，他正好是我期望的男孩子。他真是一个艺术家，能精心地画出一些飞机、高射炮、战车和其他许许多多的军事发明。

民国二十七年（1938 年），流亡到中国大西南昆明的林徽因（中），在昆明西山华亭寺与家人及西南联大好友在一起（左起：周培源、梁思成、陈岱孙、梁再冰、金岳霖、吴有训、梁从诫）

营造学社恢复后，最大的问题是缺乏工具书和图书资料。思成的弟弟思永在中央研究院历史语言研究所工作，那里有一个图书资料丰富的资料馆。史语所的所长是傅斯年，思成去和他商量，征得他的同意，营造学社的成员可以借阅史语所的图书资料。从此，营造学社就随着史语所的搬迁而搬迁。这一切在思成看来都算不得什么，只要能继续自己热爱的古建筑研究，只要徽因和孩子们的身体健康，他就总是那么诙谐、乐观。

让思成、徽因高兴的是，世界建筑学权威期刊《笔尖》发表了思成关于赵州石桥的研究论文。这篇论文是思成 20 世纪 30 年代外出考察研究的结果。离开北京时，思成把论文的英文手稿寄给了费慰梅。费慰梅将手稿转给了美国麻省理工学院建筑系主任威廉·爱默生。这位法国建筑史专家一直在研究法国的拱桥建筑，梁思成的论文让他了解到中国的拱桥建筑比欧洲要早十个世纪。他立即给《笔尖》写了推荐信，把梁思成的论文寄了过去。当思成、徽因在昆明收到了印刷装帧精美考究的《笔尖》杂志时，真是喜出望外。思成的研究工作，引起了国外建筑学界的注意和重视，思成由此恢复了与世界建筑学界的联系与交流，即使在战乱频仍的年代也保持了对建筑学最前沿研究成果及动态的了解和把握。

中国大西南重峦叠嶂的高山，阻挡了日本侵略者的脚步，却阻挡不住日本飞机的轰炸。当时的所谓大后方，从重庆到贵阳到昆明，三天两头遭空袭，"跑警报"就成了居住在"大后方"的人们的家常便饭。

警报分三种：预行警报、空袭警报和紧急警报。

一有预行警报，住在昆明的人就开始向城外转移。出了大西门，穿过西南联大新校门前的马路，有一条石砌的小路，小路两旁是远离市区建筑群落的山野，行走不便的人们可以就地而坐，等待警报解除。沿着小路再往前走，路边的山坡上有一道深沟，这深沟不知是什么年代地质裂变形成的，如今成了天然的防空壕。有人常来这里躲警报，待着没事，就在沟里又修了防空洞，还有人在防空洞上嵌刻了对联。有一副对联据说是陈寅恪先生所作："见机而作；入土为安。"另有一副对联也让人印象深刻，大概是西南联大的学生所作："人生几何；恋爱三角。"

从"预行警报"到"解除警报"，其间需要很长时间，长长的一天就在躲警报中过去了。人们不胜其烦，纷纷往郊外迁移。

龙泉镇龙头村位于昆明东北二十里处，村旁有一条长堤，堤上长着高大笔直的桉树。这里风景如画，没有军事目标。历史语言研究所、清华大学文科研究所搬到了这里，营造学社也搬到了这里。他们暂且在一个尼姑庵的空房里工作。

西南联大的许多教授纷纷来到这里择址盖房，一来为了躲避频繁的空袭，二来为了解决住房问题。李济、钱端升、冯友兰、陈梦家等都先后盖起了自己的房子。徽因和思成也在这里盖了一所三居室加一间厨房的住宅。因为物价不断上涨，盖这所房子花了比预算多出三倍的钱，除了用尽本来就不多的积蓄外，他们还欠了债。到最后阶段，每一块木板、每一根钉子都让他们费尽周折。

梁思成、林徽因创建东北大学
建筑系时第一届高才生刘致平

林徽因在昆明尼姑庵中工作

思成亲自做木工和泥水匠，徽因和孩子运料、打下手，为的是能省一点儿工钱。

这是两位建筑师一生中为自己设计建造的唯一一所房子。土坯的墙壁用石灰粉刷得洁白，轻质的木结构梁架上覆盖着青灰色的瓦，房间高大通风，房后是一个院子，院子里有尤加利树和叶子花。一切看上去简单明快而雅洁，徽因、思成和孩子们都很喜欢这房子，老金也很喜欢。他在梁家住宅的旁边加盖了一间"耳房"，他们开心地自嘲道：北总布胡同集团又集合齐了。

星期天，那几个年轻的飞行员轮到谁休息，谁就会来龙头村思成、徽因家度过这个假日。有人外出执行任务，也会从外地给思成、徽因写信来。广东小伙子小陈现在已经是一名中尉，在一次空战中，他击伤了一架日军的轰炸机后，自己驾驶的飞机也受了伤，迫降在广西边境。整整两天，他与指挥中心失去了联系；直到第三天早晨，他才乘一辆客车回到昆明。在他失踪的两天里，徽因、思成整夜睡不着觉，看到他平安回来，只是下巴受了些轻伤，他们有说不出的欣慰。

这个星期天来的是江苏人小黄，他提琴拉得好，人又特别文静，徽因总觉得他很像自己的弟弟林恒。他轻声细语地和徽因说着话，他告诉徽因，他快要结婚了，女朋友是江苏老家的。他还红着脸让徽因看了照片，那是个娟秀的中学生模样的姑娘。徽因衷心为他们祝福，可心里的忧虑却挥之不去。这些年轻人驾驶的飞机机型落后，性能不良，一旦发生空战，他们只能拼上自己的生命。可徽因又能说什么？又能做什么呢？她只能尽自己所能让这些还带着孩子气的年轻人在自己这里感受到家庭的温暖。

做饭的时候，她为难得在厨房里直转，这天家里什么好吃的菜都没有，她不知道该做些什么。最后她削了一盘荸荠作配菜炒了一份鸡丁。鸡是自家养的，荸荠是飞行员小黄带来给孩子们吃的。大家都夸徽因烧的这份菜好吃，老金更是连声称赞，过了多年还念念不忘。

在以后的几年里，这些年轻的飞行员相继牺牲在反击日军的空战中。按照他们留下的通讯地址，他们的遗物一次次被送到梁家，徽因、思成一次又一次地承受着这近乎残忍的哀恸的打击。

生活就绪之后，思成就开始准备外出考察的事情。前些年，他们的考察局限于华北一带，如今有了考察西南建筑的机会，他们当然要全力以赴。

1939年秋，梁思成与刘敦桢、莫宗江、陈明达一行离开昆明，沿着岷江、嘉陵江和川陕公路，跑了大半个四川。

这一次思成外出达半年之久，徽因和母亲带着孩子支撑着艰难的日子。龙泉镇没有自来水，每家都必备一口大水缸存水。搬迁到这里的人多了，水缸成了当地最紧俏的物品。一窑缸烧出来，买缸的人蜂拥而至，有时挤抢得厮打起来。徽因家的水缸有一米多高，吃的水用的水都要雇人担来储存在里边。

做饭也不容易，灶台是一个烧煤球的火盆，火盆上支着一口锅，每次做饭都要先蹲下来把火煽旺，然后俯身在火盆上操作。

家中最宝贵的财产是热水瓶，它使一家人能喝上开水，这是他们保留下来的生活习惯。

物价不停地上涨。刚到昆明时，大米三四元钱一袋，如今已涨到一百元一袋。其他东西的涨幅也都差不多。没有电，没有电话，没有交通设施，照明用菜油灯，但菜油也很贵，所以他们和当地农民一样，天黑下来就睡觉。

孩子们正是长的时候，徽因许多精力要用于一日三餐。为了让孩子们吃饱饭，她天天要想法到处去买那些买得起、买得到的东西，然

林徽因与朋友在昆明

林徽因与母亲、孩子们在一起

后是收拾和洗洗涮涮。当她浑身酸疼地上床睡觉时，已经是精疲力竭了。让她感到力竭的不仅是体力的劳作，而是这种毫无乐趣可言的生活。长期以来，她习惯在思想和感情生机蓬勃的交流中领会生命的快乐，缺失了这些内容，生命变得黯淡无光，她觉得这只是活着，而不是生活。

老金给费正清的信中谈到徽因说："她仍旧很忙，只是在这种闹哄哄的日子里更忙了。实际上她真是没有什么时间可以浪费，以致她有浪费掉她的生命的危险。"

搬进龙泉镇的新房没多长时间，西南联大的教授们又听说联大和所有在昆明的研究机构都要迁往四川，有人说教育部已经做了决定，搬迁只是迟早的事情。

这消息让徽因心乱如麻。盖房借的钱还没还完，为了还债全家人节衣缩食，可接着又要搬到不知什么地方去。还有那让人沮丧的战事，好像这场战争还要无休无止的打下去。尽管为了对付艰难的生活徽因表现出了足够的坚强，可这种无法把握的混乱和无序状态却不能不让她感到自己的渺小和脆弱。

　　黄昏时分，天暗了下来。夕阳为昆明的西山勾勒出一道模糊的轮廓，有人说那像是一尊卧佛。

　　徽因靠在床头，心情抑郁而忧伤。

　　老金从城里回来了，他手上有一封费正清和费慰梅给思成、徽因的信。看到徽因郁郁的神情，他拿着信在徽因面前晃了晃，他知道，这正是徽因所盼望的。

　　房间里没有灯，凑在窗口，徽因拆开信刚看了个开头，泪水就模糊了她的视线。她流着泪读完了美国的来信，发现老金还在屋子里。他先是说些不相干的事，然后就说起那最让徽因烦心的事情——教育部的指令已到，迁出云南看来已没有商量的余地。

　　徽因接下来根本没听见老金在说什么，直到他谈起梁家尴尬的经济状况，谈起他手头正好有一百美元，梁家可以用来还债，徽因的思绪才回到现实中。

　　徽因立即问他，是不是最近发表了什么英文文章收到了稿费？老金连忙否认。

　　这时，徽因已猜出，这钱一定是费正清夫妇让老金转交给他们的。而老金又是这样不善于说谎，即使是善意的谎言，他也说不圆。

　　友人的情谊和馈赠让徽因既感动又难过。感伤如潮水般袭来，她忍不住趴在枕头上哭出了声。泪水冲洗了心中的郁积，大哭后，她感到了放松后的麻木和极度疲倦。

　　战争、疾病和通货膨胀使思成和徽因真正体会到了什么是平民生活。1940 年秋，费正清和费慰梅给思成和徽因寄来了一百美元，思成和徽因用这笔钱还清了盖房所欠下的债。百感交集的徽因在寄往美国的回信中写道：

亲爱的慰梅和费正清：

　　读着你们 8 月份最后一封信，使我热泪盈眶地再次认识到你们对我们所有这些人的不变的深情……种种痛苦、欢乐和回忆泉涌而来，哽在我的眼底、鼻间和喉头。那是一种欣慰的震撼，却把我撕裂，情不自禁泪如雨下……

　　读了你们的来信使我想，我最近给你们的信是不是无意中太无条理、太轻率了。如果是这样，请原谅我。我想不论告诉你们什么事都保持一种合理的欢乐语气，而我又并不是对什么事都那么乐观……现实往往太使人痛苦。不像我们亲爱的老金，以他富有特色、富于表现力的英语能力和丰富的幽默感，以及无论遇到什么事都能处变不惊的本领，总是在人意识不到的地方为朋友们保留着一片温暖的笑。很难言简意赅地在一封信里向你们描述我们生活的情景。形势变化极快，情绪随之起伏。感情上我们并不特别关注什么，只是不过随波逐流，同时为我们所珍惜、为生活中不可或缺的某些最好的东西感到朦胧的悲伤。这种感觉在这里是无价的和不可缺少的。……你们这封信来到时正是中秋节前一天，天气开始转冷，天空布满越来越多的秋天的泛光，景色迷人。空气中飘满野花香——久已忘却的无数最美好的感觉之一。每天早晨和黄昏，阳光从奇异的角度偷偷射进这个充满混乱和灾难的无望的世界里人们仍然意识到安静和美的那种痛苦的感觉之中。战争，特别是我们自己的这场战争，正在前所未有地阴森森地逼近我们，逼近我们的皮肉、心灵和神经。而现在却是节日，看来更像是对——逻辑的一个讽刺（别让老金看到这句话）。

老金无意中听到了这一句，正在他屋里咯咯地笑，说把这几个词放在一起毫无意义。……老金正在过他的暑假，所以上个月和我们一起住在乡下。更准确地说，他是和其他西南联大的教授一样，在这个间隙中"无宿舍"。他们称之为"假期"，不用上课，却为马上要迁到四川去而苦恼、焦虑。

从徽因的信中可以看出，即使在这样艰难的生活中，也丝毫没有改变她对美好事物的细腻敏锐的感受能力，以及轻灵的俏皮和幽默。

老金住在龙头村梁家的"耳房"里，在备课和写作之余，喜欢和宝宝、小弟在一起，教他们说英语，和他们一块玩儿。宝宝和小弟喜欢老金喂养的那只云南大斗鸡。这只鸡个头很大，差不多和饭桌一样高，它常常伸着脖子到饭桌上和老金一起吃饭。

老金身材高大，因为他的眼睛有毛病，畏光，所以常年戴着帽子，进屋也不摘下。他的帽子前檐压得很低，平时总是微微仰着头，走起路来深一脚浅一脚的。宝宝和小弟只要听到深一脚浅一脚的脚步声，就会欢叫着迎出去。

昆明的水果很多。老金从城里回龙头村，常常会从水果摊上买一个最大的石榴或梨子回来，兴高采烈地叫宝宝和小弟拿家里的水果来比。比赢了，他乐得咯咯笑；比输了，就把石榴或梨子给孩子，下次再找大的买。

沈从文这时在西南联大教写作课和中国小说史，有的星期天他会跑很远的路来梁家坐坐。

沈从文喜欢买好看的工艺品。昆明街头的摊头店铺有很多黑红两色刮花的圆形缅漆盒，他很喜欢。一次，他买到一个漂亮的大漆盒，特意兴致勃勃地给徽因送了来。

听沈从文谈天最有意思，他最爱谈的是他走过的地方那些奇异的风光和各种有趣的人。

他谈云南的白云，云南的蓝天，他谈玉龙雪山的杜鹃花开得那么大，他谈一座大山绝顶住着一户人家，只有这一户！他谈某位老先生养了二十只猫，谈西南联大一位研究东方哲学的先生每次跑警报总是带着一只小皮箱，皮箱里没有金银财宝，只有一个聪明女人写给他的信。他还谈老金，有一次，他的写作课请老金去和学生开讲座，题目是"小说与哲学"。不料老金讲了半天，结论却是：小说与哲学没有关系。有学生问：那么《红楼梦》呢？老金答道："《红楼梦》里的哲学不是哲学。"老金所讲授的西方逻辑学课程，被许多学生视为畏途。课下，学生陈蕴珍[①]问他："金先生，你为什么要搞逻辑？"老金回答："我觉得它好玩。"老金上课爱提问，可他叫不出学生的名字，有时他会宣布："今天，穿红毛衣的女同学回答问题。"那时，联大的女学生都喜欢在阴丹士林蓝旗袍外面套一件红毛衣，听他这么一说，所有穿红毛衣的女学生就都很紧张，也很兴奋。沈从文讲这些时，笑眯眯地，像在聊家常，可每次徽因和所有在座的人都听得乐不可支。

在难得的空闲日子里，徽因喜欢沿着长着高高桉树的长堤到临近的瓦窑村去，那里有一家烧制陶器的小作坊，徽因常常在那里看浑身是泥的师傅们制作陶器，她希望能在那里买到一个好看的陶罐。

和一切传统的制作业一样，烧窑制坯只传子不传女，而且按照行规，女人不允许进入制陶作坊。徽因花钱送礼说了许多好话，终于破例被准许进入，但在进作坊之前，必须对祖师牌位跪拜磕头。

---

① 陈蕴珍，即巴金夫人萧珊。

一团泥巴被放置到转盘上，制陶师傅用脚控制着转盘的转动，双手不停地捋着那团坯泥，一次又一次，眼见得那双手下出现了一个个奇妙的造型。徽因在一旁请求道："停下来，停下来，就要这个。"那位师傅半闭着眼睛，双手不停地忙活着，脸上毫无表情，对徽因的要求根本不理不睬。随着那些造型一次次出现，又一次次消失，徽因的希望也越来越强烈。最后，只见师傅的双手从下往上飞快熟练地一捋，转盘停止了转动。制陶人面带微笑得意地看着徽因，徽因定睛看去，那陶坯变成了一个标准的痰桶，她几乎不能掩饰自己的失望和想笑的感觉。

外出考察的思成回来了。营造学社这次为期半年对川康地区的野外考察，遍访了四川境内近四十个县的古建筑。为了在冬季来到前结束这项工作，他们四个人分成了两队，梁思成、陈明达沿嘉陵江南下，刘敦桢、莫宗江渡岷江北行。最后，他们在成都会合返回昆明。

老朋友们聚到了梁家，听思成讲考察中的种种事情。

思成说，此次外出，发现西南的文化果然与华北不同。就古代建筑的遗存来看，这里没有华北地区那样巍峨壮观的寺庙，建筑年代也多为明清时期。其主要原因恐怕并不是如民间流传的"毁于张献忠之乱"，而是因为南方气候潮湿，木结构建筑难以长时期存留。再则，明清时期，华北一带为国家的政治文化中心，而四川地处偏远的西南，其建筑自然不能与华北比肩。

但是，思成兴奋地说，四川的文化遗存丰富多彩，就他们所考察的大量汉阙、崖墓和摩崖石刻看来，可谓全国之冠。四川的汉阙，占全国汉阙总数的四分之三；崖墓的数量也很可观，岷江、嘉陵江两岸几乎随处可见，摩崖石刻更是几乎每一个县都有。其中，他们的考察重点是汉阙。

汉阙是汉代建于宫殿、祠庙、陵墓门侧的一种建筑。有木构的阙，有石砌的阙，现存的只有石阙。石阙形状如碑而略厚，上覆以檐，檐下常有刻作斗拱、枋额等模仿木结构形状的装饰，有的还有铭文、画像。汉阙是汉代文化艺术的珍贵遗存，梁思成研究汉阙，对了解分析汉代的建筑有重要意义。日后，当他在设计构想人民英雄纪念碑时，汉阙的造型也为他提供了思路。

谈到一路的艰辛，思成讲起来已是很平常的光景。

这次他们考察的地带多是山区，沿途郁郁葱葱的山林，风景很美，只是交通太不方便。往来主要靠马队和双人抬的滑竿，偶尔走上公路，能拦截到一辆军用卡车就是难得的幸运。

穿行在西南丛林中，特别容易感染疟疾，他们无论走到哪里都背着蚊帐，带着奎宁和指南针。乡下的跳蚤更是多得惊人，他们每到一地，总是先弄一盆水，脱掉鞋袜站在水盆里抖动衣裤，不一会儿水上就浮着一层跳蚤。令他们烦恼的还有蚂蟥，每天无论把袖口裤腿扎得多紧，都免不了被蚂蟥叮咬。考察队成员每人都是体无完肤。

说完了考察，思成说起了四川的民风民俗。

四川号称"天府之国"，老百姓却十分贫困。在那里，吸毒的现象很普遍。内地往往是有钱人抽大烟，而西南的吸毒者却大多是贫苦百姓。大片大片的土地种植着罂粟，骨瘦如柴的脚夫们白天到处揽活，晚上就把血汗钱买毒品。他们在街头巷尾找个角落一躺，蒙上毡斗篷就吸了起来，好像当地政府也没有人管这些事情。

听到这里，徽因转换话题道："这一路，思成还有额外的收获呢！他沿途记录了好些四川的民谚民谣，有意思极了。"

思成笑道："四川抬滑竿的脚夫们，人人几乎都是出口成章，听得多了，就想着把它们记下来。比如两个人抬滑竿，走后面的人看不见路，全靠与走在前头的人对话来默契配合。要是路上有一堆牛粪或马粪，走在前面的人就会说：'天上鸢子飞。'后面的人立刻就会接道：'地上牛粪堆。'于是就小心地避开了牛粪。山区的道路多是用石板铺成，年头久了石板有些活动，一不小心就会踩翻，轻则溅一身烂泥，重则失足摔跤。这时前面的人就会高唱：'活摇活。'后面的人应声答道：'踩中莫踩角。'稳稳地，这个地方就过去了。"

思成说："别看脚夫们生活贫苦，却也不乏幽默，他们不会放过眼前任何寻开心的机会。要是路上看见一个姑娘，他们就会开各种玩笑。这个姑娘若有点麻子，前面的脚夫就说：'那边有枝花。'后面的立刻接上：'有点麻子才把家。'要是碰上个厉害姑娘，马上就会回嘴说：'就是你的妈。'"

大家"哄"地笑了起来。思成接着说："这样的民谣他们张口就来，特别有意思。有时他们高兴了，前面的人和后面的人你一句我一句就唱起山歌来。山歌的比喻丰富，语言风趣。这些东西只要有人注意收集，稍加整理就可以编一本《滑竿曲》。"①

冬天来临了，尽管昆明的冬天依然阳光明媚，但人们却感到寒冷和不安。战争进行三年多了，人们看到结束这场灾难的日期仍然十分遥远。

日军飞机轰炸得越来越厉害了，人们每天都要跑警报。往四川迁移已成定局。

徽因在给费慰梅的信中写道：

……我不是一个老往后看的人，即便这样我现在也总是想家，而我们现在要到四川去了！那会不会又是两三年的事呢？时间好像在拖延。

轰炸越来越厉害了，但是不必担心，我们没有问题。我们逃脱的机会比真的被击中的机会要多。我们只是觉得麻木了。但对可能的情况也保持着警惕。日本鬼子的轰炸和歼击机的扫射像是一阵暴雨，你只能咬紧牙关挺过去，在头顶还是在远处都一个样，有一种让人呕吐的感觉。

可怜的老金每天早晨在城里有课，常常要在早上五点半从这个村子出发，而还没来得及上课空袭就开始了，然后就得跟着一群人奔向另一个方向的另一座城门、另一座小山，直到下午五点半，再绕许多路走回这个村子。一整天没吃、没喝、没工作、没休息，什么都没有！这就是生活。

1940 年 12 月，迁移的事终于有了结果。西南联大仍留在昆明，营造学社随着中央研究院史语所搬迁到四川省南溪县李庄。从那里到重庆要走三天水路，是名副其实的穷乡僻壤。

史语所为这次迁徙准备了大卡车，每家准许带八十公斤行李。思成忙了几天，家里的东西打包的打包，送人的送人。出发前，思成发起了高烧，这时行李和物品都已装车，不好再重新拆卸，徽因只好让思成先留下治病，她自己带着两个孩子和外婆，乘卡车离开昆明去四川。车上共有三十一个人，有七十多岁的老人，还有一个刚出生的婴儿，所有的人都挤坐在行李上。

大卡车拉着一车妇孺，翻山越岭两个星期到达了四川。三个星期后，

---

① 林洙：《困惑的大匠——梁思成》，第 71—73 页。

思成也到了李庄。在给费正清和费慰梅的信中，思成写道：

这次迁移使我们非常沮丧。它意味着我们将要和我们已经有了十年以上交情的一群朋友分离。我们将要去到一个除了中央研究院的研究所以外远离任何其他机关、远离任何"大城市"的一个全然陌生的地方。大学将留在昆明，老金、端升、奚若和别的人也将留在昆明。

在凄惶、混乱的时代中，徽因一家被裹挟到了李庄——一个他们在这之前从没听说过的小山村，他们在这里整整生活了五年。

第十四章　在李庄

　　李庄是一个依山临水的小村子，滔滔滚滚的嘉陵江水日夜从村边山脚下流过。史语所在山上安营扎寨，营造学社则安顿在山下一座农家院落。营造学社的办公、住宿，思成、徽因的家都在这座农舍里。

　　这座农舍有一个大院子，院子里有几间构造十分简单的平房。房子的墙壁是用篾条扎成骨架后，在两面再抹上一层泥。最大的一间屋子当作工作间，里面摆了两排用木板钉成的简易工作台和几排条凳，供营造学社的人员画图、写作之用。大屋子的对面是三间小房间，其中一间是三个年轻的研究人员——莫宗江、刘致平和陈明达的卧室，一间是个小仓储室，还

抗战期间，梁思成、林徽因蛰居长达五年之久的四川李庄

有一间是女佣的房间。从一条狭窄的走廊穿过去，就是思成、徽因的家。一共三间房，宝宝和外婆住一间，徽因和思成住一间，另一间是书房兼小弟的起居室。刘敦桢一家租了村里另一处民房。

他们回到了自然经济状态下的生活，这里几乎与世隔绝，和外界的往来联系全靠水上交通，生活条件比在昆明时更差。没有商店，没有医院，没有现代文明的气息，没有娱乐设施，没有任何地方可去，学社的这座院落，就是他们的全部活动空间。

到李庄不久，徽因就病倒了。

四川气候潮湿，秋冬时节阴雨连绵，加上路途的颠簸劳累，诱发了徽因的肺病。她这次病来势汹汹，连续高烧四十度不退。

李庄没有任何医疗条件，思成这时在重庆为营造学社申请和筹集研究经费。得知徽因发病的消息，他用当月薪水买了些药品匆忙往回赶。尽管心急如焚，也要在水上漂流三天才能到家。

徽因病得很重，思成回到她身边时，她已烧得昏昏沉沉睁不开眼睛。无计可施的思成担当起了医生兼护士的角色，他学会了肌肉注射和静脉注射，每天给徽因打针。看到徽因咳喘成一团，嘴唇憋得发紫，半天透不过气的痛苦情形，思成的心紧揪在一起，从不信神的他，情不自禁地向冥冥之中祈祷："神啊，请救救她，救救她吧！"

徽因一天天挣扎着，煎熬着，体温反反复复降不下来。宝宝和小弟放学回家，总是懂事地待在一边，不给大人找任何麻烦。外婆端来一盆清水，一遍遍地把湿毛巾搭上徽因的额头。思成默默地握着徽因的手守在徽因身旁，他隔一段时间为徽因量一次体温，仿佛这样可以减轻徽因的痛苦。

每当晨光透过窗棂，院子外的树丛中响起鸟儿的鸣噪，徽因的烧就会退一些。这时，她总是极力平稳着咳喘，生怕吵醒了娘和孩子，她目光中流露出对守候在身边的思成的心疼和歉意，但她连说话的力气都没有。只有这时，思成才会松一口气，倒头昏昏沉沉地睡了过去。

徽因这次患病，起因还是上次犯病一直没有得到很好的治疗和休养。战时艰辛的生活消耗了她的体力和精力，所以她这次病复发得特别严重。

从此，徽因再也没有像正常人一样健康地生活过。

如今，医学可以轻而易举地消灭人体内的肺结核病菌，但这只是近几

20世纪40年代，蛰居四川李庄的林徽因，卧病在床达五年之久，可一直没有放松学术追求

十年的事；在此之前，它是肆虐世界的不治之症。无数的人，包括许多能够深刻体察人类痛苦的最优秀的人——契诃夫、卡夫卡、高尔基、鲁迅……都因患上这种疾病在饱受折磨后死去。

林徽因在写给沈从文的一封信中，谈到了自己身患肺病所感受到的痛苦和无奈：

> 如果有天，天又有旨意，我真想他明白点告诉我一点事，好比说我这种人需不需要活着，不需要的话，这种悬着的日子也不都是奢侈？好比说一个非常有精神喜欢挣扎着生存的人，为什么需要肺病，如果是需要，许多希望着健康的想念在她也就很奢侈，是不是最好没有？……

春天到了，天气渐渐暖和了起来。尽管四川的天气仿佛总是湿漉漉的，但太阳毕竟一天又一天地升起。

徽因烧了几个月，一点一点地退了烧。她仍然十分虚弱，每天只能靠在被子上坐一会儿。长期的疾病使她失去了一向的美丽，显得苍老了许多。她消瘦得厉害，颧骨突了出来，双颊陷了下去，苍白的面容毫无血色，太阳穴处的青色血管清晰可见，那双晶莹的秀目没有了光彩。

不管怎样，徽因总算活过来了，思成因此而心怀感激。他毫无怨言地承担起所有家务，尽心竭力地照顾徽因。

思成让徽因朝着院子躺在一张帆布行军床上，这是家里唯一的一张软床。这样即使她不起身，也可以关照一些事情，还可以晒到太阳——在偶尔有太阳的时候。随着战争的旷日持久，战时经济陷入半瘫痪状态。国统区物价飞涨，思成好不容易从教育部为营造学社申请来的经费，待变成每月领到手的薪金，已经贬值得如同一堆废纸。米、面、油及一切食品和日用品愈来愈贵，梁家的生活也越来越差。孩子们和李庄农民的孩子一样，赤脚穿着草鞋，衣服上缝着补丁，到冬天才能穿上外婆做的布鞋。一次，小弟不小心打碎了家中唯一的一支体温计，很长时间里，徽因就无法量体温，因为再也买不起也买不到一支体温计。

徽因胃口很差，吃得很少，一直十分消瘦。偶尔有人从重庆或昆明送来一小罐奶粉，就是徽因难得的高级补品。

外婆是福建人，不会做面食，思成学会了蒸馒头。当地只能买到土制红糖，思成把橘皮切碎和土制红糖一起熬制，戏称之为"甘蔗酱"，让孩子们抹在馒头上吃。有时实在没有钱用了，思成就得乘船到李庄附近的宜宾典当行去典当家里所剩无几的衣物。他和徽因的手表、派克钢笔等稍微值点钱的物品都这样被"吃"掉了。每次离家去宜宾，思成总是苦涩地开着玩笑："把这只表'红烧'了吧！""这件衣服可以'清炖'。"

思成的弟弟思永也在李庄病倒了。他也是肺结核病，病情与徽因非常相似。抗战前，思永曾主持过安阳小屯后冈及山东龙山镇城子崖的第二次发掘，取得了举世瞩目的成绩。他曾在第六次太平洋学术会议上全面总结了龙山文化，是中国考古界公认的近代考古学和考古教育的开拓者之一。他的工作提高了中国考古发掘的科学水平，使之纳入了近代考古学的范畴。

历史语言研究所在山上，思成有时会上山去看望思永。他们在一起时，思成总是会想起，1931 年，思永还不到三十岁，正在安阳小屯主持殷墟的发掘，自己专门跑到安阳去看这一考古界的盛事。那时思永调遣着一二百人的考古队员，上上下下安排得井井有条。那时他们多年轻啊！

如今，也不过才十年的时间，思永病倒了，徽因病倒了，他们是思成至爱的亲人，他们都病势沉重。而思成自己的老毛病这时候也犯了，阴冷的气候、艰难的生活使他的脊椎软组织灰质化的病情日益严重。他的背越来越驼，体质和精力下降得厉害，但他必须勉力支撑。

1941 年的春天是个多灾多难的春天。

徽因的弟弟林恒在保卫成都的一次空战中，被一架日机击中头部而牺牲。林恒聪明而要强，1940 年以全校第二名的成绩从飞行学校毕业。作为空军飞行员，他的飞行历史十分短暂，但他了结了自己的心愿——牺牲在对日空战中，消逝在无垠的蓝天里。

思成没有在当时把这个噩耗告诉徽因，他自己到成都去处理了林恒的后事。三年后，徽因才得知弟弟的死讯，迟来的悲恸仍令她肝肠寸断。她写了《哭三弟》，以悼念林恒和那些和林恒一样牺牲在对日战争中的年轻飞行员：

> 弟弟，我已用这许多不美的语言
> 算是诗来悼念你，
> 要相信我的心多苦，喉咙多哑，
> 你永不会回来了，我知道，
> 青年的热血做了科学的代替，
> 中国的悲怆永沉在我的心底。
> 你相信，
> 今后多少人的幸福要在
> 你的前头，比自己要紧；
> 那不朽中国的历史，
> 还需要在地上永久。
> 你相信，你也做了，最后一切你交出。
> 我既完全明白为何我还为着你哭？
> 只因你是个孩子
> 却没有留什么给自己。

在这些贫病交加、凄清痛苦的晦暗日子里，他们所钟爱的古代建筑艺术、他们耗尽半生心血所从事的关于建筑史的学术研究成了照亮他们生活的星辰，这是他们为饱受蹂躏的中国能倾尽全力的事业，是他们寄托自己苦难灵魂的唯一支撑。

抗战以来，辗转数省颠沛流离的逃难途中，从北京带出的私人用品丢的丢了，当的当了，而战前思成和营造学社的同人们到各地考察所得到的各种资料——数以千计的照片、实测草图、数据、大量的文字记录等等，他们却无论何时都带在身边，寸步不离。只有那些不便携带的照片底版、珍贵的文献、图册等，他们存放在天津的一家外国银行的地下保险库。谁想到1939年天津发大水，银行的地下室被淹，存放在那里的资料几乎全部被毁，这个消息两年后才传到李庄，徽因和思成闻讯后禁不住痛哭失声。

在李庄简陋的农舍里，他们摊开了那些用性命保全下来的资料。思成、徽因和营造学社的同事们决定，就在这里，就从这时开始，全面系统地总结整理他们战前的调查成果，着手撰写《中国建筑史》。同时，用英文撰写说明并绘制一部《图像中国建筑史》，这也是思成和徽因从留学美国时就埋在心底的夙愿。

徽因让思成从史语所给她借回来许多书，虽然不能像正常人一样活动自如，但她想，躺在床上也可以帮思成翻阅典籍，查找资料。她读了大量的汉代历史，想给思成研究汉阙、岩墓以帮助。她翻译了一批英国建筑学期刊上的学术论文，还准备撰写关于住宅建筑的论文。

在给费正清和费慰梅的信中，思成描述他们在李庄的生活：

……很难向你描述也是你很难想象的：在菜油灯下做着孩子的布鞋，购买和烹调便宜的粗食，我们过着我们父辈在他们十几岁时过的生活但又做着现代的工作。有时候读着外国杂志看着现代化设施的彩色缤纷的广告真像面对奇迹一样。……我的薪水只够我家吃的，但我们为能过这样的日子而很满意。我的迷人的病妻因为我们仍能不动摇地干我们的工作而感到高兴。

思成称徽因为"我的迷人的病妻"。尽管徽因长期卧病，尽管生活这样艰难，但思成对徽因的爱以及视徽因为自己的骄傲的感情仍然溢于言表。

徽因倚在床上，靠着被子半躺半坐。这样，她可以看书，还可以垫着书写作。这些日子里，她对汉代的历史

梁思成夫妇与费慰梅合影

入了迷。有人来看她时，无论谈到什么话题，她都能联系到那个遥远的朝代去。她讲起汉代的一个个帝王将相、皇后嫔妃，就像在讲自己最要好的朋友一样熟悉。她把汉代的政治经济、礼仪习俗、服饰宴乐与建筑壁画结合在一起进行研究，做了大量的摘录和笔记。她甚至想就这段历史写一部剧本。

夏天到了。嘉陵江水湍急而浑浊，前山后山绿成一片。

四川的夏天潮湿闷热，低气压的天气让人有透不过气来的感觉。

西南联大放暑假了，老金来到了李庄。老金瘦多了，头发脱落，视力减退。虽说从昆明到李庄路途遥远，交通不便，但十年来，老金已习惯了和思成、徽因一家在一起的生活。他曾对朋友说："离开了梁家，我就像没了魂一样。"他跋山涉水来到李庄，只为了能和最亲密的朋友在一起待上一段时间。他的到来，给闭塞的李庄带来了外面的消息，给李庄的人们带来了西南联大老朋友们的问候，给思成、徽因和孩子们带来了友情和欢乐。

老金以他一贯的幽默大度及清晰的逻辑看待生活，他说："在这困难的年月里，重要的是要想一想自己拥有的东西……人们将会觉得自己已很富有，同时人们一定要尽可能不去想那些必须购买的东西。"

老金在李庄也不清闲，他正在撰写他的又一部哲学论著《知识论》，此前，他在昆明刚刚完成了《论道》一书。每当思成和徽因一边讨论《中国建筑史》的写作问题，一边用一台老旧的、噼啪乱响的打字机打出提纲和草稿时，老金就安静地坐在工作间角落的一张桌子旁，开始了伏案著述。他曾对徽因和思成谈及写作《知识论》的构想，他说他研究《知识论》是为了解决英国哲学家休谟关于归纳问题的理论难点。在这部著作中，金岳霖对休谟和罗素进行了科学的批评，既吸取了他们哲学著作中的积极成果，也指出了他们的哲学中存在的问题，而解决这些问题就成为金岳霖哲学著作的出发点。

思成写作《中国建筑史》需要绘制大量英汉对照并加注释的插图，这任务由他和莫宗江来完成。徽因则靠在床上翻阅"二十四史"和各种资料典籍，对书稿进行修改、补充、润色。

下午四五点钟，一天的工作告一段落。大家放下手中的事情，聚在林徽因支着帆布床的那间起居室里，一壶粗茶，大家一边喝一边聊，仿佛又回到了当年北总布胡同喝下午茶的时光。

在李庄，徽因和思成格外想念那些留在昆明的老朋友，他们大多在西南联大执教。徽因、思成常要求老金谈昆明的生活，谈他们共同的朋友。那天，他们由飞涨的物价谈到昆明的各种食品，谈到徽因最爱吃的"过桥米线"。老金笑道："如今在昆明，教课的那点钱已是什么都吃不起了。一个月的薪金发下来，常常是两个星期不到就花光了。大家通常吃的都是白米饭拌辣椒，偶尔吃顿菠菜豆腐汤就算是改善生活。为了补贴家用，教授们只好变卖家中衣物，到了卖无可卖的地步，便出去打小工或做些手工活儿挣钱。中文系的闻一多挂出了刻章治印的招牌，清华校长梅贻琦的夫人跟别的教授太太一起织些围巾、帽子拿出去卖。梅太太年岁比别人大些，视力也不是很好，织得比较慢，大家就让她做做围巾上的穗子。后来，学校的庶务教她做上海式的米粉碗糕去卖。每天，由潘光旦太太在昆明郊区的乡下磨好七成大米、三成糯米的米粉，梅太太把米粉加上白糖和在一起，用一个银锭形的木模子做成糕。蒸熟后，取名'定胜糕'，就是抗战一定胜利的意思，然后挎着篮子到昆明冠生园去寄卖。卖糕时梅太太脱下旗袍，穿上蓝布褂子，只说自己姓韩。没人知道，这是国民党中央委员、堂堂名牌大学校长的夫人……"

林徽因听着，眼里盈满了泪水。

她和思成在昆明时也曾见过梅太太，那是一位温良、娴雅的夫人。她想象着这些自己熟悉的人们的生活，再想想自己的生活，又想到无数中国人的生活，心中充满了无可名状的悲伤和感动。这混乱的世界该有多少未知的痛苦、有多少不为人知的眼泪啊！是怎样的信念在支撑着人们度过这些时日？应该说，所有的中国人经受的苦难都是为抗战献上的牺牲，就像闪烁的星星辉映了无边的夜空。

老金继续着自己的讲述。

西南联大成立后，学校的领导机构是清华、北大、南开三校校长组成的"联大常委会"。原定常委会主席由三校校长轮流担任，但北大校长蒋梦麟和南大校长张伯苓长期在重庆担任政府职务，所以联大的一应事物实际上都是梅贻琦先生在主持。联大师生见了梅先生都称他"梅常委"。

思成满脸肃然地感叹道："北大、清华、南开三校各有自己的历史传统和治校风格，经济条件也不相同。清华因为有庚子赔款，经济实力较其他两校强些。如今在战乱中联合办学，能够彼此团结，精诚合作，为国家保存实力，梅先生所为实属不易。"

他们在一起，常常想念北京，怀念北京的生活。离开北京才四五年时间，可回想起那时的一切，居然有恍若隔世的感觉。

一想到北京，他们的脑海里浮现出来的居然是种种熟悉的声音和气息：暑热天气，胡同里卖雪花酪卖冰的挑担人铜碟敲击出"锵锵"的声音；寒冬时节，剃头担子的铁夹发出"噔——噔——"的声音；还有黄昏时卖"酱豆腐、酱萝卜"的声音，天黑时"萝卜赛梨"的声音，半夜时卖"硬面儿——饽饽"的声音；赶大车的骡夫们"叭——叭——"要鞭子的声音；春季的天空中"嗡——嗡——"放风筝的声音，冬季的狂风中驼铃"叮咚——叮咚——"缓慢而悠长的声音……

最深沉的记忆是这些从来不需提醒就会自己苏醒的记忆，最深刻的思念是这些和生命的过程融为一体的思念。

什么时候才能回到北京呢？他们盼这一天盼得心痛。

从美国到重庆，从重庆到宜宾，从宜宾到李庄，战时的邮路曲折而漫长。费正清和费慰梅的信经过三个月时间，终于到了他们手中。徽因、思成和老金喜悦地传阅着。在这里，每收到一封信，就像过节一样令人高兴。

徽因给费正清和费慰梅写回信那天，大队日本轰炸机正从李庄上空飞过。她写道：

……尽管我百分之百地肯定日本鬼子肯定不会往李庄这个边远小镇扔炸弹，但是一个小时之前这二十七架从我们头顶轰然飞过的飞机仍然使我毛骨悚然——有一种随时都会被炸中的异样的恐惧。它们飞向上游去炸什么地方，可能是宜宾，现在又回来，仍然那么狂妄地、带着可怕的轰鸣和险恶的意图飞过我们的头顶。我刚要说这使我难受极了，可我忽然想到，我已经病得够难受了，这只是一时让我更加难受，温度升高，心跳不舒服地加快……眼下，在中国的任何角落也没有人能远离战争。不管我们是不是在进行实际的战斗，也和它分不开了。

……我们很幸运，现在有了一个农村女佣，她人好，可靠，非常年轻而且好脾气，唯一缺点是精力过剩。要是你全家五口只有七个枕套和相应的不同大小和质地的床单，而白布在市场上又和金箔一样难得，你就会看到半数的床单和两个枕套在一次认真地洗涤之后成了布条，还有衬衫一半的扣子脱了线，旧衬衫也被揉搓得走了形而大惊失色。这些衬衫的市价一件在四十美元以上。在这个女佣人手里，各种家用器皿和食物的遭遇都是一样的。当然我们尽可能用不会打碎的东西，但是看来没有什么是不会碎的，而且贵得要命或无可替换。思成是个慢性子，愿意一次只做一件事，最不善处理杂七杂八的家务。但杂七杂八的事却像纽约中央车站任何时候都会到达的各线火车一样冲他驶来。我也许仍是站长，但他却是车站！我也许会被碾死，他却永远不会。老金（正在这里休假）是那样一种过客，他或是来送客，或是来接人，对交通略有干扰，却总是使车站显得更有趣，使站长更高兴些。

徽因写好信，叫思成和老金过来看，问他们要不要给约翰（费正清）和维尔玛（费慰梅）写几句话。

老金看了徽因的信，接着写了几行附言：

当着站长和正在打字的车站，旅客除了眼看一列列火车通过外，竟茫然不知所云，也不知所措。我曾不知多少次经过纽约中央车站，却从未见过那站长。而在这里却实实在在既见到了车站又见到了站长。要不然我很可能把他们两个搞混。

梁思成读了徽因的信和老金的附言，在信的末尾写道：

现在轮到车站了：其主梁因构造不佳而严重倾斜，加以协和医院设计和施工的丑陋的钢板支架经过七年服务已经严重损耗[①]，从我下面经过的繁忙的战时交通看来已经动摇了我的基础。

……

费正清和费慰梅在华盛顿收到了徽因的信，读着信，费慰梅哽咽得说不出话来。她难过，不仅仅因为信的内容，她觉得这封信所传递的信息比

---

① 指梁思成因车祸脊椎受损，一直穿着协和医院为他特制的钢马甲。

信的字面所讲述的要丰富得多。

信写在不同质地、大小不一的信纸上，这些纸不仅薄，而且发黄发脆。费慰梅猜想，也许这些纸是包过肉和菜，从街上带回来的。信纸上的每一小块空间都充分利用了，没有天头，没有地脚，甚至也不分段，字写得小而密集。最后一张只有半页，看得出，那余下的半页纸被裁下来留作别的用途了。这样一封信，封面所贴的邮票却贵得令人瞠目。可以想见，为了寄这封信，一定用去了徽因家一大笔开支。

To be or not to be, that is the question（活着还是死去，这是个问题）。

在莎士比亚的悲剧《哈姆雷特》中，这是忧郁王子哈姆雷特一句著名的内心独白，这也是内心激烈冲突的人类永恒的内心独白。

林徽因从中央研究院史语所借到了几张莎士比亚话剧的英语原版唱片，她听了一遍又一遍，其中大段的台词她烂熟于心，偶尔，她会清晰而富于激情地背诵起来，这时，思成和一双儿女就会高兴地鼓起掌来。

徽因精神好一些的时候，喜欢让女儿和儿子坐在床前，给他们背诵和讲解古诗词。她讲杜甫的"可怜小儿女，未解忆长安"，讲陆游的"王师北定中原日，家祭无忘告乃翁"，讲辛弃疾的"何处望神州，满眼风光北固楼。千古兴亡多少事，悠悠，不尽长江滚滚流。"而全家最喜欢的是杜甫的《闻官军收河南河北》："剑外忽传收蓟北，初闻涕泪满衣裳……"这首诗无论谁起个头，大家都会一齐接着背下去："……白日放歌须纵酒，青春做伴好还乡；即从巴峡穿巫峡，便下襄阳向洛阳。"背诵着这样的诗句，他们期待着这样的日子尽快到来，这是他们流亡岁月中从来不曾泯灭的希望。

徽因还给孩子们读罗曼·罗兰的《米开朗基罗传》和《贝多芬传》。她读的是英文版，常常读一章讲一章。她特别详细地讲述米开朗基罗为圣彼得教堂穹顶作画时的艰辛。她和思成去过圣彼得教堂，当她讲述这一切时，那铺满穹顶的"创世纪"仿佛又历历浮现在眼前。

读《贝多芬传》时，她对贝多芬耳聋致残之后肉体和精神的痛苦感同身受："……当我旁边的人听到远处的笛声而我听不到时，或他听见牧童歌唱而我一无所闻时真是何等的屈辱！……是艺术，就只是艺术留住了我。啊！在我尚未把我感到的使命完成之前，我觉得不能离开这个世界。

这样我才挨延着这种悲惨的——实在是悲惨的生活。这个如此虚弱的身体，些少变化就会使健康变为疾病的身体……"

与其说林徽因是在读给孩子听，不如说是在读给自己听。这些传记中的人物，他们生命的过程就是受难的过程，如同罗曼·罗兰所说：他们"并非以思想或强力称雄，而是只靠心灵而伟大的人"。"不幸的人啊，切勿过于怨叹，人类中最优秀的和你们同在。汲取他们的勇气做我们的养料吧；倘若我们太弱，就把我们的头枕在他们膝上休息一会吧。他们会安慰我们。在这些神圣的心灵中，有一股清明的力量和强烈的慈爱，像激流一般飞涌出来。"

徽因用自己的心灵去聆听和感受这些伟大心灵发出的声音，这是她精神的氧气和维他命。

战争、灾难、疾病、痛苦和死亡蛮横地叩击着命运之门。在李庄，在徽因身边，死亡的消息接二连三地传来。中央研究院陶孟和先生的妻子、徽因的朋友沈性仁因肺病去世了，她死在四川潮湿、阴冷的冬季。李济先生的两个女儿因肺病相继死去，她们都尚未成年。徽因辗转于病榻上，在痛苦的折磨中，一日日地挺了过来。

罗曼·罗兰在《米开朗基罗传》的前言中说："世界上只有一种真正的英雄主义，那就是在认识生活的真相之后还依然热爱生活。"

嘉陵江昼夜不停地奔涌，李庄后山的树木荣荣枯枯。思成和徽因关于《中国建筑史》的研究和写作坚韧地进展着。

在一个饱受战争摧残的国度里，建筑师和建筑学者的创造力很难在建筑方面有所表现，因为建筑需要和平，建筑需要金钱。但是，思成他们在对古代建筑艺术的研究中给自己的创造力找到了出路。尽管生活中充满着穷困、痛苦和忧患，但他们的工作一直没有停止。

徽因仍然靠在床上写作。她长时期来，一直注视着英国和美国的现代住宅建筑。她以一个建筑师的眼光看到，抗战胜利后，房屋将成为人民生活中的重要问题。现代建筑运动的先驱柯布西埃在第一次世界大战后，看到德国人民居住着老旧破烂的住宅时说："……那是我们的蜗牛壳，我们的住宅，每天跟它们接触都会使我们感到压抑。他们是腐败的，它处处糟蹋家庭……使人们的道德堕落。"徽因与思成不止一次地谈论这些思想。建筑的本意，就是要为孤独地面对整个世界的人们提供庇护，提供人们休养生息的处所。人们提到"家"，首先想到的是自己家的房屋，是那房屋窗口的灯光，是那房屋门口倚门盼望的亲人。这样的"家"让人们有安全感、归宿感。经过长期战乱、流离失所的人们，更需要拥有这样的"家"，这样的住宅。

作为一个建筑师，让广大老百姓拥有适合自己生活的居住空间，比建一百座宫殿大厦更有意义。拥有这些想法的林徽因在平时阅读英美建筑学期刊时，特别注意收集其中有关住宅方面的实验设计。美国印第安纳州实验建造城市贫民住宅的全过程，英国的工业城市伯明翰的住宅调查，美国伊里诺州市关于"朝阳住宅"的设计——她对这些资料进行了分析，翻译整理为一篇四万多字的论文——《现代住宅设计的参考》。

这篇文章刊载在李庄印行的《中国营造学社汇刊》第七卷第二期上。

梁思成、林徽因在四川李庄招收的唯一弟子罗哲文，后来成为中国古建筑学界最具号召力的旗帜

因为《中国建筑史》的绘图任务量很大，营造学社通过招考，聘用了一位年轻人罗哲文，另外还有两名中央大学建筑系的毕业生——卢绳和叶仲玑也来到学社实习。年轻人的到来使营造学社不大的院落里充满了勃勃的生机。

学社院内有一棵大桂圆树，硕大的树冠在院子里撑起了浓密的凉阴。思成让人在桂圆树上拴了一根粗粗的竹竿，他领着几个年轻人每天练习爬竹竿，为了将来有机会进行野外考察测绘时，不丢掉爬梁上柱的本领。几个年轻人中，罗哲文只有十八岁，脸圆圆的看上去像个稚气未脱的孩子。没事时，他爱和梁思成的儿子从诚和刘敦桢的儿子叙杰趴在地上打弹珠玩。大学生卢绳看到后就写了一首打油诗贴在桂圆树上："早打珠，晚打珠，日日打珠，不读书。"卢绳的同学叶仲玑很瘦，也写了一张字条贴在树上："出卖老不胖半盒。"梁再冰看见了，觉得很好玩，因为她常常感冒，就写了"出卖伤风感冒"的条子贴在树上。桂圆树下，总是洋溢着笑声。

毕业于中央大学建筑系的卢绳

在这样艰难的岁月里，营造学社不仅挣扎着生存了下来，而且在学术研究上有了新的进展。思成和全体同人想办法，在一些朋友的捐助支持下，恢复了营造学社汇刊的编辑发行。在李庄简陋的条件下，他们自己动手，用药水在纸上手写石印。文字好写，可相关建筑的平面、立体和剖面墨线图就要费很多工夫，特别是照片，也要用手绘图代替。学社全体成员抄写、绘图、石印，家属们帮助折页、装订、包装。营造学社汇刊第七卷一二两期在抗战最艰苦的年代里印行了，每期各印两百本。当然，这已经让他们倾尽了全力。当思成、徽因和学社的同人们看到装订完成的期刊时，他们的欢喜是无以言表的。

这些刊物在连天的炮火中从李庄寄到了全国、全世界的建筑学界，全国、全世界建筑学界都知道了这些中国同行们坚苦卓绝的努力以及他们最新的研究成果。

做这一切事情，徽因仍然斜靠在床上。她的床周围堆满了思成从史语所图书室给她借来的大量文学及建筑史方面的书籍，其中很多是外文原版书。她在给费慰梅的信中写道：

……顺便说起，我读的书种类繁多，包括《战争与和平》《通往印度之路》《狄斯累利传》《维多利亚女王》《元代宫室》（中文的）、《北京清代宫殿》《宋代堤堰及墓室建筑》《洪氏年谱》《安那托里·费朗西斯外传》《卡萨诺瓦回忆录》、莎士比亚、纪德、萨缪尔·巴特勒的《品牌品牌品牌》、梁思成的手稿、小弟的作文，和孩子们爱读的《爱丽丝漫游奇境记》的中译本……

看书时间长了，徽因头晕得厉害。这时候，她会找出思成的衬衣、宝宝和小弟的破袜子来缝补。所有这些东西都旧得不成样子了，可是他们没有钱购买新的。孩子们除了冬天能穿上外婆做的布鞋，其余的时间都是穿草鞋。为了家人尽可能穿得像样些，徽因穷尽了自己的想象力。尽管她很清楚，她并不擅长做这些事情，她觉得做一天这样的事比让她写一章宋、辽、清的建筑发展史还要费劲。在思成正在写作的《中国建筑史》中，她承担了这些部分的写作和绘图工作。

天又阴了下来，会下雨吗？孩子们还没放学呢。徽因凝神望着窗外，外面传来了山歌声："……夏天热，冬天冷，这边出太阳，那边起灰尘，你说怄人不怄人……"四川的山歌高亢而凄凉，有川江号子的味道，听着让人想流泪。

孩子们放学回来了，院子里响起了他们的脚步声。徽因心里像是射进了阳光，一下子明亮了起来。

让徽因感到欣慰的是，尽管生活这样艰苦，孩子们却成长得健康、可爱。女儿再冰十四岁了，她的性格中既有思成的温和，又有徽因的敏感。她每天要踩着长长的泥巴路去上学，中午还总是吃不饱，但她的学习成绩却十分出色，与同学们和周围所有人都相处得友好而融洽。看到她明媚笑脸的时候，就是徽因、思成最快乐的时候。儿子从诫十一岁了，晒得黑黑的，赤脚穿着草鞋，和本地同学在一起时，说一口地道的四川话，猛一看，和李庄土生土长的孩子没什么两样。他又活泼又聪明，操心着妈妈的健康，喜欢自己动手制作各种有趣的小玩意儿，从不要大人为他劳神。这个时期，林徽因真正地脱离了文学界，全身心投入到了对建筑学的研究之中。而在抗战之前，徽因对文学和建筑学都难

沉思中的林徽因

以割舍，可以说文学和建筑学各占了她一半的精力和时间。抗战爆发，时代的变化，导致个人命运、个人选择发生变化。这之后林徽因仍然还写诗，但这些诗作完全是内心痛苦的流露，而过去则多多少少还有些"为赋新诗强说愁"。战时"大后方"知识分子的生活，对国家民族命运的忧虑及个人的病痛，反映在她的诗作中；早期那种空灵、婉约、飘逸的风格转变为悲怆、沉郁以至苦涩；诗的内容也不再局限于个人不可捉摸的心绪和情感，而代之以一种尖锐的内心冲突和社会性主题。

徽因放弃了她一直非常热爱而且也表现出卓越才华的文学创作，固然是因为长时间与文学界失去了联系，失去了交流与共鸣，也就失去了创作的兴致和动力；更重要的原因，还是徽因自觉的选择。

林徽因从事文学创作的时期，正是以"新月派"为代表的"京派"文人在文坛十分活跃的时期。"新月"作家力求回避让文学承担更多的社会责任、政治责任和理性负荷，其创作较多地表现个人的性情修养和趣味，作品多流露出贵族、名士的气息，属于追求趣味、性灵的一派。

尽管林徽因从不认为自己是新月派诗人，但她无论是早年经历，还是后来的创作风格，都与这个团体的许多重要成员有相同之处。抗战爆发后，她真正走到了"窗子以外"，颠沛流离、贫病交加的生活经历，使她"告别了创作的旧习惯"。她的艺术天赋、她的创作激情在对古建筑艺术的研究中寻求到了庇护，她多方面的知识和才华在这个领域得到了展示——文艺和哲学、科学和工程技术、东方和西方、古代和现代——因此，即使在李庄这样封闭、清苦的环境里，她仍然还能保持精神世界的完整和丰满。

思成又要去重庆了。

隔一段时间思成就要到重庆一趟，向行政院和教育部申请学社的经费。因为学社是个民间学术团体，没有正式的编制，所以向国家行政机关要钱很不容易。好不容易要来一点钱，也只能够维持很短时间的开支。后来教育部与中央研究院等单位协商，将学社主要成员分别纳入了中央研究院史语所和中央博物院筹备处的编制内。

长时间的伏案工作，思成的颈椎病更厉害了。颈部的疼痛折磨得他抬不起头来，他在案上放个小花瓶，画图时用来支撑下巴。这次到重庆去，思成准备看看颈椎病，还要为徽因弄点药。

思成去重庆，一走就是半个多月，徽因觉得日子过得特别慢。外婆坐在院子里慢慢地纳一只鞋底，四周安静得能听见树叶落下的声音，能听见寂寞在空气中游走的声音，结核病菌蚕食着徽因的体力和健康，孤独忧郁啃噬着她的心。春天是万物复苏的日子，而对病人来说却是乍暖还寒、最难将息的日子。思成走时，徽因怕他担心，没有告诉她这几天觉得特别不适，胸闷气促，几乎整夜不能入睡，白天头晕得厉害，看一会儿书就觉得累，眼前冒金星，耳鸣。

她厌恶这种整日躺在床上、一日日挣扎着活下来的状态，这种状态损伤了她的骄傲。

她静静地躺着，一动不动地望着窗棂，阳光在上面变动着深浅不定的色泽，漫长的一天又从她的生命中溜走了。

一些诗句从心底浮了上来：

今天十二个钟头，

是我十二个客人。

每一个来了，又走了，

最后夕阳拖着影子也走了！我没有时间盘问我自己胸怀，黄昏却蹑着脚，好奇地偷着进来！我说，朋友，这次我可不对你诉说啊，每次说了，伤我一点骄傲。黄昏黯然，无言地走开，孤单的，沉默的，我投入夜的怀抱。——《一天》三十一年春李庄。

这些诗行，如同从林徽因的哀愁中滋生出的花朵，凄清、惆怅，具有一种独特的、寂静的美。诗句从心中自然流出，毫无矫饰，简单纯净。可是，假如让林徽因选择，假如她能够选择，她一定愿意选择健康，选择在阳光下轻盈地行走，选择自由自在地生活，哪怕让她用自己的全部诗作、全部才华去换取。

这一天，徽因收到了一封信，信函封得严严实实，信封上漂亮的章草写着"梁思成林徽因亲启"，寄信人落款为傅斯年[1]。

这是中央研究院历史语言研究所所长傅斯年 1942 年 4 月 18 日写给教

---

[1] 傅斯年，字孟真，历史学家。时为中央研究院历史语言研究所所长。

育部长朱家骅的一封信。信中谈到梁思成、梁思永兄弟的身体状况和生活
状况，谈到思成、思永的家世和学问人品；请求朱家骅代表政府有关部门
为梁家兄弟拨款予以帮助。傅斯年把信的抄件寄给思成、徽因，以让他们
知道事情的缘由。

骝先吾兄左右：

兹且一事与兄商之。梁思成、思永兄弟皆困在李庄。思成之困，是因
为其夫人林徽因女士生了病，卧床二年矣。思永是闹了三年胃病，甚重之胃
病，近忽患气管炎，一查，肺病甚重。梁任公家道清寒，兄必知之，他们二
人万里跋涉，到湘、到桂、到滇、到川，已弄得吃尽当光，又逢此等病，其
势不可终日，弟在此看着，实在难过，兄必有同感也。弟之看法，政府对于
他们兄弟，似当给些补助，其理如下：一、梁任公虽曾为国民党之敌人，然
其人于中国新教育及青年之爱国思想上大有影响启明之作用，在清末大有可
观，其人一生未尝做坏事，仍是读书人，护国之役，立功甚大，此亦可谓功
在民国者也。其长子、次子，皆爱国向学之士，与其他之家风不同。国民党
此时应该表示宽大。即如去年蒋先生赙蔡松坡夫人之丧，弟以为甚得事体之
正也。二、思成之研究中国建筑，并世无匹，营造学社，即彼一人耳（在君
语）。营造学社历年之成绩为日本人羡妒不置，此亦发扬中国文物之一大科
目也。其夫人，今之女学士，才学至少在谢冰心辈之上。

三、思永为人，在敝所同事中最有公道心，安阳发掘，后来完全靠
他，今后写报告亦靠他。忠于其职任，虽在此穷困中，一切先公后私。总
之，二人皆今日难得之贤士，亦皆国际知名之中国学人。今日在此困难中，
论其家世，论其为人，政府似皆宜有所体恤也。未知吾兄可否与陈布雷先生①
一商此事，便中向介公②一言，说明梁任公之后嗣，人品学问，皆中国之第
一流人物，国际知名，而病困至此，似乎可赠以二三万元（此数虽大，然此
等病症，所费当不止此也）。国家虽不能承认梁任公在政治上有何贡献，然
其在文化上之贡献有不可没者，而名人之后，如梁氏兄弟者，亦复甚少！二
人所做皆发扬中国历史上之文物，亦此时介公所提倡者也。

---

① 陈布雷，蒋介石侍从室主任。
② 指蒋介石。

此事弟觉得在体统上不失为正。弟平日向不赞成此等事，今日国家如此，个人如此，为人谋应稍从权。此事看来，弟全是多事，弟于任公，本不佩服，然知其在文运上之贡献有不可没者，今日徘徊思永、思成二人之处境，恐无外边帮助要出事，而此帮助似亦有其理由也。此事请兄谈及时千万勿说明是弟起意为感。如何？乞示及，至荷。专此敬颂

道安

弟斯年谨上　四月十八日

弟写此信，未告二梁，彼等不知。因兄在病中，此写了同样信给咏霓①，咏霓与任公有故也。弟为人谋。故标准看得松。如何？

弟年又白②

徽因读信后，禁不住百感交集。她早就听说傅斯年在学界以性情无伪、敢于秉公直言著称，没想到他会将思成兄弟的情形直陈最高当局。思成一向不愿以个人的事情求助于人，但傅斯年的确是一番好意。徽因本不想由自己来回这封信，但思成此时还在重庆，对此事一无所知。她担心以思成的性情，如果在哪里听说了此事而又不知事情的原委，定会不知所措。

徽因从来没有因为回一封信而如此犯难。踌躇再三，她还是提笔写了一封回信：

孟真先生：

接到要件一束，大吃一惊，开函拜读，则感与惭并，半天作奇异感！空言不能陈万一，雅不欲循俗进谢，但得书不报，意又未安。踌躇了许久仍是临书木讷，话不知从何说起！

今日里巷之士穷愁疾病、屯蹶颠沛者甚多。固为抗战生活之一部，独思成兄弟年来蒙你老兄种种帮忙，营救护理无所不至，一切医药未曾

---

① 翁文灏，字咏霓。时为重庆国民政府经济部长兼资源委员会主任。

② 本信来源：《朱家骅档案》NO.73—936，文中重点符号皆信中原有。该档案目前尚未正式出版，为台湾王汎森先生提供。见《林徽因文集·文学卷》395 页。

欠缺，在你方面固然是存天下之义，而无有所私，但在我们方面虽感到
lucky[①]，终增愧悚，深觉抗战中未有贡献，自身先成朋友及社会上的累赘
的可耻。现在你又以成永兄弟危苦之情上闻介公，丛细之事累及咏霓先
生，为拟长文说明工作之优异，侈誉过实，必使动听，深知老兄苦心，但
读后惭汗满背矣！

尤其是关于我的地方，一言之誉可使我疚心疾首，夙夜愁痛。日念
平白吃了三十多年饭，始终是一张空头支票难得兑现。好容易盼到孩子稍
大，可以全力工作几年，偏偏碰上大战，转入井臼柴米的阵地，五年大好
光阴又失之交臂。近来更胶着于疾病处残之阶段，体衰智困，学问工作恐
已无分，将来终负今日教勉之意，太难为情了。素来厚惠可以言图报，惟
受同情，则感奋之余反而缄默，此情想老兄伉俪皆能体谅，匆匆这几行，
自然书不尽意。思永已知此事否？思成平日谦谦怕见人，得电必苦不知
所措。希望咏霓先生会将经过略告知之，俾引见访谢时不至于茫然，此问
双安！

随着 1943 年的到来，抗日战争进入了第六个年头。长时间蜗居一隅、
封闭单调的生活，长时间贫困短缺而无望的日子，使居住在李庄的人们再
也不能平静地生活下去，在这里避难的研究人员及他们的妻子像得了传染
病似的争吵不休。这些受过高等教育、做着学术研究的人群在令人绝望的
处境中，变得困兽般的暴躁和易怒，鸡毛蒜皮的小事就可以导致撕破脸皮
的愤怒和谩骂。他们与当地老百姓的关系也十分紧张，争执、冲突时有发
生，他们的到来使物价高涨，当地农民对他们满怀敌意。当中央研究院史
语所把安阳出土的甲骨成箱装运到李庄时，当地人都传说这是一群吃人生
番，拒绝把这些箱子挑上山去。

徽因家里的日子也不太平。徽因的母亲身体不好，家里许多事情她做
不了，可她又看不上请来的女佣。她总是在女佣做事时去干涉指责，为此
徽因常常和母亲争吵，吵过后又常常自责和后悔。她知道，母亲很寂寞，
母亲在这里唯一能交流的人只有自己。可自己既不能接受母亲的观念，又
不能忍受母亲的唠叨，因此，她们之间只要开口说话，就会伴随着争执。

---

① 中文"幸运"之意。

思成最近的心情也很不好。营造学社因经费短缺，又一次陷入了困境。思成的老友、学社的骨干刘敦桢为了全家的生计，决定离开学社到中央大学建筑系任教。刘敦桢为人沉稳，责任心强，学社的许多事情思成都很倚重他。如今他要走了，思成的心很沉很沉。

夜凉如水，一灯如豆，在营造学社简陋的工作室里，思成与刘敦桢促膝长谈，谁也不愿意离去。自1932年共事以来，学社从默默无闻发展到今天，他们一同走过那么多路，吃过那么多苦，有过那么多艰辛和欢悦的时刻，这一切点点滴滴记录着他们的人生追求，十一年是他们最好的年华。说到伤心处，两个男子汉忍不住失声痛哭。

刘敦桢走后不久，另一位学社的同事陈明达也为生活所迫，告别了学社，到西南公路局就职。

1943年春天，李约瑟博士来到了李庄，他的造访使单调枯寂的李庄生活短暂地兴奋了几天。

李约瑟是英国的生物化学家，以热爱和研究中国古代科技史而闻名。抗战期间，他是英国驻重庆大使馆的科学参赞。他访问了中央研究院历史语言研究所、中央博物院和中国营造学社，这些机构的研究领域，都是他感兴趣的领域，他到学社时，还去看望了徽因。在给费慰梅的信中，林徽因写道：

李约瑟教授刚来过这里，吃够了炸鸭子，已经走了。开始时人们打赌说李约瑟在李庄时根本不会笑。我承认李庄不是一个会让人过分兴奋的地方，但我们还是有理由期待一个在战争时期不辞劳苦地为了他所热爱的中国早期科学而来到中国的人会笑一笑。终于在这位著名教授和梁先生及夫人（当时卧病在床）见面时露出了笑容。他说他非常高兴，因为梁夫人的英语竟有爱尔兰口音。而我从不知道英国人对爱尔兰还有如此好感。据说最后一天下午，在中央博物院的院子里受到茶点招待时他更为活跃。可见英国人爱茶之甚。

在李约瑟博士到中央研究院作讲演的会场上，梁思成以他一贯不动声色的幽默风趣，成功地使平素有隙的中央研究院的两位著名学者陶孟和与傅斯年当众握手言和。研究院的学者们开玩笑说，应该授予梁思成诺贝尔和平奖。

李约瑟透露，他离开李庄将前往昆明，代表英国有关机构帮助西南联大的中国学者，商讨中英科学家合作的有关项目。

国际社会关注着中国。西方各国在中国混乱的战时都加紧了对中国的影响和渗透。

思成和徽因的老朋友费正清这时期也来到了中国，他以美国驻中国大使馆特别助理的身份，到重庆的美国大使馆任职。他在美国乘飞机经过大西洋中部的复活节岛，穿过非洲和埃及到达印度，然后飞跃"驼峰"抵达昆明，在昆明短暂停留后，飞到了重庆。

在重庆上空，费正清看到，这座山城作为战时的陪都，在日本战机的轰炸下，很多地方已完全变成了废墟。

费正清在中央研究院招待所见到了梁思成。

中央研究院招待所位于重庆上清寺，这里的条件十分简陋。来这里投宿的都是中国最高学术机构的专家，可几间大房子里一张挨一张地摆满了帆布行军床，房间的地上乱糟糟的扔着橘子皮，跑来跑去的孩子和各种喧闹的声响，使这里看上去更像个难民营。

分别七八年后相见，又是在这样的非常时期，两位老朋友格外激动，他们紧紧地握着手，久久不肯松开。费正清这时已经是美国华盛顿政府里具有一定

李庄张家祠堂——中央博物院筹备处旧址

李庄东岳庙同济大学工学院旧址

影响力的中国问题专家，而梁思成尽管显得很疲倦瘦弱，体重只有一百零二磅，但在费正清眼里，他却"具有在任何情况下都像贵族那样的矜持和魅力"。

费正清想立即去李庄看望徽因和中央研究院的一些老朋友。

思成告诉他，从重庆到李庄乘船上水要走三天，回程下水要走两天，没有任何办法可以缩短行船时间和改善交通方式，船也不按班期运行。如果费正清确定了到李庄的日期和船只，可以先打电报通知一下，尽管说不准电报是在这之前收到还是之后收到。

费正清由社会学家陶孟和做伴到了李庄，他在路上患了感冒，到李庄的头几天一直躺在床上发烧，和徽因的病床隔着一间过厅。思成则在两张病床之间忙着量体温拿药品。费正清目睹了梁家的困境，看到了失去了昔日美丽容颜的徽因仍然强撑着病体做各种事情，他更看到了思成和徽因的书案上、病榻前堆积如山的资料和文稿。他们在这样近乎原始的生存环境中坚持从事学术研究，费正清被深深地打动。

他想起前些日子在昆明看到的情形：西南联大校长梅贻琦博士显得精疲力竭；金岳霖严重的神经衰弱，视力锐减；张奚若、钱端升、陈岱孙等人都处境不佳，而他们都是中国最优秀的知识分子。

回到重庆后，费正清立即着手进行美国政府援助中国学者的三年计划。在给美国政府的报告中，他指出，清华的教授及曾经留学美国的中国学术界各领域人才，是中国学术界中的精华，是美国在中国的有形投资。但是，他们正经受着贫困和营养不良的折磨，国民党政府腐蚀一切的道德低下和使社会丧失活力的通货膨胀置他们于令人绝望的境地。所以，他呼请美国政府进行干预，帮助他们，他认为"这种干预是合乎政治和道德的双重需要的"。①

此时，思成和徽因迫切需要费正清帮助的只有一件事，那就是把他们绘制的关于中国古代建筑的八十幅图纸做成微缩胶片。这样，首先保证了出版之前这些正规的、耗费了他们大量心血的绘图至少有一套复制品；其次，在这战乱频仍的年头，微缩胶片便于携带和保管。他们可以随身带着它，期待着战争结束以后出版他们的著作。

---

① 保罗·埃文斯：《费正清看中国》，第87页。

这件事对费正清来说并不难做到。他当时在美国大使馆协助执行中美文化交流计划。由于当时飞机飞越驼峰限制重量，各种出版物的往来都必须以微缩胶片的形式运送，费正清专门从美国雇请了一个技术助手来完成这方面的工作。因此，他给徽因和思成回信，答应给他们以全力支持。

在李庄营造学社简陋的工作室里，在夜晚昏黄的菜油灯光下，在半饥饿的状态中，思成完成了《中国建筑史》的写作。在这部著作里，营造学社十二年来对中国古建筑的研究和考察得到了系统的归纳总结。全书共八章，梁思成把中国三千五百年的历史分为六个建筑时代，并对每一个时代的建筑遗存进行了清晰的介绍和论证。他认为建筑是文化的记录，建筑史并不是罗列和堆砌各时代的有关史料和建筑遗存，而应该注意各个时期的建筑思想、建筑特征及其演变、发展的条件和规律。通过建筑史的研究，使后人增进对自己国家建筑传统的理解，"在传统的血液中，另求新的发展"。

与此同时，思成受国立编译馆的委托用英语写成了《图像中国建筑史》。这部著作以图版和照片为主，加以文字介绍说明。他写这本书，是为了向世界介绍中国的古代建筑的成就，以完成自己开始建筑学学习时就埋藏在心底的夙愿。

思成所做的这一切，都融入了徽因的心血。徽因在测量、绘图和系统整理资料方面缺乏思成的严谨、细致和耐心，但在融会材料、描述史实的过程中能融入深邃的哲思和审美的启示。思成的所有文字，大多经过她的加工润色。这些文字集科学家的理性、史学家的清明、艺术家的激情于一体，常能见人所未见，发人所未发。梁思成在《图像中国建筑史》的前言中表达了对徽因的热爱和敬重：

最后，我要感谢我的妻子、同事和旧日的同窗林徽因。二十多年来，她在我们共同的事业中不懈地贡献着力量。从在大学建筑系求学的时代起，我们就互相为对方"干苦力活"，此后，在大部分的实地调查中，她又与我做伴，有过许多重要的发现，并对众多的建筑物进行过实测和草绘。近年来，她虽罹重病，却仍葆其天赋的机敏与坚毅；在战争时期的艰难日子里，营造学社的学术精神和士气得以维持，主要应归功于她。没有她的合作与启迪，无论是本书的撰写，还是我对中国建筑的任何一项研究工作，都是不能成功的。

在费正清的帮助下，中国建筑史绘图的微缩胶片完成了，看上去效果极好。思成在重庆欣喜地看到了胶片，这是对他和徽因的莫大慰藉。

1944 年，世界范围的反法西斯战争出现了重大转折。在苏联战场，德国侵略军被阻挡在列宁格勒城下，开始了节节溃败；在法国，英美联军成功登陆诺曼底，开辟了第二战场；在太平洋地区，美国开始了对日本本土的大规模轰炸，中国的抗日战争由长期的战略防御转为战略进攻。

这时期，梁思成被任命为战区文物保护委员会副主任。盛夏时节，他带着营造学社年轻的工作人员罗哲文来到了重庆。

罗哲文到营造学社三年多了。他师从梁思成，从最基础的绘图技艺学起，如今已能熟练地胜任描图绘图工作。自从到学社工作，他从未离开过李庄一步，如今能跟着梁思成到大都市重庆去，他高兴极了。

重庆号称中国的三大"火炉"之一，夏天的日子最难过。罗哲文到了重庆，和梁思成住进了中央研究院。每天，他的工作就是把梁思成交给他的标有各种符号的图纸绘制成正规的地图。这些图纸上绘制的大多是日本人占领的区域，图纸上的符号，标注出了这些区域中的古城、古镇和古代文物建筑。其中有一些是外国的城市，罗哲文特别注意到，这些城市包括日本的古城京都和奈良。

这时期，梁思成还负责组织编绘了一套沦陷区的文物建筑资料。资料为中英文对照并附有图片，其中包括寺庙、宝塔、博物馆等等，所有这些文物都在军事地图上注明了位置，以防止它们在战略反攻中被毁。这套资料发给了奉命轰炸日军基地的美国飞行员，还被送给了当时在重庆的周恩来。

罗哲文跟着梁思成在中央研究院待了一个多月。

此后，在以美国为主的盟军对日本本土的大规模轰炸中，日本的所有重要城市都遭到了毁灭性的打击，只有京都、奈良这两座古城奇迹般地毫发未损。

梁思成对此中内情缄口不言，年轻的罗哲文也从未把这事与自己的工作联系在一起。直到四十年后，在日本奈良召开的保护古代文物建筑的国际学术会议上，梁思成超越国界保护人类文化财富的行为被人称颂，他被日本人民称为"古都的恩人"。罗哲文这才明白当年在重庆那些挥汗如雨的日子的特殊意义。①

进行了七年的战争，把人们拖得奄奄一息。林徽因的病情在恶化，她时常感到膀胱部位一阵阵剧痛，这剧痛令她绝望。1944 年，她写了《忧郁》一诗：

忧郁自然不是你的朋友，但也不是你的敌人，你对他不能冤屈！他是你强硬的债主，你呢？是把自己灵魂押给他的赌徒。你曾那样拿理想赌博，不幸你输了；放下精神最后保留的田产，

最有价值的衣裳，然后一切你都赔上。连自己的情绪和信仰，那不是自然？

你的债权人他是，那么，别尽问他脸貌到底怎样！呀天，你如果一定要看清

今晚这里有盏小灯，灯下你无妨同他面对面，你是这样地绝望，他是这样无情！

1945 年夏天，费正清的妻子费慰梅作为美国大使馆的文化专员来到了重庆。思成在重庆见到了她，和她一起亲历了日本天皇宣布无条件投降那个难忘的狂欢之夜。

胜利消息传来的时候，人们毫无思想准备。那是 1945 年 8 月 10 日晚八点左右。重庆的仲夏夜热极了，思成和费慰梅在美国大使馆共进晚餐之后，坐在使馆门前的小山上乘凉。江对岸沿山的建筑一层层的灯亮了，璀璨的灯光倒映在江面上，恍惚中有一种天上人间的感觉。思成正对慰梅讲述着老早以前泰戈尔访问北京的事情，忽然间，四周一下子静了下来。人们静静地谛听，远处传来了经久不息的警报声，不，这不是通常的防空警报，江上的汽笛长鸣了起来。人们一开始是压抑地喊喊喳喳，接着有人在大街上跑，再接着是"胜利了！胜利了！"的欢呼声、喊叫声，轰然炸响的鞭炮响了起来，全城的人都跑到了大街上。

---

① 刘东平：《文物保护专家罗哲文谈恩师梁思成》，《人物》2001 年第 1 期，第 39—40 页。

林徽因于 1945 年

思成和慰梅也来到了大街上。到处都是欢笑着的人群，到处都是挥舞着的旗帜和 V 型手势，焰火的红光和探照灯的白光在夜空中交织成炫目的光带，满载欢庆人群的吉普车、大卡车和客车自发地形成了游行的车队。人们在车上互相握手共庆胜利。

当思成回到中央研究院招待所的时候，夜已深了，他看到聚集在那里的学者们正在高兴地笑啊、说啊，喝着一瓶存了许久的白酒庆祝胜利。

思成忽然觉得怅然若有所失，苦苦盼了八年，等了八年，可是当胜利来临的时候他却不在徽因身边。

费慰梅理解思成的心情，在她的努力下，一位美军飞行员答应驾驶一架 C-47 运输机把思成和她送到宜宾，从那里去李庄就近得多了。

徽因躺在床上，又苍白又消瘦，她和费慰梅相拥而泣。她们相互诉说着离别十年来各自生活中的事情。艰辛的生活和长时期疾病的折磨使徽因的感情和思想深沉多了。费慰梅不由得感叹道："30 年代初，聚会在北总布胡同的那些知识分子到哪里去了？当初，他们距离中国的现实差不多和外国人一样遥远，在经历了这么多年动荡艰难的生活之后，他们的变化多大呀！"

第二天，徽因下床了。尽管她衰弱得厉害，但她决定和费慰梅一同到镇上的茶馆去庆祝抗战胜利。徽因坐在一乘轿子上，她掀开轿帘，贪婪地呼吸着户外的新鲜空气，喜悦地看着外面的一切：蓝天、田野和沿途清新的景色、陌生的面孔。

费慰梅给徽因带来了治疗肺病的药品。她离开了李庄，和徽因相约在重庆见面。

徽因渴望离开李庄，到重庆去。她在给费慰梅的信中写道：

……我上星期日又坐轿子进城了，还坐了再冰的两个男朋友用篙撑的船，在一家饭馆吃了面，又在另一家茶馆休息，在经过一个足球场回来的途中从河边的一座茶棚看了一场排球赛。

有一天我还去了再冰的学校，穿着一套休闲服，非常漂亮，并引起了轰动！但是现在那稀有的阳光明媚的日子消逝了和被忘却了。从本周灰色多雨的天气看，它们完全不像是真的。

如果太阳能再出来，而我又能恢复到那样的健康状况，我就会不管天气冷不冷，哪怕就是为了玩玩也要冒险到重庆去。因为我已经把我的衣服整理好和缝补好准备走，当气氛适合的时候我收拾行装找你应该是没有问题的。但天一直在下雨……而且也没有船。显然你从美国来到中国比我们从这里去到重庆要容易得多。

终于，徽因在思成的陪伴下到了重庆。这是五年来她第一次离开李庄。她的身体十分虚弱，到重庆后也不能到处走动，只能在中央研究院招待所里待着。费慰梅有时候开着吉普车带她去重庆郊外，去接在南开中学上学的儿子从诚，有时候带她去大街上兜风。在大街上，徽因的目光就离不开那些五光十色的人流，离不开那些好看的衣物，五年了！她又重新回到了有现代气息的生活中。

慰梅还带徽因去了她和费正清在美国新闻处的宿舍。那是不大的两间房子，外间有一个小小的壁炉，墙上挂着一幅美丽的唐马拓片。慰梅把窄窄的帆布床靠墙摆放，上面蒙一条手工毛毯，就成了一张漂亮的长沙发。站在这房间里，徽因深深地吸了一口气说："这简直像走进了一本杂志！"

那是个阴雨霏霏的日子，思成准备陪徽因外出看病，想等雨停了就走。这时，门口出现了一位年轻漂亮的女子，正在问询梁思成和林徽因的住处。思成迎上前去接待了她。原来，这是中共驻重庆办事处的新闻联络员龚澎。周恩来从费慰梅那里得知了思成和徽因的情况，特地派龚澎前来看望。龚澎直言不讳地告诉思成和徽因，她是一个有多年党龄的共产党员。她说，共产党愿意结识各方面的专家学者，希望了解他们的想法，征求他们对时局的看法和意见。

这是思成和徽因第一次近距离和共产党人交谈。这个共产党人给他们夫妇留下了美好而深刻的印象。龚澎战前毕业于燕京大学，能讲一口流利的英语，衣着淡雅入时，微笑真诚动人，与以前他们从报纸上看到的对共产党的描绘和宣传完全不同。

后来，他们在美国大使馆举办的招待会上又见到了龚澎和她的同事。徽因和思成注意到，许多美国记者和美国使馆工作人员更喜欢和共产党人而不是和国民党政府的官员打交道。他们待人接物的友好热忱、忘我的工作态度和对未来充满美好希望的精神状态具有极强的感染力和吸引力。费慰梅介绍说，这些人中有的是清华和燕京大学的毕业生，能说极好的英语并理解西方的思想。他们在一起的时候，规范地学习、生动地讨论问题并进行自我批评，很像 20 世纪的一种宗教社团。①

为了营造学社的事，思成回李庄了，徽因留在重庆治病和休息。

乔治·马歇尔将军访华期间，在美国大使馆战后新闻处总部举行了一次晚宴。国民党、共产党及苏联等各方在重庆的代表都得到了邀请。徽因带着儿子从诫和费慰梅一起出席了晚宴。当晚宴进行到高潮、人们频频举杯共庆胜利的时候，在座的苏联代表开始唱起歌来，一种非官方的轻松愉快的气氛弥漫在夜空中。国民党官员和共产党人也互相祝起酒来，他们中的一些人，原来就曾是黄埔军校的同学。这时，邻座的冯玉祥将军看见了徽因身边的从诫，他弯下高大魁伟的身躯逗着这个漂亮可爱的小男孩。林徽因只顾得礼节性地和他寒暄了几句，她的全部注意力都被酒宴上热烈友好的气氛所吸引。她由衷地感到欣慰：经过这么多苦难的日子，看来真正的和平就要到来了。

星期天，从诫从南开中学来到中央研究院招待所陪伴徽因。母子聊着天，随意而轻松。从诫提起了 1944 年日军攻占贵州都匀，直逼重庆，重庆城内人心惶惶的情形。从诫问道："妈妈，如果当时日本人真的打进了四川，你们打算怎么办？"徽因若有所思地说："中国念书人总还有一条后路嘛，我们家门口不就是扬子江吗？"从诫急了，禁不住追问："我一个人在重庆上学，那你们就不管我啦？"徽因紧紧地握着儿子的手，仿佛道歉似的小声说："真要到了那一步，恐怕就顾不上你了！"听到妈妈的话，从诫的眼泪夺眶而出。他流泪不仅是因为自己受了"委屈"，更重要的是，儿子被母亲那种以最平淡的口吻所传达出的凛然正气所震动。在这一时刻，从诫觉得坐在他身边的不再是妈妈，而变成了一个"别人"。

费正清和费慰梅的朋友里奥·埃娄塞尔博士是美国著名的胸外科专

---

① 保罗·埃文斯：《费正清看中国》，第 104 页。

家，当时正在战后重庆的中国善后救济总署工作，他为徽因做了检查。他告诉费慰梅：林徽因的双侧肺部和一侧肾均已被结核菌严重感染，根据他的诊断，徽因的生命最多还能维持五年。这个诊断结果，费慰梅没有告诉林徽因。她说："我没有告诉她，她也没有问。我想她全知道。"

徽因在重庆期间，回李庄的航道中断了。

抗战胜利后，长江航运局为了治理长江的暗礁险滩，沿途正在施工爆破、清理河道，重庆到李庄之间的航班停运了。

金岳霖等老朋友知道了徽因的病情，想接徽因到昆明住一个时期，养养病。他们商量着，只要能让徽因快乐，即使冒一下风险也值得。老金在张奚若家附近找到了一处房子，这房子有很大的窗户，正对着云南军阀唐继尧故居的大花园。花园里有几株高大挺拔的桉树，婆娑的枝条随风摇曳。老金住着其中的一间，徽因到昆明后可以住在这里。

1946 年 2 月，徽因和思成商定后，启程飞往昆明。

飞行的疲劳，高海拔地区的不适，徽因到昆明就病倒了。但与朋友相聚的幸福感使身体的不适显得微不足道。张奚若夫妇坚持让徽因头几天住他们家里。徽因在这里见到了许多朋友，彼此都有劫后重逢、死而复生的感觉。徽因在给费慰梅的信中诉说了自己快乐兴奋的心情：

这次重逢所带给我的由衷的喜悦，甚至超过了我一个人在李庄时最大的奢望。我们用了 11 天，才把在昆明和在李庄这种特殊境遇下大家生活中的各种琐碎的情况弄清楚，以便现在在我这里相聚的朋友的谈话能进行下去。但是那种使我们相互沟通的深切的爱和理解却比所有的人所预期的都更快地重建起来，两天左右，我们就完全知道了每个人的感情和学术近况。我们自由地讨论着对国家的政治形势、家庭经济、战争中沉浮的人物和团体，很容易理解彼此对那些事为什么会有那样的感觉和想法。即使谈话漫无边际，几个人之间也情投意合，充溢着相互信任的暖流，在这个多事之秋的突然相聚，又使大家满怀感激和兴奋……

直到此时我才明白，当那些缺少旅行工具的唐宋时代的诗人们在遭贬谪的路上，突然在什么小客栈或小船中或某处由和尚款待的庙里和朋友不期而遇时的那种快乐，他们又会怎样地在长谈中推心置腹！

我们的时代也许和他们不同，可这次相聚却很相似。我们都老了，都有过贫病交加的经历，忍受了漫长的战争和音信的隔绝，现在又面对着伟大的民族奋起和艰难的未来。

此外，我们是在远隔故土，在一个因形势所迫而不得不住下来的地方相聚的。渴望回到我们曾度过一生中最快乐的时光的地方，就如同唐朝人思念长安、宋朝人思念汴京一样。我们遍体鳞伤，经过惨痛的煎熬，使我们身上出现了或好或坏或别的什么新品质。我们不仅体验了生活，也受到了艰辛生活的考验。我们的身体受到严重损伤，但我们的信念如故。现在我们深信，生活中的苦与乐其实是一回事。

当徽因感觉身体好了一些的时候，她搬到了朋友们为她安排的住处。

徽因十分喜欢守在窗前，望着那个美丽的花园，望着云南特有的如洗的碧空和远处青翠的山峦。她觉得这一切很像早年在美国戈登·克雷教授的工作室学习舞台设计时所熟悉的效果。午后的阳光明媚，窗外的树影斑斑驳驳地映洒在天花板上，随着阳光缓缓移动。

民国三十五年（1946年）春，再次来到昆明的林徽因，已经被病魔折磨得更加瘦弱

老金一如既往地对这一切视而不见。由于目疾，他即使在室内也总是戴着一顶遮阳帽，背对着光线，伏在一张小圆桌上专心写作。他在重写他的《知识论》。几年前他去李庄时就在写这部著作，回昆明后书稿已近完成。一次空袭警报响起，他带着书稿跑到昆明北边的山上躲空袭。把书稿放在地上，他坐在书稿上。这次空袭持续时间很长，待到警报解除，天已黑了下来；他又饿又困，站起身就走，却忘了地上的书稿。等他想起来再回去找时，书稿已不见了。数年的心血毁于一旦！一本六七十万字的书是不可能完全记得住的，他只好再从头写起。在抗战后期最艰苦的岁月里，他几乎一直不停地在赶写这部著作。在西南联大，金岳霖重写《知识论》的事情一直传为美谈。

林徽因和朋友们在一起，在昆明明媚的季候中，身体一点一点地有了好转的迹象。

徽因静静地倚在窗前看书。天上铺了一层乌云，忽然就下起雨来。雨下得很急，伴着隆隆的雷声，5 月的雷雨中，有青蒿的气息，有泥土发酵的气息。徽因觉得有点凉，但她不舍得离开窗口，她被这一切所打动："……昆明永远那样美，不论是晴天还是下雨。我窗外的景色在雷雨前后显得特别动人。在雨中，房间里有一种难以言状的浪漫氛围——天空和大地突然一起暗了下来，一个人在一个外面有着寂静的大花园的冷清的屋子里。这是一个人一生也忘不了的。"①

徽因的状态使思成感到宽慰和放心，他在李庄给费慰梅写信表达自己的谢意：

河道工程几天以前才刚刚完成。但是只有很小的船才能从重庆上来。有舱的轮船要到五月下半月才能上来。所以徽因去昆明是唯一的解决办法……在从昆明写来的第一封信中，她谈到知道内心的祷告实现了的几近宗教的感觉。她为我们那些老朋友给她的欢迎而十分感动，并表示遗憾说她"得到"太多而"奉献"太少。

你和费正清到李庄做客打破了她五年来在一个房间待着的单调生活，在你们走了很久以后她还能保持情绪高涨。而且，要是你们不来，她到重庆去就连想都不要想。心理的好效应是很大的。

尽管昆明的海拔高度对她的呼吸和脉搏会有某种不良影响，但她在那里很快活。她周围有好多老朋友给她做伴，借给她的书都看不完。老金和她待在一起（他真是非常豪爽），她还有一个很好的女仆，因此她得到了很好的照顾。我没有什么可担心的。②

这时期，思成忙着和同事们把营造学社的书籍、各种图片、图纸、资料、手稿和工具装箱打包，准备着一旦交通恢复正常就立即离开这里。

终于盼到了北归的消息，徽因回到重庆，和全家一起住在中央研究院招待所里等待回北京。和他们一起等待的还有西南联大和各研究所的几十个家庭。八年过去，他们苍老了许多，他们也坚韧了许多。尤其是那些教

---

①《林徽因致费慰梅》，《林徽因文集·文学卷》，第 384—395 页。

② 费慰梅：《梁思成与林徽因——一对探索中国建筑史的伴侣》，第 178 页。

授太太，各个都成了持家过日子的好手。

他们还需要在重庆等待一段时间，因为战后的陪都有太多的机构、官员及其眷属急于还乡。所有飞机和船只统一管理，为了避免混乱，需要搬迁的机构都按顺序编了号。高校和学术团体中，中央大学排在第1号，营造学社和中央博物馆排在四十七号。他们只有等待，他们已经等待了八年，他们还要继续等待。在等待中，他们逐渐失去了耐心。

这期间，在昆明、在重庆、在内地的许多城市，知识分子中弥漫着浓烈的幻灭和失意的情绪。国民党官员在战后大肆掠夺钱财，加速了政权的腐败，不可遏制的通货膨胀和持续的贫困使广大老百姓和知识分子看不到希望。在昆明，西南联大的学生和教职工上街游行，抗议国民党政府对民主运动的镇压。大批军警、特务出动，造成四人死亡、二十余人受伤的"一二·一"惨案。惨案发生后，学生罢课月余，全国各地纷纷声援。从此以后，学生运动在国统区此起彼伏，形成了燎原之势。特别是闻一多先生被特务暗杀于昆明街头，更激起了全国反独裁、争民主运动达到高潮。

无处不在的绝望、穷困和落后，无处不在的腐败、无能和混乱，使得一贯坚持自由主义立场的知识分子们开始了对国民党政权的否定和背弃。

费正清被华盛顿政府召回了美国，他在返回美国前后，经常与张奚若、钱端升、思成、徽因就一些有关中国的问题进行讨论和争论。

对于美国政府对中国的一些政策和做法，许多知识分子持一种批评的态度。他们认为：中国有中国的传统，中国人有自己的生活方式和行为方式，美国政府没有权力也没有道理用西方的标准来判断彼此的优劣。世界上各种不同的问题可以在完全不同的方式中得到解决。

费正清谈到，他完全理解这种观点，而且过去一段时间里他自己也持这样一种立场，因为这是一种良好的自由主义知识分子的立场，非常适合于对过去的研究。但是，他认为：现代世界无所不包，现代世界中的现代中国必须在所有方面与世界进行比较。将来不再会有与世界分离的中国的生活方式。由于中国人的早期文化有所不同，因此可以以不同的方式行事，但现代历史学家必须把它们当作现代的事物来考虑，并用现代的标准去衡量……[1]

---

[1] 保罗·埃文斯：《赞正清看中国》，第100页。

费正清分析着中国的情形，他说："一般地说，人们试图去寻找一种摆脱困境的办法。就像得了一种病就有一种治愈的希望一样，罪恶导致对美好的希望，首先是承认这些苦难事出有因。第二步，是寻找一种解除苦难的方法，即选择治疗的方法。

"变革是唯一的希望——不是对旧衣服的重新剪裁，也不是残汤剩骨的再装盘，而是一种能出现一些新东西的真正的变革。"

他对那种"新东西"虽没有清楚的把握和认识，但有一点是可以肯定的，这种变革确实不能由国民党一党来实现，因为它的政权已经没有能力带领中国走向现代化。

类似的观点和讨论此前在埃德加·斯诺、阿洛尼丝·史沫特莱的著作和文章中已出现过，他们的这些观点与中国自由主义知识分子的观点有相通之处。各种传媒中，有关共产党人不拘礼仪、平等主义、个人美德、人道主义和社会民主改革的报道激发了知识分子们理想主义的向往，他们渴望着变革，渴望着过上和平安定的生活，他们盼这一天盼得太久了。[1]

林徽因在这时期写给费慰梅的信中明确表达了对现实的失望和不满：

正因为中国是我的祖国，长期以来我看到它遭受这样那样的雁难，心如刀割。我也在同它一道受难。这些年来，我忍受了深重的苦难。一个人一生经历了一场接一场的革命，一点也不轻松。正因为如此，每当我觉察有人把涉及千百万人生死存亡的事等闲视之时，就无论如何也不能饶恕他……我作为一个"战争中受伤的人"，行动不能自如，心情有时很躁。我卧床等了四年，一心盼着这个"胜利日"，接下去是什么样，我可没去想。我不敢多想。如今，胜利果然到来，却又要打内战，一场旷日持久的消耗战。我很可能活不到和平的那一天了（也可以说，我依稀间一直在盼着它的到来）。我在疾病的折磨中就这样焦躁烦躁地死去，真是太惨了。

---

① 保罗·埃文斯：《费正清看中国》，第 102、103、114 页。

第十五章　北归清华园

1946年7月，林徽因、梁思成全家乘飞机北归。

飞机飞临北平上空时，机上的人们全都扑到了两边的舷窗旁，他们热切地、贪婪地辨识着这座日思夜想的锦绣城池……香山、玉泉山、万寿山、昆明湖……山坡上小院里有人家围坐着吃饭，有女眷惊呼起来，接着几个女人就他们吃的什么猜测起来。正是盛夏时节，肯定喝的是绿豆稀饭，就着切得细细的芥菜丝儿，还有烫手热的芝麻酱烧饼……和平的生活多么好哇！有人抹起了眼泪。

转眼间，飞机到了西郊机场，陈岱孙先生早已在机场安排好了接人的车辆。陈岱孙是著名的经济学家，同时还具管理才能，梅贻琦校长委派他提前回清华做学校北返的准备工作。梅先生的安排十分必要，日军侵占北平期间，军队驻扎在清华园，教师宿舍成了马厩，"水木清华"的学府变成了一座军营；陈岱孙先生回京后，迅速组织人员收拾校园，使学校尽可能地恢复了原貌。

徽因和思成一家由西郊机场乘车进城，这是思成青年时代在清华读书时星期天回家往返常走的路，二十多年的时间过去了，黄土道路两旁的景物依旧，杨柳依依。他兴奋地对徽因和孩子们一一指点着——这里的饽饽铺是老字

清华大学校长梅贻琦

号，各样满汉饽饽俱全，最有名
的是"薄脆"和"破边缸炉"饽
饽；这是老式客店，白粉墙上描
着大字"四合老店，安寓客商"；
这里是车马店，院子很大，院子
里有很多喂牲口的食槽和拴马
桩……汽车渐渐驶进箭楼，进了
瓮城，然后进了西直门。徽因兴
奋地指点着让思成看，西直门城
门洞靠墙的石头架上，那个古旧
的大木桩依旧安然无恙地倚靠在
那里……

恍惚中，徽因觉得过去所经
历的一切仿佛是一场噩梦。可再
定神看去，离开北平时稚气可掬
的一双小儿女，倏忽间已长成了
大姑娘和小伙子，思成的鬓边已

1952 年 9 月 14 日，梁思成、林徽因在清华大学新林院八号家中会见英国建筑师斯金纳

有了苍苍白发，自己更是病骨支离。满眼青山未得过，镜中无那鬓丝何。
无论如何，总算又回到了北平，这是离别十年，魂牵梦萦的北平啊！

回到北平，梁思成被聘任为清华大学建筑系主任。

在李庄时，思成和徽因就商量过战后的工作。他们想，随着抗战的胜
利，战后重建的问题将会十分突出，作为建筑学者，应该使自己的工作走
上更有生机的发展道路。

从 1930 年到 1945 年，徽因、思成主要从事中国古代建筑艺术和中国
建筑史的研究。十五年中，他们走遍中国十五个省，二百多个县，测量、
摄影、分析、研究的古建筑和文物达两千余处。他们认为，虽然中国古建
筑还有很多课题有待深入研究，但是从建筑发展史的角度看，他们已基本
理清了各个时期的建筑体系沿革、历史源流，勾勒出了建筑历史发展的脉
络，所以对古建筑的研究可以告一段落。而战后国家重建更急需建设人
才，特别是建筑师，因此，在西南联大北返之前，梁思成向梅贻琦先生建
议在清华大学增设建筑学院，首先在工学院开办建筑系。梅贻琦先生正有

清华大学之清华学堂

此意，他们可谓不谋而合。

北返后的清华大学从此有了自己的建筑系。梁思成是第一任系主任。

梁思成对清华大学有特殊的感情。从少年时代起，他和弟弟思永就一起在这里学习，那还是清华大学的前身——清华学堂。八年的时光，他熟悉这里的每一处庭院、厅堂、小径、荷塘，他深爱这里幽静的环境和葱茏向上的气象。20世纪20年代初，父亲开始在清华授课，后来又任清华国学研究院的导师。父亲曾与思成兄弟谈起，在与校园外的各界打交道时，他往往因不堪其混浊而感到愤懑抑郁。但"一诣兹校，则常览一线光明横

清华大学内新林院八号——林徽因、梁思成故居

吾前，吾希望无涯涘也"。他还记得，父亲授课时，他和思永总是坐在前排听讲。黑板上写满了，父亲就会叫："思成，擦擦黑板。"

如今，他又回到了清华。创办建筑系，工作千头万绪，责任和压力都很大。

他为建筑系带来了与他在营造学社共事多年的助手刘致平、莫宗江、罗哲文，又陆续聘请了吴良镛、程应铨、汪国瑜、朱畅中、郑孝燮、胡允敬，还有美术家李宗津、雕塑家高庄等。

他非常重视学术群体的优势互补，这些教师在建筑学、建筑设计、外语、绘画、历史等方面各有专长，他选贤任能，不拘一格。别人向他推荐美术家高庄时说："高先生为人耿直，业务水平没话说，可就是脾气不大好。"思成道："只要水平高，脾气不好，从我开始让他三分。"①

1946 年夏，清华大学工程院建筑系招收了第一届学生十五人。

也在这一年，思成、徽因全家搬进了清华园新林院八号，这是清华的教授楼，院落幽静，住房宽敞。老金和几个老朋友离得都很近。

一切尚未就绪，思成接到通知，教育部和清华大学委派他赴美国考察战后美国的建筑教育。同时，他收到了耶鲁大学和普林斯顿大学的邀请函。耶鲁大学邀请他作为 1946—1947 学年的客座教授到纽黑文讲授中国建筑和艺术，普林斯顿大学则邀请他参加"远东文化与社会"国际研讨会。此间，他又被外交部推荐，出任联合国大厦设计顾问团的中国代表。

---

① 罗检秋：《新会梁氏——梁启超家族的文化史》，第 380—381 页。

1950年夏，林徽因与清华大学建筑系第一班毕业生合影。左起：张德沛、钟炳恒、虞锦文、林徽因、丁培良、杨秋华、黄畸民、朱自煊

临出发前，思成交代系里的年轻教师，有事可与林徽因商量。

徽因20年代在沈阳与梁思成一起经历了东北大学建筑系白手起家的全过程。如今，虽然她没有在清华担任教职，但她视建筑系的事情为自己的事情，义不容辞地帮思成做了许多工作。在建筑系成立和运转的初期，她所做的这些工作，是别人不能替代的。

建筑系刚成立，资料室的图书资料不够丰富，徽因把自己家里的书推荐给年轻教师，由着他们挑选、借阅。梁家的藏书成了建筑系的财富，无论是教师还是学生，谁都可以到梁家去借书看，那些珍贵的善本书、绝版书，整天在系里传阅。徽因很开心，她认为这些书被充分利用了，总算体现了它们的价值。

翻着梁先生和林先生的藏书，一位年轻的助教感叹如今他们的薪水勉强只够糊口，连想也不要想用这点钱去购买外文原版的专业书。有人打断他道："在如今的时局下，清华教师的待遇就算是不错了，没听人说吗？'北大老，师大穷，清华燕京可通融。'"大家七嘴八舌地议论着，这些日子，又有北大、师大的年轻教师或者设法出国，或者设法往清华、燕京调动，哪怕舍弃原来所学的专业。

听到这里，徽因对他们说："还有句话不知你们听说过没有？'北大大，清华清。'能在清华、北大做事，就值得珍惜。当然，前提是不能被饿死。"

徽因虽然足不出户，但作为家里的主妇，她知道如今物价飞涨，时局维艰。大米由他们刚刚回到北平时的九百元一斤，涨到了二千六百元一斤，常听说有学生在食堂门口典当衣物。

徽因组织建筑系一些人成立了工艺美术设计组，他们承接了外边一些活儿。徽因用所得收入购买了颜料、纸张、文具，供建筑系生活困难的学生使用。

建筑系的年轻教师喜欢来林先生家，他们在这里无论是请教教学中的问题，还是谈生活、谈艺术，都觉得精神上十分放松和自由。而且，和林先生谈话是那么有意思，在那一时刻会忘记现实世界的烦恼和喧嚣，心里感到纯洁而安静。

那天，几个人来徽因家还书。一位年轻助教谈起了他刚读过的一本关于文物保护的著作，他说："西方文化之所以从古至今发展得比较均衡，与他们从来就重视维护、保护古代艺术分不开。"

徽因摆摆手说："其实这只是人们的想当然。19世纪以前，西方古代艺术被毁坏是常事，幸存下来的多半是靠工料的坚固或命运的偶然。直到19世纪中期以后，欧洲兴起了艺术考古热，保护古代文物包括古代建筑的意识才由此而大兴。听说，这次遍及欧洲的战场上，盟军各部队里，都跟随着文物建筑方面的专家，以指导军队保护占领区的文物建筑。我国在这方面一直缺乏研究，欧洲也是近代以来开始重视的。"

"将来中国肯定会大量采用西洋现代建筑材料与技术，"另一位年轻人说，"如何谈得上保护和发扬我们民族建筑艺术的特点呢？"

"一个东方国家的城市，如果在建筑上完全失掉自己的个性，至少是文化衰落的表现。近几十年来，几个通商大埠如上海、天津、汉口等城市，在建筑上大多模仿欧美的商业城市建筑，这种建筑看不出多少复兴中国文化艺术的迹象。"

林徽因在工作中

林徽因与清华青年教师在家中喝茶

"艺术创造不能脱离以往的传统，艺术上的发展创新也建立在继承传统的基础上。即使接受外来艺术的影响，也仍然要表现出本国的精神。如南北朝的佛教雕刻、唐宋的寺塔，都是来源于印度，但由于融入了中国的传统，就形成了中国的风格。如今，在接受现代科学技术材料的基础上，怎样发扬我们民族建筑艺术的特点，的确值得当代建筑师好好探讨。哦，你们不知道，你们的梁公①多么讨厌那些不伦不类的建筑。一次我们去江南，那里是著名的风景区，可就在景区的一边，盖起了一幢火柴盒子式的大高楼。这位梁先生认为它破坏了整个景观，一直背对着那幢建筑，不愿意扭过头去。"

大家都笑了起来，林徽因也笑了。一口气说了这么多话，她有些气促，她勾着头，尽力平息着咳喘。年轻人这才意识到，林先生是身患重病的人。他们抱歉地道了再见，一一离去。

他们想不到，一旦他们走后，刚才还滔滔不绝的林徽因就会呻吟着躺下，浑身冒虚汗，半天喘不过气来。即便如此，待到下次家里来了人，她依然如同没事人一样兴致勃勃，谈笑风生。她仿佛是以此作为补偿，为自

---

① 梁公：即梁思成。当时建筑系对教师通称某某公。

己无法挽留、所剩无多的生命岁月。

这样的情形已经持续好长时间了。

每天夜里，她在床上辗转反侧，一次次地剧烈咳嗽、咯痰、喝水、吃药……她憋得气喘吁吁，生怕吵醒了熟睡的亲人。她常想，也许一口气上不来就过去了，要是那样倒也痛快。这样长时间无望地挣扎，真是太折磨人了。只有她自己知道，当肉体背叛着精神、当生命一点一点被凌迟的痛苦。

她眼睁睁看着窗户一点一点发白，室内一点一点亮起来。女佣进厨房了，母亲小声地说着什么，孩子们走动着，屋内充满了清晨忙碌的声音。这时，她昏昏沉沉地睡了过去。

上午九点多钟，阳光照进了她的房间，橙黄的光铺满了窗前的写字台，文竹疏疏落落挺拔多姿的影子映在窗帘上。徽因醒了，四周一片寂静，光线麻酥酥地扎着眼皮。她轻轻地眯起了眼睛，享受这宁静的时刻。她觉得生活的渴望又重新回到了她的心中，生命的活力又渐渐地回到了她的身上。

在长时间卧病的日子里，徽因对人生、对生与死已想过无数遍。

生命的意义难道是为了承受无休止的苦难？如果忍受痛苦是生命不得不接受的事实，如果人度过了一重重磨难最后仍不得不面对那个黑暗的终点，那么，这种承受和忍耐的意义何在？

可是，既然最终的结局已经写好，既然到达那终点只是迟早的事情，那么，何妨坦然地面对生命的每个过程，何妨一天天从容地走过。活着，就尽情浏览生命旅程中的"田野、山林、峰峦"，而一旦死去，就将这人生的负载交给"他人负担"。

《人生》是她写于这时期的诗，在这首诗中，她抒写了自己对人生的眷恋和热爱，以及平静面对人生终点的坦然。

人生，
你是一支曲子，
我是歌唱者；
你是河流，我是条船，一片小白帆
我是个行旅者的时候，

20世纪30年代出版的林
徽因诗集封面

你，田野、山林、峰峦。

无论怎样，

颠倒密切中牵连着

你和我。

我永从你中间经过；

我生存，

你是我生存的河道，

理由同力量。

你的存在

则是我胸前心跳里

五色的绚彩

但我们彼此交错，并未彼此留难。

现在我死了，

你，——

我把你再给他人负担。

徽因收到了思成从美国写回的信。徽因很欣慰，思成的美国之行收获颇多，心情不错。

思成除了在耶鲁讲学，还参加了普林斯顿大学建校二百周年的庆祝活动，那主要是一系列的学术活动。他在"远东文化与社会"研讨会上，作了《唐宋雕塑》与《建筑发现》两场学术报告。

普林斯顿大学因他在中国建筑研究方面的贡献，授予他荣誉文学博士学位。获得这一学位的中国人还有清华大学哲学系的冯友兰教授。

作为联合国大厦设计顾问团的中国代表，梁思成参与了工程方案的讨论，提出了自己的意见。顾问团里会集了勒·柯布西埃、尼迈亚等当代建筑学界的权威，思成在与他们的交流交往中，更清晰地把握了国际建筑学界在建筑学理论和建筑实践方面的探索和发展。建筑的范畴，已从过去着眼于某一具体的建筑物的建设，扩大到了对人们的居住"体形环境"的考虑。思成非常赞同这样的观点：作为一个建筑师，规划、设计的目标是体现对人的关怀。

依照徽因的嘱咐，思成在美国全面检查了身体，重新为伤病的脊椎定做了轻型材质的支撑架，更换了假牙。他还看望了美国的亲友，抽空和费正清、费慰梅在一起待了几天。

许多朋友劝他留在美国，中国内战的消息令人不安。

"这时候别人都是往国外跑，你干吗还要往回跑？你完全可以把家人接出来嘛。"朋友们十分不解。

思成说："不管内战结局如何，我和家人都想留在北京。"经过抗战八年的颠沛流离，那么多苦都吃了，如今好容易刚刚安定下来，他们真是不想再折腾了。

"教授，你听说过这样一个故事吗？"美国友人劝说思成道："当'泰坦尼克'号的锅炉爆炸时，一名船员被气浪抛到了大海里。他获救后有人问他：'你怎么离开那条船的？'这名船员回答说：'我从来没有离开过船，是船离开了我。'"

思成的眼中闪过忧郁的笑意："谢谢你，我的朋友。谢谢你的好意。"无论如何，思成的决心已下。长时期的专业生涯使他和徽因的政治兴趣和经验都很少。和许多知识分子一样，他们很难相信事情还会变得更糟。他们认定，无论谁掌握政权，自己的专业都能派上用场。思成离开北京一年了。

1947 年夏，思成得知徽因病情加重，医生建议她手术摘除被结核病菌感染的一侧肾，他真正着急了。眼下对他来说，尽快回到徽因身边比一切事情都更为重要。好在他在美国的主要使命已基本完成。普林斯顿大学"远东文化与社会"国际研讨会已结束，耶鲁大学的课也基本上完，联合国大厦咨询委员会的会议还在继续，但思成已做了自己该做的事，他赞同的尼迈亚设计方案正在获得多数支持。给清华大学建筑系选购的书籍资料也已经安排好了船运。他收拾整理着回国的行装，购买了一些送给家人的小礼品，这些礼品大多是些美国家用小型电子产品。

徽因一直发着低烧，因为发烧，医生建议手术时间后延。尽管建筑系的诸多事务缠身，思成还是尽可能地抽出时间陪伴徽因。思成的归来使徽因喜悦而心安，她感觉身体状况好了一些。她发现，这么多年来，她每次病情加重的时候，都是思成不在她身边的时候。她把自己的这一发现告诉了思成，思成诙谐地笑道："那当然，我是林小姐最好的私人护理和心理医生嘛！"

初秋的天蓝得纯净，阳光依然绚丽，但已消失了热度。徽因有许多日子没有出过门了，星期日，宝宝和小弟都在家，思成建议孩子们陪徽因出去走走。徽因和孩子们商定去颐和园后，思成给徽因雇了一乘负责往返的滑竿。

颤颤悠悠的滑竿一直把徽因抬到了颐和园的后山。

人们到颐和园一般喜欢逛前山，颐和园前山湖光山色，风景旖旎，湖岸上的排云殿、长廊和佛香阁争奇斗巧，移步换景。但徽因嫌这些景致不脱俗气，是皇家园林模仿"仙山蓬岛"的格局而建造。她独爱颐和园的后山，尤其爱万寿山北坡和坡下的苏州河。北坡上全都是蓊郁的松柏，土路旁盛开着野菊花，坡下面苏州河曲曲折折，河水清澈，自然柔和。尽管这些景致多年疏于管理，有些荒凉零落，但石回路转间别有一种可爱的真实和幽静的美。

头天夜里刚下过一场雨，空气清爽而通透，四下里可以望到很远的地方。再冰和从诫一左一右护佑在徽因的滑竿旁，他们快乐的说笑声感染着徽因。徽因好久没这么开心了，美好的景物和亲人的爱让她觉得自己像个大贵族一样富有，她为自己拥有这一切而心怀感激。她感激思成如此体贴，答应她做这些被大夫视作"不必要"的活动；还有老金，陪着思成看家，鼓励她出来散心。她感激这晴朗的秋日和这动人的风物景致，使她暂且忘却了缠人的病痛。她深情地眷恋着这一切，正是这一切，让她感受到活着、生活着有多么好！

"没有这些我也许早就不在了，"徽因自己说，"像盏快要熄的油灯那样，一眨、一闪，然后就灭了！"[①]

从美国托运的行李终于到了，思成得意地向徽因和家人展示他精心挑选的礼物。

徽因在给费慰梅的信中调侃思成的礼物和这些礼物给她带来的快乐：

……在一个庄严的场合，梁先生向我展示了他带来的那些可以彻底拆、拼装、卸的技术装备。我坐在床上，有可以调整的帆布靠背，前面放着可以调节的读写小桌，外加一台经过变压器插入普通电源的录音机。一

---

① 《林徽因致费慰梅》，《林徽因文集·文学卷》，第387页。

手拿着放大镜，另一手拿着话筒，一副无忧无虑的现代女郎的架势，颇像卓别林借助一台精巧的机器在啃老玉米棒子。

思成打开了那台录音机，转动的磁带上，录下了许多朋友们的问候。让全家人感到十分有趣的是，播放出来的这些声音全都失了真：

……我们确实听到了录在磁带上的各种问候，但是全都不对头了。思成听起来像梅贻琦先生、慰梅像费正清，而费正清近乎保罗·罗伯逊。其中最精彩的是阿兰的，这当然在意料之中。我非常自豪，能收藏一位专业艺术家的"广播"录音。不过迄今我还没有按这机器应有的用途来做什么，只是让孩子们录些闹着玩的谈话。我觉得好像乾隆皇帝在接受进贡的外国钟表。我敢说他准让嫔妃们好好地玩了一阵子……

1947年10月初，林徽因住进医院进行手术前的全面检查。在病房里，她给费慰梅写信：

我应当告诉你我为什么到医院来。别紧张，我只是来做个全面体检，做一点小修小补——用我们建筑术语来说，也许只是补几处漏顶和装几扇纱窗。昨天下午，一整队实习和住院大夫来彻底检查我的病历，就像研究两次大战史一样。我们（就像费正清常做的那样）拟定了一个日程，就我的眼睛、牙齿、肺、肾、饮食娱乐和哲学建立了不同的分委员会。巨细无遗，就像探讨今日世界形势的那些大型会议一样，得出了一大堆结论。同时许多事情也在着手进行，看看都是些什么地方出了毛病；用上了所有的现代手段和技术知识。如果结核菌现在不合作，它早晚也得合作。这就是其逻辑。

……这医院是民国初年建的一座漂亮建筑：一座"袁世凯式"、由外国承包商盖的德国巴罗克式四层楼房！我的两扇朝南的狭长的前窗正对着前庭，可以想象1901年时那些汽车、马车和民初的中国权贵们怎样装点着那水泥铺成的巴罗克式的台阶和通道。

徽因在信中表现出的心态是乐观的、放松的。

而医院的生活则是单调乏味的。每天照例的查房、检查、量体温、服药。白色的病房、白色的走廊就是徽因活动的全部空间，这白色的空间让日子变得单调而缓慢。再加上徽因的病情十分不稳定，时而发烧，时而又检查出别的并发症，手术的时间一拖再拖。最后病情终于稳定了，天气却又冷了，还要等到医院来暖气才能决定手术时间。徽因感到极度的烦闷和焦躁，她希望无尽的折磨尽早有个结果，无论结果是好是坏。

她在诗中宣泄了自己的心情：

我病中，这样缠着忧虑和烦扰，
好像西北冷风，从沙漠荒原吹起，
逐步吹入黄昏街头巷尾的垃圾堆；
在霉腐的琐屑里寻求安慰，
自己在万物消耗以后的残骸中惊骇，
又一点一点给别人扬起可怕的尘埃！
吹散记忆正如陈旧的报纸飘在各处彷徨，
破碎支离的记录只颠倒提示过去的骚乱。
多余的理性还像一只饥饿的野狗
那样追着空罐和肉骨，自己寂寞的追着
咬嚼人类的感伤；生活是什么还都说不上来，
摆在眼前的已是这许多渣滓！
我希望：风停了，今晚情绪能像一场小雪，
沉没的白色轻轻降落地上；
雪花每片对自己和他人都带一星耐性的仁慈，
一层一层把恶劣残破和痛苦的一起掩藏；
在美丽明早的晨光下，焦心暂不必再有，——
绝望要来时，索性是雪后残酷的寒流！

——《恶劣的心绪》

在这首诗的最后，林徽因注上了时间："三十六年十二月病中动手术前。"

她的诗很少这样郑重其事地详细注明写作的时间。在这里署上时间，实际是一个注释，是为自己的生命刻下的一个标识。

这一年的 12 月 24 日，林徽因做了一侧肾切除手术。手术前，许多人来看望她，金岳霖、张奚若、沈从文、莫宗江、陈明达……他们之间的了解到了一个微笑、一个动作彼此都能心领神会。他们宽慰着徽因，嘱咐着徽因，但又都揪着心：徽因的体质那么弱，她能承受这样的大手术吗？

徽因却显得十分坦然，她像平日一样和朋友们开着玩笑，关切地问询着各种各样的事情。

她用轻松的口吻向远在美国的好友费慰梅诀别："……再见，最亲爱的慰梅。要是你能突然闯进我的房间，带来一盆花和一大串废话和笑声该有多好。"

徽因的手术成功了。只是她的体质实在太差，术后伤口长时间不能愈合，让医生伤透了脑筋。

时间进入了 1948 年，北京的早春寒冷而凋零。商品奇缺，物价飞涨。学生把标语贴到了校门口的墙上："饿死事大，读书事小！""向炮口要饭吃！""反饥饿、反内战！"的呼声从校园到社会，越来越强烈。

思成惦记着建筑系的工作，关心着动荡不安的时局，更操心着徽因的身体。

刚刚动过手术的徽因缺乏治疗的药品和补养的食品，思成常常开着车跑出北京城，到百里之外的郊县去采购。运气好的时候，花高价能买到一只鸡，运气不好时，只得空手而归。不得已，思成向费正清和费慰梅求援，请他们从美国寄些链霉素来。同时希望他们能寄一盒五百张的打字纸，因为在北京买一张打字纸要一万法币，一盒打字纸需花去半月的薪水。

人们的不满情绪在增长。徽因在给费慰梅的信中表达了自己对现实的看法：

……右派愚蠢的思想控制和左派对思想的刻意操纵足可以让人长时间地沉思和沉默。我们离你们国家所享有的那种自由主义还远得很，而对那些有幸尚能温饱的人来说，我们的经济生活意味着一个人今天还腰缠万贯，明天就会一贫如洗。当生活整个乱了套的时候，我在病榻上的日子更毫无意义……

徽因住院期间，思成每天从清华到医院跑得十分辛苦。手术后的低烧消退后，徽因就要求出院，回到了清华园自己的家中。

清华住宅区的房间高大宽敞，但是却没有暖气。徽因体弱怕冷。室内温度的高低冷暖关系到徽因的健康和术后恢复。思成在家里生了三个约有半人高的大炉子，这些炉子很难伺候，收拾不好就容易熄火。添煤、清除煤渣，事情烦琐细致，思成怕佣人照顾不好误了事，所以他总是亲力亲为。他遵医嘱每天为徽因配营养餐，为徽因肌肉注射和静脉注射，给徽因读英文报刊。每次去系里之前，他总是在徽因身边和背后放上各种大大小小松软的靠垫，让徽因在床上躺得更舒服些。

思成从学校回来，喜欢讲学校和系里的各种事情，他知道这也是徽因渴望了解的。

在美国考察讲学的时间里，思成用很多时间和精力研究国外的建筑教育。早期学院派的建筑理论强调理性和规范，后来的现代主义建筑思想尊重个性和自然，他反复比较美国各大学建筑系的教学计划和课程设置，选择、取舍与吸收，由此形成了他自己的建筑思想。他认为，现代建筑教育的任务，不仅仅要培养设计建筑物的建筑师，更要造就依据建筑美学思想规划环境的人才。

根据这一教学体系的要求，他将建筑系改名为营建系，对教学计划做了大幅度的修改，在营建系设置了"建筑学"和"市镇规划"两个专业。其中"市镇规划"是我国高校第一个城市规划专业。

1948 年，苦难的中国烽火连天，忧患连年。建筑学家梁思成在构想着中国建筑教育的未来，这是一个理想主义者的构想。

他想得很长远。他设想着将来把营建系办成营建学院，下设建筑系、市镇规划系、造园系、工业技术学系。

"建筑师的知识要广博，"思成说，"要有哲学家的头脑，社会学家的眼光，工程师的精确与实践，心理学家的敏感，文学家的洞察力……但最本质的他应当是一个有文化修养的综合艺术家。这就是我要培养的建筑师。"

梁思成的教育理念和教学思想，得到了林徽因最忠实的拥护。徽因绝不是盲从，她平时和思成讨论问题时，从来不保留自己的观点，他们经常因不同的认识发生激烈的争执。但对思成的建筑教育构想，她却给予了高度的肯定和支持。这是两个理想主义者的和谐共鸣，思成感到了满足和幸福。

理想主义的存在是这个世界最令人欣慰的存在，在它的光耀下，创造的激情奔涌不息，鲜花盛开；生命之树常绿，郁郁葱葱。

1948年春节过去了。徽因的身体缓慢地恢复着，一天天有了起色。她能在房间里活动了，开始整理抗战时期一些诗作。老金支持鼓励她把这些诗作送出去发表，"把它们放到适合的历史场景中，这样不管将来的批评标准是什么，对它们就都不适用了。"

老金太了解徽因了，他对别的朋友谈及徽因时说："她倒用不着被取悦，但必须老是忙着。"

思成对徽因做这些事情则是既担心又高兴。他在给费慰梅的信中写道："她的精神活动也和体力一起恢复了，我作为护士可不欢迎这一点。她忽然间诗兴大发，最近她还从旧稿堆里翻出几首以前的诗来，寄到各家杂志和报纸的文艺副刊去。几天之内寄出了6首，就和从前一样，这些诗都是非常好的。"

林徽因这些诗发表在1948年杨振声主编的《经世日报·文艺周刊》和朱光潜主编的《文学杂志》上。它们是《昆明即景》《六点钟在下午》《年轻的歌》和《病中杂诗九首》。

新学期开始了，思成除了负责系里工作，还要讲授中国建筑史和世界建筑史，另外还有每周两次的评图课。

就思成的性情来说，他喜欢搞研究，而不太喜欢教书，尤其不喜欢那些烦琐、庞杂的事务性工作。每当他摆脱了一切杂务，坐在书桌前，看自己想看的书，写自己想写的文章，他就感到宁静而充实。但建筑系的事情都需要他一件一件去做，而这些事情又永远也做不完。每当他为不能潜心学术研究而懊恼时，学生的成长和进步又会带给他喜悦和安慰。

思成忙得不可开交时，金岳霖一声不响地帮助着他和徽因。每天下午三点半，老金准时来到梁家，他为徽因带来了各种书刊，主要是新近出版的英文书刊。坐下来后，他就会挑选有关部分读给徽因听，其中有哲学、美学、城市规划、建筑理论，还有英文版的恩格斯著作。当女佣送上茶点，徽因会打断老金的诵读，就书刊中的观点和他讨论起来。

有时候张奚若、陈岱孙及建筑系的一些朋友也会陆续来到。多年来，他们只要在一起，都保持着喝下午茶的习惯，而梁家是他们的茶会中心。

一天，徽因收到了一封来自福建的信，信中说老家一位叫林洙的姑娘想进入清华大学先修班学习，请徽因帮助她。

一个晴朗的秋日，林洙走进了梁家。她怎么也没有想到，十几年后，她会成为这个家庭的女主人。

林洙从小就知道林徽因，因为老家人聊天时，总是会提到这位福建籍的才女。他们津津乐道她与梁思成的良缘。

当林洙站在梁家门前时，心情既兴奋又忐忑不安。她一生都清晰地记得第一次迈进梁家的印象和感受：

我来到清华的教师住宅区新林院八号梁家的门口，在院门口看见那儿竖着一个木牌子，上面写着"这里住着一个重病人，她需要休息，安静，希望小朋友们不要在此玩耍嬉闹。"我一下子怔住了，不知道是该进去，还是后退，终于我定下心来，走上前去，轻轻地叩了几下门。开门的刘妈把我引进一个古色古香的起居室，这是一个长方形的房间，北半部作为餐厅，南半部为起居室。靠窗放一个大沙发，中间放一组小沙发。靠西墙有一个矮书柜，上面摆着几件大小不同的金石佛像，还有一个白色的小陶猪及马头。家具都是旧的，但窗帘和沙发面料却很特别，是用织地毯的本色坯布做的，看起来很厚，质感很强。在窗帘的一角缀有咖啡色的图案，沙发的扶手及靠背上都铺着绣有黑线挑花的白土布，但也是旧的，我一眼就看出这些刺绣出自云南苗族姑娘的手。在昆明、上海我都曾到过某些达官贵人的宅第，见过豪华精美的陈设。但是像这样朴素而高雅的布置，我却从来没有见过。

林洙被书架上的一张照片吸引住了，那是林徽因和她父亲的合影。当时的徽因只有十五六岁，眉若春山，睛似点漆，肤若凝脂，她依偎着父亲，一只胳膊轻轻地搭在父亲的肩上，她的面容、神情、身姿真是美极了，这种美是自自然然地流露、呈现出来的。

林洙正目不转睛地看着，只听卧室的门"嗒"的一声开了，林徽因轻咳着走了出来。她微笑着握住林洙的手自嘲地说："对不起，早上总要咳这么一大阵了，等到喘息稍定才能见人，否则是见不得人的。"

林徽因的自然轻松使林洙紧张的情绪顿时松弛了下来。她后来描述道：

我定睛看着她，天哪！我再也没有见过比她更瘦的人了。这是和那张照片完全不同的一个人。她那双深深陷入眼窝中的双眼，放射着奇异的光彩，一下子就能把对方抓住。她穿一件浅黄色的羊绒衫，白衬衣的领子随意地扣在毛衣上，衬衫的袖口也是很随便地翻卷在毛衣外面。一条米色的裤子，脚上穿一双驼色的绒便鞋……我承认一个人瘦到她那样很难说是美人，但是即使到现在我仍然认为，她是我一生中见到的最美、最有风度的女子。她的一举一动、一言一语都充满了美感，充满了生命，充满了热情。她是语言艺术的大师，我不能想象她那瘦小的身躯怎么能迸发出这么强的光和热。她的眼睛里又怎么同时蕴藏着智慧、诙谐、关心、机智、热情的光泽。真的，怎能包含这么多的内容。当你和她接触时，实体的林徽因便消失了，而感受到的则是她带给你的美，和强大的生命力，她是这么吸引我，我几乎像恋人似的对她着迷……

第一次到林家，林洙不知不觉待了两个多小时。徽因关切地询问林洙报考大学的情况。林洙告诉她，自己认为数学、化学、语文尚好对付，物理、地理不行，最头疼的是英语。

徽因说："你和我们家孩子相反，再冰、从诫都是怕数学，你为什么怕英语？"

"我怕文法，"林洙说，"我简直搞不清那些文法。"

"英语并不可怕，再冰中学时在同济附中，学的是德语，英语是在家里学的，我只用了一个暑假来教她。学英语就是要多背，不必去管什么文法。一个假期我只选了一本《木偶奇遇记》做她的读本，她读一段背一段，故事读完了，英文也基本学会了，文法也就自然理解了。"

接下来的时间里，徽因了解到林洙在住宿上有困难时，立即答应帮她解决。她还向林洙介绍清华的情况和北京的名胜。当林洙起身告辞时，她笑着说："我也累了。每天下午四点我们喝茶，朋友们常来坐坐，欢迎你也来。"

在后来的日子里，林徽因帮林洙安排了借宿的地方，林洙在清华选修了一些课程。她听梁思成讲授中国建筑史和西方建筑史，每周二、五下午到梁家上课，林徽因亲自辅导她的英语学习。上完课，徽因总是邀请她一同喝下午茶。在这里，林洙认识了清华园里大名鼎鼎的金岳霖先生、陈岱孙先生、张奚若夫妇、周培源夫妇，还有常来梁家的一些北京大学的教授和营建系的教师们。

林洙注意到，梁家茶会的话题十分广泛。各种有趣的人和事，政治风云、学术前沿、科学发现、艺术见解——这是一个温暖的寄托心灵的场所，每个人在这里都敞开了自己，他们热爱这种纯精神的交流。

徽因是茶会的中心，她对艺术的清澈见解，她对丑恶的彻底轻蔑，她自由凝静的仪态，无一不具有强烈的吸引力。思成虽然话不多，但偶尔谈起什么来，却十分诙谐幽默，富有情趣。

一天，林徽因谈起了苗族的服装艺术。她从苗族的挑花图案，谈到建筑的装饰花纹，联想到中国古代装饰图案中卷草花纹的产生、流变。她认为这些卷草花纹图案来源于印度，而印度这些图案最初则由亚历山大东征传入。她指着搭在沙发上的那几块挑花土布说，这是她花高价向一位苗族姑娘买来的，那姑娘本来是要把这几块挑花布做在嫁衣的袖头和裤脚上的。

说到这里，徽因的眼睛一亮，指着倚在沙发上的思成说："你们看思成，他正躺在苗族姑娘的裤脚上呢。"梁思成和大家一同笑着，讲起了他到川滇地区调查古建筑的趣闻。在云南楚雄，他被一户人家请去吃喜酒，看到新房门上贴着一副对联，上联是"握手互行平等礼"，下联是"齐心同唱自由歌"；然后他拖长了声音笑着说："横额是'爱——的——精——诚'。"

客人们都哈哈大笑起来。

还有一次，林徽因讲起了当年她和思成逛太庙的故事。

徽因说："那时我才十七八岁，第一次和思成出去玩，我摆出一副少女的矜持。想不到刚进太庙一会儿，他就不见了。忽然听到有人叫我，抬头一看，原来他爬到树上去了，把我一个人丢在下面，真把我气坏了。"

梁思成挑起眉毛调皮地一笑说："可是你还是嫁给了那个傻小子。"他深情地望着徽因，握着她的手轻轻地抚摸着。林徽因苍白得几乎透明的脸上泛起了一层红晕。

林洙禁不住在心里赞叹道："他们是多么恩爱的一对！"

费慰梅曾经这样谈到过林徽因："她的谈话同她的著作一样充满了创造性。话题从诙谐的逸事到敏锐的分析，从明智的忠告到突发的愤怒，从发狂的热情到深刻的蔑视几乎无所不包。"

但是，在这种几乎无所不包的谈话里，林洙说："我几乎从没有听到过他们为自己的病情或生活上的烦恼而诉苦。"

梁思成后来这样谈及他们聚会时海阔天空的聊天：

不要轻视聊天，古人说，"与君一夕话，胜读十年书"，从聊天中可学到许多东西。过去金岳霖等是我家的座上客。茶余饭后，他、林徽因和我三人常常海阔天空地"神聊"。我从他那里学到了不少思想，是平时不注意的。学术上的聊天可以扩大你的知识视野，养成一种较全面的文化气质，启发你学识上的思路。聊天与听课或听学术报告不同，常常是没有正式发表的思想精华在交流，三言两语，直接表达了十几年的真实体会。许多科学上的新发现，最初的思想渊源是从聊天中得到的启示，以后才逐渐酝酿出来的。英国剑桥700年历史出了那么多大科学家，可能与他们保持非正规的聊天传统有一定联系。不同学科的人常在一起喝酒、喝咖啡，自由地交换看法、想法。聊天之意不在求专精，而在求旁通。①

清华园里的生活一如既往，巨大的社会变革却正在逼近。共产党在东北战场取得了决定性的胜利，对国民党主力部队的包抄和"围剿"的大网在慢慢收紧。古老的北京城里，观望和期待的情绪如一股潜流，在人们的心头涌动。

国民党在军事上节节溃败，开始做南撤的准备。教育部派员到北大、清华传达政府关于学校南迁的意见。

思成、徽因和他们的朋友张奚若、钱端升、金岳霖、陈岱孙、周培源等早已决定，哪里也不去，就留在北京、留在学校里，静观待变。对国民党的统治他们由不满到绝望，再也不愿意相信这个政府的承诺。

他们认为，新政权同样需要懂技术、有专业的人。用梁思成的话说："共产党也要盖房子。"更何况，他们所接触的共产党人曾给他们留下了很好的印象。他们的等待中有茫然、有不安，但更多的还是希望。

这一年，思成和徽因的老朋友费正清在美国出版了他的第一部著作——

① 林洙：《困惑的大匠——梁思成》，第162—163页。

《美国与中国》。这本书被称为"最好的单卷本中国史"，经多次再版，成为西方最畅销的关于"中国问题"的著作。思成和徽因很快收到了费正清寄来的赠书。一段时间里，这本书成了梁家茶会的中心话题。书中涉及的一些问题，他们过去曾和费正清讨论过，也是眼下他们所关注的。

《美国与中国》由三大部分结构而成。第一部分概述了 19 世纪中期西方入侵之前中国的社会、政治特征；第二部分考察了由这种入侵所产生的各种社会力量以及他们与中国传统的互相影响；第三部分则思考了中美关系的发展过程。全书的论点基于这样的看法："今天的中国革命和国共两党的战争，是传统中国社会结构的直接产物。"

费正清认为，中国古代社会的核心就是由独裁主义构成的。在独裁的统治者们的共同作用下，中国社会始终处于两极分化之中。宗法制度的权力、乡绅对农民的控制、阻碍文化普及的繁难的文字，以及商人对官场的依赖，支配着这个社会并成为这个社会的特征。独裁主义渗入到政府的体制，构成了严密的组织、控制和管理，形成了独特的有组织的贪污和重用亲戚的状况。

西方入侵给延续了两千多年的古老王朝以强烈的冲击。当西方的制度和思想随着炮舰进入通商口岸和中国内地的时候，中国和西方的条约关系取代了朝贡关系，中国社会的政党政治取代了王朝政治，深层次的永久性变化取代了传统的周期性变化。中国的近代史基本上是一部对西方的入侵做出反应的历史。历史的发展有其必然的趋势，中国走向现代化的趋势已不能被逆转。它要求政党、政治制度必须与这一趋势相适应。根据这一历史观，费正清对中国的几大主要政治派别的纲领和前途做了评估。他认为，虽然国民党满足了革命对民族主义政党提出的要求，但它已证明没有能力满足继之而来的在民生、民主方面提出的要求。国民党之所以无能力这样去做，有着根深蒂固的组织上、思想上的原因。中国社会是一个农业社会，农村中的苦难是中国社会制度、社会关系的产物。没有土地所有制方面的真正改革，贫困不可能被根除。而国民党政权为了自己政治集团的利益牺牲了人民大众的利益，它已经失去了统治中国的资格。

他认为，中国自由主义知识分子的政治前景同样凄凉。在中国，自由主义面临着一系列明显的障碍，包括独裁主义的政治传统，他们本身的个人主义（这使得集体行动几乎不可能），以及国民党政府针对他们的严厉的镇压运动。在他看来，尽管自由主义作为一种思想将在中国的政治生活中成为一种重要而且持久的因素，但是作为一种有组织的政治力量，它已经不起作用。

对于中国共产党，他认为，中国共产党事实上已在这个国家中成功地赢得了农民和知识分子的广泛支持。他分析道：民族主义和农民的生计是赢得这种拥戴的关键。生活问题，指导土地革命并提高生活水准的能力，是中国共产党在农村得到广泛支持的原因。包括通过诸如减租、建立合作社和组织政治团体等改善经济的措施来唤起普通中国农民，由当地干部树立起公正的榜样从而产生了道德威望。他对毛泽东的《新民主主义论》做了这样的评论："不管你喜欢不喜欢，我们不能否认它提出了一个前后连贯、适合中国国情的纲领。"他承认，中国共产党人正是为老百姓着想，了解他们面临的问题，才能把农民大军动员起来，以食物供养自己，并以群众性的支持使自己获得胜利。①

……

林徽因就费正清的书专门写了一封信，这是林徽因写给费正清和费慰梅的最后一封信。以后不久，中国大陆与美国就中断了任何往来。从这封信也可以看到，即使是谈论一本政治历史著作，林徽因所持的也是一个艺术家和诗人的眼光：

谢谢你们寄来的书，费正清自己的杰作，多好的书啊！我们当然欣赏、钦佩、惊奇和进行了许多讨论，大家都对这本书有非常非常深的印象。有时我们互相以热情赞美的话说，费正清显然是把握了我们华夏臣民的复杂心态，或知道我们对事物的不同感觉，所以，这不是那种洋鬼子的玩意儿；张奚若热情地说，他喜欢费正清的书，"没有一处是外人的误解……他懂得的真不少"等等。老金说这是对我们的一个"合理而科学的"总结，费正清"对有些事情有着基本的理解，他和别的外国人真是不一样"。而我和思成非常惊讶，它真的全然没有外国人那种善意的误解、一厢情愿的期望或失望。我尤其欣赏费正清能够在谈到西方事物时使用西方词汇，谈中国事物用中国词汇，而同一个西方语言却既能让美国读者以

---

① 保罗·埃文斯：《费正清看中国》。

自己的语汇来读关于中国的事，又能让中国读者用另一种语汇来读关于自己国家的事。我们对这一点都特别欣赏。

此外，我们还常常以最大的钦佩而且毫不感到羞耻地互相指出，有许多关于中国的事实我们竟是从他这里才生平第一次知道！例如，有趣的是，我从不知道玉米和白薯是这么晚才来到中国的；还有特别是那些关于中西方关系的事件。

换句话说，我们都极为赞赏费正清的这本得意之作。自从费慰梅重建武梁祠以来，梁氏夫妇还没有这么高兴过呢。

我唯一的遗憾，如果说有的话，是在这本总结性的著作中没有涉及中国艺术，尽管我也看不出艺术与国际关系何干。即便如此，艺术是我们生活中那样重要的一部分。如果要一般地谈论我们的话，艺术也是不可少的，那是我们潜意识中的一个组成部分。……当我提到艺术的时候，当然也指诗，但可能也指由我们的语言、我们特有的书法、构词、文学和文化传统所引发的情感和审美情趣。我们特殊的语言实际上由三部分组成：修辞、诗，只有一部分才是直截了当的言语！……我想说的也许是，正是这种内涵丰富的"语言—诗—艺术的综合"造就了我们，使我们会这样来思索、感觉和梦想……

简言之，我认为艺术对我们精神的塑造和我们的饮食对我们的身体的塑造一样重要。我深信，我们吃米饭和豆腐会不可避免地使我们同那些大块吃牛排、大杯喝牛奶、外加奶油蛋糕或馅饼的人有所不同。同样，坐在那里研墨耐心画一幅山水画的人，肯定和熟悉其巴尔扎克风格或后印象主义画派和晚期马第瑟和毕加索，住在巴黎拉丁区的叛逆青年（或专程到墨西哥去旅行以一睹墨西哥壁画的年轻人）全然不是一个类型……

以上全是我私下里的一点书评，不过是为了想争论一下，而费正清对善意的争论总是很来劲的。寄这封信得花我一大笔钱了！说到政治观点，我完全同意费正清。这意味着自从上次我们在重庆争论以来我已经接近了他的观点——或者说，因为两年来追踪每天问题的进展，我已经有所改变，而且觉得费正清是对的。我很高兴能够如此……

也许我们将很久不能见面——我们这里事情将发生很大变化，虽然我们还不知道是什么样的变化，是明年还是下个月。但只要年轻一代有有意义的事可做，过得好、有工作，其他也就无所谓了。

林徽因信中所说的"变化",很快就到来了。

1948 年 12 月,北京城战云笼罩。

中国人民解放军围城月余,傅作义部坚守城池,不战不和。

清华园地处西郊,与城内交通隔绝。校园内流传着各种消息,有人说城内的北大、城外的燕京已经停课多日,许多教授离京南迁。有人说,东单商场一带改筑机场,周围房屋拆掉很多,北京饭店屋顶掀了一层。还有人说,清华将迁入城内,与北大合并上课。学生中各种反应都有,进步学生为迎接解放做着各种准备工作;大多数学生已不能安心上课。

国民党政府拟就了北京各大学欲"抢救"的教授名单,梁思成也在被"抢救"之列。接他们的飞机停在南苑机场,胡适夫妇走了,梅贻琦走了,陈寅恪走了,但梁思成、林徽因留了下来,更多的人留了下来。

他们留下来,在自己熟悉的土地上,在自己熟悉的校园里,他们充满了期待。

物价飞涨,物资奇缺,金圆券贬值,教职工生活无保障。校长梅贻琦南行后,学校事务由校务会议的一干人维持。清华园内,人们对代理校务的人员意见丛生。校务会议主席冯友兰借清华人的一句老话发牢骚:"教授是神仙,学生是老虎,办事人是狗。"

没有人管理的清华处于"无政府"状态。

夜里,徽因睡不着,只听到平绥路上车辆声隆隆不断,那声音自北向南,彻夜不停。思成说,那一定是国民党军队在向南撤。

12 月 13 日下午,清华园北边炮声响成一片。国民党中央军炮兵团开进了清华,在校园内的气象台安放了三尊大炮,学校体育馆以西一带戒严。

停电了。入夜,静谧的夜空里弥散着紧张不安的气息。一些教职工携儿带女卷着铺盖住进了学校的图书馆。因为图书馆的建筑坚固,可防炮弹的轰炸。

这一夜月色如水,新林院的人们虽然安居如故,但却忧心忡忡,彻夜难眠。

思成站在家门口,一边听着密集的枪炮声,一边自言自语道:"这下子完了,全都要完了!"他想起当年营造学社的创始人朱启钤先生说过的话:"从历史上看,历代宫室,都难逃五百年一轮回的大劫之灾。传统建筑的木结构是经不起兵燹炮击的。"

大战将至，他和徽因为北京城那些古建筑而忧心如焚。

12月19日，国民党空军出动，轰炸北京西郊解放军炮兵阵地。清华园多处中弹，燕大蔚秀园亦中弹。第二天，学校停课。在科学馆召开的教授会通过了校园遭轰炸抗议书。

学校大门口贴出了中国人民解放军十三兵团政治部的告示，称中国人民解放军将保护人民生命财产不受损失，保护学校寺院文物古迹不遭破坏。

这天早晨，女佣刘妈从自己的家里回到梁家，头两天她因家中有事回了远郊的成府村。

她一到梁家就讲起了她早上遇到"八路军"的事。

刘妈早上开门，看见村子里到处是穿着草绿色军装的队伍。听邻居们说，队伍是半夜开进村子里的。可这么多人居然连一条狗都没有惊动，莫非真是天兵天将吗？大冷的天，走在外边连手都伸不出来，可他们就依着胡同的土墙睡了半宿。看上去，他们的人马都很瘦。村里人看着不落忍，请他们进家，没人进，请他们喝粥，没人喝。就连喝碗开水，也是谢了又谢才接过去。

刘妈兴奋地对思成和徽因说："我活了六十多了，可没见过这样的队伍，人家都说八路好，往常我就是不相信，今儿个我算是亲眼瞧见了。我出村儿的时候，瞅见一些城里人正排着队举着旗子欢迎队伍呢！"

徽因和思成兴奋地听着刘妈的讲述，好奇地向她询问有关这支军队的各样事情。

那是一个让人觉得要发生什么事情的夜晚，空气中流动着紧张和不安。张奚若领着两位身穿灰色军装、头戴皮帽子的军人来到了梁家。他们向梁思成、林徽因行着标准的军礼，自我介绍说："梁教授，我们受解放军攻城部队的委托，来向先生请教，城里哪些文物建筑需要保护。请你在这张地图上标示出来，以便我军攻城的炮火能够避开。"

梁思成和林徽因激动了，他们顾不上多说什么，在两位军人带来的那张军事地图上一一标出北京市重要的文物古迹和建筑群落，那是他们视为生命一般宝贵的文化遗存。他们珍爱和熟悉那一切，几乎用不着多加思索和查阅资料，一处处需保护的文物古迹位置便被准确而详细地标示了出来。

临走时，一位军人对他们说："请你们放心，只要能保护文物古迹，我们就是流血牺牲也在所不惜！"

看着两位不速之客匆匆的身影消失在夜色中，童年读过的《孟子》章句在思成的脑海里浮现了出来："箪食壶浆，以迎王师。"他突然想起忘了询问来人的姓名。

夜深了。他和徽因长时间不能入睡，两位军人带给思成和徽因的感动长久地留在心里。"这样的政党，这样的军队，值得信赖，值得拥护！"

这是 1948 年 12 月。这一年，梁思成四十七岁，林徽因四十四岁。

第四部分

万古人间四月天

我们的雄鸡从没有以为

自己是首领

晓色里他只扬起他的呼声

这呼声叫醒了别人

他经济地保留这种叫喊

（保留那规则）

于是便象征了时间！

——林徽因《我们的雄鸡》

第十六章　时间开始了

1949 年的新年到了，太阳暖暖地照着清华园。

工字厅回廊曲折，雕梁画栋，是清华的教授们休息娱乐的地方。上午，教联会的同人照例在工字厅团拜。晚上，大礼堂照例是游艺会。游艺会上，教职工演出了话剧，工友们表演了魔术。看上去，这个新年和往年一样平静而热闹。

但是，毕竟这个新年不同于往年。

一队队民工源源不断地经过清华园，他们扛着云梯、竹篙、水杉，从这里运送给准备攻城的解放军部队。学校附近的商店里，已开始使用解放区长城银行的纸币。商店虽然还正常营业，但东西既贵且少。

依据校历，这个学期的课应该上到 1 月 8 日，然后是为期一周的期末考试。可学生们都在筹备迎接解放的各种活动，学校已无法正常上课。校园里腰鼓声自由地敲响，体育馆前学生们扭着秧歌代替了早操，中午和晚上，教室里不是在练习合唱就是在排演话剧。

根据形势，校务会议决定取消考试，即放寒假。通知发出后，几乎没有学生离校。

1 月 10 日下午两点，中共北平军事管制委员会文化接管委员会和教育委员会正式接收清华大学。

大礼堂的楼上楼下，挤满了学生和教职工。校务会议主席、文学院院长冯友兰教授宣布：清华大学从今天起成为人民政府的大学。大礼堂里掌声雷动，这掌声持续了很长时间。

接着，是接收代表、文化接管委员会主任钱俊瑞讲话。这个中年军人看上去和蔼、沉稳，有很好的口才。

他开头先是宣讲了新民主主义革命的方针：打倒帝国主义、封建主义、官僚资本主义，提倡民族主义、民主思想、科学精神。

接着，他讲了共产党接收大学后的工作意见：取消国民党在学校的训导制度，取消公开的或秘密的党团活动；一切暂时维持原状，教职员工的薪水仍按等级制；待北平解放后，再通盘筹划高等教育的改进方案。[①]

再冰、从诫这些日子很少回家，他们各自在学校忙着迎接解放。再过几天就要过春节了，可这个春节的气氛与以往任何春节都不同。晚上，徽因和思成正在家里说着话，忽然听见外面学生的喊声："傅作义投降了！"他们赶紧打开收音机收听广播。炉子烧得很热，徽因苍白的脸颊浮上了一层红晕。北京和平地解放了，再没有比这更好的结局了，她和思成多么欣慰！

这是 1 月 22 日，是中国人民解放军攻城的最后期限。1 月 30 日，解放军两千官兵来到清华参观。部队集合在体育馆广场。学生队伍也会集在那里。学生和军人一起唱歌，然后高呼口号："中国共产党万岁！""毛主席万岁！"清华人第一次听到这样的口号。

1 月 31 日中午十二点，中国人民解放军由西直门列队进入北京城。

4 月 21 日，毛泽东、朱德发布解放全中国的命令。中国大地上摆开了人类历史上从未有过的巨大战场，一处处文化遗迹星辰般散落在战场的各个角落，在血腥的厮杀中，它们顷刻间便会化为齑粉。

中国人民解放军的代表又一次来到清华园，听取梁思成的意见。

梁思成迅速组织人员，在最短的时间内，编写出了《全国重要文物建筑简目》。

在这本厚厚的手册中，梁思成在故宫、敦煌、云冈、龙门、孔庙等古建筑的条目下加注了四个圈，大家戏称之为"四星将"，其次是三个圈的、两个圈的、一个圈的。全册总共四百五十多条，重点加圈的近二百条。每个条目下都附有该文物建筑所在的详细地点、文物性质、建造和重修年代以及意义和价值。

林徽因对全册的条目一一审核，并在扉页的说明中特别提示："本简

---

① 浦江清：《清华园日记西行日记》，第 268—275 页。

目主要目的，在供人民解放军作战及接管保护文物之用。"

"简目"发到了解放全中国的广大指战员手中，和军事地图一起，成为他们的作战必备。这可以视为中国共产党最早的文物保护举措，也是最早的有关文物保护知识的普及运动。

长年征战南北、身披弹痕和征尘的军人，第一次把自己指挥的战斗与文物、文化联系在了一起，他们作为胜利者、征服者的自豪感油然而生。

许多年以后，他们中的一些人已身居高位，走遍万水千山。可当他们回想起"金戈铁马，气吞万里如虎"的战争岁月时，还会深情地怀想起某个地方某一处在自己的炮口下保留下来的"古迹"。

全国解放后，这本册子经修订成为《全国重点文物保护目录》，由国务院颁布。它为全国各地的文物建筑调查、保护、研究工作提供了指导和依据。

1949 年 3 月，林徽因被清华大学聘为建筑系一级教授。

1949 年 5 月，梁思成被任命为北京市都市计划委员会副主任，林徽因被任命为委员会委员。

1949 年 8 月，梁思成被任命为国旗、国徽评选审查委员会委员。

1949 年 9 月，林徽因和清华大学的十位教师，接受了设计国徽的任务。

1949 年 9 月 30 日，中国人民政治协商会议通过了建造人民英雄纪念碑的提案，当大傍晚，毛泽东主席在天安门广场举行了纪念碑奠基仪式。梁思成、林徽因为纪念碑建筑委员会委员。

短短几个月时间里，社会生活的巨变让人目不暇接。而在这几个月里，林徽因的生活也发生了重大变化。

她被聘为清华大学的一级教授，主讲《中国建筑史》，并为研究生开设《住宅概论》等专题课。她是北京市都市计划委员会委员、中华人民共和国国徽设计小组成员、人民英雄纪念碑建筑委员会委员。她还是北京市第一届人民代表大会代表、全国文代会代表……这一切来得迅疾而不容分说，这些荣誉和"头衔"出乎她的意料之外，但这又不能不让她讶异而感动。在她热情、活跃的天性中，本来就有倾向于行动的一面，而过去，这热情只能在很小的圈子里挥洒；如今，新政权赋予她新的使命，使她从客厅里走了出来，从"梁思成太太"的称谓中走了出来，她作为独立的个体得到了承认。"士为知己者死"，她怎能不竭尽全力，鞠躬尽瘁！

更让她兴奋的是，终于盼到了一个理想时代的到来。引领中国进入这个时代的新政权允诺消灭一切剥削和压迫，荡涤一切黑暗和丑恶，让广大民众过上好日子，让受尽屈辱的国家重新站立。她怎能不欢欣鼓舞、倾心拥戴！

徽因和思成欣喜地注视着，新政权的工作务实高效，令行禁止；短时间内，社会治安井然有序，生产交通迅速恢复，失业贫民得到安置，丑恶黑暗势力得到了惩治。

作为建筑师，徽因和思成特别欣慰的是，古老的北京变得从未有过的整洁和清新。城墙旁，护城河畔，堆积如山的垃圾被清除了，这些垃圾有的已堆积了几十年、几百年。污水横流、恶臭扑鼻的龙须沟，烂泥塘被填平了。街道、胡同平整一新，干干净净。

这里有一组数字：新中国成立后的一年时间里，北京市共清除了三十三万余吨从明代积存下来的垃圾，取消了市内八百零九个粪坑、粪箱和粪厂，清除了一万吨积存的粪便，修复、疏通下水道十六万立方米，修筑、平整大小街道、胡同路面二百五十二万平方米。

列宁说过："工程师将通过自己那门学科所达到的成果来承认共产主义。"

徽因和思成通过自己所看到的一切认识了共产党，承认了共产党。这种承认是与国民党相比较得出的，他们的拥护是真诚的。徽因和思成的朋友，清华大学教授钱端升在新中国成立后专门给费正清写了一封信，他在信中说：

关于总的形势，我必须实事求是地说，这些新来者是地地道道的中国

德胜门城墙顶部、箭楼及炮台

人，体现着中国人的所有美德，而且同时也是非常马克思化的。你的政府越早以实事求是的方式和态度来看待我们的新政权，它就越容易能够采取一种可行的而且彼此有益的政策。这是你面临的任务。

德胜门城墙与箭楼

费正清在 1949 年哈佛大学出版的《亚洲的下一步》中断言："从中国老百姓的观点来看，根据现在的中共政权迄今为止的表现，用中国人的思想方法来判断，有望成为中国近代以来最好的政府。"①

不停变化的热烈的生活，是富于浪漫色彩的生活，浪漫的新生活对年轻人具有永恒的号召力。在这一年，徽因、思成的女儿梁再冰参加了解放军南下工作团，和她一起参军南下的还有张奚若的女儿张文英。两个年轻的姑娘头戴军帽，身穿缝制粗糙、宽大不合体的军装，腰里束着军用皮带，在清华园甲和她们的家人告别。张奚若夫人一直默默地抹着眼泪，两个姑娘却顾不上伤感。她们为自己的人生选择和这身崭新的装束而自豪，这是她们告别旧有的一切、迈向新生活的标志。心中的依恋之情被跃跃欲试的向往所取代，对未来的憧憬冲淡了离别的忧伤。

从诚跑来跑去为她们拍照。正是春天，园子里满眼新绿，生机盎然。年轻人脸上的微笑明净而纯洁。

这一年，从诚已是北京大学历史系的学生。他原本报考的是清华大学营建系，这是他自己的愿望，也是思成和徽因的愿望。可是他的考试成绩差一点不够清华大学营建系的录取分数，他被录取到了北大。无论是梁思成还是林徽因，都没有想过把从诚破例录取到营建系。

---

① 保罗·埃文斯：《费正清看中国》，第 134 页。

民国三十八年（1949年）2月，梁思成、林徽因送女儿参军。后排左起：林母、梁思成、张文英（张奚若之女）、沈铭谦、金岳霖，前排左起：梁再冰、林徽因、张文朴（张奚若之子）

民国三十八年（1949年）2月，梁思成、林徽因送女儿梁再冰参军

1949年秋，新学年开学了。

这是梁思成实施新教学计划的第二年，《文汇报》发表了他的《清华大学工程院营建系学制及学程计划草案》。草案中体现了他的建筑教育思想：尊重传统，但不拘泥于传统；学习西方，但不局限于西方。教学计划中，现代与传统、现实与历史、工程与艺术、理工与人文各门课程结构合理，融会贯通。

1950年4月，是清华大学新中国成立后的第一个校庆，各院系有许多纪念庆祝活动。建筑系当时在新水利馆楼上，校庆期间展出了城市规划课程设计，学生的雕塑作业和美术作业，还有高庄先生设计的工艺品、李宗津先生的油画。参观的人很多，林徽因也很想去看一看她的学生们的成绩，可她却没力气上楼梯。学生们为了满足她的心愿，让她坐在藤椅里把她抬了上去。

林徽因在展出场地停留了很长时间，她细细地审读学生的作业，高兴地称赞、点评着。城市规划设计尤其让她兴奋，设计突出体现了人与自然和谐相处的指导思想，这既是对人的尊重，也是对自然的尊重。

出口处的桌子上，有摊开的意见本。许多人赞扬建筑系的展览让人眼界大开，也有人写道："看了这个展览，不明白建筑系是干什么的"，"集空想之大成"。这些意见让徽因生气，她不快地说："这些人根本不懂什么是建筑、什么是建筑艺术，他们大概认为，建筑就是盖房子吧。"

清华大学营建系的建筑教学和课程设置充满活力，富于远见，在当时全世界相同学

北京大学学生宿舍外观

科中处于领先行列。即使今天看来，也有其独到的价值。可是，这个教学计划在 1952 年终止了，那一年，中国的高等教育开始了向苏联的全面学习和借鉴。

听说小同乡林洙和系里的年轻教师程应诠快结婚了，徽因把林洙叫到家里，拿出一个存折说："这是早年营造学社的一笔专款，专门用来资助年轻人的生活学习的。"她让林洙拿去，需要多少取多少。

徽因知道他们双方的家都不在北京，个人又没什么积蓄。

林洙脸涨得通红，不知说什么好。徽因又说："不要紧的，这钱你先借用，以后再还。"她把存折交给了林洙。

当林洙去取钱时，发现存折上是梁思成的名字。徽因解释说："学社的钱当然要用梁思成的名字啊！"

林洙说到还这笔钱时，林徽因却说："营造学社已经不存在了，你把钱还给谁呀？快别提这事儿了。"说着，林徽因又拿出一套自己珍藏的清代官窑青花茶具送给林洙作为结婚贺礼。

其实，林徽因的谎撒得并不高明，稍微细想就会明白，以思成、徽因的为人，怎么可能拿营造学社的"专款"随便送人？再说，营造学社当初就是因为没有经费才停办的，哪里又有什么"专款"？

徽因不想让林洙再谈及这个话题，说起了头天晚上去大礼堂看演出的情形。

听说解放军文工团来清华演出大型秧歌剧《血泪仇》，徽因从未看过这种戏剧形式，她很想去看一看。晚上天气冷，思成和朋友都劝她算了，可她坚持一定要去，思成只好拿条毛毯跟随着她。可是，没等走到大礼堂，她就咳喘得上不来气。"得了，得了，"她说："自己看不成倒也罢了，别影响周围的人也看不好。"计划了一天的行动只得作罢，说到这儿，她自嘲道："你瞧瞧，多狼狈！"

林洙告诉徽因，昨晚的秧歌剧她去看了，感觉又像歌剧，又像话剧，演员演唱时载歌载舞，对话有些像传统戏的念白。总的看来，这个戏重在教化，艺术性并不强。

徽因说："文艺作品当然要讲艺术性，离开了表现形式根本就谈不上文学艺术。革命文学不能因为它的革命性就用大喊大叫的政治口号代替艺术性，如那位著名的诗人、学者，人民十分尊敬他，可他写的诗却是：'太阳啊！快快升起来吧！'"说着，她咯咯地笑了起来："这近乎叫喊，缺乏诗歌的美，是不是？"

谈到作家作品，林洙说自己最喜欢沈从文的小说和曹禺的话剧。徽因听了十分高兴，她如数家珍般地向林洙推荐沈从文的作品：《边城》《湘行散记》《丈夫》《萧萧》……她断言，解放区作家赵树理受沈从文的影响很深。

提起沈从文，林徽因的心头有些发紧。

前些日子沈从文一直住在清华园，徽因和思成把他从城里接出来，让他脱离开城里的环境，安心养病。

沈从文病得很重。

北平解放时，沈从文下决心留下来，一是为了让孩子们在安定的社会环境中受正常的教育，二是准备"好好地来写一二十本小说"。可是，他没有想到，他先是被北京大学解聘，离开了讲台；接着，他被称为"反动作家"，被拒之于全国第一次"文代会"之外，郭沫若在文代会上指斥他为"地主大资产阶级的帮凶和帮闲"。还有，他行伍出身的弟弟沈荃率部起义后，被错误地判处了死刑。他无法承受接连的突变和打击，整夜整夜不能入睡，眼前出现幻象，耳朵出现重听。极度痛苦中，他割腕自杀，救过来后，他的精神濒临崩溃。

每个人在社会生活中好像都是独立的个体，可每个个体都依附于一定的社会关系而存在。当一个人突然被生活抛了出去，好像废弃的垃圾般抛了出去，那种失重、失落、无所皈依的痛苦和孤独，还有恐惧是足以使人发疯的。

沈从文来到清华园，有时住在梁家，有时住在金（岳霖）家。虽然病情并没有根本好转，但情绪逐渐稳定了下来。

徽因很悲哀，她能够体会从文的伤痛。

人生的痛苦有不同的形式，有时，它以狂暴的形式掳掠打击人，如灾难、疾病、贫穷；有时，它以隐秘的手段粉碎践踏人的内心，如羞辱、背弃、不信任——无论哪种痛苦都同样可怕，因为人无法选择自己所处的环境，无法选择自己的命运。作为从那个时代走过来的文化人，他们面对的是一个不熟悉的社会环境。在这个社会里，一个人如果不能得到承认，就会被抛出去。谁愿意被抛出去呢？眼看着过去的朋友有的戴上了耀眼的光环，有的跌落进黑暗的深渊，有的孤零零地被打入了另册，这一切真的就那么有道理吗？徽因无法劝解从文，因为在别人眼里，她正春风得意。她想用自己的行为表明，无论这个世界发生了怎样的变化，无论自己的社会身份发生了什么变化，她相信有些东西是不可改变的。她相信友情，相信爱，相信除了爱和仁慈之外，这个世界上没有任何优越的标志。她感到悲伤的只是，只是从文的伤痛无药可医，也无人能够分担。她和思成表面上若无其事，内心却怀着深深的忧虑，他们小心翼翼地回避着那伤痛，只期望朋友们无限的温情能拉着他，拽着他，帮助他一点一点从无边的心灵苦难中挣扎出来。

梁思成、林徽因给张兆和的信：

三小姐①：

收到你的信，并且得知我们这次请二哥出来的确也是你所赞同的，至为欣慰。这里的气氛与城里完全两样，生活极为安定愉快。一群老友仍然照样的打发日子，老邓②、应诠③等就天天看字画，而且人人都是乐观的，怀着希望的照样工作。二哥到此，至少可以减少大部分精神上的压迫。

① 指张兆和，她在姊妹中排行第三。
② 指清华大学哲学系教授邓以蛰。
③ 清华大学营建系讲师程应诠。

他住在老金家里。早起八时半就同老金一起过我家吃早饭；饭后聊天半小时他们又回去；老金仍照常伏案。

中午又来，饭后照例又聊半小时，各自去睡午觉。下午四时则到熟朋友家闲坐；吃吃茶或是（乃至）有点点心。六时又到我家，饭后聊到九时左右才散。这是我们这里三年来的时程，二哥来此加入，极为顺利。晚上我们为他预备了安眠药，由老金临睡时发给一粒。此外在睡前还强迫吃一杯牛奶，所以二哥的睡眠也渐渐的上了轨道了。

徽因续写：

二哥第一天来时精神的确紧张，当晚显然疲倦但心绪却愈来愈开明。第二天人更显愉快但据说仍睡得不多，所以我又换了一种安眠药交老金三粒（每晚代发一粒给二哥）且主张临睡喝热牛奶一杯。昨晚大家散得特别早。今早他来时精神极好。据说昨晚早睡，半夜"只醒一会儿"，说是昨夜的药比前夜的好，大约他是说实话不是哄我。看三天来的进步，请你放心他的一切。今晚或不再给药了。我们熟友中的谈话都是可以解除他那些幻想和过虑的，尤以熙公①的为最有力，所以在这方面他也同初来时不同了。近来因为我病，老金又老在我们这边吃饭，所以我这里没有什么客人，他那边更少人去，清净之极。今午二哥大约到念生②家午饭。噜噜嗦嗦写了这大篇无非是要把确实情形告诉你放心，"语无伦次"一点，别笑话。这里这几天天晴日美，郊外适于郊游闲走，我们还要设法让二哥走路——那是最可使他休息脑子，而晚上容易睡着的办法，只不知他肯不肯，即问

思成、徽因同上

你自己可也要多多休息才好，如果家中能托人一家都来这边，就把老金家给你们住，老金住我们书房也极方便。

---

① 指清华大学教授张奚若。
② 语言学家罗常培，字念生。

张兆和给沈从文的信：①

二哥：

王逊②来，带来你的信和梁氏贤伉俪的信，我读了信，心里软弱得很，难得人间还有这样的友情。我一直很强健，觉得无论如何要坚强地扶持你度过这个困难（过年时不惜勉强打起笑语去到处拜年），我想我什么困难、什么耻辱，都能够忍受。可是人家对我们好，无所取偿的对我们好，感动得我心里好难过！后来王逊提起另一个人，你一向认为是朋友而不把你当朋友的，想到这正是叫你心伤的地方，说到你人太老实，我忍不住就滴下眼泪来了。我第一次在客人面前落了泪，过后想想很难为情。王逊走后我哭了一阵，但心里很舒畅。听说徽因自己也犯气喘，很希望你能振作起精神，别把自己的忧虑再去增加朋友的忧虑，你的身体同神经能在他们家里恢复健康，欢喜的当不止她一人……真正有许多朋友，担心你会萎悴在自己幻想的困境中，像老金、奚若先生、老杨③、王逊……怎么才叫大家如释重负啊，你信上给我说的话，你要兑现的……

沈从文写给张兆和：

我的家表面上还是如过去一样，完全一样，兆和健康而正直，孩子们极知自重自爱，我依然守在书桌边。可是，世界变了，一切失去了本来意义……世界在动，一切在动，我却静止而悲悯的望见一切，自己却无份，凡事无份。我没有疯！可是，为什么家庭还照旧，我却如此孤立无援无助的存在。为什么？究竟为什么？……我在毁灭自己。什么是我？我在何处？我要什么？我有什么不愉快？我碰着了什么事？想不清楚……

夜静得离奇。端午快来了，家乡中一定是还有龙船下河。翠翠，翠翠，你是在一零四房间中酣睡，还是在杜鹃声中想起我，在我死去以后还

①《从文家书——从文、兆和书信选》，第155页。
② 王逊，北京大学哲学系教师。
③ 指清华大学教授杨振声。

想我？翠翠，三三，我难道又疯狂了？我觉得害怕，因为一切十分沉默，这不是平常情形。难道我应当休息了？难道我……

我在搜寻丧失了的我。

很奇怪，为什么夜中那么静。我想喊一声，想笑一笑，想不出我是谁，原来那个我在什么地方了呢？就是我手中的笔，为什么一下子会光彩全失，每个字都若冻结到纸上，完全失去相互间关系，失去意义？

沈从文经过很长一段时间的迷狂，开始了向社会回归。他被分配到故宫博物院写文物的说明词，他在文物研究中又找到了自我。他说："人不易知人，我从半年中身受即可见出。但我却从这个现实教育中，知道了更多'人'。大家说'向人民靠拢'，从表面看，我似乎是个唯一游离分子，事实上倒像是唯一在从人中很深刻的取得教育，也即从不同点上深深理解了人的不同和相似。

"我乐意学一学群，明白群在如何变，如何改造自己，也如何改造社会——我在学做人，从在生长中的社会人群学习，要跑出午门灰扑扑的仓库，向人多处走了。我已起始在动，一种完全自发的动。这第一步路自然还是并不容易迈步，因为我心实在受了伤……"

沈从文在改变着自己，林徽因、梁思成也在改变着自己。过去，如果说他们是独立于各种政治力量之外的"智识者"的话，那么，如今他们愿意跟上时代的变化，"学一学群"，做一个随同新生活一同前行的"自己人"。

林徽因像那些女干部一样，剪短了头发，用两枚卡子别在耳后。她还去做了一件月白色的列宁装，穿上身人显得很精干。

周末的晚上，学校大礼堂有电影，徽因、思成没有去。过去，徽因很爱看电影，特别爱看英国的故事片。现在，她几乎不看电影了。身体不好是直接的原因。

孩子们不在家，家里安静极了。思成抽着烟，在台灯下翻看一本杂志。徽因打开了电唱机，随手抽出一张唱片放了上去——是贝多芬的《田园交响曲》，这很符合徽因此刻的心境，她轻轻地靠在了沙发上。

多么亲切啊，夜莺在歌唱，杜鹃在歌唱，天光，云影——在《溪边》一章中，贝多芬用音乐创造了水声，鸟鸣声。他是如此热爱这些声音，可他写这首交响曲时，他的耳朵已经聋了好久了。贝多芬是在用自己的心倾听大自然芬芳的和声，在音乐创作中为自己歌唱。曲终时，那委婉的余音幽幽地响起，多么像、多么像一声悠长的叹息。

思成早已停止了翻书，他静静地听着音乐。待他回头看徽因时，只见徽因已是泪光盈盈。

徽因忙起来了。自从接受了国徽设计任务后，她的生活就像上满弦的钟表，每天的安排都以小时、分钟计。思成作为国旗、国徽审查委员会的委员，几乎天天开会，从清华到城里往返奔波。回到家，他和徽因谈论的，也多是审查委员会的意见和建议。

紧紧张张地忙碌了两个多月，清华送审的第一稿国徽设计方案却未能通过。

这天，营建系国徽设计小组的人要来徽因家商议修改方案，徽因起得比平时早些。

她和思成一边吃早餐一边商量着。徽因身穿一件豆绿色的缎晨衣，越发衬得面容清癯而苍白。

面前的桌子上，摊放着被否定的设计方案。方案以一个白色圆环状的璧为主体，白璧的上面，是国家的名称——"中华人民共和国"；白璧的中心，是红色的五角星；白璧的四周，嘉禾环抱、红色的绶带穿过齿轮在下方束结。

为拿出理想的方案，林徽因查阅了大量古代典籍和外国资料。她借鉴汉镜的形式，强调了"中国特征"和突出了"庄严富丽"的审美要求。以玉性温和，象征和平，以圆环象征国家的统一，以齿轮和稻穗象征工农联盟的国体。但是，审查委员会认为这个方案体现"政权特征"不足。

该怎样在国徽中彰显"政权特征"呢？

另一个国徽设计小组由

新中国成立之际，由梁思成、林徽因夫妇设计的新中国国徽提案，原本主体是一块圆形玉璧

中央美院组成，张仃是这个小组的组长，他们在吸取清华方案的基础上，提出去掉圆环的壁，增加天安门。

梁思成不同意在国徽中采用天安门图案。他认为，国徽上的图案应是一个国家精神象征的体现，怎么能画上一座古建筑？再说，华表、天安门从来都是封建皇权的象征，怎么能成为人民政权的象征？

张仃被称为党内第一设计专家，他的理由是，天安门是五四运动的策源地，标志着新民主主义革命的开始；天安门又是举行开国大典的地方，标志着新民主主义革命的胜利。

张仃的意见得到了支持，周恩来明确表示："国徽里一定要有天安门。"

按周恩来和政协的要求，清华大学和中央美院两个设计小组重新设计国徽方案。

要求明确了，林徽因和小组的人员开始了高速运转。

就测绘、制图这些基础技术的实力来说，清华营建系显然具有明显的优势。

梁思成早在 20 世纪 30 年代就测绘过天安门和故宫，他们找出了当年营造学社绘制的天安门平面图、立面图和剖面图，这些图纸分别按百分之一和二百分之一的比例绘制而成。

徽因建议：国徽中，天安门应采用立面图将它程式化、图案化，而不能像风景画。她还建议把天安门前的两个华表向左右方向拉开距离，这样既增加了整体的开阔感，又使构图比较稳定。

徽因和设计小组画了无数张草图，一起讨论了无数次。最后他们放弃了在图案中用飘带作为装饰的设想，使图案看上去沉稳庄重。他们还考虑到制作问题，太复杂的图案和色彩在制作技术上存在困难，所以他们放弃了运用多种色彩的设想，只采用金红两色。这是我国千百年来象征吉祥喜庆的颜色，采用这两种颜色不仅富丽堂皇，庄严美观，而且醒目大方，具有鲜明的民族特色。

思路越来越明确，方案越来越完善，每一个局部都是推敲了又推敲，每一处细节都是修改了再修改。他们对自己要求严苛，对方案要求完美。

国徽送审的日子越来越近了，徽因和思成一连数日通宵达旦地工作。他们家里，到处都是图纸，几乎连下脚的地方都没有。徽因靠在枕头上，在床上的小机上作图，累得支持不住了，就躺下去喘息一阵，起来再接着画。逢到家里来人，她总是用自嘲和笑声来掩饰病痛和不支。

小组的每个人都豁上了。在这一时刻，他们的国徽就是他们的信仰和生命。

国徽图案制作好了，庄严美丽得逼人眼目。汽车把制作好的国徽模型拉走了，徽因和思成放心地病倒了。

周恩来总理和政协国徽审查委员的面前，摆放着清华大学和中央美术学院设计的两种国徽图案。

清华的国徽图案中央，是金色浮雕的天安门立面图，天安门上方是五颗金色浮雕的五角星，金色的五星衬在大红的底色上，像是一面铺天盖地的五星红旗；图案的外围环绕着金色稻穗和齿轮浮雕，稻穗

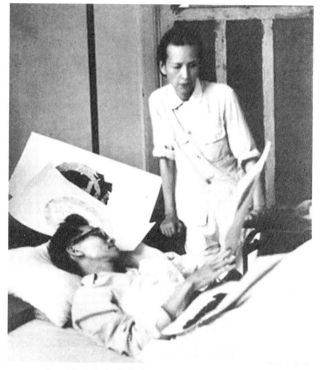

1950 年，梁思成在病中与林徽因讨论国徽的设计图案

和齿轮由大红色的绶带联结在一起。整个图案左右对称，由金、红两种颜色组成。

中央美术学院的国徽图案上，天安门的图像有强烈的透视感，由近到远地呈现出由小到大、由高到低的景象。远处有蓝色的天空、黄色的琉璃瓦和红墙；近处有白色的华表和白色的金水桥。

面对两组不同的国徽图案，参加评审的委员们细细地比较着，小声地评议着。周恩来总理请大家发表意见。田汉首先发言说："我认为中央美院的方案好，透视感强，色彩比较明朗。"

许多委员表示赞同田汉的意见。

清华设计小组的代表朱畅中坐在后排，他怎么也控制不住心慌的感觉。

这时，张奚若站起来说："我认为清华的方案有民族特色，既美观，又大方。"

也有许多委员表示赞同张奚若的意见。

周恩来注意到了坐在旁边沙发上一直沉默不语的李四光，他走到李四光身边，手扶着沙发问道："李先生，你看怎样？"

李四光又看了看两个方案，他指着清华的方案说："我看这个气魄大，有民族特色。"

周恩来又认真地比较打量后说："那么好吧，就这样定了吧，大家看怎样？"

这时，多数委员表示赞成清华的方案，认为清华的方案完全符合政协征求国徽图案所提出的三项要求：既有"中国特征"，又体现了"政权特征"，还"形式庄严、富丽"。

周恩来笑着问："清华的梁先生来了没有？"

张奚若回答："梁思成因病请假，派了助教来了。"

周恩来把朱畅中叫到清华的图案前指点说："图中的稻穗能不能向上挺拔一些？"

朱畅中脱口回答："稻穗下垂是表示丰收，向上挺拔，可以改进。"

周恩来说："稻穗向上挺拔，可以表现时代的精神风貌嘛。1942 年冬天，宋庆龄同志为欢送董必武同志返延安，在她的寓所举行茶话会，她的桌上就摆着几串稻穗。有朋友赞美那稻穗像金子一样，宋庆龄同志说：'它比金子还宝贵，中国人口之百分之八十都是农民，如果年年五谷丰登，人民便可以丰衣足食了。'当时我就说，等到全国解放，我们要把稻穗画到国徽上去。"

朱畅中回到清华园，夜已深了。思成和徽因还在等候着消息。朱畅中详细叙述了评选过程，他们久久地兴奋着，病痛也仿佛减轻了许多。

重新设计和调整的图案下方标注上了"国徽图案说明"：

"国徽的内容为国旗、天安门、齿轮和稻穗，象征中国人民自'五四'运动、新民主主义革命斗争和工人阶级领导的以工农联盟为基础的人民民主专政的新中国的诞生。"

1950 年 6 月 23 日，中南海怀仁堂。全国政协第一届二次会议在这里召开，林徽因被特邀出席会议。

大红色的宫灯悬挂在主席台上，孙中山和毛泽东的巨幅画像摆放在主席台的中央。

徽因觉得心慌、气促。她知道，这不仅仅是因为疾病所致，今天这个会上，新政权要正式确定中华人民共和国国徽，巨大的幸福感像潮水般地淹没了她，她需要不时地深呼吸才能透过来气。

一个以艺术为生命的人，还有什么比凝聚着自己全部心血的作品成为国家形象的代表而更令人激动呢？

会议开始了，在毛泽东的提议下，全体与会代表起立，以鼓掌的方式通过了中华人民共和国国徽。

一阵眩晕袭来，眼泪夺眶而出，林徽因虚弱得几乎不能从座椅上站立起来。

1950 年 9 月 20 日，中华人民共和国中央人民政府主席毛泽东签发主席令，公布了国徽图案。

第十七章　城与墙

几天连阴雨下过，天顿时凉了下来，虽然已是仲秋时节，清华园里草树都还是绿的。

苏联专家来到了北京。他们不仅是各行各业的专家，而且是先进社会制度和无产阶级思想的代表，中国共产党和中国政府给予他们极高的礼遇。

清华大学和北京市建筑设计院也来了苏联专家。苏联专家组组长第一次来到清华大学营建系，送给梁思成一套莫斯科大学建筑系的教学计划和教学大纲。梁思成勉强听得懂他喉音很重的发音，他们可以用英语对话和交流。专家说，苏联建筑理论的核心，是斯大林同志提出的"民族的形式，社会主义的内容"。当谈到新中国的建筑时，专家强调，一定要体现中国的民族形式。这与梁思成一贯主张的尊重传统、注重建筑的体形环境的思想是相通的，思成听了当然高兴，专家也十分高兴，提笔在面前的笔记本上画了个飞檐翘角的大屋顶。直到握手告别时，思成才弄清楚，原来这位专家组组长并不是建筑学专家。

接着，苏联建筑科学院阿谢普可夫院士到清华讲学。当时梁思成和林徽因承担了人民英雄纪念碑的建筑设计任务，经常要到城里去开会，但他们还是尽可能地去听阿谢普可夫院士的课。

徽因和思成对许多问题感到困惑。

首先，莫斯科大学建筑系的教学计划和教学大纲完全是沿袭巴黎美术学院的教学模式，与梁思成、林徽因 20 世纪 20 年代在美国宾夕法尼亚大学建筑系学习时的课程设置和教学内容几乎完全一样，这不能不使他们感到吃惊。清华大学营建系的教学计划依据的是 40 年代梁思成在美国考察

20世纪50年代，"黄金组合"梁思成与林徽因已是人到中年

研究的国际建筑学和建筑教育理论的最新成果。如今，苏联的一切都被奉为社会主义的、先进的。在一切向"老大哥"学习的形势下，清华大学营建系的教学计划和教学大纲做了重大调整。

另外，什么样的建筑称得上是"民族的形式，社会主义的内容"的建筑？这是让思成和徽因百思不得其解的问题。他们想，他们长时间研究的那些古代建筑应该体现了中国的民族形式，可是什么是"社会主义的内容"呢？社会主义的内容和资本主义的内容应该怎样识别和区分呢？具体到一个建筑物，哪一部分是形式，哪一部分是内容呢？

至于阿谢普可夫院士在讲学中把建筑艺术提高到阶级斗争和党性的高度来认识，更是让他们感到不好理解。

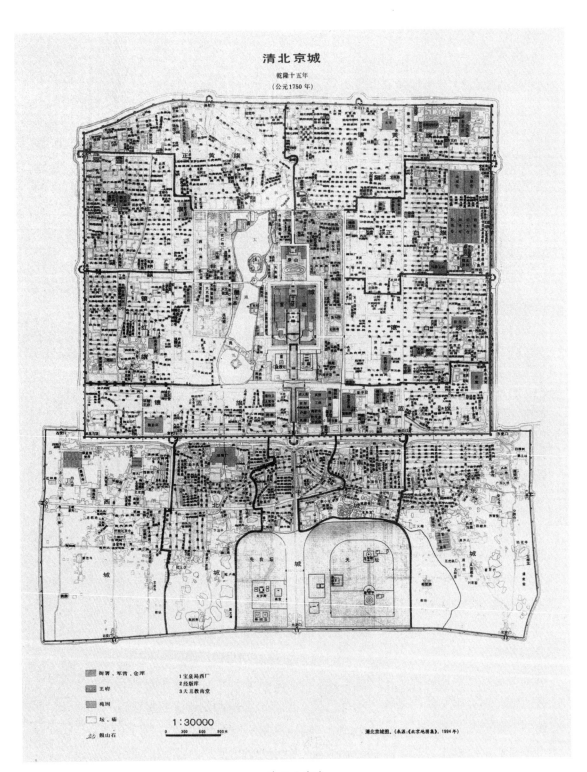

清代北京城

但他们的思考终止在当时的政治需要面前。他们的结论是：要建设一个全新的社会主义国家，向世界社会主义阵营的"老大哥"学习是完全必要的；自己之所以弄不清什么是"社会主义的内容"，是因为自己还缺乏社会主义的思想。而且，由于中国长期战乱频仍、民生凋敝，根本没有过安定地从事建设和建筑的时期，所以无论建筑的"形式"还是"内容"，都没有机会去进行探索和实践。他们真诚地相信，在先进的社会主义制度下，人民在建筑方面的美好理想也应该能够实现。

同时，在与苏联专家的接触中，他们热情奔放的性格和扎实认真的工作态度也赢得了徽因和思成的好感和好评，尽管一些朋友在梁家聊天时偶尔也会对苏联专家的学问和给他们的待遇提出质疑。

林徽因前一段忙着国徽设计，系里的课落下了许多。她的身体已不能较长时间支撑在讲台上，只好让学生们到家里来上课。

当时营建系的学生加起来有三十多人，在一个大教室上课，师生关系非常融洽。林徽因给一年级讲建筑史，总共有十来个学生，来家里上课，挤一挤还坐得下。

林徽因上课从不局限于教科书，她往往从一个问题生发开来，古今中外，旁征博引，仿佛带领学生曲折穿行于建筑艺术的历史长廊。

这一天，她给学生讲起了北京城的建筑历史。

北京城的建筑已有两千多年的历史。周朝，这里是燕国的都邑，称作蓟。唐代，这里是幽州城，为节度使的幕府所在。在五代宋辽金时期，北京是辽国的南京，亦称作燕京，金灭辽后，北京又成为金的中都。到了元朝，城的位置东移，建设一新的大都成为全国的政治中心，奠定了今天北京的基础。最难得的是，元明交替，明清更迭，两次改朝换代，北京都未经太大的破坏，在旧基础上修建拓展，一直到了今天。

从地图上看北京城，是一个整齐的凸字形，那是当初的城市设计者为了象征"天倾西北，地陷东南"而故意缺了两个角。在这个凸字形里，紫禁城是它的中心。除了城墙的西北角略退进一个小角外，全城布局基本上左右对称。它自北而南，有一条纵贯全城的中轴线。北起钟鼓楼，过景山，穿神武门直达紫禁城的中心三大殿，然后出午门、天安门、正阳门直至永定门，全长八千米。内城的所有高大建筑物都布置在中轴线上，前后左右相呼应。这种全城布局的整体感和稳定感，引起了西方建筑家和学者

正阳门城楼

正阳门箭楼

的无限赞叹，称为世界奇观。

北京城的建筑是经过认真规划的。全城几乎完全是根据《周礼·考工记》中"匠人营国，方九里，旁三门，国中九经九纬，经涂九轨，左祖右社，面朝后市"的规划思想建设起来的。

"左祖右社"是对皇宫而言，"左祖"指皇宫的左边是祭祖的太庙（现在的民族文化宫）；"右社"指皇宫右边的社稷坛（现在的中山公园）。"旁三门"是指东西南北四面城墙各有三个城门。不过北京只有南面有三个城门，东西北三面各有两个城门。日坛在城东，月坛在城西，南面是天坛，北面是地坛。"九经九纬"是指城的南北向和东西向各有九条主要街道，"经涂九轨"是说南北的主要街道同时能并列九辆马车。北京的街道原来是很宽的，清末以来被民房逐渐侵占才变得越来越窄。

"你们可以想象当年马可·波罗来到北京，就像乡巴佬进城一样吓蒙了，当时的欧洲人哪里见过这么伟大气魄的城市！"

同学们都笑了，林徽因深深地吸了一口气，接着讲：

"面朝后市"也是对皇宫而言。皇宫前面是朝廷的行政机构，所以皇宫要面对朝廷。"市"是指商业区，中国传统轻视工商业，所以商业区放

正阳门箭楼城台侧面

正阳门箭楼城墙侧面装饰

永定门箭楼

在皇宫的后面。现在的王府井大街是民国以后繁荣起来的。过去，地安门大街和鼓楼大街是为贵族服务的最繁华的商业区。东西单牌楼、东西四牌楼是四个热闹的都市中心，这些牌楼也是主要街道上的街景。坐落在街巷路口大大小小的牌坊，处处记载着北京城的历史，它们还起着丰富街市景观的作用，略有些像巴黎和罗马许许多多的凯旋门。前门外的商业区原来是在北京城外，因为辽代与金代的首都在现在北京城的西南。元代的大都建在今天北京城的位置，当然和金的旧都有联系，那时从旧都来做买卖的商人，必须绕到城北的商业区去，所以干脆就在城外集市。北京前门外有好几条斜街，就是人们在新旧两城之间走出来的道路。开始在路旁搭起棚户，慢慢地发展成为固定的建筑和街道。过去一有战争，城外的人就往城里跑，到了明朝嘉靖年间，为了加强京城的防卫才建了外城。

经过林徽因清晰直观的勾勒，一幅宏大的北京城区图呈现在同学们的面前。她继续讲道：

永定门城楼

北京是中国、也是全世界文物建筑最多的城市，元、明、清历代的宫苑、坛庙、塔寺分布在全城。北京特有的优点就在它有计划的城市的整体，北京建筑的整个体系是全世界保存得最完好而且最有传统活力的、最特殊、最珍贵的艺术杰作。

北京的建筑都不是单座的建筑，而往往

是若干建筑组合而成的整体，是极为宝贵的艺术创造；小到一个四合院、一片胡同结构的街区，大到金碧辉煌、巍巍大观的故宫，都是显著的实例。其他如坛庙、园苑、府第，无一不是整组的文物建筑。

京剧《梅龙镇》里，明朝的正德皇帝比喻他的住所是大圈圈套着一个小圈圈，小圈圈又套着一个小圈圈。所谓大圈圈，就是北京外城凸字的下半部分；所谓小圈圈，就是北京内城凸字的上半部分。那个内城中心的小圈圈，就是紫禁城。从前门箭楼到正阳门是一个由城墙围成的巨大瓮城；北京内城九门都是由箭楼和城门楼构成的双重城楼的巍峨建筑。门楼为三檐双层的巨大楼阁或殿堂，加上外城和皇城的城门城楼，箭楼，角楼，共有47处之多。

早在20年代，瑞典美术史专家喜仁龙曾用了几个月时间环绕北京城墙外围步行，并以此为课题进行专门研究，写出了《北京的城墙和城门》一书。

讲到这里，徽因打开手边的一本书，对学生们读了起来：

……无论从哪个方向观看，西直门都显得气象不凡。沿通往城门的宽阔街道接近城门时，远远就可以看到耸立于一片样式相同的低矮建筑之上的巍峨门楼……从城外接近此门时，但见方形瓮城和箭楼在四周赤裸的地面上拔地而起，颇具城堡气概，给人留下深刻印象……乘着飞驰的汽车经由此门前往颐和园和西山参观的游人，到了这里会不由自主地降低车速，慢慢驶过这个脆弱易逝的古老门面。因为，这些城门比起颐和园和卧佛寺来毕竟能够提供关于古老中国日常生活更为真切的印象。

从西侧，全部建筑一览无余，你可以看到永定门最美丽、最完整的形象。宽阔的护城河边，芦苇挺立，垂柳婆娑。城楼和弧形瓮城带有雉堞的墙，突兀高耸，在晴空的映衬下显出黑色的轮廓。城墙和瓮城的轮廓线一直延续到门楼，在雄厚的城墙和城台之上，门楼那如翼的宽大飞檐，似乎使它直插云霄，凌空欲飞。这些建筑在水中的侧影也像实物一样清晰。每当清风从柔软的柳枝中流过时，城楼的飞檐就开始颤动，垛墙就开始晃动并破碎……

读到这里，林徽因长久地沉默着，同学们也都静默着。他们除了被老师的讲述深深打动外，还因为不想惊扰老师，想让她歇一会儿。

学生们不知道，他们尊敬的林先生心中有波翻浪涌。

徽因和思成深爱北京，他们不是爱北京的某一殿、一楼、一塔，而是爱北京的全部。他们爱北京金碧辉煌的宫殿，也爱北京气势巍峨的城墙城门，他们爱北京和平宁静的四合院，也爱北京建筑群落上开阔醇和的天际线。怎样使北京固有的风貌不受损失，又承担起新中国首都的使命？徽因和思成被任命为北京都市计划委员会的委员和副主任后，他们为此殚精竭虑。

他们想，私有制国家土地私有，城市建设只能听从有产者和房地产商的意志。而社会主义国家的建筑活动，完全可以做到统一规划，合理布局。为了向党中央、国务院和北京市委完整陈述他们对北京城市建设总体规划的设想，梁思成与南京的建筑学家陈占祥一起，共同拟定了《关于中央人民政府行政中心区位置的建议》（后来被称为"梁陈方案"）。

方案的核心是建议将中央行政中心设在月坛以西、公主坟以东的位置，从而完整保留北京旧城的古建筑。

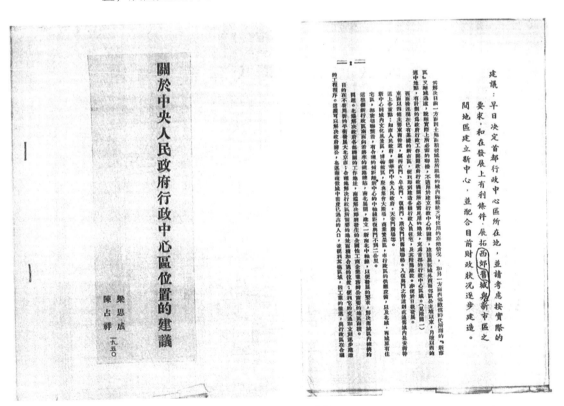

著名的"梁陈方案"

他们提出选择旧城西南郊公主坟以东、月坛以西的适中地点，开辟为首都的中心区域。这一区域西南连接已有基础的新市区，建造各级行政人员的住宅；东南由四条东西干道连接旧城的文化风景区、博物馆区、天安门庆典中心、商业区及市政府等。新行政中心南北开展，形成新的南北中轴线，其南面是将来的铁路总站。

方案认为北京是历史名城，许多古老的建筑已成为具有纪念性的文物，它们不仅形体美丽，而且有秩序的布局和整个文物环境形成了这个城市的壮美特色。对北京的建筑群落，不应随意拆除或掺杂不协调的建筑形体加以破坏。

著名的"梁陈方案"中之陈占祥

那是一次大型的庆典活动，在天安门城楼上，北京市的领导告诉梁思成，中央一位负责人曾说过，将来从这里望出去，要看到处处都是烟囱。梁思成十分吃惊，他不能想象处处都是烟囱的北京会是什么样子。在他的构想中，北京应该像罗马、雅典和巴黎那样成为世人仰慕的旅游名城、文化名城。

方案认为，现代的政府机构不是封建帝王的三省六部，而是一个组织繁复的现代机构，这些机构约需要十几平方公里土地的面积，而市内已没有足够的空地。北京市民所拥有的园林绿化游憩面积已经太少，如果再将中央政府的机构分散错杂在全城，显然是不合适的。以北京现在的格局，政府机构夹杂进来，必将破坏北京城原有的布局。

方案还谈到了城市建设的工程技术问题，北京市的人口问题，土地使用的分区问题……方案认为，如果将政府行政区设在旧城以外，不但保护了旧城的格局，同时还赢得了时间考虑旧城的详细规划与改建。

方案全面分析了北京古城的历史文化价值和审美价值，提出了对北京整体环境加以保护的思想，这是最早、最科学的保护北京、建设北京的思想。

但是，"梁陈方案"被否定了。

方案被否定，表面上看是因为经济原因。新中国刚刚成立，中央人民政府拿不出钱来建设一个新区，刚刚进城的共产党不能为自己大兴土木。当然，方案被否定有着更为重要的政治原因。决策者们认为以天安门作为北京的中心具有重大的政治意义。它从前是皇帝举行"颁诏"仪式的地方，如今是宣告新中国成立的场所，它从来就具有浓烈的政治色彩，理应成为新中国的行政中心。另外，苏联专家对方案也持反对意见。苏联专家认为北京应该发展成一个工业城市，要提高北京市工人阶级的百分比，建议中央政府的中心设在天安门广场及东西长安街上。

"梁陈方案"被认为与苏联专家"分庭抗礼"，陈占祥于1957年被划为"右派"，梁思成在彭真的保护下得以幸免。

梁思成、林徽因穷尽自己的想象也不会想到，中国的建筑学家为中国古建筑的命运忧心忡忡是与苏联专家"分庭抗礼"。梁思成仍然坚守着自己的立场，他对有关领导说："……我要对你进行长期的说服……"他没有想到，自己所说的一切会遭到无情否定，还有比否定更令人伤心的不屑，他禁不住痛心疾首："五十年后，有人会后悔的！"

眼看着那些他们视为珍宝的古建筑即将灰飞烟灭、毁于一旦，梁思成在四处吁请时，禁不住声泪俱下。他一次次给周恩来总理写信，谈建设工作的计划性问题，谈长安街的规划问题，谈北京各处古建筑的历史和价值。

周恩来总理约见了梁思成，他深知梁思成在建筑学界的影响，希望梁思成能够改变自己的观点。他的态度和蔼、亲切，问询着梁思成的工作、生活。

梁思成终于有了向总理面陈意见和建议的机会，他相信总理能理解自己，他相信自己所做的一切是正确的。

他向总理讲起了北京现存布局的合理，讲起了他所做的关于北京交通问题的调查及解决办法。为了能表述得更清楚，梁思成一边说，一边在笔记本上飞快地画着示意图：

北京城内的街道系统，用现代都市计划的原则来分析，是一个极其合理、完全适合现代化使用的系统。这是任何一个古代城市所没有的。这个系统的主要特征在大街与小巷。大街大致分布成几层合乎现代所采用的"环道"，由"环道"又四向伸出的"辐道"。

所谓几层的环道，最内环是紧绕宫城的东西长安街、南北池子、南北长街、景山前大街。第二环是王府井、府右街，南北两面仍是长安街和景山前大街。第三环以东西交民巷、东单东四，经过铁狮子胡同、后门、北海后门、太平仓、西四、西单而完成。这样还可更向南延长，经宣武门、菜市口、珠市口、瓷器口而入崇文门。近年来又逐步地开辟了第四环，就是东城的南北小街、西城的南北沟沿、北面的北新桥大街、鼓楼东大街，以达新街口。但鼓楼与新街口之间因有什刹海的梗阻，要多少费点事。南面尚未成环——也许可与东交民巷衔接。这几环中，虽然有一些尚待展宽、有一些段落未完全打通，但极易完成。

欧美许多城市都在努力计划开辟环道，以适应大量汽车流通的迫切需要。我们北京却可应用六百年前建立的规模，只需稍加展宽整理，便可成为最理想的街道系统。

至于北京的胡同，有许多人不满意胡同这种街道系统。其实胡同的缺点不在其小，而在其泥泞和缺乏小型空场与树木。但胡同是安静的住宅区，有一定的优良作用，使道路系统的分配保持了一定的秩序。

这一切便是发展建设的良好基础，在这个基础上既可以对北京的街道进行改进和提高，又不必毁损古建筑。

由街道说起了北京街道的牌楼，思成希望城建中能保留下牌楼这一中国独有的古老而优雅的街道景观。

北京的街道牌楼起源于古代城市里坊的坊门，当时它除了作为里坊出入口的装饰性标志外，还常被用来张贴表扬里坊的好人善行，有着教化的作用。前门大街上的大栅栏就是一座里坊门。

北京遍布九城的牌楼，曾经数以百计，是最具古都特征的建筑。一直到 20 年代初，北京的街道牌楼还有三十五座。民国十二年，北京开通有轨电车，因为电车要从东、西四牌楼下面通过，结果将原来的牌楼加高，把原来牌楼的木柱换成了钢筋水泥立柱。

牌楼是古代建筑中极为重要的一种样式。它不仅具有历史价值和艺术价值，而且装饰点缀了城市街道，衬托了建筑组群。在外国的唐人街，牌楼已成为华夏建筑文化的符号。

……

周恩来双臂抱在胸前，一直面带微笑听着梁思成的讲述，这使梁思成备受鼓舞。他极富诗意地向总理描绘帝王庙牌楼在太阳渐渐沉没西山时的美丽画面。两个小时的时间过去了，周恩来没有正面发表意见，只是意味深长地吟诵了一句李商隐的诗："夕阳无限好，只是近黄昏。"①

---

① 林洙：《困惑的大匠——梁思成》，第 229 页。

北京市人民政府公告

一、崇文门拆除瓮城工程，定于五月二十六日全部展开工作，为避免发生危险及便利工程进行，自同日起，崇文门全部交通暂行断绝，所有车辆行人，一律改道通行。

二、在崇文门施工期间，其附近街巷交通秩序，暂行变更，其办法列后。

三、以上办法系临时性质，俟工程完竣后，即恢复正常交通秩序。希车辆行人，本协助政府顺利完成市政建设之精神，切实遵行为要！

> 市长聂荣臻
> 副市长张友渔
> 副市长吴晗
> 一九五〇年五月二十四日[①]

崇文门瓮城妨碍交通拆除工程开始进行

（京市新闻处讯）崇文门拆除瓮城及开砌门洞工程于二十六日开始进行。参加施工的是部队的指战员，共约一千二百人。全部工程共计约土砖五万立方公尺，约需十二万个工，预计三个半月可全部完工。崇文门附近居民听到要拆除崇文门瓮城并要断绝交通的消息后，都说：断绝交通虽然暂时不方便，但将来修好就大大方便了。[②]

梁思成、林徽因的声音在摧毁旧世界、建设新世界一泻千里的浩大声势中，如浪花被巨浪吞没。

徽因和思成反省着自己。他们觉得前一段太忙乱了，很长时间没有坐下来把思想形成文字，他们希望通过文字的影响力来唤起人们，尤其是决策者们的建筑文化意识。从 1951 年到 1952 年，他们集中写作和译介了一批这方面的文章。

1951 年 4 月，梁思成、林徽因在《新观察》发表了《北京——都市

---

①《人民日报》1950 年 5 月 24 日第 1 版。
②《人民日报》1950 年 5 月 27 日第 3 版。

计划的无比杰作》。

7月，他们组织清华大学建筑系编译组译注了《城市计划大纲》。这是国际现代建筑学会（简称CIAM）1933年8月在希腊雅典拟定的关于城市计划的纲领性文件，后来通称为《雅典宪章》。梁思成、林徽因为译本写了序：

将被拆除的安定门箭楼

……这"大纲"的技术原则是正确的，它的内容是从人民大众的幸福出发的，它的目标也是要建立适宜于广大人民全体的形体环境。

但是那些会员先生们却没有了解，本来就是资本主义的政治经济制度使他们的城市得了严重病症，此后也还是这个资本主义的政治经济制度使这"大纲"无法实行，因此也治不好他们城市的病症。唯有在社会主义新民主主义的政治经济制度下这种大纲才能实行……

新中国正在开始由农业社会向工业社会大踏步地迈进。这伟大的转变要在全国城乡的体形上表现出来。在今后数十年间，全国的旧城市都将获得改建……

在这伟大的转变中，假使城乡体形方面未能预先做出妥善正确的计划，则将因工厂、房屋、铁路、公路之大量兴建，城市与乡村间人口之大量移动，农业与工业人口比例之改变，因而城市中的房屋即将不敷激增的人口的分配……城市的体形环境将交错杂乱，而作盲目无秩序的发展，使城市环境不适宜一切工业、商业、居住、游息、交通之用，完全失去了城市所应有的功能。今日欧美无数市镇因在工业化过程中任其自流发展所形成的紊乱丑恶的体形，正是我们的前车之鉴。

1951 年夏天，徽因是在写作和翻译中度过的。学校放暑假了，清华园里空旷而安静。她感到累了，就靠在沙发上歇一会儿，屋子里阴凉宜人，窗外传来不停歇的蝉鸣，愈显得四周一片宁静。当她写作和翻译时，心里也感到一片宁静。

她在《谈北京的几个文物建筑》里，介绍了天安门广场和千步廊、团城、北海白塔的历史和艺术价值，她提醒人们意识到：

"从今以后，一切美好的艺术果实就都属于人民自己，而我们必尽我们的力量永远加以保护。"

这篇文章发表在 1951 年 8 月的《新观察》杂志上。

她和梁思成一起，翻译了苏联 N. 沃罗宁教授的著作《苏联卫国战争被毁地区之重建》。

徽因欣喜地看到了这本书的英文版。她和思成商议，在向苏联老大哥学习的时候，翻译这本有关苏联战后重建的书，也许能对中国的建设提供借鉴。全书共十二章，徽因和思成分了工，暑假快结束时，译完了全书。

林徽因在《译者的体会》中写道：

第一，它让我们看到了苏联在一切建设和工作中的高度计划性和组织性。

第二，从这本小书中我们体会到了苏联重建的计划在立体市容上，对于美观方面的重视。

第三，让我们看到了苏联建筑师在一切重建和新建的工作中，对于当地民族文化艺术传统和风俗习惯以及自然环境之尊重。

林徽因列举了书中的事例，提出"建筑师对于历史和后代都是负有巨大责任的"。

我们看到苏联的建筑师们在重建一个市镇时如何小心翼翼地从原有基础上发展，同时又有远见地将原有不合理的、错误的加以改正和"现代化"。在各地区的建筑形式方面，苏联的建筑师们慎重考虑到各地区不同的传统，甚至如颜色与环境的配合都是仔细地计划过的。

他们对于建筑传统的爱护尊重简直令人心折地佩服。如……建筑院院士鲁德涅夫不只是一位建筑师，他同时也是一位热爱古代艺术的美术家；他是倾向于在古文物的处理上"特别小心温柔的"。

北京城墙空中花园

　　"特别小心温柔的"是林徽因和梁思成对待古代建筑一以贯之的方式，她多么希望更多的人懂得这样做的必要性。

　　1952 年 1 至 6 月，林徽因以《我们的首都》为总题目，写了十一篇文章，向人们介绍中山堂、北京市劳动人民文化宫、故宫三大殿、北海公园、天坛、颐和园、天宁寺塔、北京近郊的三座金刚宝座塔、鼓楼、钟楼和什刹海、雍和宫、故宫，这些关于古代建筑"科普"性质的文章，连载于《新观察》一至十一期。

　　这一年的 5 月 3 日，梁思成、林徽因还在《人民日报》上发表了《达·芬奇——具有伟大远见的建筑工程师》。这篇文章里，他们耐人寻味地写道："都市计划和区域计划都是达·芬奇去世四百多年以后，20 世纪的人们才提出的建筑问题，他的计划就是现在也只有在先进的社会主义国家里才有力量认真实行和发展的。在 15、16 世纪的年代里，他的一切建筑工程计划或不被采用，或因得不到足够和普遍的支持，半途而废，是可以理解的。但达·芬奇一生并不因计划受挫或没有实行，而失掉追求真理和不断理智策划的勇气。"

　　9 月 16 日，梁思成、林徽因在《新观察》上发表了《祖国的建设传统与当前的建设问题》。

梁思成和林徽因意识到，北京城作为一个整体，无论如何也不可能完整地保存下来了。他们希望退而求其次，保住北京的城墙和城楼。

他们在《北京——都市计划的无比杰作》一文中深情地写道：

伟大的北京城墙，它的产生，它的变化，它的平面形成凸字形的沿革，充满了历史意义。它的朴实雄厚的壁垒，宏丽嶙峋的城门楼、箭楼、角楼，也正是北京体形环境中不可分离的艺术构成部分。

他们在文中特意以当时的"老大哥"苏联为榜样，以"为人民服务"的口号来作为自己论述的支撑：

苏联人民称斯摩林斯克的城墙为苏联的项链，我们北京的城墙，加上那些美丽的城楼，更应称为一串光彩耀目的中华人民的璎珞了。……北京峙着许多壮观的城楼角楼，站在上面俯瞰城郊，远览风景，可以供人娱心悦目，舒畅胸襟。但在过去封建时代里，因人民不得登临，事实上是等于放弃了它的一个可贵的作用。今后我们必须好好利用它为广大人民服务。

他们假设了这样美好的可能：

城墙上面，平均宽度约十米以上，可以砌花池，栽植丁香、蔷薇一类的灌木，或铺些草地，种植花草，再安放些公园椅。夏季黄昏，可供十万人纳凉游息。秋高气爽的时节，登高远眺，俯视全城，西北苍苍的西山，东南无际的平原，居住于城市的人民可以这样接近大自然，壮阔胸襟。还有城楼角楼等可以辟为陈列馆、阅览室、茶点铺。这样一带环城的文娱圈，环城立体公园，是全世界独一无二的……古老的城墙正在等候着负起新的任务，它很方便地在城的四周，等候着为人民服务，休息他们的疲劳筋骨，培养他们的优美情绪，以民族文物及自然景色来丰富他们的生活。

它将是世界上最特殊的公园之一——一个全长达3975公里的立体环城公园！

他们用抒情诗般的语言来描述古老城墙的远景，宣传城墙在现实生活中可以发挥的作用，还用科学家的理性细细地算了一笔账，让数字说话，来驳斥那些认为拆下的旧城墙砖可以用于其他建设的看法，来证明拆毁城墙是多么劳民伤财、得不偿失的做法：

郑振铎

城砖固然可以完整地拆下很多，以整个北京城来计算，那数目也的确不小。但北京的城墙，除去内外各有约一米的砖皮外，内心全是灰土，就是石灰黄土的混凝土。这些三四百及至五六百年的灰土坚硬如同岩石；据约略估计，约有一千一百万吨。假使能把它清除，用由二十八节十八吨的车皮组成的列车每日运送一次，要八十三年才能运完！废物体积如十一二个景山，安放何处？

林徽因和梁思成深知，城墙也好，城楼也好，一旦被拆毁，就永远也不能恢复了。他们恳请决策者从长计议，为国家为后代留下这珍贵的历史遗存。

然而，他们却被称为"城墙派"。主张毁墙的人中，也有建筑师，也有懂科学、会写文章的人。他们说，城墙是古代的防御工事，是封建帝王为镇压农民起义而修建的，是封建帝王统治的遗迹，是套在社会主义首都脖子上的"锁链"，理应拆除。

梁思成反驳道："那么，故宫不是帝王的宫殿吗？天安门不是皇宫的大门吗？这些建筑遗物虽然曾为帝王服务，被统治者专用，但它们都是古代劳动人民创造的杰作，今天已属于人民大众，成为民族的纪念性文物了。"

毁城论者又说，城墙限制和妨碍城市发展。

梁思成说服道："现代城市为防止过度密集和拥挤，采取用园林地带分隔大城市为小城区的办法。城墙正可负起新的任务，充当现代大城市的区间隔离物。而当国防上需要时，城墙上还可利用为良好的高射炮阵地，古代的防御工事到现代还能再尽历史义务。重要的是打破心理上的城墙，旧时代政治、经济上的阻碍早已消除，我们不能再为心理上的一道城墙所限制，所迷惑。"

毁墙论者还说，城墙阻碍交通。

梁思成则说："只要选择适当地点，多开城门即可解决。同时在城市道路系统设计上，控制车流，引导其汇集在几条主干道上，正可利用适当的城门位置导向。"

无论梁思成、林徽因如何竭尽全力，毁城运动仍势不可当地进行着。[1]在布局严谨、街道笔直、主要建筑物都左右对称的北京城，北海居于城市的心脏地带，那里水阔天旷，风景如画。走过横跨北海和中海的金鳌玉蛛桥，琼华岛上的白塔与碧水林间的团城相呼应，缥缈幽静，美丽奇幻如仙境。团城在当年是皇帝的观景台。登上团城，中海、北海、南海三海景色尽收眼底。这一景观已保持了数百年，可在北京城的改造重建中，一些人提出团城阻碍交通，力主拆除。为了保护团城，梁思成又开始了新一轮苦口婆心的说服。

自古以来我国宫城建筑就有修筑高台的传统。如秦朝的鸿台，两汉时期的神明台、通天台，魏晋时期曹操的铜雀台，这些古代著名的台都湮灭在历史的长河中。北海的团城是全国尚存无几的台之一，它在建筑史上的地位不言自明。

梁思成说服了苏联专家，说服了许多人，但负责城建的领导人还是坚持团城必拆。一向谦和幽默、绅士风度十足的梁思成被激怒了，他站起来指着对方的鼻子说："照你这么说，干脆推倒团城，填平三海，修一条笔直的马路通过去好了，还讨论什么？"

他拂袖而去，心急如焚，拉着国家文物局局长郑振铎要求面见周恩来，因为郑振铎和他的意见一致。

周总理听后亲往团城查勘，觉得团城拆除确实太可惜。要修的道路在这里拐了个弯，团城被保护了下来。[2]

天安门南面东西两侧有三座城门，为了扩建天安门广场，决定拆除这三座城门。在拆除之前，先召开了群众大会，由几百名人力车、三轮车工人、汽车司机控诉三座门给他们带来的灾难。群众大会列举了在三座门前发

---

① 邓琼琼、张建伟：《第十二座雕像——梁思成和北京城》，《当代散文精选1998》。

② 林洙：《困惑的大匠——梁思成》，第230页。

生的一件件交通事故，梁思成要保护城门，一下子就被推到了劳动人民的对立面。作为建筑师的他怎能不知道，一切建筑都应以人为本，都是为了让人生活得更好。但作为建筑史学家的他更知道，这些古建筑之所以珍贵，是因为它们活生生地反映了一个地区、一个民族的生活风貌，其历史文化价值远远超出了现实的功利考虑。这样珍贵的历史建筑怎么可以说拆就拆呢？

他坚持自己的意见。他向有关人士解释说："天安门是紫禁城的正门，在正门的建筑构想处理上，自然给予了最充分的重视与强调。三座门的设置使得天安门更加雄伟壮丽，起着陪衬天安门的作用。天安门建筑群和午门建筑群，给人精神上的威严、神圣、崇高感，比紫禁城内三大殿还要强烈。这样的建筑艺术，无疑显示了古代帝王至高无上的统治权威。三座门的拆除会使天安门显得大而无当，破坏了紫禁城统一的封闭格局。一个完整的紫禁城，是一个统一的艺术整体，是不应当有所破坏的。"

问题被提交到了北京市人民代表大会上。

在保护古代建筑、维护古都风貌的所有问题上，林徽因都是梁思成最有力的支持者。当北京市人大代表为拆除三座城门开会表决时，她强支病体出席了会议。她向与会代表耐心地说服道："交通问题固然重要，但也不能为了交通而舍弃别的一切。"她甚至以中南海怀仁堂的人行道为例说，每当怀仁堂开会时，进出的人很多，交通也会出现拥挤，但怀仁堂并没有因此而设计一排座位一行通道，整个怀仁堂也只有两行通道。交通问题可以想其他方法解决，而城门一旦拆除，就再也无法弥补。

林徽因虽然是人民代表，但她的呼声却没有得到响应，会议通过了拆除三座城门的决议。

他们难过极了。

林徽因绝望地问道："为什么经历了几百年的战乱和沧桑，在解放前夕还能从炮口下抢救出来的古城，反而在新中国的和平建设中要被毁弃呢？为什么我们在博物馆的玻璃橱里精心保存几块残砖碎瓦，同时却把保存完好的世界上独一无二的古建筑拆得片瓦不留呢？"

梁思成痛苦地说："拆掉一座城楼，就像割掉我的一块肉；扒掉一段城墙，就像剥掉我的一层皮！"

许多年过去后，梁思成还在为被拆除的三座城门而惋惜。他深深地自责道："三座门拆了我非常难受，实在是把一个宝贝给毁了，太难过了。

但是我并非没有错误，我的错误在于没有想出一个办法来解决交通问题。如果我当时能想出更好的办法，就有可能把三座城门保存下来，我就是没有办法，因为的确存在交通死人的问题，我不能不顾人民的死活。现在看来，城市既然可以重新规划，为什么不可以把东西长安街向南推出一个小弯，绕过三座门。金水桥的水不是也绕了一个小弯吗？我们的马路就不能像金水桥似的绕一个弯？这样三座门就成了路边的点缀而不影响交通了。"

当然，这只是梁思成一厢情愿的天真想法。在当时的形势下，无论他和林徽因想通想不通，无论他能否提出解决交通问题的更好的方法，他们的奔走和努力都是徒劳的。

1953 年，毛泽东在《反对党内的资产阶级思想》中曾谈到了"拆城墙"的问题。

进城以来，分散主义有发展。为了解决这个矛盾，一切主要的和重要的问题，都要先由党委讨论决定，再由政府执行。比如，在天安门建立人民英雄纪念碑，拆除北京城墙这些大问题，都是经过中央决定，由政府执行的。

在一次会议上，一位北京市负责人说："谁要是再反对拆城墙，是党员的就开除他的党籍！"当时共产党对党外知名人士还算客气，但梁思成听了心里已很不是滋味。他把这话告诉了徽因，二人都感到一种无形的压力，心里十分沉重。

当时清华建筑系的一些青年学生、年轻教师——其中有的是党员教师——曾联名给北京市委市政府写信，表示支持梁思成、林徽因保护古建筑的意见。北京市领导见信后大怒，一天晚上，系里的党员被全部叫到市委，市领导质问他们："是跟着共产党走，还是跟着资产阶级学者梁思成走？是否要做梁思成的'卫道士'？"问题提到了这样的政治高度，还能说什么呢？即使说了，又有什么作用呢？

在这样的背景下，梁思成和林徽因为保护古老的北京和北京的古建筑所做的一切努力，更显得具有宿命般的悲剧色彩。

当年，梁思成在痛感自己无力保护古老的北京城时，曾沉痛地说过："五十年后，你们会后悔的！"

五十年过去了，如今北京城市发展的事实，已经回答了当年的争论。梁思成、林徽因当年的同事，今天的中国工程院院士，清华大学建筑系教授吴良镛先生用十六个字概括这些年的拆和建："好的拆了，滥的更滥，古城损毁，新建凌乱。"

吴教授指出："北京的城市轮廓线东起高碑店，西至石景山，南抵大红门，北达清河镇，方圆约六百平方公里，已经是老北京城面积的十倍。换而言之，我们已经建设了相当于十个北京城，而那个世界上独一无二、具有高度历史文化价值的北京明清古城，却终于在我们眼前日新月异地消失了。……五十年代确立的以旧城改建、扩建为中心的思路一直延续至今。对二环路以内旧城的超强度开发，致使人流、物流、车流向内城过度集中，造成严重的住房压力、交通堵塞、空气污染等问题……"

如今，站立在干燥、拥挤的北京街头，高耸入云的玻璃幕墙建筑遮挡割裂了天际线，春季的沙尘暴从大西北呼啸而来，严重干旱缺水的危机使人们开始讨论迁都问题。①

人们想起了当年梁思成、林徽因的声音。

早在 20 世纪 30 年代，梁思成、林徽因风尘仆仆、风餐露宿地踏勘、考察古建筑后，曾在调查报告中提出了保护古建筑的三点意见：

第一，"保护之法，首须引起社会注意，使知建筑在文化上之价值……是为保护之治本之法。"

广大人民群众能够认识古建筑的价值是古建筑保护的治本之法。

第二，"古建筑保护法，尤须从速制定，颁布、施行……"

政府应当切实负起保护古建筑的责任，古建筑保护要立法。

第三，主持古建筑的修葺及保护"尤须有专门知识，在美术、历史、工程各方面皆精通博学，方可胜任"。

古建筑保护工作要有训练有素的专家参与和主持。

20 世纪 60 年代，在古老的水城威尼斯，通过了世界保护文物建筑的权威性文件——《威尼斯宪章》。当初梁思成、林徽因提出的观点——宣传、教育群众，立法，专家负责，作为《威尼斯宪章》的基本思想，已被国际文物保护界所普遍接受。

20 世纪末的中国，市场法则取代了意识形态的统领地位，房地产开发商的意志引导着新一轮的城市规划和改造。在大拆大建、万丈红尘的滚滚声浪中，回望历史，梁思成、林徽因的声音至今仍仿佛在警醒着人们。

---

① 杨东平：《对城市建筑的文化阅读》，《天涯》2000 年第 5 期。

第十八章　不息的变幻

一叶凋零，秋之将至。季节如此，风尚亦然。

1951 年底至 1952 年，中共中央决定在党和国家机关中开展"三反""五反"运动。

清华大学建筑系办公室里，几个人正在议论社会上的运动。有人问："听说外面正在'三反'，都反谁？"有人答道："一反官僚主义，二反贪污，三反浪费。"

"哦！"有人恍然大悟道："全都和咱们没关系。咱不是官，官僚自然谈不上；挣工资养家，去哪里贪污？节省还怕节省不下来呢，还敢浪费？"

很快，运动就进入了校园。中共中央决定，对旧社会过来的知识分子开展思想改造运动，主要解决他们为人民服务的立场和态度问题。

运动的声势很大，周恩来总理亲自做了知识分子思想改造的动员报告。报告主要讲了知识分子的立场问题。他讲知识分子首先要有民族立场，但光有民族立场是不够的，还要进入人民立场。但从革命的彻底性讲，人民立场仍然不够，还要进入工人阶级立场。

周恩来两个多小时的报告，对台下听报告的那些经历了不同时代的知识分子有很大的触动。一是他们亲眼看到了共产党的高层领导人是这样的温文尔雅、平易和蔼。周恩来整整齐齐的装束，干干净净的衣着和斯斯文文的谈吐给他们留下了良好的印象。二是他们亲耳听到周恩来在报告中进行了自我批评。他检讨自己曾经犯过的错误，他说他自己的错误把他暴露在上海的大马路上。一个国家的总理当着大庭广众公开承认自己的错误，这一举动使知识分子们深为感动的同时，也促使他们在运动中主动地进行自我检讨。

思想改造运动开始被各个文化、教育部门的工农领导干部称为"脱裤子、割尾巴"运动。"割尾巴"，即割去封建和资产阶级思想立场的"尾巴"，这个说法知识分子们还可以接受，但他们无论如何也听不惯、说不惯"脱裤子"这个词语。因此，"脱裤子"改称为"洗澡"，相当于西方宗教用语"洗脑筋"。

由梁思成、林徽因领导的清华大学设计小组设计的中华人民共和国国徽，庄严地悬挂在天安门城楼上

大学里的"洗澡"分为三级。职位高的校长、院长"洗大盆"，职位低的"洗小盆"，职位不大不小的"洗中盆"。全体大会是"大盆"，人多就是水多，"澡盆"当然就大。所谓"洗大盆"就是在全体大会上做自我检查，接受群众的意见和批评。其他以此类推。

林徽因、梁思成和其他从旧社会过来的知识分子都"洗了澡"。林徽因做了一个自我检查报告，梁思成的自我检查后来发表在 1952 年 12 月 2 日的《人民日报》上，标题为《苏联专家帮助我们端正了建筑设计的思想》。

这是林徽因和梁思成在新中国成立后经历的第一次群众运动。因为这个运动"人人过关"的性质，也因为梁、林当时承担了中华人民共和国国徽和人民英雄纪念碑这样光荣而神圣的设计任务，还因为他们在建筑学界具有的威望和影响，这次运动对他们并没有什么实质性的冲击。但是运动对他们的思想仍有一定的触动，这表现在他们以后的文章和言谈书信中，增加了"思想改造"的意识，好像在随时留神不要露出资产阶级思想的"尾巴"。

尽管梁思成、林徽因在城市规划建设方面与政府的决策者们意见相左，但令他们欣慰的是，政府在重大建筑的设计、施工问题上，还是倚重他们的。例如，像人民英雄纪念碑这样意义重大的建筑，他们都是建筑委员会委员，梁思成还是建筑设计组组长。

人民英雄纪念碑从 1949 年 9 月 30 日毛泽东破土奠基，到 1956 年 7 月建成，经历了七年时间。林徽因生前没有看到纪念碑的落成，但她生命的最后几年一直与这项工作紧密相连。

参与和主持这项工作的有党和国家领导人，有建筑学家、工程专家、雕塑家、美术家、历史学家，因此，设计思想很长时间得不到统一。有人主张以巨型雕塑体现英雄形象，有人主张建成欧洲古典的"纪念柱"或埃及的"方尖碑"样式，还有人主张建成一座"小天安门"：下面是大平台，平台上立碑，平台侧面开门，里面有展厅、展室及厕所等设施。徽因和思成非常担心天安门前建筑群的和谐感会被这样的一座建筑所破坏。

尽管他们起初也不清楚人民英雄纪念碑究竟应该是什么样子，但他们清楚地知道不能建成什么样子。梁思成在给北京市市长彭真的信中表达了自己的意见：

天安门是广场上最主要的建筑物，但是人民英雄纪念碑却是一座新的、同等重要的建筑，它们两个都是中华人民共和国第一重要的象征性建筑物。因此两者绝不宜用任何类似的形体，又像是重复，而又没有相互衬托的作用。……总之，人民英雄纪念碑是不宜放在高台上的，而高台之下尤不宜开洞。至于碑身……我认为做成碑形不合适，而应该是老老实实的多块砌成的一种纪念性建筑物的形体。……英雄碑本身之重要和它所占地之重要都非同小可。我以对国家、对人民无限的忠心，对英雄们的无限崇敬，不能不汗流浃背、战战兢兢地要它千妥万帖才敢喘气放胆做去。

梁思成和林徽因收集了古今中外许多纪念性建筑的资料，反复比较、讨论，绘制了一张又一张草图，最后形成了他们自己比较满意的设计方案。

1952 年夏，郑振铎主持召开会议，决定碑身采用梁思成的设计方案，对碑顶暂作保留；因为有人坚持要在碑顶上放置英雄群像雕塑，梁思成坚决不同意。

1954 年 11 月，北京市人民政府开会，彭真市长拍板，碑顶采用梁思成的建议，建成我们现在看到的"建筑顶"。同时决定放弃碑顶的雕塑，因为碑高四十米，上面放置群雕，无论远近都看不清楚，而且主题混淆，互相冲突。

　　当梁思成忙于纪念碑整体的设计时，林徽因则忙于纪念碑基座上的花圈、花环等雕饰图案的设计。

林徽因设计的人民英雄纪念碑基座上的花圈、花环等雕饰图案

　　她对世界各地区的花草图案进行了反复对照、研究，描绘出成百上千种花卉的图案，有时是一朵花，有时是一片叶，还有灵感来时匆匆勾出的草图，就像一个乐句、几个音符。

　　枕畔、床头、书桌前、沙发旁，到处都是一叠叠图纸。

　　她对自己的工作挑剔到了严苛的地步，连素以认真著称的梁思成也有些不忍。他拣起林徽因废弃在一边的大堆图纸看着，那些或细腻凝重、或精致华美的图案吸引着他。徽因笔下灵动的画稿如同她笔下那些灵动的诗句一样，让思成爱不释手。他知道徽因性急，哪天嫌这些画稿碍事，她就会让女佣烧掉了事。思成认定这些画稿是有价值的，他找来一个纸箱，在徽因废弃的画稿堆中挑了一些装进箱里保存了起来。这些草图后来毁于"文革"浩劫中。

　　在成百上千种图案中，徽因和思成最后选定了以橄榄枝为主体的花环图案，还有由牡丹、荷花、菊花组成的花卉图案，用以象征革命烈士高贵、纯洁和坚韧的品格精神。这些图案后来雕刻在人民英雄纪念碑的碑座上。那是一组华美而浑厚、轻盈而奔放的艺术音符，镌刻在巨大的碑座四侧，谱成了纪念人民英雄的雄浑乐章。

　　一个生命究竟蕴含着多少可能？一个人究竟能创造什么奇迹？如果有医学专家研究林徽因的病历，一定会惊叹不已。1945 年，在重庆中央研究院招待所嘈杂的客房里，美国著名的胸外科专家里奥·埃娄塞尔就曾断言，林徽因最多还能活五年。

　　如今，已经是 1952 年的夏天，林徽因正忙着为即将在北京召开的亚太地区和平会议的各国代表们准备礼物。

　　她的双肺已被结核病菌深度吞噬，她的肾脏已被切除了一侧，她每天吃得很少，夜里全靠安眠药才能睡四五个小时。每当她倒在床上，都有可能永远不能起来；可每当她起来后，就又重新焕发出生机勃勃的创造活力。

亚太地区和平会议筹备组决定，要给每位代表送上一份既有鲜明的中国特色，又精致典雅的礼物。根据不同民族、不同性别代表的习惯爱好，决定制作四类礼品：第一类是丝织品，真丝彩印头巾和刺绣"平金"的女子坎肩；第二类是手工艺品，如景泰蓝、镶嵌漆器、"花丝"银饰物及象牙雕刻、挑花手绢等；第三类是精印的画册，包括年画集、民间剪纸窗花、敦煌壁画的画册；第四类是文学名著，主要是中国作家中获得"斯大林文学奖"的作品。筹备组将第一、二类礼物的设计和准备工作交给林徽因负责。

林徽因从小就喜爱美丽的手工艺品，她很快就对这项工作着迷了。她跑了一家又一家生产手工艺品的工厂，仿佛忘记了自己的病痛。她发现这类所谓的工厂，其实只是些小手工作坊。制作景泰蓝那几家作坊的破败零落，更令她格外地吃惊。她了解到，新中国成立前连年战乱，这些东西无人顾及；新中国成立后，这些被视为生产奢侈品的作坊也得不到扶持，只是顾虑到作坊工人的失业问题才勉强让它们存活下来。景泰蓝的制作工艺复杂，生产成本高，这些作坊处于倒闭的边缘。

林徽因和思成商议，在清华建筑系成立了一个美术组，她想借这次制作和平礼物的机会，抢救这一濒于灭绝的中国独有的手工艺品。

美术小组的成员除了营造学社多年的伙伴莫宗江外，还有两个年轻的女学生：常莎娜和钱美华。林徽因和他们一起，到作坊里去了解景泰蓝的生产工艺，观看工人的操作过程。她对每个工序都有兴趣，经常要动手试一试。掐丝、点蓝、烧蓝……神话般的，毫不起眼的坯胎变成了绚丽的艺术品。

她端详着那些制成品，不满足的情绪涌上心头。景泰蓝长时期仅有那几种图案，不外乎牡丹、荷花、如意……这些带有浓郁宫廷色彩的富贵吉祥的图案虽说也挺好看，可几百年来缺少变化也未免过于单调。她和美术小组的人一起设计绘制了一批新的图案，其中祥云火珠的图案简洁、明快，敦煌飞天的形象浪漫动人。他们把这些新图案拿到作坊中去，徽因就守在作坊里看着工人师傅们操作。当样品成功地烧制出来后，她高兴得像个得到礼物的孩子。

外面世界的变化日新月异，目不暇接，林徽因沉浸在景泰蓝的一花、一叶、一枝这种难度极高而又极富挑战性的工艺品创作中。如同撼天动地的震响中，静静地奏起一支轻灵美妙的乐曲，给紧张的心灵以慰藉，给纷纷扰扰的生活以神韵……

学生们注意到，瘦弱的林徽因对艺术有种宗教般的热情。如果这时候看见她那双专注而有神采的眼睛，谁都不会相信这是个身患重病、非常清楚自己将不久于人世的人。

亚太地区和平会议在北京顺利召开，和平礼物送到了亚太各国代表的手中。苏联著名芭蕾舞演员乌兰诺娃得到了飞天图案的景泰蓝，这位"天鹅公主"喜欢极了："这是代表新中国的新礼物，真是太美了！"

林徽因的两位女学生，后来都在中国的工艺美术领域卓有成就。常莎娜后来是北京工艺美术学院院长，钱美华后来成为景泰蓝设计专家、北京珐琅厂总设计师。

星期天，梁家来了位年轻的老熟人——罗哲文。

当年在四川李庄，罗哲文是营造学社最后招收的学员。那时他才十七八岁，一副稚气未褪的模样。他师从梁思成，从绘图板、丁字尺、鸭嘴笔的使用，到削铅笔、用橡皮这样的小事，梁思成都一点一点地耐心讲授和示范。后来，他掌握了一手过硬的绘图技术。他的名字也是梁思成重新给他起的，他原名叫罗自福，与当时的美国总统罗斯福谐音，人们都戏称他"罗总统"。梁思成征得他的同意，给他改名为罗哲文。

如今，罗哲文已经是国家文物局的工作人员，他的到来让思成、徽因分外高兴。

罗哲文来清华，有事情向老师请教。

新中国成立后，政务院副总理兼文教委员会主任郭沫若向中央人民政府提出了维修长城、向国内外开放的建议，国家文物局局长郑振铎把维修长城勘察规划的任务交给了罗哲文。

罗哲文首选的勘察点是居庸关八达岭长城。当时的八达岭，山势陡峭，道路不通。罗哲文就像当年营造学社的前辈师长一样，吃自带的干粮，住山中的小屋，上下攀爬，几经往返，绘出了八达岭长城维修的草图。

草图绘就后，罗哲文觉得事关重大，他带着图纸来看望思成和徽因，想请老师予以指导。

梁思成细细地看过了图纸，询问着每一处景观遗存的具体情形。他在图纸上做了审定签名，并一一道出了自己的意见。

他强调维修过后的长城要有古意，要"整旧如旧"，不要全部换成新砖新石，更不要用水泥。个别残断的地方，只要没有危险，不危及游人的安全就不必全修，"故垒斜阳"更有味道。

另外，他建议长城旁供游客休息的桌凳也要讲究艺术性。不要在古长城下搞"排排坐，吃果果"的布局；要有野趣，讲究自然。

谈到长城边种树的问题时，梁思成提议，千万不要种植高大的乔木，以免影响观看长城；还有，高大的树木根系发达，不利于长城的保护。[①]

在以后的岁月里，罗哲文成了全国有名的文物建筑保护专家，梁思成关于维修长城的意见，一直指导着他的工作。梁思成的点化教诲，潜移默化地影响着他的人生。

1953 年 2 月，梁思成作为中国科学院代表团成员访问苏联。行前，金岳霖、张奚若来到梁家给思成送行。

天气很冷，金岳霖头上戴着罗宋帽，穿着长长的棉袍，棉裤的裤脚处用带子扎着。徽因和思成迎了出去，一见面就开玩笑地问："总也见不着面，金主任一向可好？"

老金有好长时间没来了。前一年全国高校院系调整，清华大学哲学系合并到北京大学，他被任命为北大哲学系主任。金岳霖为人天真浪漫、率性而动，他认为自己不善于处理行政事务，不是做系主任的材料，可是推脱不掉，只得就任。朋友们见了面，少不得拿这事儿和他打趣。

谈话中，金岳霖忍不住向老朋友诉说起当系主任的滋味来。他说前些日子因为一件什么小事，系里一个人当着大家的面和他大吵大闹。"这样的事，在过去不是开除他，就是我辞职。"他苦笑了一下，说："可是现在是新社会，这样的事在新社会怎么办呢？我不知道。结果他不走，我也不辞。事也办不了，更谈不上办好办坏。"说到这里，他又强调说："有人说，知识分子不能办事，我自己就是不能办事。早先在清华，我比冯友兰先生去得早，可是，冯先生能把行政事务管好，我就不行。在学校这么多年，我没有做过官，唯一的例外是做过一次评议员。"

想到老金的难堪，朋友们不禁又是同情，又是好笑。徽因提到她在《新建设》杂志上看到了老金写的学习毛泽东《实践论》的文章，题目记

---

① 刘东平：《文物建筑保护专家罗哲文谈恩师梁思成》，《人物》2001 年第一期。

不起来了。老金笑道："不提这事也罢。这篇文章的题目是《了解〈实践论〉的条件——自我批评之一》，文中有一句是'学习新思想的涓涓之水可成江河'，可《新建设》把'涓涓之水'印成了'渭渭之水'。什么是'渭渭之水'呢？让人心里别扭。"

张奚若笑道："说到《实践论》，我是从《人民日报》上读到的。还真得承认，毛主席谈的有道理。我就是经过实践才认识老金的。年轻时，我曾经认为老金是个很有办法的人。记得在美国

晚年金岳霖

读书的时候，我请裁缝给我做了一身西装，做好一穿，有些不合身，那美国裁缝说什么也不给改。那天是老金和我一起去的，他半天没说话，最后说了一句：'不要和他们说了，找我们的律师去。'就这么一句话，裁缝铺里马上就有人走了过来，说：'哪里不合身，让我看看。'当时我就认定老金是个有办法的人。不过，这个看法经过实践又有了改变。"

这时，思成问起老金"洗澡"过关是否顺利。老金说："'洗澡'时，我自我检查认为自己的民族立场毫无问题，我还举例说，在日本人占领北京之前，我有一次碰到钱稻孙，他那时是清华的图书馆馆长，我们谈起了当时的局势，我认为非抗日不可；他说万万抗不得，抗起来不是亡国，就是灭种。我听了很想打他。我说了之后，马上就有人质问我：'你有什么民族立场，蒋介石让美国船在长江自由航行，你一句反对话都没有说过。'提到这件事，我不得不承认，在这一点上，我确实丧失了民族立场。我说，群众的眼睛是雪亮的，希望能向我多提批评意见，帮助我改造思想，转变立场。"

提到群众运动的场面，大家不由得一阵沉默，还是老金转换了话题，谈起前几天他见到了沈从文。林徽因关切地向他询问沈从文现在的情况。老金说："从文的家搬到了北新桥大头条，这个地方看来也住不长。一进他的家，满屋的书本画册，地上、床上到处都是，一些好像是做索引用的纸条粘在墙上。沈从文现在的工作是在历史博物馆为展品写标签说明。家

里的保姆叫石妈，姓石倒是真合适，她天天让从文吃冷馒头夹猪头肉，还对所有的人说从文就爱吃这个。兆和还是那么忙，这个家亏得有了她，才始终让家庭生活平稳运转。"

老金又讲，沈从文还是那样经常做些出人意料的事。例如组织上让他参加改造思想的学习，一天他不知为什么事高兴了，就带去一套精致的茶具去请人喝茶，结果受到了严厉批评……

听着金岳霖的讲述，林徽因轻声说道："还是从文自己说得好，'美，总不免有时叫人伤心'。"

在座的人沉默了很长时间……

梁思成到莫斯科去了。

1953 年 3 月 12 日，纪念碑设计小组的工作会议在梁家的客厅里召开。林徽因的身体状况再也不允许她承担很多具体工作了，她更多的是协调设计小组成员之间的分工合作关系，有时和他们在一起讨论一些技术性的问题，如云纹装饰的草图、碑顶部的结构等，还有的时候研究如何向上级领导反映一些意见和建议。这些技术性问题不能确定下来，广场上纪念碑的施工就不能正常进行。

思成从莫斯科给徽因来信，说他放心不下的就两件事，一是徽因的身体，二是纪念碑工程的进展情况。信中殷殷嘱咐徽因要好好养病，不要一干活儿就忘了自己是个病人。徽因回信告诉思成，她现在就是把养病作为必须完成的任务来要求自己。她对思成说，她的胃口可以得九十分，睡眠可以得八十分；虽然气管不大好，有些影响呼吸和心跳，但是她劝思成一切勿念。她还详尽地向思成叙述了纪念碑设计小组的工作进展情况，告诉思成，女儿和儿子都曾回家，娘也好。信的最后，她特意加了一句："昨李宗津由广西回来，还不知道你到莫斯科呢。"

李宗津是当时清华大学建筑系的美术教授、油画家。林徽因写上这句话，含有很多潜台词。到莫斯科去，尤其是以中国科学家代表的身份去访问莫斯科，在当时是一件十分荣耀、十分令人羡慕的事情，是被党和政府器重和信任的一种标志。尽管在北京的旧城改造和城墙的废存问题上，梁思成和决策者们意见不一致，为此思成受过批评和委屈，外界也有各种各样的传言。可是，作为中国政府的科学家代表，思成到莫斯科去参观访问了，这就说明了一切。徽因好像是无意加上的这句话，却十分传神地表达了她由此而感到的欣慰和满足。

信写好第二天就寄出去了。徽因在心里算着，信要九天后才能到莫斯科，那已是3月下旬了。

思成不在身边，徽因觉得日子过得特别慢。上封信才寄出三天，她就忍不住又想给思成写信了。给思成写信就像和思成说话，信一开头就收不住。平日里，他们各忙各的事，思成有时到城里开会很晚才回来，可无论多忙，他们总是每天要在一起说说话，这是多年来他们的生活习惯。他们结婚已经二十五年了，可好像还和当初一样，总有说不完的话。说些什么并不重要，重要的是他们向对方诉说时那种心灵毫无保留的开放和精神的彻底放松，是那种彼此之间的信赖和珍惜。

徽因在信中对思成娓娓地甚至有些絮絮地谈着，像所有夫妻一样，她对思成谈家常，谈儿女，谈身体，谈读书……但在这聊天似的家信中却有一种东西让人感动，那是一种相知多年的和谐默契，那是内心向上、向善、向美愿望的喁喁细语，那是情意深深的依恋和牵挂。当然信里也留下了那个时代的痕迹：学习苏联的榜样，否定自我，思想改造。但即使是这些话语，仍然流动着让人感动的真诚。

思成：

今天是十六日，此刻黄昏六时电灯没有来房很黑又不能看书做事，勉强写这封信已快看不见了。十二日发一信后仍然忙于碑的事。今天小吴、老莫①都到城中开会去，我只能等听他们的传达报告了。讨论内容为何，几方面情绪如何，决议了什么具体办法，现在也无法知道。昨天是星期天，老金不到十点钟就来了，刚进门再冰也回来，接着小弟来了，此外无他人。谈得正好，却又从无线电中传来捷克总统逝世的消息。这种消息来在那样沉痛的斯大林同志的殡仪之后，令人发愣发呆，不能相信不幸的事可以这样的连着发生。大家心境又黯然了。

中饭后老金、小弟都走了。再冰留到下午六时，她又不在三月结婚了，想改到国庆，理由是于中干②说他希望在广州举行（婚礼），那边他

---

① 指吴良镛和莫宗江。

② 梁思成、林徽因的女儿梁再冰的丈夫。

们俩人的熟人多，条件好，再冰可以玩一趟。这次他来时间不够也没有充分心理准备，六月又太热。我是什么都赞成。反正孩子高兴就好。

我的身体方面，吃得那么多，睡得也不错，而不见胖。还是爱气促和闹清痰"打呼噜出泡声"，血脉不好好循环，冷热不正常等等，所以疗养还要彻底。病状比从前深点，新陈代谢太坏，恢复的现象极不显著，也实在慢。今天我本应打电话问校医室血沉率和痰化验结果的，今晚便可以报告，但因害怕结果不完满因而不爱去问！

学习方面可以报告的除了报上主要政治文章和理论文章外，我连着看了四本书，都是小说式传记，都是英雄的真人真事。（一）《建设伏尔加—顿河运河的人们》，短篇的，几篇都好；（二）是《普通一兵》，记马特洛索夫的事迹；（三）是《斯特汉诺工人的笔记》；（四）是《安格林娜自传》（第一个女拖拉机手）。这些人和事都深深地教育了我，提高了我对共产主义制度的了解和感性认识，不只是一种理论在我脑子里，而是形象化了的事实。这些精神养料太丰富了，现在只是它们如何结合到我生活中来的问题了。这样地熏陶下去，新意识和新意志必会在我的血液里产生出来的。我也会蜕变成为新时代里可靠的人，稳稳当当、踏踏实实地不断做好工作。也许就因为我懂得如何去做好每一件平凡的工作，我会成为有价值的人。一反过去那样想做有价值的事，反而是无价值、无成绩的人。

还要和你谈什么呢？又已经到了晚饭时候，该吃饭了，只好停下来（下午一人甚闷时关肇业来坐一会儿，很好，太闷着看书觉得晕昏）（十六日晚写）

十七日续 我最不放心的是你的健康问题，我想你的工作一定很重，你又容易疲倦，一边又吃Rimifom，不知是否更易累和困，我的心里总惦着，我希望你停Rimifom吧，已经满两个半月了。苏联冷，千万注意呼吸器官的病。

昨晚老莫回来报告，大约把大台改低是人人同意，至于具体草图什么时候可以画出并决定是真真伤脑筋的事尤其是碑顶仍然意见分歧。

徽因匆匆写完 三月十七午

又是一个星期天，从诚从学校回到家中。父亲去莫斯科两个月了，他格外惦记病弱的母亲。

徽因正在桌边写着什么，见了儿子，高兴地招呼了一声，就又俯向了稿纸。外婆早已迎了出来，外孙和外孙女回家的时候是她最高兴的时候。每到星期天，她总是忙前忙后地招呼刘妈做些孩子们爱吃的菜，而平时她是轻易不去厨房的。

从诚凑到母亲身边，随手拿起桌上的稿子翻看。看着看着他突然叫了起来："妈，你怎么把我的画儿给毁啦！"徽因直起身来，看到从诚画的一张水彩画，那是京郊农村的景物写生，可是画的背面，被她又写又画又涂抹，密密麻麻的一片。"哎呀，糟了！"徽因也叫了起来。原来前些天人民美术出版社送来了一摞书稿，那是北京文物整理委员会编的《中国建筑彩画图案》，他们请徽因审稿后作序。

徽因早年学过舞台设计，后来研究古建筑，对那些建筑装饰艺术格外留心和喜爱。庄严的殿堂中，那些楹柱上、瓦檐下和阑额枋檩间靛青翠绿的色彩、贴金的线纹、绚丽的花朵与整座建筑的石栏柱础、碧瓦丹楹、朱门金钉互相映衬，具有既辉煌典丽，又活泼明朗的韵致。那是中国古代建筑中独有的美。

可是，这本《中国建筑彩画图案》却让徽因很不满意。她一眼看出，这些彩画图案在绘制时走了样，与原作有很大的差别，可谓"差之毫厘，谬之千里"。

她找出了一张由东京帝国大学建筑专家测绘的故宫太和门中梁上的彩画与手中的画稿相对照，差别实在太明显了。画稿的色彩让她不满意，梁上色彩的组合中，青绿的变调和色彩的改动，把对比给搅乱了。而原稿上青绿和朱色的对比则是清清楚楚，一点也不乱。画稿上的花纹更让她不满意，原来的纹样细密如锦，给人的感觉是非常安静，不像画稿上的那样浑圆粗大，金色和白色搅得热闹嘈杂。原来细致如少数民族的"和墨梳花结带"边饰织纹，在这本图案中描画放大得走了样，变得"五彩缤纷，宾主不分；八仙过海，各显其能；聒噪喧腾，一片热闹而不知所云。"从艺术效果上说，这本彩画图案确实是很失败的。

当时，徽因一边看着送审的书稿，一边抓起了一张纸，连写带画，把自己对这部书的意见飞快地记了下来。没想到，却写在了儿子的画稿上。

"对不起，我没注意到是你的画。"徽因抱歉地对儿子说。

从诚笑了："你写的比我画的好看多了。"

很长一段时间以来，从诚回家总看见母亲在这样忙着。前两年是为国徽的设计，这两年是为了纪念碑。从诚爱母亲，心疼母亲。他曾这样评价母亲：

在现代中国的文化界里，母亲也许可以算得上一位多少带有一些"文艺复兴色彩"的人，即把多方面的知识与才能——文艺的和科学的、人文学科和工程技术的、东方的和西方的、古代的和现代的——汇集于一身，并且不限于通常人们所说的"修养"，而是在许多领域都能达到一般专业者难以企及的高度。同时，所有这些在她那里都已自然地融会贯通，被她娴熟自如地运用于解决各式各样的问题，得心应手而绝无矫揉的痕迹。不少了解她的同行们，不论是建筑界、美术界还是文学界，包括一些外国朋友，在这一点上对她都是钦佩不已的……①

5月的阳光澄澈而明亮，清华园的槐花发出阵阵清香。思成从苏联回来了。他依然瘦削，但气色、精神很好。

思成带回了许多苏联的风光明信片，讲起去过的那些地方，他深有感受。这次去苏联，他印象最深的是这个国家的艺术和建筑。无论是如今的苏维埃还是过去的俄罗斯，不变的是它的博大深厚与凝重壮丽。和西方的艺术相比，这种艺术有着严肃的表情，有着悲天悯人的使命感，呈现出足够的底气，蕴含着对自己民族历史的无限深情。思成告诉徽因，正是这种东西深深地打动了自己。

在苏联，思成接触了四十多位苏联建筑界、美术界、理论界、哲学界的学术权威，与苏联建筑科学院院长莫尔德维诺夫讨论了各种有关建筑设计思想的问题。思成问他，什么是建筑的"社会主义的内容"？这位有着漂亮胡子和栗色头发的院长说："社会主义的内容，就是关心劳动人民的幸福，关心他们物质和精神上不断提高的需要，在设计中去满足它。"思成原来把"社会主义的内容"想得很高深，听莫尔德维诺夫这么一讲，他有一种如获知己、如释重负的感觉，原来如此！

---

① 梁从诫：《倏忽人间四月天》，《林徽因文集·文学卷》，第447页。

真正让思成信服的是莫斯科和列宁格勒的城市建筑。那些帝俄时代的巍峨宫殿和苏联的新兴建筑都具有沉郁雄浑的风格，这是古典俄罗斯的风格。这种风格与这个国家辽阔的国土、无边的森林、严寒的气候、坚强而乐观的民族气质是那么协调、那么完美地起到了相互衬托的作用。

思成告诉徽因，他觉得莫斯科的克里姆林宫很像北京的紫禁城，里面楼殿、教堂参差有序，周围林木葱郁，花草茂盛。"克里姆林"是内城的意思，蜿蜒的雉堞朱墙伸展到莫斯科河畔，二十多座形状各异的塔楼分布在宫墙的周围。伊凡雷帝大钟楼是宫内最高的建筑，在蓝色天空下发散出威严神秘的气息。红场四周的建筑群起伏有致地配合着这一基调，呈现出匀称、和谐的古典主义精神。

列宁格勒即原来的帝都圣彼得堡，这座城市处处显示出独特的历史文化个性。它的主要建筑依涅瓦河而建，宽阔的林荫路旁，精美的雕塑和灯光喷泉具有鲜明的巴罗克风格。那里有占地九万平方米的冬宫，气势恢宏的海军大厦优雅而凝重，反映出彼得大帝时期的俄罗斯日益强盛、走向世界的气魄。

思成还和苏联同行们交换了对于建筑的"国际主义"风潮的看法。在这方面思成和他们的看法完全一致。莫尔德维诺夫院长说："建筑上的国际主义就是要盖同一式样的玻璃方匣子，盖在美国，盖在英国，盖在苏联，盖在中国。对于这样的主义，苏联是根本反对的。"

思成想起 40 年代他在美国讲学时，哈佛大学建筑系的著名教授格罗乌彼斯曾预言建筑上的"国际主义"将遍及全世界，并说这个预言在许多国家已被证实。作为一个建筑师，思成当时就想：希望中国能避免这个预言的实现。

他对徽因说，与美国许多城市千篇一律、简单粗俗的建筑相比，他更喜欢苏联高贵、优雅的古典建筑和新时代建筑完美和谐地相互依存；苏联之行坚定了他的决心：坚持"民族的形式，社会主义的内容"，就是要很好地利用自己民族在不同时代遗留下来的建筑遗产，创造设计出体现中国的"民族形式"的新建筑，来为中国人民服务，为社会主义新时代服务。

1953 年 9 月，全国文学艺术工作者第二次代表大会在北京召开。徽因被邀请参加了大会。

在会议的开幕式上，萧乾远远地看到了徽因，他走过来轻声问候：

"林小姐，您来了！"

徽因的脸红了："还小姐呢，都成老太婆了！"

大会期间，全国美术家协会负责人江丰做了工作报告。林徽因带领清华美术小组为抢救传统的景泰蓝艺术所进行的努力被写进了工作报告。1953 年，一场遍及全国的运动正在深入展开。

《文艺报》在二三期上连续发表了林默涵、何其芳的文章：《胡风的反马克思主义的文艺思想》《现实主义的路，还是反现实主义的路？》。运动由一开始的文艺思想批判变成了政治运动，到后来挖出了"胡风反革命集团"，导致了接踵而至的全国范围的肃反运动。虽说运动对自然科学界冲击较小，但所有的知识分子都见识了群众运动、政治运动的浩大声势，都不同程度地受到了震动。

1954 年，中国建筑学会成立，梁思成被推选为学会副主任，林徽因被推选为理事。理事会商议，作为一个全国性的学术团体，建筑学会应该有一份进行学术交流的会刊，于是就有了《建筑学报》的创刊。梁思成任学报的编委会主任兼主编，林徽因是编委之一。

为了筹办《建筑学报》，徽因、思成忙碌的生活中又增添了许多事务性工作，但他们的心情是兴奋的，这令他们想起创办《中国营造学社汇刊》的那些日子。

12 月，《建筑学报》创刊号问世。创刊号的重头文章，是梁思成、林徽因、莫宗江合著的长篇论文《中国建筑发展的历史阶段》。

对中国古代建筑及建筑史，思成、徽因进行了长时间的考察和研究，在 1944 年完成了专著《中国建筑史》。由于抗战期间颠沛流离，抗战后内战又起，政府用于学术研究的财力物力少得可怜，加上这部专业著作中图片、绘画很多，对印制有较高的要求，所以出版的事只能暂时搁置起来。

新中国成立后，建筑专业教材奇缺，高教出版社曾准备出版这部专著。但梁思成认为，这部书写于 1949 年前，如果用于教学，有必要用历史唯物主义的观点，重新对全书进行审读修改。因此，他不同意立即出版。为了应急，他表示可以油印五十册，以供各高校相关课程的教师作为教学参考。①

他不同意立即出版的更重要原因是，这部著作凝聚了他和徽因的半生

---

① 梁思成：《中国建筑史》后记。

心血，那里面有他们踏遍山山水水考察古建筑的艰辛行程，有他们在离乱中含辛茹苦数载著述的呕心沥血，还有那一次次重要发现的快乐与欢欣。他们珍视这部著作，所以希望它尽可能完美，希望它问世后不留或少留遗憾，所以他们不愿意将它匆忙付梓。

发表在《建筑学报》创刊号上的《中国建筑发展的历史阶段》，是思成、徽因在新中国成立初期经过一系列的政治教育后，力图用历史唯物主义的观点认识中国建筑发展历史的一次尝试。他们希望在这种尝试取得成功的基础上，来重新修改《中国建筑史》。

在这篇文章中，他们写道：

建筑是随着整个社会的发展而发展的……它随着各个时代政治、经济的发展也就是随着不同时代的生产力和生产关系产生了不同的特点，但是同时还反映出这特点所产生的当时的社会思想意识，占统治地位的世界观。生产力的发展直接影响到建筑的工程技术，但建筑艺术却是直接受到当时思想意识的影响，只是间接地受到生产力和生产关系的影响。

林徽因、梁思成的出身、经历，决定了他们的思想方式和生活方式。从 20 年代中期留学归国以后，他们基本上保持着无党无派的自由主义知识分子的立场。不介入政治，甚至也不真正关心政治，这种状态使他们获得了相对独立的精神空间和学术研究的空间。即使在抗战期间生活极端困厄的情况下，他们的精神和心灵仍与外部世界的种种纷扰保持着一定的距离，使他们得以全身心地沉浸在自己所热爱的建筑艺术研究中，在这一领域取得了很高的成就。

新中国成立后，社会生活发生了巨大的变化。新政权对他们的器重令他们感动，共产党人为广大劳动人民谋幸福的口号和行动，以其鲜明的理想主义色彩感染了他们，吸引了他们，使他们心甘情愿把全部智慧和精力奉献出来。即使对一些问题他们有不同看法，他们的牢骚和意见也是单纯的。他们希望自己不断进步，"蜕变成为新时代里可靠的人"；他们真诚地相信，只要改变自己的思想，就能有助于改造好这个国家。

在这篇《中国建筑发展的历史阶段》中，他们使用了许多原本不属于他们的话语和名词："政治、经济""生产力和生产关系""思想、意识"等等。他们一定认真研读过一些政治理论读物，一定为在论文中贯穿这些新认识做了不少努力，不管他们对这些名词和概念的运用是否恰当和娴熟，但我们可以看出他们严肃而真诚的努力，并且不能不为他们的严肃和真诚所感动。

即使如此，他们仍然有些担心和顾虑。在这篇论文的"作者校对后记"中，他们写道：

> 我们不断地发现我们对伟大祖国的艺术遗产的研究还有待提高；由于受到理论水平的限制，距全面的、正确的认识总还有一段距离。例如对我们所掌握的各历史时期的资料，还不能做出很好的分析，从科学的观点指出各时代劳动人民在创造上的成就……此稿付印以后……觉得这稿子应加以提高的地方很多。但是已在排印中，不可能做大量的修改，只好在下一篇《中国建筑各时代举例》一文的分析中来弥补或矫正本文中没有足够认识和不明确的地方。

他们在这期创刊号上预告了下一期的内容，那是梁思成的一篇力作——《中国建筑的优秀实例》。

可是，他们却不能预测和预告自己的命运……

第十九章　最后的日子

1954 年秋冬之际，林徽因病倒了。这一年的秋天来得特别早。几场秋雨下过，清华园中就有了几分萧瑟的秋意。树黄了，草枯了，夜半风起时，风卷着尘沙，打着呼哨，扑向家家户户紧闭的门窗，扑向夜不能寐的人们。天气一天冷似一天，徽因的身体也一日差似一日。她这次是真正躺倒了。有关纪念碑的花环装饰图案的图纸堆放在她床边的小柜上，她已没有一丝力气再去构思和描画。《中国建筑彩画图案》序文的校样出版社已送来好几天了，她却虚弱得看不了几行眼前就一片昏花，冷汗从后背和前额沁出。她整夜艰难地咳喘着，几乎不能有片刻的安睡。她的眼窝深深地陷了下去，脸上没有一丝血色。

思成也病了，但他还是尽全力照顾徽因。从清华进一次城很不容易，每次到北京城内的医院去做检查和治疗对他们都是一次考验。为了徽因治疗方便，思成计划着在城里租房子住。可还没待他安排停当，他就病倒了。

思成得病初期是感冒症状，胸闷、咳嗽、发烧，继而高烧不退。检查结果出来后，证明了医生最初的推测，肺结核复发，必须住院治疗。徽因、思成都住进了同仁医院。他们的病房紧挨着，虽然从这间病房到那间病房只要两分钟时间，可俩人却病得躺在床上不能走动。

又一场运动爆发了，这是一场遍及全国各学术领域"反对胡适派资产阶级唯心论"的运动。

对于胡适的批判并不仅仅限于文学研究领域，中国科学院和中国作家协会联合组织了九个批判小组，分别从政治、哲学、历史、文学、教育、自然科学等方面对胡适思想开展了总清算。

身处国内政治环境中的林徽因、梁思成在这场广泛参与的政治思想批判运动中，他们保持着沉默。他们与胡适是多年的朋友，早年又都曾留学美国，听着不绝于耳的对"美帝国主义走狗"胡适的斥骂，他们的内心该有怎样的波澜呢？

这个冬天，是个寒冷的冬天。在这寒冷的冬天里，批判运动则热火朝天地进行着。

1955 年的春节，徽因和思成是在医院里度过的。

春节期间的医院特别冷清，病人大多回家过年了，长长的病房走廊空荡荡的。每天上午查房的时候，是病房最热闹的时候，主治医生、病房医生和护士把病房挤得满满当当。他们询问着病人的感觉，查看着各项记录，简单下一些医嘱，然后就走向另一个房间，白色的大褂在他们的身后扑打着小腿，像是白色的羽翼在扑扇。

在医院规定的探视时间里，再冰和从诫会来看望父母。他们从父亲的病房到母亲的病房，给父母讲述着社会上、学校里的种种事情。他们的到来，是徽因和思成最快乐的时候。他们离去后，徽因和思成憔悴的面容上还久久地停留着微笑。

徽因、思成的一些老朋友和清华建筑系的师生也不时前来探望。他们大多住在学校，进城一趟很不容易，徽因、思成总是劝他们不要再跑了。

医院的日子是千篇一律的日子，每天照例是打针、吃药、量体温、测脉搏……

护士们都很喜欢徽因和思成，她们在一起有时会充满敬意和好奇地谈论起这一对"大知识分子"夫妻。这对夫妻得的是一样的病，但那位林先生病得更重。每次查房出来，只听见大夫们严肃地商议着，但谁也拿不出更好的治疗方案，最后的结论都是"尽量维持吧"。这对夫妻是多好的人哪！待人那么谦和，一点大知识分子的架子都没有，病到这种程度也不愿意给别人增加一丁点儿麻烦。彼此都那么关心对方，总是打听着对方的情况，问得那么细——体温多少？脉搏正常吗？早上喝牛奶没有？午饭吃的什么？吃多少？打点滴的时候没忘记灌个热水袋暖着胳膊吧？有时，那位梁先生从报纸上、期刊上看到了什么好文章，就会请护士带过去读给林先生听，说她听到一定会高兴的。

春节过后，思成的病情稍有好转，医生允许他轻微地活动活动。他每天待医生查了房，护士打完针，就来到徽因的病房陪伴徽因。他坐在病床边的一把椅子上，一只手轻轻地握住徽因的手，像在家里一样，和徽因小声地聊着。因为徽因气力不支，更多的是思成说，徽因听，而思成也总是有那么多让徽因爱听的话题。

思成告诉徽因，他们的女儿再冰已经写了入党申请书，正在积极争取入党。思成说，这是再冰的秘密，也是再冰为妈妈准备的一份礼物，所以再冰要求父亲和她一起对妈妈保守这个秘密。徽因听着，眼睛里闪过思成熟悉的喜悦而调皮的光彩。她点点头，答应思成严守秘密。

有时，思成会对徽因讲起他小时候在日本的一些事情。这些事情徽因有的听过，有的是第一次听思成讲起。但无论听没听过，她同样听得入神。思成担心时间长了徽因劳神，说上一阵子后，就会让徽因闭目休息，他或者回到自己的病房，或者就静静地守在徽因身边。

眼看着徽因一天天地衰竭，他心如刀绞，却无能为力。他唯一能够做的就是这样守着徽因，拉着她的手，期待着像从前一样，帮助徽因挨过这个关口，让生命重新出现奇迹。

就在这时候，全国建筑界开始了对"以梁思成为代表的资产阶级唯美主义的复古主义思想"的批判。

1955 年 2 月，建筑工程部召开了"建筑与设计工作会议"，会议披露了新中国成立以来基本建设中的浪费情况，认为是建筑设计中的"复古主义""形式主义"倾向导致了浪费现象的产生。会议批评的复古主义和形式主义主要是指新中国成立后全国各地出现的一批模仿中国古代建筑设计出的"大屋顶"式建筑。

在颐和园畅观堂，一个批判梁思成的写作班子组成了。

批判文章赶写出来了，批判的声势造得很足。各种报纸上陆续刊载有关建筑中的浪费现象的文章。浪费的原因千篇一律地指向建筑设计中的"复古主义"和"形式主义"。

《建筑学报》1955 年第一期如期印行，可因为这一期上刊载了梁思成的《中国建筑的优秀实例》一文而被下令全部销毁。梁思成作为《建筑学报》的主编被撤职，学报创刊号上《中国建筑发展的历史阶段》一文被定为"宣扬复古主义的代表作"而受到激烈批判。

这一切，使梁思成由震惊、不理解到痛苦地思考。他反思自己新中国成立后的所作所为，认为自己一直在努力实践"民族的形式，社会主义的内容"这一建筑思想。他想，要设计出代表一个国家形象的新建筑需要有一个摸索与创造的过程，这个过程不可能一下子就很完美和成熟。在这个过程中，使用一些传统的建筑艺术语言，例如"大屋顶"，也是可以理解的。更何况，作为一个有影响的建筑师，他个人并没有设计过一座大屋顶建筑。可是，可是这一切去向谁解释呢？

当时的梁思成经常是沉默的。

过去，他有什么话都可以和徽因说，他们在交谈中沟通心灵，排遣郁积和不快。可是，如今徽因在重病中，思成不愿意给徽因增加任何烦恼和心理负担。于是，他在徽因面前就不由自主地多了些沉默。

这一切怎能瞒过徽因。她从报纸上接二连三关于建筑施工的批评性报道中，从来探视的朋友、师生欲言又止的话语中，从思成的沉默中，已经感知了一切，而这一切对她的打击是致命的。

长时间以来，徽因饱受疾病的折磨，承受了太多来自生命本身的痛苦。可是与生命过程相伴随的除了痛苦，还有她看得比生命还重的艺术与感情。正是艺术与感情使她体会到了生命的价值与美好。她所痴迷的艺术，她所从事的研究，她所热爱的亲人和友人给了她生存的支点。她的所有快乐、欢悦、幸福的体验都与之紧密相连。

如今，当她和思成终生尊奉的学术信念和美学原则被批得一钱不值、遭到粗暴否定的时候，她病弱的生命之树，像骤遇寒流一般，在风霜中迅速地凋零。

3月的北京，乍暖还寒，来自长城以北的大风卷起阵阵尘沙，游走在北京的大街小巷，天地间一片昏黄。林徽因一连数日处于半昏迷状态。她艰难地呼吸着，气若游丝。医护人员脚步匆匆，进进出出，用上了所有的办法进行抢救。

一个星期过去了，林徽因又苏醒了过来。但她连一丝说话的气力都没有，每天只能咽下一点点护士喂食的葡萄糖水。

医生禁止外人探视徽因，即使思成，也只允许他进病房看望，而要求他尽量不要和病人说话，因为徽因实在太虚弱了。

天气一天比一天暖和了起来，窗外杨树光秃秃的枝干上缀满了赭石色的芽苞，从芽苞中抽出了嫩绿的新叶。那新叶小小的，背面有一层柔嫩的乳白色的绒毛。空气中弥散着一股让人喉咙发痒的青草的气息。

这是 1955 年 3 月的最后一天。病房里的时间像一条黏滞的河流，在淤塞的、险象环生的河道中缓缓地向前伸驰，流向混沌，流向无始无终、一片虚空漆黑的去处。徽因的生命疲惫不堪地跋涉在河道中，已经进入了昏暗的地段，就像黄昏时分的影子，模模糊糊地踌躇徘徊着，很快就要融入前面那无边无际的黑暗。

徽因多想快点儿消失在这夜色里啊，河道中实在是太难行进了。每迈一步都像陷入泥潭般难以拔腿。胸口闷得透不过气来，全身都不听使唤，喉咙像被扼着似的不能呼吸。

隐隐约约，河那边飘来一缕流萤般闪烁的小提琴声，如泣如诉，如怨如慕……就这样睡去吧，再不要醒来，就这样消失在夜色里，消失在琴声里，消失在青草的气息里……

远远地、远远地传来声声呼唤，悠长、悠长又深情……呼唤来自她身后的河岸……那是思成的声音，是宝宝和小弟的声音，是娘的声音，是老金和朋友们的声音，还有许许多多的声音……她慢慢地转过身来，河岸上明亮异常，令她目眩，令她不能睁开眼睛。是阳光？是灯光？是……

是谁在哭？啊，是娘！娘流着泪絮絮地诉说着，那诉说被哭声淹没了，徽因听不大真切。娘，您怎么穿着夹袄就出来了？天冷，您会受凉的……娘，都怪我不好，平时您叫我当心身子我总不耐烦您的唠叨……娘，我累了，我想睡了——好在有思成！思成会照料您的，您回吧，我要睡了……是谁从后面拉住了衣襟？是从诫！从诫不是上大四了吗，怎么还是小学生模样？赤脚穿着一双草鞋，满头满脸的汗水。啊，从诫做成了一只小轮船，在门口的小池塘里试航。这不是李庄吗？塘里还有娘喂的鸭子。从诫真是鬼灵精，把旧热水袋铰了做小轮船螺旋桨的轮带，小轮船居然在水塘里驶了一截子。水光、天光，在池塘里晃动。头晕得厉害，我要躺下了……

啊！宝宝，你在问什么？对了，宝宝如今是大人了，要喊大名。再冰，我的好女儿，我的有志气的孩子……哦，妈听见了，再冰，你要妈妈努力，你说你不仅要争取入党，你还要做一名共产党员的女儿。你说的妈都懂，妈妈懂得女儿的心。妈妈一直在努力，在努力向前走，可是，妈妈实在太累了……好女儿，让妈妈为你祝福……

思成……思成，是你在唤我？我听见了，听见了。无论多少人，无论多少声音，只有这是我离不开的声音……思成，我要到河对岸去了，河对岸有迷人的青草气息，有流萤般的小提琴声，可是那里没有我熟悉的声音……思成，你背着的手里，藏着什么？你让我猜那是什么宝贝……

……宝贝？思成，你有什么宝贝我都知道。你说过，全国各地的古建筑全都是你的宝贝。你说过，我们有这么多宝贝，我们是世界上最富有的人。……哦？不对，你说什么？这是一件送给我的宝贝？还让我猜？哦，我想起来了，你送我的铜镜，我一直视为宝贝。"徽因自鉴之用思成自镌并铸喻其晶莹不块也"。那是民国十六年，那时我们多年轻啊！思成，从那以后，我们一起走了多少路，看了多少宝贝啊……

什么？思成，你怕我累，让我多休息……

思成，我要休息了。我要去河那边休息了……河那边有提琴声，那琴声真迷人……可是我还有话要对你说，还有一句最当紧的话要对你说，可我这会儿怎么就想不起来了呢……

什么？你说你知道？你说你全都知道。你让我看你手上的东西？是一首诗？哦，是泰戈尔的诗——

海水呀，你说的是什么？
是永恒的疑问。
天空啊，你回答的是什么？
是永恒的沉默。

思成，我想起来了，我想起来要对你说什么了，那是我们在美国读书时爹爹写信告诫我们的话：

永远不要灰心，永远不要让消沉、颓废的情绪控制我们。失望沮丧，是我们生命中最可怖之敌，我们须终身不许他侵入。

"思成！思成！"徽因觉得自己拼尽了全身的力气，可她只发出了极其微弱的声音。

护士走了过来，俯身问徽因需要什么。

"我想见一见思成，"徽因的声音极其微弱，但十分清晰，"我有话要对他说。"

"夜深了，有什么话明天再说吧。"护士说。

徽因没有等到"明天"。

当夜色一点点褪尽，曙光一点点透进病房时，当清新的晓风拂过白杨，纯洁的晨光照彻天宇时，她永远离开了这个世界。

这是 1955 年 4 月 1 日清晨六点。

这一年，林徽因五十一岁。

林徽因五十一岁离开这个世界，是命运女神对她的眷顾和厚爱吗？

她的一生如同一首诗，真挚、隽永而有激情。

对于爱美爱艺术胜过爱自己生命的林徽因来说，五十一岁告别这个世界并没有太多遗憾。她在自己的生命过程中释放了全部的爱与热情。

她的生命中有病痛，但没有阴暗；有贫困，但没有卑微；有悲怆，但没有鄙俗。

以她细腻敏感的心灵，怎样承受 1957 年的狂暴风雨？

以她高傲纯正的天性，怎能面对 1966 年的浊浪排空？

相对于以后的岁月，1955 年，还只是"风乍起，吹皱一池春水"的光景。

她走了，在这一年 4 月春日的清晨。

尽管晨光熹微，白露如霜，但人们都记得，她走于一天最清新的时刻。

尽管这个春天乍暖还寒、风沙扑面，但人们都记得，她的生命定格于美好的人间四月天。

尾声

1955 年 4 月 2 日，《北京日报》刊发了林徽因逝世的讣告。

林徽因治丧委员会由张奚若、周培源、钱端升、钱伟长、金岳霖等十三人组成。

4 月 3 日，林徽因追悼会在北京市金鱼胡同贤良寺举行。北京市市长彭真送了花圈。

在许多挽联中，金岳霖教授和邓以蛰教授题写的挽联格外引人注目：

> 一身诗意千寻瀑
> 万古人间四月天

北京市人民政府决定，林徽因生前设计国徽和人民英雄纪念碑有特殊贡献，遗体安葬在八宝山革命公墓。

林徽因墓由梁思成设计。墓体简洁、朴实、庄重。

人民英雄纪念碑建筑委员会决定：把林徽因亲手设计的一方汉白玉花圈刻样移作她的墓碑。墓碑上镌刻着：

> 建筑师林徽因之墓

"文革"中，这一行大字被清华大学红卫兵砸毁。

1972 年 1 月 9 日，梁思成在饱受"文革"的折磨后，病逝于北京。

"文革"后，梁思成的骨灰安放在八宝山革命公墓骨灰堂，与林徽因的墓地相邻。

林徽因年谱

（公元 1904 年 6 月 10 日～公元 1955 年 4 月 1 日）

——

公元 1904 年 6 月 10 日出生于浙江杭州陆官巷，原籍福建闽侯。

公元 1909 年—公元 1912 年 迁居蔡官巷后开始跟随大姑母林泽民启蒙读书。

公元 1912 年 父亲林长民（字宗孟）前往北平任职，其全家迁居上海虹口区金益里，徽因和表姐妹们进入附近一所爱国小学就读二年级。

公元 1913 年 父亲林长民当选北京政府众议院秘书长，母亲何雪媛携妹妹麟趾（后夭折）前往北平入住前王公厂旧居，徽因留沪。

公元 1914 年 徽因随全家迁居北京。

公元 1916 年 4 月因袁世凯称帝，林家避居天津英租界红道路，父亲林长民留京；5 月林长民前往天津接全家返京；9 月徽因和表姐们一同进入英国教会创办的培华女子中学就读。

公元 1917 年 张勋复辟，林家再迁天津时唯独徽因留京，不久随叔父林天民也迁往天津；7 月 17 日父亲林长民因支持段祺瑞讨伐张勋而被任命为段祺瑞政府的司法总长，林家又一次返迁北平。

公元 1918 年 因父辈因缘而结识梁思成。

公元 1920 年 3 月跟随父亲林长民前往英国就读中学，7 月跟随父亲畅游巴黎、日内瓦、罗马、法兰克福与柏林等地，9 月返回伦敦并以优异成绩考入圣玛莉学院，10 上旬与当时在伦敦经济学院就读的徐志摩相识。

公元 1921 年 8 月徽因跟随房主柏烈特全家前往英南海边避暑；10 月 14 日跟随父亲林长民由英赴法，乘坐"波罗加"号轮船归国；11-12 月林家父女抵达上海后，梁启超派人接徽因回到北京，仍旧进入培华女子中学读书。

公元 1922 年 3 月徽因与思成婚事"已有成言"，但并未定聘。

公元 1923 年 3 月新月社在北京西单石虎胡同 7 号成立，父亲林长民携爱女徽因参加并祝贺；5 月 7 日思成因车祸导致右腿骨折，徽因赴医院探望照顾；同年徽因于培华女子中学毕业，并考取半官费留学。

公元 1924 年 4 月 23 日印度诗哲泰戈尔应邀访华，徽因作为翻译跟随其左右；5 月 8 日为庆祝泰戈尔 64 岁诞辰，徽因出演其诗剧《齐德拉》中的公主齐德拉；6 月徽因与思成思永兄弟一同前往美国留学，开始在康奈尔大学选修户外写生与高等代数等；9 月与思成一同入读宾夕法尼亚大学。

公元 1925 年 1 月 18 日与闻一多等人在美参加中华戏剧改进社；12 月 24 日父亲林长民在支持跟随东北军郭松龄反奉战争中被流弹击中而亡，年仅 49 岁，远在美国的徽因听从梁启超劝慰没有奔丧回国。

公元 1927 年 9 月以优异成绩毕业于宾夕法尼亚大学并获学士学位，随后转入耶鲁大学戏剧学院，在贝克教授工作室学习舞台美术；12 月 18 日梁启超在北京为思成、徽因婚事举行"行文定礼"。

公元 1928 年 3 月 21 日徽因、思成在加拿大渥太华姐姐家举行婚礼，随后按照父亲梁启超的安排前往欧洲进行考察古建筑的蜜月之旅；8 月 18 日思成、徽因这对新婚夫妇返回北平；9 月梁林受聘东北大学创办建筑系；11 月父亲梁启超病重入住协和医院治疗，梁林返回北平探望照顾。

公元 1929 年 1 月 19 日父亲梁启超手术失败而亡，梁林为其父设计墓碑；8 月徽因从东北大学返回北平后生下女儿梁再冰——意为纪念"饮冰室"主人梁启超；同年，徽因设计的"白山黑水"图案获选张学良重金征集东北大学校徽图案。

公元 1930 年 秋天徽因因肺病返回北平治疗。

公元 1931 年 3 月徽因来到香山双清别墅养病，期间创作发表了大量流传至今的著名诗文；9 月思成、徽因应朱启钤之聘，离开东北大学而加盟中国营造学社，思成担任法式部主任，徽因为"校理"；11 月 19 日徽因在协和小礼堂为驻华使节讲授中国古代建筑，徐志摩为了聆听这场演讲，乘机赶赴北京途中遭遇空难而亡。

公元 1932 年　6 月中旬因病再赴香山养病，随后与思成前往卧佛寺、八大处等地考察古建筑，从而撰写了著名的《平郊建筑杂录》；8 月爱子梁从诫出生，取名意为纪念宋代大建筑学家李诫（字明仲）；同年，在一次聚餐会上徽因结识终生挚友——美籍学者费正清、费慰梅夫妇。

公元 1933 年　秋天徽因与闻一多、叶公超等筹备创办了《学文》月刊；9 月与思成、刘敦桢、莫宗江前往山西大同考察云冈石窟；10 月 7 日发表《闲谈关于古代建筑的一点消息》；11 月与思成、莫宗江前往河北正定考察古建筑。

公元 1934 年　1 月中国营造学社出版了梁思成的《清式营造则例》一书，徽因为其撰写了绪论；2 月至 5 月创作发表了流芳至今的《你是人间四月天》等诗文小说；夏天与思成及费正清、费慰梅夫妇前往山西汾阳、洪洞等地考察古建筑；9 月 5 日发表著名散文《窗子以外》；10 月与思成应浙江建设厅之邀，前往杭州商讨六和塔重修计划，随后前往浙南武义宣平镇和金华天宁寺考察古建筑。

公元 1935 年　3 月与思成合著《晋汾古建筑预查纪略》一文。

公元 1936 年　5 月 28 日与思成等前往河南洛阳龙门石窟、开封及山东历城、章邱、泰安、济宁等处考察古建筑；9 月，担任《大公报》文艺作品征文评委；10 月在《平津文化界对时局的宣言》中向当局政府提出抗日救亡八项要求，徽因为文艺界发起人之一，并在宣言上签名；同年，选编《大公报文艺丛刊小说选》并为之作序。

公元 1937 年　与思成应顾祝同之邀，前往陕西西安做小雁塔的维修计划，同时前往西安、长安、临潼、户县、耀县等地开展古建筑考察；7 月与思成、莫宗江、纪玉堂前往山西五台山考察古建筑，徽因意外发现榆次宋代的雨花宫及唐代佛光寺的建筑年代。7 月 12 日思成、徽因一行到达代县时获知"卢沟桥事变"爆发，遂匆匆返回北平。8 月思成、徽因全家从天津乘船前往烟台，再到济南乘火车经徐州、郑州、武汉南下，9 月中旬抵达长沙；11 月下旬日机轰炸长沙时思成、徽因一家险些丧生，不久全家离开长沙经常德、晃县、贵阳、镇宁、普安、曲靖到达云南昆明。

公元 1938 年　1 月思成、徽因一家入住昆明翠湖前市长巡律街住宅，随后莫宗江、陈明达、刘致平、刘敦桢也来到昆明，经与中美庚款基金会联系后，遂组建中国营造学社西南小分队。

公元 1939 年 年初因日机轰炸，思成、徽因一家搬至昆明郊区龙泉镇麦地村；入冬思成与刘敦桢等前往云南、四川、陕西、西康等地考察古建筑，徽因为云南大学设计了女生宿舍。

公元 1940 年 初冬中国营造学社跟随国立中央研究院历史语言研究所前往四川，思成、徽因一家亦遂迁四川南溪县李庄镇上坝村，不久徽因肺病复发，从此抱病卧床长达五年之久。

公元 1941 年 春天徽因三弟——空军飞行员林恒在对日作战中牺牲，三年后徽因创作了悲怆感人的诗作《哭三弟恒》。

公元 1942 年 思成接受国立编译馆委托开始编写《中国建筑史》，徽因为思成写作《中国建筑史》而抱病阅读二十四史，以作资料准备；同时，徽因撰写了这部巨著的第七章以及五代、宋、辽、金部分，并承担了全部书稿的校阅和补充工作；11 月 4 日费正清、陶孟和从重庆溯江而上，来到李庄访问看望徽因、思成等。

公元 1944 年 费慰梅来到李庄访问徽因、思成等老友。

公元 1945 年 8 月日本宣布无条件投降后，思成陪同徽因前往重庆检查身体，这是徽因到达李庄后第一次来到大城市。

公元 1946 年 2 月徽因在费慰梅陪同下乘机前往昆明拜会西南联大校长梅贻琦，建议清华大学增设建筑系，入住唐继尧后山祖居一花园别墅，得以与张奚若、钱端升、金岳霖等旧友重聚；7 月 31 日与西南联大教工等人由重庆乘机返回北平，并开始为清华大学设计教师住宅；10 月思成应聘赴美耶鲁大学作访问教授。

公元 1947 年 夏天饱经欧战浸染的萧乾，从上海来清华园探望徽因，二人长谈七年来的各自经历；12 月做肾切除手术。

公元 1948 年 11 月当局迫使北平高校南迁，清华园展开反迁校斗争，徽因说"我们不做中国的'白俄'"表示反对；同年，解放军攻城前夕梁林共同好友张奚若带两名解放军来到梁林家里，请梁林在军用地图上标识出需要重点保护的古建筑文物目标。

公元 1949 年 1 月北平解放，徽因被聘为清华大学建筑系一级教授；2 月为了解放军百万大军挥师南下的文物保护，思成、徽因等紧急编印了

《全国重要文物建筑简目》，随后梁林夫妇送女儿再冰参加南下工作团；7月新政协筹委会决定把国徽设计任务交给清华大学和中央美院，清华大学由思成、徽因、李宗津、莫宗江、朱畅中等参加设计工作。

公元 1950 年 6月清华大学和中央美院经过三个多月的努力，完成了国徽图案的设计任务，在中南海怀仁堂评选时，经周恩来总理广泛征求意见后，清华小组的设计图案以布局严谨、构图庄重而中选；6月23日，徽因被特邀参加全国政协一届二次会议；同年，徽因被任命为北京市都市计划委员会委员兼工程师，并与思成共同提出了修建"城墙公园"的伟大设想。

公元 1951 年 徽因为了挽救濒于消失的北京传统工艺景泰蓝，抱病与高庄、莫宗江、常莎娜、钱美华、孙君莲等深入工厂调查研究，随后设计出了一批具有民族风格的新颖图案，并为"亚洲及太平洋区域和平会议"、"苏联文化代表团"献上了第一批礼品，深受与会人员欢迎。

公元 1952 年 年初思成和著名雕塑家刘开渠主持设计人民英雄纪念碑，徽因被任命为"人民英雄纪念碑建筑委员会"委员，抱病与助手关肇邺等参加设计工作，并顺利完成了须弥座的图案设计；5月为迎接即将到来的建设高潮，徽因、思成翻译了《苏联卫国战争被毁地区之重建》一书，并由上海龙门书局印行，为国家建设提供了借鉴。同年，徽因应《新观察》杂志之约，撰写了《中山堂》《北海公园》《天坛》《颐和园》《雍和宫》《故宫》等一组介绍我国古建筑的美文。

公元 1953 年 10月当选中国建筑学会理事，并任《建筑学报》编委；同年，应邀参加第二届全国文代会，徽因领导的清华小组因挽救景泰蓝工艺而获得与会人员的充分肯定和高度评价。

公元 1954 年 6月当选北京市人民代表大会代表；秋天，徽因不抵郊外风寒，由清华园搬到城里居住，不久因病情恶化入住同仁医院治疗。

公元 1955 年 4月1日6时20分，中国第一位女建筑学家林徽因病逝于北京同仁医院。